하나님이 육신을 입고 이 땅에 오셨듯,
텍스트의 형식으로도 이 땅에 오셨다.
그것이 바로 성경이다.

유한한 인간이 전능하신 하나님을 사랑하는 유일한 방법.
그것이 바로 **성경 암송**이다.

<신 6:5~9>

5. 너는 마음을 다하고 뜻을 다하고 힘을 다하여 네 하나님 여호와를 사랑하라
6. 오늘 내가 네게 명하는 이 말씀을 너는 마음에 새기고
7. 네 자녀에게 부지런히 가르치며 집에 앉았을 때에든지 길을 갈 때에든지 누워 있을 때에든지 일어날 때에든지 이 말씀을 강론할 것이며
8. 너는 또 그것을 네 손목에 매어 기호를 삼으며 네 미간에 붙여 표로 삼고
9. 또 네 집 문설주와 바깥 문에 기록할지니라

<수 1:8>

이 율법책을 네 입에서 떠나지 말게 하며 주야로 그것을 묵상하여 그 안에 기록된 대로 다 지켜 행하라 그리하면 네 길이 평탄하게 될 것이며 네가 형통하리라

◆ 암송용 성경 활용법 - 예시 ◆

1) 하단의 숫자로만 된 암송부분을 보고 위 본문 말씀 낭독이 가능하도록 반복한다.
2) 낭독이 가능해지면 눈을 감고 암송한다.
(숫자는 후에 잊어버리고 말씀만 머리에 남게 됨. 그러니 숫자를 암기할 필요 없음.)

<히4:12>

하나님의 말씀은 살아 있고 활력이 있어 /
4 3 4 5 /
좌우에 날선 어떤 검보다도 예리하여 /
3 2 6 4 /
혼과 영과 및 / 관절과 골수를 찔러 쪼개기까지 하며 /
2 2 1 / 3 3 2 7 /

<시19:7~8>

여호와의 율법은 완전하여 / 영혼을 소성시키며 /
4 3 4 / 3 5 /
여호와의 증거는 확실하여 / 우둔한 자를 지혜롭게 하며 /
4 3 4 / 5 6 /
여호와의 교훈은 정직하여 / 마음을 기쁘게 하고 /
4 3 4 / 3 5 /
여호와의 계명은 순결하여 / 눈을 밝게 하시도다 //
4 3 4 / 2 2 4 //

<요15:7>

너희가 내 안에 거하고 / 내 말이 너희 안에 거하면 /
3 3 3 / 3 4 3 /
무엇이든지 원하는 대로 구하라 // 그리하면 이루리라 //
5 5 3 // 4 4 //

—— 암송 부분 ——

<히4:12> 하나님의 4 3 4 5 / 3 2 6 4 / 2 2 1 / 3 3 2 7 /
<시19:7> 여호와의 4 3 4 / 3 5 / 4 3 4 / 5 6 /
<시19:8> 여호와의 4 3 4 / 3 5 / 4 3 4 / 2 2 4 //
<요15:7> 너희가 3 3 3 / 3 4 3 / 5 5 3 // 4 4 //

시 편

제 일 권

1편

1 복 있는 사람은 / 악인들의 꾀를 따르지 아니하며 /
3 3 / 4 2 3 4 /
죄인들의 길에 서지 아니하며 /
4 2 2 4 /
오만한 자들의 자리에 / 앉지 아니하고 /
3 3 3 / 2 4 /

2 오직 / 여호와의 율법을 즐거워하여 /
2 / 4 3 5 /
그의 율법을 주야로 묵상하는도다 //
2 3 3 6 //

3 그는 시냇가에 심은 나무가 / 철을 따라 열매를 맺으며 /
2 4 2 3 / 4 3 3 /
그 잎사귀가 마르지 아니함 같으니 /
1 4 6 3 /
그가 하는 모든 일이 / 다 형통하리로다 //
2 2 4 / 1 6 //

4 악인들은 그렇지 아니함이여 /
4 3 5 /
오직 바람에 나는 겨와 같도다 //
2 5 5 //

암송 부분

1 복 있는 3 3 / 4 2 3 4 / 4 2 2 4 / 3 3 3 / 2 4 /
2 오직 2 / 4 3 5 / 2 3 3 6 //
3 그는 2 4 2 3 / 4 3 3 / 1 4 6 3 / 2 2 4 / 1 6 //
4 악인들은 4 3 5 / 2 5 5 //

5 그러므로 악인들은 / 심판을 견디지 못하며 /
4 4 / 3 3 3 /
죄인들이 / 의인들의 모임에 들지 못하리로다 //
4 / 4 3 2 5 //

6 무릇 / 의인들의 길은 여호와께서 인정하시나 /
2 / 4 2 5 5 /
악인들의 길은 망하리로다 //
4 2 5 //

암송 부분

1 복 있는 3 3 / 4 2 3 4 / 4 2 2 4 / 3 3 3 / 2 4 /
2 오직 2 / 4 3 5 / 2 3 3 6 //
3 그는 2 4 2 3 / 4 3 3 / 1 4 6 3 / 2 2 4 / 1 6 //
4 악인들은 4 3 5 / 2 5 5 //

5 그러므로 4 4 / 3 3 3 / 4 / 4 3 2 5 //
6 무릇 2 / 4 2 5 5 / 4 2 5 //

2편

1 어찌하여 이방 나라들이 분노하며 /
4 6 4 /
민족들이 헛된 일을 꾸미는가 //
4 4 4 //

2 세상의 군왕들이 나서며 / 관원들이 서로 꾀하여 /
3 4 3 / 4 2 3 /
여호와와 / 그의 기름 부음 받은 자를 대적하며 /
4 / 2 4 4 4 /

3 우리가 그들의 맨 것을 끊고 /
3 3 3 2 /
그의 결박을 벗어 버리자 // 하는도다 //
2 3 5 // 4 //

4 하늘에 계신 이가 웃으심이여 /
3 4 5 /
주께서 그들을 비웃으시리로다 //
3 3 7 //

5 그 때에 분을 발하며 진노하사 / 그들을 놀라게 하여 /
3 5 4 / 3 5 /
이르시기를 /
5 /

암송 부분

1 어찌하여 4 6 4 / 4 4 4 //
2 세상의 3 4 3 / 4 2 3 / 4 / 2 4 4 4 /
3 우리가 3 3 3 2 / 2 3 5 // 4 //
4 하늘에 3 4 5 / 3 3 7 //
5 그 때에 3 5 4 / 3 5 / 5 /

6 내가 나의 왕을 / 내 거룩한 산 시온에 세웠다 //
2 2 2 / 1 4 3 3 //
하시리로다 //
5 //

7 내가 여호와의 명령을 전하노라 //
2 4 3 4 //
여호와께서 내게 이르시되 /
5 2 4 /
너는 내 아들이라 // 오늘 내가 너를 낳았도다 //
2 1 4 // 2 2 2 4 //

8 내게 구하라 // 내가 이방 나라를 네 유업으로 주리니 /
2 3 // 2 5 1 4 3 /
네 소유가 땅 끝까지 이르리로다 //
1 3 4 5 //

9 네가 철장으로 그들을 깨뜨림이여 /
2 4 3 5 /
질그릇 같이 부수리라 // 하시도다 //
5 4 // 4 //

10 그런즉 군왕들아 / 너희는 지혜를 얻으며 /
3 4 / 3 3 3 /
세상의 재판관들아 / 너희는 교훈을 받을지어다 //
3 5 / 3 3 5 //

암송 부분

6 내가 2 2 2 / 1 4 3 3 // 5 //
7 내가 2 4 3 4 // 5 2 4 / 2 1 4 // 2 2 2 4 //
8 내게 2 3 // 2 5 1 4 3 / 1 3 4 5 //
9 네가 2 4 3 5 / 5 4 // 4 //
10 그런즉 3 4 / 3 3 3 / 3 5 / 3 3 5 //

11 여호와를 경외함으로 섬기고 / 떨며 즐거워할지어다 //
4 5 3 / 2 7 //

12 그의 아들에게 입맞추라 // 그렇지 아니하면 진노하심으로 /
2 4 4 // 7 6 /
너희가 길에서 망하리니 / 그의 진노가 급하심이라 //
3 3 4 / 2 3 5 //
여호와께 피하는 모든 사람은 / 다 복이 있도다 //
4 3 5 / 1 2 3 //

암송 부분

1 어찌하여 4 6 4 / 4 4 4 //
2 세상의 3 4 3 / 4 2 3 / 4 / 2 4 4 4 /
3 우리가 3 3 3 2 / 2 3 5 // 4 //
4 하늘에 3 4 5 / 3 3 7 //
5 그 때에 3 5 4 / 3 5 / 5 /
6 내가 2 2 2 / 1 4 3 3 // 5 //
7 내가 2 4 3 4 // 5 2 4 / 2 1 4 // 2 2 2 4 //
8 내게 2 3 // 2 5 1 4 3 / 1 3 4 5 //
9 네가 2 4 3 5 / 5 4 // 4 //
10 그런즉 3 4 / 3 3 3 / 3 5 / 3 3 5 //

11 여호와를 4 5 3 / 2 7 //
12 그의 2 4 4 // 7 6 / 3 3 4 / 2 3 5 // 4 3 5 / 1 2 3 //

3편

<다윗이 그의 아들 압살롬을 피할 때에 지은 시>

1 여호와여 / 나의 대적이 어찌 그리 많은지요 //
4 / 2 3 4 4 //
일어나 나를 치는 자가 많으니이다 //
3 2 4 5 //

2 많은 사람이 나를 대적하여 말하기를 /
5 2 4 4 /
그는 하나님께 구원을 받지 못한다 // 하나이다 // (셀라)
2 4 3 5 // 4 // (2)

3 여호와여 / 주는 나의 방패시요 / 나의 영광이시요 /
4 / 2 2 4 / 2 5 /
나의 머리를 드시는 자이시니이다 //
2 3 3 6 //

4 내가 나의 목소리로 / 여호와께 부르짖으니 /
2 2 4 / 4 5 /
그의 성산에서 응답하시는도다 // (셀라)
2 4 7 // (2)

5 내가 누워 자고 깨었으니 /
2 4 4 /
여호와께서 나를 붙드심이로다 //
5 2 6 //

암송 부분

1 여호와여 4 / 2 3 4 4 // 3 2 4 5 //
2 많은 사람이 5 2 4 4 / 2 4 3 5 // 4 // (2)
3 여호와여 4 / 2 2 4 / 2 5 / 2 3 3 6 //
4 내가 2 2 4 / 4 5 / 2 4 7 // (2)
5 내가 2 4 4 / 5 2 6 //

6 천만인이 / 나를 에워싸 진 친다 하여도 /
4 / 2 3 3 3 /
나는 두려워하지 아니하리이다 //
2 5 6 //

7 여호와여 일어나소서 // 나의 하나님이여 나를 구원하소서 //
4 5 // 2 5 2 5 //
주께서 / 나의 모든 원수의 뺨을 치시며 /
3 / 2 2 3 5 /
악인의 이를 꺾으셨나이다 //
3 2 6 //

8 구원은 여호와께 있사오니 /
3 4 4 /
주의 복을 / 주의 백성에게 내리소서 // (셀라)
2 2 / 2 4 4 // (2)

암송 부분

1 여호와여 4 / 2 3 4 4 // 3 2 4 5 //
2 많은 사람이 5 2 4 4 / 2 4 3 5 // 4 // (2)
3 여호와여 4 / 2 2 4 / 2 5 / 2 3 3 6 //
4 내가 2 2 4 / 4 5 / 2 4 7 // (2)
5 내가 2 4 4 / 5 2 6 //

6 천만인이 4 / 2 3 3 3 / 2 5 6 //
7 여호와여 4 5 // 2 5 2 5 // 3 / 2 2 3 5 / 3 2 6 //
8 구원은 3 4 4 / 2 2 / 2 4 4 // (2)

4편

<다윗의 시, 인도자를 따라 현악에 맞춘 노래>

1 내 의의 하나님이여 / 내가 부를 때에 응답하소서 //
1 2 5 / 2 4 5 //
곤란 중에 나를 너그럽게 하셨사오니 /
4 2 4 5 /
내게 은혜를 베푸사 / 나의 기도를 들으소서 //
2 3 3 / 2 3 4 //

2 인생들아 / 어느 때까지 /
4 / 5 /
나의 영광을 바꾸어 욕되게 하며 /
2 3 3 5 /
헛된 일을 좋아하고 거짓을 구하려는가 // (셀라)
4 4 3 5 // (2)

3 여호와께서 자기를 위하여 /
5 3 3 /
경건한 자를 택하신 줄 너희가 알지어다 //
5 4 3 4 //
내가 그를 부를 때에 / 여호와께서 들으시리로다 //
2 2 4 / 5 6 //

4 너희는 떨며 범죄하지 말지어다 //
3 2 4 4 //
자리에 누워 심중에 말하고 / 잠잠할지어다 // (셀라)
3 2 3 3 / 6 // (2)

암송 부분

1 내 1 2 5 / 2 4 5 // 4 2 4 5 / 2 3 3 / 2 3 4 //
2 인생들아 4 / 5 / 2 3 3 5 / 4 4 3 5 // (2)
3 여호와께서 5 3 3 / 5 4 3 4 // 2 2 4 / 5 6 //
4 너희는 3 2 4 4 // 3 2 3 3 / 6 // (2)

5 의의 제사를 드리고 / 여호와를 의지할지어다 //
2 3 3 / 4 6 //

6 여러 사람의 말이 / 우리에게 선을 보일 자 누구뇨 //
5 2 / 4 2 3 3 //
하오니 / 여호와여 / 주의 얼굴을 들어 / 우리에게 비추소서 //
3 / 4 / 2 3 2 / 4 4 //

7 주께서 내 마음에 두신 기쁨은 /
3 4 2 3 /
그들의 곡식과 새 포도주가 / 풍성할 때보다 더하니이다 //
3 3 1 4 / 6 5 //

8 내가 평안히 눕고 자기도 하리니 /
2 5 3 3 /
나를 안전히 살게 하시는 이는 / 오직 여호와이시니이다 //
2 3 5 2 / 2 8 //

암송 부분

1 내 1 2 5 / 2 4 5 // 4 2 4 5 / 2 3 3 / 2 3 4 //
2 인생들아 4 / 5 / 2 3 3 5 / 4 4 3 5 // (2)
3 여호와께서 5 3 3 / 5 4 3 4 // 2 2 4 / 5 6 //
4 너희는 3 2 4 4 // 3 2 3 3 / 6 // (2)

5 의의 2 3 3 / 4 6 //
6 여러 사람의 5 2 / 4 2 3 3 // 3 / 4 / 2 3 2 / 4 4 //
7 주께서 3 4 2 3 / 3 3 1 4 / 6 5 //
8 내가 2 5 3 3 / 2 3 5 2 / 2 8 //

5편

<다윗의 시, 인도자를 따라 관악에 맞춘 노래>

1 여호와여 / 나의 말에 귀를 기울이사 /
4 / 2 2 2 4 /
나의 심정을 헤아려 주소서 //
2 3 6 //

2 나의 왕, 나의 하나님이여 /
2 1 2 5 /
내가 부르짖는 소리를 들으소서 // 내가 주께 기도하나이다 //
2 4 3 4 // 2 2 6 //

3 여호와여 / 아침에 / 주께서 나의 소리를 들으시리니 /
4 / 3 / 3 2 3 5 /
아침에 / 내가 주께 기도하고 바라리이다 //
3 / 2 2 4 5 //

4 주는 / 죄악을 기뻐하는 신이 아니시니 /
2 / 3 4 2 4 /
악이 주와 함께 머물지 못하며 /
2 4 6 /

5 오만한 자들이 / 주의 목전에 서지 못하리이다 //
3 3 / 2 3 2 5 //
주는 모든 행악자를 미워하시며 /
2 2 4 5 /

암송 부분

1 여호와여 4 / 2 2 2 4 / 2 3 6 //
2 나의 2 1 2 5 / 2 4 3 4 // 2 2 6 //
3 여호와여 4 / 3 / 3 2 3 5 / 3 / 2 2 4 5 //
4 주는 2 / 3 4 2 4 / 2 4 6 /
5 오만한 3 3 / 2 3 2 5 // 2 2 4 5 /

6 거짓말하는 자들을 멸망시키시리이다 //
5 3 8 //
여호와께서는 / 피 흘리기를 즐기는 자와 /
6 / 5 5 /
속이는 자를 싫어하시나이다 //
5 7 //

7 오직 나는 / 주의 풍성한 사랑을 힘입어 /
2 2 / 2 3 3 3 /
주의 집에 들어가 / 주를 경외함으로 /
2 2 3 / 2 5 /
성전을 향하여 예배하리이다 //
3 3 6 //

8 여호와여 / 나의 원수들로 말미암아 /
4 / 2 4 4 /
주의 의로 나를 인도하시고 /
2 2 2 5 /
주의 길을 / 내 목전에 곧게 하소서 //
2 2 / 1 3 5 //

9 그들의 입에 신실함이 없고 / 그들의 심중이 심히 악하며 /
3 2 4 2 / 3 3 2 3 /
그들의 목구멍은 열린 무덤 같고 /
3 4 4 2 /
그들의 혀로는 아첨하나이다 //
3 3 6 //

암송 부분

6 거짓말하는 5 3 8 // 6 / 5 5 / 5 7 //
7 오직 2 2 / 2 3 3 3 / 2 2 3 / 2 5 / 3 3 6 //
8 여호와여 4 / 2 4 4 / 2 2 2 5 / 2 2 / 1 3 5 //
9 그들의 3 2 4 2 / 3 3 2 3 / 3 4 4 2 / 3 3 6 //

10 하나님이여 / 그들을 정죄하사 자기 꾀에 빠지게 하시고 /
5 / 3 4 4 6 /
그 많은 허물로 말미암아 / 그들을 쫓아내소서 //
1 2 3 4 / 3 5 //
그들이 주를 배역함이니이다 //
3 2 7 //

11 그러나 주께 피하는 모든 사람은 / 다 기뻐하며 /
3 2 3 5 / 1 4 /
주의 보호로 말미암아 / 영원히 기뻐 외치고 /
2 3 4 / 3 5 /
주의 이름을 사랑하는 자들은 / 주를 즐거워하리이다 //
2 3 4 3 / 2 7 //

12 여호와여 / 주는 의인에게 복을 주시고 /
4 / 2 4 5 /
방패로 함같이 / 은혜로 그를 호위하시리이다 //
3 3 / 3 2 7 //

암송 부분

1 여호와여 4 / 2 2 2 4 / 2 3 6 //
2 나의 2 1 2 5 / 2 4 3 4 // 2 2 6 //
3 여호와여 4 / 3 / 3 2 3 5 / 3 / 2 2 4 5 //
4 주는 2 / 3 4 2 4 / 2 4 6 /
5 오만한 3 3 / 2 3 2 5 // 2 2 4 5 /
6 거짓말하는 5 3 8 // 6 / 5 5 / 5 7 //
7 오직 2 2 / 2 3 3 3 / 2 2 3 / 2 5 / 3 3 6 //
8 여호와여 4 / 2 4 4 / 2 2 2 5 / 2 2 / 1 3 5 //
9 그들의 3 2 4 2 / 3 3 2 3 / 3 4 4 2 / 3 3 6 //

10 하나님이여 5 / 3 4 4 6 / 1 2 3 4 / 3 5 // 3 2 7 //
11 그러나 3 2 3 5 / 1 4 / 2 3 4 / 3 5 / 2 3 4 3 / 2 7 //
12 여호와여 4 / 2 4 5 / 3 3 / 3 2 7 //

6편

<다윗의 시, 인도자를 따라 현악 여덟째 줄에 맞춘 노래>

1 여호와여 / 주의 분노로 / 나를 책망하지 마시오며 /
4 / 2 3 / 2 4 4 /
주의 진노로 / 나를 징계하지 마옵소서 //
2 3 / 2 4 4 //

2 여호와여 / 내가 수척하였사오니 / 내게 은혜를 베푸소서 //
4 / 2 7 / 2 3 4 //
여호와여 / 나의 뼈가 떨리오니 / 나를 고치소서 //
4 / 2 2 4 / 2 4 //

3 나의 영혼도 매우 떨리나이다 //
2 3 2 5 //
여호와여 / 어느 때까지니이까 //
4 / 8 //

4 여호와여 / 돌아와 나의 영혼을 건지시며 /
4 / 3 2 3 4 /
주의 사랑으로 나를 구원하소서 //
2 4 2 5 //

암송 부분

1 여호와여 4 / 2 3 / 2 4 4 / 2 3 / 2 4 4 //
2 여호와여 4 / 2 7 / 2 3 4 // 4 / 2 2 4 / 2 4 //
3 나의 2 3 2 5 // 4 / 8 //
4 여호와여 4 / 3 2 3 4 / 2 4 2 5 //

5 사망 중에서는 / 주를 기억하는 일이 없사오니 /
6 / 2 4 2 4 /
스올에서 주께 감사할 자 누구리이까 //
4 2 4 5 //

6 내가 탄식함으로 피곤하여 / 밤마다 눈물로 /
2 5 4 / 3 3 /
내 침상을 띄우며 / 내 요를 적시나이다 //
1 3 3 / 1 2 5 //

7 내 눈이 / 근심으로 말미암아 쇠하며 /
1 2 / 4 4 3 /
내 모든 대적으로 말미암아 / 어두워졌나이다 //
1 2 4 4 / 7 //

8 악을 행하는 너희는 / 다 나를 떠나라 //
5 3 / 1 2 3 //
여호와께서 / 내 울음 소리를 들으셨도다 //
5 / 1 5 5 //

9 여호와께서 내 간구를 들으셨음이여 /
5 1 3 6 /
여호와께서 내 기도를 받으시리로다 //
5 1 3 6 //

암송 부분

5 사망 중에서는 6 / 2 4 2 4 / 4 2 4 5 //
6 내가 2 5 4 / 3 3 / 1 3 3 / 1 2 5 //
7 내 1 2 / 4 4 3 / 1 2 4 4 / 7 //
8 악을 행하는 5 3 / 1 2 3 // 5 / 1 5 5 //
9 여호와께서 5 1 3 6 / 5 1 3 6 //

10 내 모든 원수들이 / 부끄러움을 당하고 심히 떪이여 /
1 2 4 / 5 3 2 3 /
갑자기 부끄러워 물러가리로다 //
3 4 6 //

암송 부분

1 여호와여 4 / 2 3 / 2 4 4 / 2 3 / 2 4 4 //
2 여호와여 4 / 2 7 / 2 3 4 // 4 / 2 2 4 / 2 4 //
3 나의 2 3 2 5 // 4 / 8 //
4 여호와여 4 / 3 2 3 4 / 2 4 2 5 //
5 사망 중에서는 6 / 2 4 2 4 / 4 2 4 5 //
6 내가 2 5 4 / 3 3 / 1 3 3 / 1 2 5 //
7 내 1 2 / 4 4 3 / 1 2 4 4 / 7 //
8 악을 행하는 5 3 / 1 2 3 // 5 / 1 5 5 //
9 여호와께서 5 1 3 6 / 5 1 3 6 //

10 내 1 2 4 / 5 3 2 3 / 3 4 6 //

7편

<다윗의 식가욘, 베냐민인 구시의 말에 따라 여호와께 드린 노래>

1 여호와 내 하나님이여 / 내가 주께 피하오니 /
3 1 5 / 2 2 4 /
나를 쫓아오는 모든 자들에게서 / 나를 구원하여 내소서 //
2 4 7 / 2 7 //

2 건져낼 자가 없으면 / 그들이 사자 같이 /
5 3 / 3 4 /
나를 찢고 뜯을까 하나이다 //
2 2 3 4 //

3 여호와 내 하나님이여 / 내가 이런 일을 행하였거나 /
3 1 5 / 2 4 5 /
내 손에 죄악이 있거나 /
1 2 3 3 /

4 화친한 자를 악으로 갚았거나 /
5 3 4 /
내 대적에게서 까닭 없이 빼앗았거든 /
1 5 4 5 /

암송 부분

1 여호와 3 1 5 / 2 2 4 / 2 4 7 / 2 7 //
2 건져낼 자가 5 3 / 3 4 / 2 2 3 4 //
3 여호와 3 1 5 / 2 4 5 / 1 2 3 3 /
4 화친한 자를 5 3 4 / 1 5 4 5 /

5 원수가 나의 영혼을 쫓아 잡아 /
3 2 3 4 /
내 생명을 땅에 짓밟게 하고 /
1 3 2 5 /
내 영광을 먼지 속에 살게 하소서 // (셀라)
1 3 4 5 // (2)

6 여호와여 / 진노로 일어나사 / 내 대적들의 노를 막으시며 /
4 / 3 4 / 1 4 2 4 /
나를 위하여 깨소서 // 주께서 심판을 명령하셨나이다 //
5 3 // 3 3 7 //

7 민족들의 모임이 / 주를 두르게 하시고 /
4 3 / 2 6 /
그 위 높은 자리에 돌아오소서 //
2 5 5 //

8 여호와께서 만민에게 심판을 행하시오니 / 여호와여 /
5 4 3 5 / 4 /
나의 의와 / 나의 성실함을 따라 / 나를 심판하소서 //
2 2 / 2 4 2 / 2 5 //

9 악인의 악을 끊고 / 의인을 세우소서 //
3 2 2 / 3 4 //
의로우신 하나님이 / 사람의 마음과 양심을 감찰하시나이다 //
4 4 / 3 3 3 7 //

암송 부분

5 원수가 3 2 3 4 / 1 3 2 5 / 1 3 4 5 // (2)
6 여호와여 4 / 3 4 / 1 4 2 4 / 5 3 // 3 3 7 //
7 민족들의 4 3 / 2 6 / 2 5 5 //
8 여호와께서 5 4 3 5 / 4 / 2 2 / 2 4 2 / 2 5 //
9 악인의 3 2 2 / 3 4 // 4 4 / 3 3 3 7 //

10 나의 방패는 / 마음이 정직한 자를 구원하시는 /
2 3 / 3 5 5 /
하나님께 있도다 //
4 3 //

11 하나님은 의로우신 재판장이심이여 /
4 4 7 /
매일 분노하시는 하나님이시로다 //
2 5 7 //

12 사람이 회개하지 아니하면 / 그가 그의 칼을 가심이여 /
3 4 4 / 2 2 2 4 /
그의 활을 / 이미 당기어 예비하셨도다 //
2 2 / 2 3 6 //

13 죽일 도구를 또한 예비하심이여 /
5 2 6 /
그가 만든 화살은 불화살들이로다 //
4 3 7 //

14 악인이 죄악을 낳음이여 / 재앙을 배어 거짓을 낳았도다 //
3 3 4 / 3 2 3 4 //

15 그가 웅덩이를 파 만듦이여 / 제가 만든 함정에 빠졌도다 //
2 4 1 4 / 4 3 4 //

—— 암송 부분 ——

10 나의 2 3 / 3 5 5 / 4 3 //
11 하나님은 4 4 7 / 2 5 7 //
12 사람이 3 4 4 / 2 2 2 4 / 2 2 / 2 3 6 //
13 죽일 도구를 5 2 6 / 4 3 7 //
14 악인이 3 3 4 / 3 2 3 4 //
15 그가 2 4 1 4 / 4 3 4 //

16 그의 재앙은 / 자기 머리로 돌아가고 /
2 3 / 2 3 4 /
그의 포악은 / 자기 정수리에 내리리로다 //
2 3 / 2 4 5 //

17 내가 여호와께 / 그의 의를 따라 감사함이여 /
2 4 / 2 2 2 5 /
지존하신 여호와의 이름을 찬양하리로다 //
4 4 3 6 //

암송 부분

1 여호와 3 1 5 / 2 2 4 / 2 4 7 / 2 7 //
2 건져낼 자가 5 3 / 3 4 / 2 2 3 4 //
3 여호와 3 1 5 / 2 4 5 / 1 2 3 3 /
4 화친한 자를 5 3 4 / 1 5 4 5 /
5 원수가 3 2 3 4 / 1 3 2 5 / 1 3 4 5 // (2)
6 여호와여 4 / 3 4 / 1 4 2 4 / 5 3 // 3 3 7 //
7 민족들의 4 3 / 2 6 / 2 5 5 //
8 여호와께서 5 4 3 5 / 4 / 2 2 / 2 4 2 / 2 5 //
9 악인의 3 2 2 / 3 4 // 4 4 / 3 3 3 7 //
10 나의 2 3 / 3 5 5 / 4 3 //
11 하나님은 4 4 7 / 2 5 7 //
12 사람이 3 4 4 / 2 2 2 4 / 2 2 / 2 3 6 //
13 죽일 도구를 5 2 6 / 4 3 7 //
14 악인이 3 3 4 / 3 2 3 4 //
15 그가 2 4 1 4 / 4 3 4 //

16 그의 2 3 / 2 3 4 / 2 3 / 2 4 5 //
17 내가 2 4 / 2 2 2 5 / 4 4 3 6 //

8편

<다윗의 시, 인도자를 따라 깃딧에 맞춘 노래>

1 여호와 우리 주여 / 주의 이름이 온 땅에 /
3 4 / 2 3 3 /
어찌 그리 아름다운지요 // 주의 영광이 하늘을 덮었나이다 //
4 6 // 2 3 3 5 //

2 주의 대적으로 말미암아 /
2 4 4 /
어린 아이들과 젖먹이들의 입으로 / 권능을 세우심이여 /
6 5 3 / 3 5 /
이는 원수들과 보복자들을 / 잠잠하게 하려 하심이니이다 //
2 4 5 / 6 6 //

3 주의 손가락으로 만드신 / 주의 하늘과 /
2 5 3 / 2 3 /
주께서 베풀어 두신 달과 별들을 / 내가 보오니 /
3 5 2 3 / 2 3 /

4 사람이 무엇이기에 / 주께서 그를 생각하시며 /
3 5 / 3 2 5 /
인자가 무엇이기에 / 주께서 그를 돌보시나이까 //
3 5 / 3 2 6 //

암송 부분

1 여호와 3 4 / 2 3 3 / 4 6 // 2 3 3 5 //
2 주의 2 4 4 / 6 5 3 / 3 5 / 2 4 5 / 6 6 //
3 주의 2 5 3 / 2 3 / 3 5 2 3 / 2 3 /
4 사람이 3 5 / 3 2 5 / 3 5 / 3 2 6 //

5 그를 하나님보다 / 조금 못하게 하시고 /
2 5 / 2 3 3 /
영화와 존귀로 관을 씌우셨나이다 //
3 3 2 6 //

6 주의 손으로 만드신 것을 다스리게 하시고 /
2 3 5 7 /
만물을 그의 발 아래 두셨으니 /
3 2 3 4 /

7 곧 / 모든 소와 양과 들짐승이며 /
1 / 2 2 2 5 /

8 공중의 새와 바다의 물고기와 /
3 2 3 4 /
바닷길에 다니는 것이니이다 //
4 3 5 //

9 여호와 우리 주여 / 주의 이름이 온 땅에 /
3 4 / 2 3 3 /
어찌 그리 아름다운지요 //
4 6 //

암송 부분

1 여호와 3 4 / 2 3 3 / 4 6 // 2 3 3 5 //
2 주의 2 4 4 / 6 5 3 / 3 5 / 2 4 5 / 6 6 //
3 주의 2 5 3 / 2 3 / 3 5 2 3 / 2 3 /
4 사람이 3 5 / 3 2 5 / 3 5 / 3 2 6 //

5 그를 2 5 / 2 3 3 / 3 3 2 6 //
6 주의 2 3 5 7 / 3 2 3 4 /
7 곧 1 / 2 2 2 5 /
8 공중의 3 2 3 4 / 4 3 5 //
9 여호와 3 4 / 2 3 3 / 4 6 //

9편

<다윗의 시, 인도자를 따라 뭇랍벤에 맞춘 노래>

1 내가 전심으로 여호와께 감사하오며 /
2 4 4 5 /
주의 모든 기이한 일들을 전하리이다 //
2 2 3 3 5 //

2 내가 주를 기뻐하고 즐거워하며 /
2 2 4 5 /
지존하신 주의 이름을 찬송하리니 /
4 2 3 5 /

3 내 원수들이 물러갈 때에 / 주 앞에서 넘어져 망함이니이다 //
1 4 5 / 4 3 6 //

4 주께서 / 나의 의와 송사를 변호하셨으며 /
3 / 2 2 3 6 /
보좌에 앉으사 의롭게 심판하셨나이다 //
3 3 3 7 //

5 이방 나라들을 책망하시고 / 악인을 멸하시며 /
6 5 / 3 4 /
그들의 이름을 영원히 지우셨나이다 //
3 3 3 6 //

암송 부분

1 내가 2 4 4 5 / 2 2 3 3 5 //
2 내가 2 2 4 5 / 4 2 3 5 /
3 내 1 4 5 / 4 3 6 //
4 주께서 3 / 2 2 3 6 / 3 3 3 7 //
5 이방 나라들을 6 5 / 3 4 / 3 3 3 6 //

6 원수가 끊어져 영원히 멸망하였사오니 /
3 3 3 7 /
주께서 무너뜨린 성읍들을 / 기억할 수 없나이다 //
3 4 4 / 4 4 //

7 여호와께서 영원히 앉으심이여 /
5 3 5 /
심판을 위하여 보좌를 준비하셨도다 //
3 3 3 6 //

8 공의로 세계를 심판하심이여 /
3 3 6 /
정직으로 만민에게 판결을 내리시리로다 //
4 4 3 6 //

9 여호와는 / 압제를 당하는 자의 요새이시요 /
4 / 8 5 /
환난 때의 요새이시로다 //
4 6 //

10 여호와여 / 주의 이름을 아는 자는 / 주를 의지하오리니 /
4 / 2 3 4 / 2 6 /
이는 주를 찾는 자들을 / 버리지 아니하심이니이다 //
2 2 2 3 / 3 8 //

암송 부분

6 원수가 3 3 3 7 / 3 4 4 / 4 4 //
7 여호와께서 5 3 5 / 3 3 3 6 //
8 공의로 3 3 6 / 4 4 3 6 //
9 여호와는 4 / 8 5 / 4 6 //
10 여호와여 4 / 2 3 4 / 2 6 / 2 2 2 3 / 3 8 //

11 너희는 / 시온에 계신 여호와를 찬송하며 /
3 / 5 4 4 /
그의 행사를 / 백성 중에 선포할지어다 //
2 3 / 4 6 //

12 피 흘림을 심문하시는 이가 / 그들을 기억하심이여 /
4 5 2 / 3 6 /
가난한 자의 부르짖음을 잊지 아니하시도다 //
5 5 2 6 //

13 여호와여 / 내게 은혜를 베푸소서 //
4 / 2 3 4 //
나를 사망의 문에서 일으키시는 주여 /
2 6 5 2 /
나를 미워하는 자에게서 받는 / 나의 고통을 보소서 //
2 4 4 2 / 2 3 3 //

14 그리하시면 / 내가 주의 찬송을 / 다 전할 것이요 /
5 / 2 2 3 / 1 5 /
딸 시온의 문에서 / 주의 구원을 기뻐하리이다 //
1 3 3 / 2 3 6 //

15 이방 나라들은 / 자기가 판 웅덩이에 빠짐이여 /
6 / 3 1 4 4 /
자기가 숨긴 그물에 / 자기 발이 걸렸도다 //
3 2 3 / 4 4 //

암송 부분

11 너희는 3 / 5 4 4 / 2 3 / 4 6 //
12 피 흘림을 4 5 2 / 3 6 / 5 5 2 6 //
13 여호와여 4 / 2 3 4 // 2 6 5 2 / 2 4 4 2 / 2 3 3 //
14 그리하시면 5 / 2 2 3 / 1 5 / 1 3 3 / 2 3 6 //
15 이방 나라들은 6 / 3 1 4 4 / 3 2 3 / 4 4 //

16 여호와께서 자기를 알게 하사 / 심판을 행하셨음이여 /
5 3 4 / 3 6 /
악인은 / 자기가 손으로 행한 일에 /
3 / 3 3 4 /
스스로 얽혔도다 // (힉가욘, 셀라)
3 4 // (3, 2)

17 악인들이 스올로 돌아감이여 / 하나님을 잊어버린 /
4 3 5 / 4 4 /
모든 이방 나라들이 그리하리로다 //
2 6 6 //

18 궁핍한 자가 / 항상 잊어버림을 당하지 아니함이여 /
5 / 2 5 3 5 /
가난한 자들이 / 영원히 실망하지 아니하리로다 //
6 / 3 4 6 //

19 여호와여 일어나사 / 인생으로 승리를 얻지 못하게 하시며 /
4 4 / 4 3 5 3 /
이방 나라들이 주 앞에서 심판을 받게 하소서 //
6 4 3 5 //

20 여호와여 / 그들을 두렵게 하시며 / 이방 나라들이 /
4 / 3 6 / 6 /
자기는 인생일 뿐인 줄 알게 하소서 // (셀라)
3 6 5 // (2)

암송 부분

16 여호와께서 5 3 4 / 3 6 / 3 / 3 3 4 / 3 4 // (3, 2)
17 악인들이 4 3 5 / 4 4 / 2 6 6 //
18 궁핍한 자가 5 / 2 5 3 5 / 6 / 3 4 6 //
19 여호와여 4 4 / 4 3 5 3 / 6 4 3 5 //
20 여호와여 4 / 3 6 / 6 / 3 6 5 // (2)

1 내가 2 4 4 5 / 2 2 3 3 5 //
2 내가 2 2 4 5 / 4 2 3 5 /
3 내 1 4 5 / 4 3 6 //
4 주께서 3 / 2 2 3 6 / 3 3 3 7 //
5 이방 나라들을 6 5 / 3 4 / 3 3 3 6 //
6 원수가 3 3 3 7 / 3 4 4 / 4 4 //
7 여호와께서 5 3 5 / 3 3 3 6 //
8 공의로 3 3 6 / 4 4 3 6 //
9 여호와는 4 / 8 5 / 4 6 //
10 여호와여 4 / 2 3 4 / 2 6 / 2 2 2 3 / 3 8 //
11 너희는 3 / 5 4 4 / 2 3 / 4 6 //
12 피 흘림을 4 5 2 / 3 6 / 5 5 2 6 //
13 여호와여 4 / 2 3 4 // 2 6 5 2 / 2 4 4 2 / 2 3 3 //
14 그리하시면 5 / 2 2 3 / 1 5 / 1 3 3 / 2 3 6 //
15 이방 나라들은 6 / 3 1 4 4 / 3 2 3 / 4 4 //
16 여호와께서 5 3 4 / 3 6 / 3 / 3 3 4 / 3 4 // (3, 2)
17 악인들이 4 3 5 / 4 4 / 2 6 6 //
18 궁핍한 자가 5 / 2 5 3 5 / 6 / 3 4 6 //
19 여호와여 4 4 / 4 3 5 3 / 6 4 3 5 //
20 여호와여 4 / 3 6 / 6 / 3 6 5 // (2)

10편

1 여호와여 / 어찌하여 멀리 서시며 /
4 / 4 5 /
어찌하여 환난 때에 숨으시나이까 //
4 4 6 //

2 악한 자가 교만하여 / 가련한 자를 심히 압박하오니 /
4 4 / 5 2 5 /
그들이 자기가 베푼 꾀에 빠지게 하소서 //
3 3 4 6 //

3 악인은 / 그의 마음의 욕심을 자랑하며 /
3 / 2 3 3 4 /
탐욕을 부리는 자는 / 여호와를 배반하여 멸시하나이다 //
3 5 / 4 4 6 //

4 악인은 / 그의 교만한 얼굴로 말하기를 /
3 / 2 3 3 4 /
여호와께서 이를 감찰하지 아니하신다 // 하며 /
5 2 4 5 // 2 /
그의 모든 사상에 / 하나님이 없다 // 하나이다 //
2 2 3 / 4 2 // 4 //

암송 부분

1 여호와여 4 / 4 5 / 4 4 6 //
2 악한 자가 4 4 / 5 2 5 / 3 3 4 6 //
3 악인은 3 / 2 3 3 4 / 3 5 / 4 4 6 //
4 악인은 3 / 2 3 3 4 / 5 2 4 5 // 2 / 2 2 3 / 4 2 // 4 //

5 그의 길은 언제든지 견고하고 / 주의 심판은 높아서 /
2 2 4 4 / 2 3 3 /
그에게 미치지 못하오니 / 그는 그의 모든 대적들을 멸시하며 /
3 3 4 / 2 2 2 4 4 /

6 그의 마음에 이르기를 / 나는 흔들리지 아니하며 /
2 3 4 / 2 4 4 /
대대로 환난을 당하지 아니하리라 // 하나이다 //
3 3 3 5 // 4 //

7 그의 입에는 / 저주와 거짓과 포악이 충만하며 /
2 3 / 3 3 3 4 /
그의 혀 밑에는 / 잔해와 죄악이 있나이다 //
2 4 / 3 3 4 //

8 그가 마을 구석진 곳에 앉으며 /
2 2 5 3 /
그 은밀한 곳에서 무죄한 자를 죽이며 /
1 6 5 3 /
그의 눈은 가련한 자를 엿보나이다 //
2 2 5 5 //

9 사자가 자기의 굴에 엎드림 같이 /
3 3 2 5 /
그가 은밀한 곳에 엎드려 / 가련한 자를 잡으려고 기다리며 /
2 5 3 / 5 4 4 /
자기 그물을 끌어당겨 / 가련한 자를 잡나이다 //
2 3 4 / 5 4 //

암송 부분

5 그의 2 2 4 4 / 2 3 3 / 3 3 4 / 2 2 2 4 4 /
6 그의 2 3 4 / 2 4 4 / 3 3 3 5 // 4 //
7 그의 2 3 / 3 3 3 4 / 2 4 / 3 3 4 //
8 그가 2 2 5 3 / 1 6 5 3 / 2 2 5 5 //
9 사자가 3 3 2 5 / 2 5 3 / 5 4 4 / 2 3 4 / 5 4 //

10 그가 구푸려 엎드리니 / 그의 포악으로 말미암아 /
2 3 4 / 2 4 4 /
가련한 자들이 넘어지나이다 //
6 6 //

11 그가 그의 마음에 이르기를 / 하나님이 잊으셨고 /
2 2 3 4 / 4 4 /
그의 얼굴을 가리셨으니 / 영원히 보지 아니하시리라 //
2 3 5 / 3 2 6 //
하나이다 //
4 //

12 여호와여 일어나옵소서 // 하나님이여 손을 드옵소서 //
4 6 // 5 6 //
가난한 자들을 잊지 마옵소서 //
6 6 //

13 어찌하여 악인이 하나님을 멸시하여 /
4 3 4 4 /
그의 마음에 이르기를 / 주는 감찰하지 아니하리라 //
2 3 4 / 2 4 5 //
하나이까 //
4 //

암송 부분

10 그가 2 3 4 / 2 4 4 / 6 6 //
11 그가 2 2 3 4 / 4 4 / 2 3 5 / 3 2 6 // 4 //
12 여호와여 4 6 // 5 6 // 6 6 //
13 어찌하여 4 3 4 4 / 2 3 4 / 2 4 5 // 4 //

14 주께서는 보셨나이다 // 주는 재앙과 원한을 감찰하시고 /
4 5 // 2 3 3 5 /
주의 손으로 갚으려 하시오니 /
2 3 3 4 /
외로운 자가 주를 의지하나이다 //
5 2 6 //
주는 벌써부터 / 고아를 도우시는 이시니이다 //
2 4 / 3 4 5 //

15 악인의 팔을 꺾으소서 // 악한 자의 악을 /
3 2 4 // 4 2 /
더 이상 찾아낼 수 없을 때까지 찾으소서 //
3 4 5 4 //

16 여호와께서는 영원무궁하도록 왕이시니 /
6 7 4 /
이방 나라들이 / 주의 땅에서 멸망하였나이다 //
6 / 2 3 7 //

17 여호와여 / 주는 겸손한 자의 소원을 들으셨사오니 /
4 / 2 5 3 6 /
그들의 마음을 준비하시며 / 귀를 기울여 들으시고 /
3 3 5 / 2 3 4 /

18 고아와 압제 당하는 자를 위하여 심판하사 /
3 7 3 4 /
세상에 속한 자가 / 다시는 위협하지 못하게 하시리이다 //
3 4 / 3 4 3 5 //

암송 부분

14 주께서는 4 5 // 2 3 3 5 / 2 3 3 4 / 5 2 6 //
2 4 / 3 4 5 //
15 악인의 3 2 4 // 4 2 / 3 4 5 4 //
16 여호와께서는 6 7 4 / 6 / 2 3 7 //
17 여호와여 4 / 2 5 3 6 / 3 3 5 / 2 3 4 /
18 고아와 3 7 3 4 / 3 4 / 3 4 3 5 //

1 여호와여 4 / 4 5 / 4 4 6 //
2 악한 자가 4 4 / 5 2 5 / 3 3 4 6 //
3 악인은 3 / 2 3 3 4 / 3 5 / 4 4 6 //
4 악인은 3 / 2 3 3 4 / 5 2 4 5 // 2 / 2 2 3 / 4 2 // 4 //
5 그의 2 2 4 4 / 2 3 3 / 3 3 4 / 2 2 2 4 4 /
6 그의 2 3 4 / 2 4 4 / 3 3 3 5 // 4 //
7 그의 2 3 / 3 3 3 4 / 2 4 / 3 3 4 //
8 그가 2 2 5 3 / 1 6 5 3 / 2 2 5 5 //
9 사자가 3 3 2 5 / 2 5 3 / 5 4 4 / 2 3 4 / 5 4 //
10 그가 2 3 4 / 2 4 4 / 6 6 //
11 그가 2 2 3 4 / 4 4 / 2 3 5 / 3 2 6 // 4 //
12 여호와여 4 6 // 5 6 // 6 6 //
13 어찌하여 4 3 4 4 / 2 3 4 / 2 4 5 // 4 //
14 주께서는 4 5 // 2 3 3 5 / 2 3 3 4 / 5 2 6 //
2 4 / 3 4 5 //
15 악인의 3 2 4 // 4 2 / 3 4 5 4 //
16 여호와께서는 6 7 4 / 6 / 2 3 7 //
17 여호와여 4 / 2 5 3 6 / 3 3 5 / 2 3 4 /
18 고아와 3 7 3 4 / 3 4 / 3 4 3 5 //

11편

<다윗의 시, 인도자를 따라 부르는 노래>

1 내가 여호와께 피하였거늘 / 너희가 내 영혼에게 /
2 4 5 / 3 1 4 /
새 같이 네 산으로 도망하라 // 함은 어찌함인가 //
3 1 3 4 // 2 5 //

2 악인이 활을 당기고 / 화살을 시위에 먹임이여 /
3 2 3 / 3 3 4 /
마음이 바른 자를 / 어두운 데서 쏘려 하는도다 //
3 4 / 5 6 //

3 터가 무너지면 의인이 무엇을 하랴 //
2 4 3 5 //

4 여호와께서는 그의 성전에 계시고 /
6 2 3 3 /
여호와의 보좌는 하늘에 있음이여 /
4 3 3 4 /
그의 눈이 인생을 통촉하시고 /
2 2 3 5 /
그의 안목이 그들을 감찰하시도다 //
2 3 3 6 //

암송 부분

1 내가 2 4 5 / 3 1 4 / 3 1 3 4 // 2 5 //
2 악인이 3 2 3 / 3 3 4 / 3 4 / 5 6 //
3 터가 2 4 3 5 //
4 여호와께서는 6 2 3 3 / 4 3 3 4 / 2 2 3 5 / 2 3 3 6 //

5 여호와는 의인을 감찰하시고 /
4 3 5 /
악인과 폭력을 좋아하는 자를 / 마음에 미워하시도다 //
3 3 6 / 3 6 //

6 악인에게 그물을 던지시리니 /
4 3 5 /
불과 유황과 태우는 바람이 / 그들의 잔의 소득이 되리로다 //
2 3 3 3 / 3 2 3 4 //

7 여호와는 의로우사 의로운 일을 좋아하시나니 /
4 4 5 6 /
정직한 자는 / 그의 얼굴을 뵈오리로다 //
5 / 2 3 5 //

암송 부분

1 내가 2 4 5 / 3 1 4 / 3 1 3 4 // 2 5 //
2 악인이 3 2 3 / 3 3 4 / 3 4 / 5 6 //
3 터가 2 4 3 5 //
4 여호와께서는 6 2 3 3 / 4 3 3 4 / 2 2 3 5 / 2 3 3 6 //

5 여호와는 4 3 5 / 3 3 6 / 3 6 //
6 악인에게 4 3 5 / 2 3 3 3 / 3 2 3 4 //
7 여호와는 4 4 5 6 / 5 / 2 3 5 //

12편

<다윗의 시, 인도자를 따라 여덟째 줄에 맞춘 노래>

1 여호와여 도우소서 // 경건한 자가 끊어지며 /
4 4 // 5 4 /
충실한 자들이 인생 중에 없어지나이다 //
6 4 6 //

2 그들이 이웃에게 / 각기 거짓을 말함이여 /
3 4 / 2 3 4 /
아첨하는 입술과 / 두 마음으로 말하는도다 //
4 3 / 1 4 5 //

3 여호와께서 / 모든 아첨하는 입술과 /
5 / 2 4 3 /
자랑하는 혀를 끊으시리니 /
4 2 5 /

4 그들이 말하기를 / 우리의 혀가 이기리라 //
3 4 / 3 2 4 //
우리 입술은 우리 것이니 / 우리를 주관할 자 누구리요 //
2 3 5 / 3 4 4 //
함이로다 //
4 //

암송 부분

1 여호와여 4 4 // 5 4 / 6 4 6 //
2 그들이 3 4 / 2 3 4 / 4 3 / 1 4 5 //
3 여호와께서 5 / 2 4 3 / 4 2 5 /
4 그들이 3 4 / 3 2 4 // 2 3 5 / 3 4 4 // 4 //

5 여호와의 말씀에 / 가련한 자들의 눌림과 /
4 3 / 6 3 /
궁핍한 자들의 탄식으로 말미암아 / 내가 이제 일어나 /
6 4 4 / 2 2 3 /
그를 그가 원하는 / 안전한 지대에 두리라 // 하시도다 //
2 2 3 / 3 3 3 // 4 //

6 여호와의 말씀은 순결함이여 /
4 3 5 /
흙 도가니에 일곱 번 단련한 / 은 같도다 //
1 4 3 3 / 1 3 //

7 여호와여 / 그들을 지키사 /
4 3 3 /
이 세대로부터 영원까지 보존하시리이다 //
1 5 4 7 //

8 비열함이 인생 중에 높임을 받는 때에 /
4 4 3 4 /
악인들이 곳곳에서 날뛰는도다 //
4 4 5 //

암송 부분

1 여호와여 4 4 // 5 4 / 6 4 6 //
2 그들이 3 4 / 2 3 4 / 4 3 / 1 4 5 //
3 여호와께서 5 / 2 4 3 / 4 2 5 /
4 그들이 3 4 / 3 2 4 // 2 3 5 / 3 4 4 // 4 //

5 여호와의 4 3 / 6 3 / 6 4 4 / 2 2 3 / 2 2 3 / 3 3 3 // 4 //
6 여호와의 4 3 5 / 1 4 3 3 / 1 3 //
7 여호와여 4 3 3 / 1 5 4 7 //
8 비열함이 4 4 3 4 / 4 4 5 //

13편

<다윗의 시, 인도자를 따라 부르는 노래>

1 여호와여 어느 때까지니이까 // 나를 영원히 잊으시나이까 //
4 8 // 2 3 6 //
주의 얼굴을 / 나에게서 어느 때까지 숨기시겠나이까 //
2 3 / 4 5 7 //

2 나의 영혼이 번민하고 / 종일토록 마음에 근심하기를 /
2 3 4 / 4 3 5 /
어느 때까지 하오며 / 내 원수가 나를 치며 자랑하기를 /
5 3 / 1 3 4 5 /
어느 때까지 하리이까 //
5 4 //

3 여호와 내 하나님이여 / 나를 생각하사 응답하시고 /
3 1 5 / 2 4 5 /
나의 눈을 밝히소서 //
2 2 4 //
두렵건대 / 내가 사망의 잠을 잘까 하오며 /
4 / 2 5 5 /

암송 부분

1 여호와여 4 8 // 2 3 6 // 2 3 / 4 5 7 //
2 나의 2 3 4 / 4 3 5 / 5 3 / 1 3 4 5 / 5 4 //
3 여호와 3 1 5 / 2 4 5 / 2 2 4 // 4 / 2 5 5 /

4 두렵건대 / 나의 원수가 이르기를 /
4 / 2 3 4 /
내가 그를 이겼다 // 할까 하오며 /
2 2 3 // 5 /
내가 흔들릴 때에 / 나의 대적들이 기뻐할까 하나이다 //
2 5 / 2 4 4 4 //

5 나는 오직 / 주의 사랑을 의지하였사오니 /
2 2 / 2 3 7 /
나의 마음은 / 주의 구원을 기뻐하리이다 //
2 3 / 2 3 6 //

6 내가 여호와를 찬송하리니 /
2 4 5 /
이는 주께서 / 내게 은덕을 베푸심이로다 //
2 3 / 2 3 6 //

암송 부분

1 여호와여 4 8 // 2 3 6 // 2 3 / 4 5 7 //
2 나의 2 3 4 / 4 3 5 / 5 3 / 1 3 4 5 / 5 4 //
3 여호와 3 1 5 / 2 4 5 / 2 2 4 // 4 / 2 5 5 /

4 두렵건대 4 / 2 3 4 / 2 2 3 // 5 / 2 5 / 2 4 4 4 //
5 나는 2 2 / 2 3 7 / 2 3 / 2 3 6 //
6 내가 2 4 5 / 2 3 / 2 3 6 //

14편

<다윗의 시, 인도자를 따라 부르는 노래>

1 어리석은 자는 그의 마음에 이르기를 /
6 2 3 4 /
하나님이 없다 // 하는도다 // 그들은 부패하고 /
4 2 // 4 // 3 4 /
그 행실이 가증하니 / 선을 행하는 자가 없도다 //
1 3 4 / 2 5 3 //

2 여호와께서 / 하늘에서 인생을 굽어살피사 /
5 / 4 3 5 /
지각이 있어 하나님을 찾는 자가 있는가 / 보려 하신즉 /
5 4 4 3 / 5 /

3 다 치우쳐 / 함께 더러운 자가 되고 /
1 3 / 2 5 2 /
선을 행하는 자가 없으니 / 하나도 없도다 //
2 5 3 / 3 3 //

4 죄악을 행하는 자는 다 무지하냐 //
3 5 1 4 //
그들이 떡 먹듯이 / 내 백성을 먹으면서 /
3 4 / 1 3 4 /
여호와를 부르지 아니하는도다 //
4 3 6 //

암송 부분

1 어리석은 자는 6 2 3 4 / 4 2 // 4 // 3 4 / 1 3 4 / 2 5 3 //
2 여호와께서 5 / 4 3 5 / 5 4 4 3 / 5 /
3 다 1 3 / 2 5 2 / 2 5 3 / 3 3 //
4 죄악을 3 5 1 4 // 3 4 / 1 3 4 / 4 3 6 //

5 그러나 거기서 / 그들은 두려워하고 두려워하였으니 /
3 3 / 3 5 7 /
하나님이 의인의 세대에 계심이로다 //
4 3 3 5 //

6 너희가 / 가난한 자의 계획을 부끄럽게 하나 /
3 / 5 3 6 /
오직 여호와는 / 그의 피난처가 되시도다 //
2 4 / 2 4 4 //

7 이스라엘의 구원이 / 시온에서 나오기를 원하도다 //
5 3 / 4 4 4 //
여호와께서 그의 백성을 / 포로된 곳에서 돌이키실 때에 /
5 2 3 / 6 6 /
야곱이 즐거워하고 이스라엘이 기뻐하리로다 //
3 5 5 6 //

암송 부분

1 어리석은 자는 6 2 3 4 / 4 2 // 4 // 3 4 / 1 3 4 / 2 5 3 //
2 여호와께서 5 / 4 3 5 / 5 4 4 3 / 5 /
3 다 1 3 / 2 5 2 / 2 5 3 / 3 3 //
4 죄악을 3 5 1 4 // 3 4 / 1 3 4 / 4 3 6 //

5 그러나 3 3 / 3 5 7 / 4 3 3 5 //
6 너희가 3 / 5 3 6 / 2 4 / 2 4 4 //
7 이스라엘의 5 3 / 4 4 4 // 5 2 3 / 6 6 / 3 5 5 6 //

15편

<다윗의 시>

1 여호와여 / 주의 장막에 머무를 자 누구오며 /
4 / 2 3 4 4 /
주의 성산에 사는 자 누구오니이까 //
2 3 3 6 //

2 정직하게 행하며 공의를 실천하며 /
4 3 3 4 /
그의 마음에 진실을 말하며 /
2 3 3 3 /

3 그의 혀로 / 남을 허물하지 아니하고 /
2 2 / 2 4 4 /
그의 이웃에게 / 악을 행하지 아니하며 /
2 4 / 2 3 4 /
그의 이웃을 비방하지 아니하며 /
2 3 4 4 /

4 그의 눈은 망령된 자를 멸시하며 /
2 2 5 4 /
여호와를 두려워하는 자들을 존대하며 /
4 5 3 4 /
그의 마음에 서원한 것은 / 해로울지라도 변하지 아니하며 /
2 3 5 / 6 3 4 /

암송 부분

1 여호와여 4 / 2 3 4 4 / 2 3 3 6 //
2 정직하게 4 3 3 4 / 2 3 3 3 /
3 그의 2 2 / 2 4 4 / 2 4 / 2 3 4 / 2 3 4 4 /
4 그의 2 2 5 4 / 4 5 3 4 / 2 3 5 / 6 3 4 /

5 이자를 받으려고 / 돈을 꾸어 주지 아니하며 /
3 4 / 2 4 4 /
뇌물을 받고 / 무죄한 자를 해하지 아니하는 자이니 /
3 2 / 5 3 4 3 /
이런 일을 행하는 자는 / 영원히 흔들리지 아니하리이다 //
4 5 / 3 4 6 //

암송 부분

1 여호와여 4 / 2 3 4 4 / 2 3 3 6 //
2 정직하게 4 3 3 4 / 2 3 3 3 /
3 그의 2 2 / 2 4 4 / 2 4 / 2 3 4 / 2 3 4 4 /
4 그의 2 2 5 4 / 4 5 3 4 / 2 3 5 / 6 3 4 /

5 이자를 3 4 / 2 4 4 / 3 2 / 5 3 4 3 / 4 5 / 3 4 6 //

16편

<다윗의 믹담>

1 하나님이여 / 나를 지켜 주소서 / 내가 주께 피하나이다 //
5 / 2 5 / 2 2 5 //

2 내가 여호와께 아뢰되 / 주는 나의 주님이시오니 /
2 4 3 / 2 2 6 /
주 밖에는 나의 복이 없다 // 하였나이다 //
4 2 2 2 // 5 //

3 땅에 있는 성도들은 존귀한 자들이니 /
4 4 3 4 /
나의 모든 즐거움이 / 그들에게 있도다 //
2 2 4 / 4 3 //

4 다른 신에게 예물을 드리는 자는 / 괴로움이 더할 것이라 //
5 3 5 / 4 5 //
나는 그들이 드리는 / 피의 전제를 드리지 아니하며 /
2 3 3 / 2 3 3 4 /
내 입술로 / 그 이름도 부르지 아니하리로다 //
1 3 / 1 3 3 6 //

5 여호와는 나의 산업과 / 나의 잔의 소득이시니 /
4 2 3 / 2 2 5 /
나의 분깃을 지키시나이다 //
2 3 6 //

암송 부분

1 하나님이여 5 / 2 5 / 2 2 5 //
2 내가 2 4 3 / 2 2 6 / 4 2 2 2 // 5 //
3 땅에 있는 4 4 3 4 / 2 2 4 / 4 3 //
4 다른 신에게 5 3 5 / 4 5 // 2 3 3 / 2 3 3 4 /
1 3 / 1 3 3 6 //
5 여호와는 4 2 3 / 2 2 5 / 2 3 6 //

6 내게 줄로 재어 준 구역은 / 아름다운 곳에 있음이여 /
2 2 3 3 / 6 4 /
나의 기업이 실로 아름답도다 //
2 3 2 5 //

7 나를 훈계하신 여호와를 송축할지라 //
2 4 4 5 //
밤마다 내 양심이 / 나를 교훈하도다 //
3 1 3 / 2 5 //

8 내가 여호와를 / 항상 내 앞에 모심이여 /
2 4 / 2 3 4 /
그가 나의 오른쪽에 계시므로 / 내가 흔들리지 아니하리로다 //
2 2 4 4 / 2 4 6 //

9 이러므로 / 나의 마음이 기쁘고 / 나의 영도 즐거워하며 /
4 / 2 3 3 / 2 2 5 /
내 육체도 안전히 살리니 /
1 3 3 3 /

10 이는 주께서 / 내 영혼을 / 스올에 버리지 아니하시며 /
2 3 / 1 3 / 3 3 5 /
주의 거룩한 자를 / 멸망시키지 않으실 것임이니이다 //
2 5 / 5 3 6 //

암송 부분

6 내게 2 2 3 3 / 6 4 / 2 3 2 5 //
7 나를 2 4 4 5 // 3 1 3 / 2 5 //
8 내가 2 4 / 2 3 4 / 2 2 4 4 / 2 4 6 //
9 이러므로 4 / 2 3 3 / 2 2 5 / 1 3 3 3 /
10 이는 2 3 / 1 3 / 3 3 5 / 2 5 / 5 3 6 //

11 주께서 생명의 길을 내게 보이시리니 / 주의 앞에는 /
3 5 2 5 / 2 3 /
충만한 기쁨이 있고 / 주의 오른쪽에는 /
3 3 2 / 2 5 /
영원한 즐거움이 있나이다 //
3 4 4 //

암송 부분

1 하나님이여 5 / 2 5 / 2 2 5 //
2 내가 2 4 3 / 2 2 6 / 4 2 2 2 // 5 //
3 땅에 있는 4 4 3 4 / 2 2 4 / 4 3 //
4 다른 신에게 5 3 5 / 4 5 // 2 3 3 / 2 3 3 4 /
1 3 / 1 3 3 6 //
5 여호와는 4 2 3 / 2 2 5 / 2 3 6 //
6 내게 2 2 3 3 / 6 4 / 2 3 2 5 //
7 나를 2 4 4 5 // 3 1 3 / 2 5 //
8 내가 2 4 / 2 3 4 / 2 2 4 4 / 2 4 6 //
9 이러므로 4 / 2 3 3 / 2 2 5 / 1 3 3 3 /
10 이는 2 3 / 1 3 / 3 3 5 / 2 5 / 5 3 6 //

11 주께서 3 5 2 5 / 2 3 / 3 3 2 / 2 5 / 3 4 4 //

17편

<다윗의 기도>

1 여호와여 의의 호소를 들으소서 //
4 2 3 4 //
나의 울부짖음에 주의하소서 //
2 5 5 //
거짓 되지 아니한 입술에서 나오는 /
4 3 4 3 /
나의 기도에 귀를 기울이소서 //
2 3 2 5 //

2 주께서 나를 판단하시며 / 주의 눈으로 공평함을 살피소서 //
3 2 5 / 2 3 4 4 //

3 주께서 내 마음을 시험하시고 / 밤에 내게 오시어서 /
3 4 5 / 2 2 4 /
나를 감찰하셨으나 / 흠을 찾지 못하셨사오니 /
2 6 / 2 2 6 /
내가 결심하고 / 입으로 범죄하지 아니하리이다 //
2 4 / 3 4 6 //

4 사람의 행사로 논하면 / 나는 주의 입술의 말씀을 따라 /
3 3 3 / 2 2 3 5 /
스스로 삼가서 / 포악한 자의 길을 가지 아니하였사오며 /
3 3 / 5 2 2 7 /

암송 부분

1 여호와여 4 2 3 4 // 2 5 5 // 4 3 4 3 / 2 3 2 5 //
2 주께서 3 2 5 / 2 3 4 4 //
3 주께서 3 4 5 / 2 2 4 / 2 6 / 2 2 6 / 2 4 / 3 4 6 //
4 사람의 3 3 3 / 2 2 3 5 / 3 3 / 5 2 2 7 /

5 나의 걸음이 / 주의 길을 굳게 지키고 /
2 3 / 2 2 2 3 /
실족하지 아니하였나이다 //
4 7 //

6 하나님이여 / 내게 응답하시겠으므로 내가 불렀사오니 /
5 / 2 8 2 5 /
내게 귀를 기울여 내 말을 들으소서 //
2 5 3 4 //

7 주께 피하는 자들을 / 그 일어나 치는 자들에게서 /
2 6 / 1 3 7 /
오른손으로 구원하시는 주여 /
5 5 2 /
주의 기이한 사랑을 나타내소서 //
2 3 3 5 //

8 나를 눈동자 같이 지키시고 /
2 5 4 /
주의 날개 그늘 아래에 감추사 /
2 4 3 3 /

9 내 앞에서 / 나를 압제하는 악인들과 /
1 3 / 2 4 4 /
나의 목숨을 노리는 원수들에게서 / 벗어나게 하소서 //
2 3 3 6 / 4 3 //

암송 부분

5 나의 2 3 / 2 2 2 3 / 4 7 //
6 하나님이여 5 / 2 8 2 5 / 2 5 3 4 //
7 주께 2 6 / 1 3 7 / 5 5 2 / 2 3 3 5 //
8 나를 2 5 4 / 2 4 3 3 /
9 내 1 3 / 2 4 4 / 2 3 3 6 / 4 3 //

10 그들의 마음은 기름에 잠겼으며 /
3 3 3 4 /
그들의 입은 교만하게 말하나이다 //
3 2 4 5 //

11 이제 우리가 걸어가는 것을 /
2 3 6 /
그들이 에워싸서 노려보고 / 땅에 넘어뜨리려 하나이다 //
3 4 4 / 2 5 4 //

12 그는 / 그 움킨 것을 찢으려 하는 사자 같으며 /
2 / 1 4 5 5 /
은밀한 곳에 엎드린 젊은 사자 같으니이다 //
5 3 4 5 //

13 여호와여 / 일어나 그를 대항하여 넘어뜨리시고 /
4 / 3 2 4 6 /
주의 칼로 / 악인에게서 나의 영혼을 구원하소서 //
2 2 / 5 2 3 5 //

암송 부분

10 그들의 3 3 3 4 / 3 2 4 5 //
11 이제 2 3 6 / 3 4 4 / 2 5 4 //
12 그는 2 / 1 4 5 5 / 5 3 4 5 //
13 여호와여 4 / 3 2 4 6 / 2 2 / 5 2 3 5 //

14 여호와여 / 이 세상에 살아 있는 동안 /
4 / 1 3 6 /
그들의 분깃을 받은 사람들에게서 /
3 5 6 /
주의 손으로 나를 구하소서 //
2 3 2 4 //
그들은 주의 재물로 배를 채우고 / 자녀로 만족하고 /
3 2 3 5 / 3 4 /
그들의 남은 산업을 /
3 2 3 /
그들의 어린 아이들에게 물려 주는 자니이다 //
3 7 4 4 //

15 나는 의로운 중에 / 주의 얼굴을 뵈오리니 /
2 5 / 2 3 4 /
깰 때에 주의 형상으로 만족하리이다 //
3 2 4 6 //

암송 부분

1 여호와여 4 2 3 4 // 2 5 5 // 4 3 4 3 / 2 3 2 5 //
2 주께서 3 2 5 / 2 3 4 4 //
3 주께서 3 4 5 / 2 2 4 / 2 6 / 2 2 6 / 2 4 / 3 4 6 //
4 사람의 3 3 3 / 2 2 3 5 / 3 3 / 5 2 2 7 /
5 나의 2 3 / 2 2 2 3 / 4 7 //
6 하나님이여 5 / 2 8 2 5 / 2 5 3 4 //
7 주께 2 6 / 1 3 7 / 5 5 2 / 2 3 3 5 //
8 나를 2 5 4 / 2 4 3 3 /
9 내 1 3 / 2 4 4 / 2 3 3 6 / 4 3 //
10 그들의 3 3 3 4 / 3 2 4 5 //
11 이제 2 3 6 / 3 4 4 / 2 5 4 //
12 그는 2 / 1 4 5 5 / 5 3 4 5 //
13 여호와여 4 / 3 2 4 6 / 2 2 / 5 2 3 5 //

14 여호와여 4 / 1 3 6 / 3 5 6 / 2 3 2 4 //
3 2 3 5 / 3 4 / 3 2 3 / 3 7 4 4 //
15 나는 2 5 / 2 3 4 / 3 2 4 6 //

18편

<여호와의 종 다윗의 시, 인도자를 따라 부르는 노래,
여호와께서 다윗을 그 모든 원수들의 손에서와 사울의 손에서 건져 주신 날에
다윗이 이 노래의 말로 여호와께 아뢰어 이르되>

1 나의 힘이신 여호와여 / 내가 주를 사랑하나이다 //
2 3 4 / 2 2 6 //

2 여호와는 나의 반석이시요 / 나의 요새시요 /
4 2 5 / 2 4 /
나를 건지시는 이시요 / 나의 하나님이시요 /
2 4 3 / 2 6 /
내가 그 안에 피할 / 나의 바위시요 / 나의 방패시요 /
2 3 2 / 2 4 / 2 4 /
나의 구원의 뿔이시요 / 나의 산성이시로다 //
2 3 4 / 2 6 //

3 내가 / 찬송 받으실 여호와께 아뢰리니 /
2 / 5 4 4 /
내 원수들에게서 구원을 얻으리로다 //
1 6 3 5 //

4 사망의 줄이 나를 얽고 /
3 2 2 2 /
불의의 창수가 / 나를 두렵게 하였으며 /
3 3 / 2 3 4 /

암송 부분

1 나의 2 3 4 / 2 2 6 //
2 여호와는 4 2 5 / 2 4 / 2 4 3 / 2 6 /
2 3 2 / 2 4 / 2 4 / 2 3 4 / 2 6 //
3 내가 2 / 5 4 4 / 1 6 3 5 //
4 사망의 3 2 2 2 / 3 3 / 2 3 4 /

5 스올의 줄이 나를 두르고 /
3 2 2 3 /
사망의 올무가 내게 이르렀도다 //
3 3 2 5 //

6 내가 환난 중에서 여호와께 아뢰며 /
2 5 4 3 /
나의 하나님께 부르짖었더니 / 그가 그의 성전에서 /
2 4 6 / 2 2 4 /
내 소리를 들으심이여 / 그의 앞에서 나의 부르짖음이 /
1 3 5 / 2 3 2 5 /
그의 귀에 들렸도다 //
2 2 4 //

7 이에 땅이 진동하고 / 산들의 터도 요동하였으니 /
2 2 4 / 3 2 6 /
그의 진노로 말미암음이로다 //
2 3 7 //

8 그의 코에서 연기가 오르고 /
2 3 3 3 /
입에서 불이 나와 사름이여 / 그 불에 숯이 피었도다 //
3 4 4 / 1 2 2 4 //

9 그가 또 / 하늘을 드리우시고 강림하시니 /
2 1 / 3 5 5 /
그의 발 아래는 어두캄캄하도다 //
2 4 7 //

암송 부분

5 스올의 3 2 2 3 / 3 3 2 5 //
6 내가 2 5 4 3 / 2 4 6 / 2 2 4 / 1 3 5 / 2 3 2 5 / 2 2 4 //
7 이에 2 2 4 / 3 2 6 / 2 3 7 //
8 그의 2 3 3 3 / 3 4 4 / 1 2 2 4 //
9 그가 2 1 / 3 5 5 / 2 4 7 //

10 그룹을 타고 다니심이여 /
3 2 5 /
바람 날개를 타고 높이 솟아오르셨도다 //
5 2 2 7 //

11 그가 / 흑암을 그의 숨는 곳으로 삼으사 /
2 / 3 2 5 3 /
장막 같이 자기를 두르게 하심이여 / 곧 물의 흑암과 /
4 3 3 4 / 1 2 3 /
공중의 빽빽한 구름으로 그리하시도다 //
3 3 4 6 //

12 그 앞에 광채로 말미암아 / 빽빽한 구름이 지나며 /
3 3 4 / 3 3 3 /
우박과 숯불이 내리도다 //
3 3 4 //

13 여호와께서 하늘에서 우렛소리를 내시고 /
5 4 5 3 /
지존하신 이가 음성을 내시며 / 우박과 숯불을 내리시도다 //
6 3 3 / 3 3 5 //

14 그의 화살을 날려 / 그들을 흩으심이여 /
2 3 2 / 3 5 /
많은 번개로 그들을 깨뜨리셨도다 //
2 3 3 6 //

암송 부분

10 그룹을 3 2 5 / 5 2 2 7 //
11 그가 2 / 3 2 5 3 / 4 3 3 4 / 1 2 3 / 3 3 4 6 //
12 그 앞에 3 3 4 / 3 3 3 / 3 3 4 //
13 여호와께서 5 4 5 3 / 6 3 3 / 3 3 5 //
14 그의 2 3 2 / 3 5 / 2 3 3 6 //

15 이럴 때에 / 여호와의 꾸지람과 콧김으로 말미암아 /
4 / 4 4 4 4 /
물 밑이 드러나고 / 세상의 터가 나타났도다 //
3 4 / 3 2 5 //

16 그가 높은 곳에서 손을 펴사 / 나를 붙잡아 주심이여 /
2 5 4 / 2 3 4 /
많은 물에서 나를 건져내셨도다 //
2 3 2 6 //

17 나를 / 강한 원수와 미워하는 자에게서 건지셨음이여 /
2 / 5 4 4 6 /
그들은 나보다 힘이 세기 때문이로다 //
3 3 4 5 //

18 그들이 / 나의 재앙의 날에 내게 이르렀으나 /
3 / 2 5 2 5 /
여호와께서 나의 의지가 되셨도다 //
5 2 3 4 //

19 나를 넓은 곳으로 인도하시고 /
2 5 5 /
나를 기뻐하시므로 나를 구원하셨도다 //
2 6 2 6 //

암송 부분

15 이럴 때에 4 / 4 4 4 4 / 3 4 / 3 2 5 //
16 그가 2 5 4 / 2 3 4 / 2 3 2 6 //
17 나를 2 / 5 4 4 6 / 3 3 4 5 //
18 그들이 3 / 2 5 2 5 / 5 2 3 4 //
19 나를 2 5 5 / 2 6 2 6 //

20 여호와께서 내 의를 따라 / 상 주시며 /
5 1 2 2 / 4 /
내 손의 깨끗함을 따라 / 내게 갚으셨으니 /
1 2 6 / 2 5 /

21 이는 내가 / 여호와의 도를 지키고 /
2 2 / 4 2 3 /
악하게 내 하나님을 / 떠나지 아니하였으며 /
3 1 4 / 3 6 /

22 그의 모든 규례가 / 내 앞에 있고 / 내게서 그의 율례를 /
2 2 3 / 3 2 / 3 2 3 /
버리지 아니하였음이로다 //
3 8 //

23 또한 나는 그의 앞에 완전하여 /
2 2 4 4 /
나의 죄악에서 / 스스로 자신을 지켰나니 /
2 4 / 3 3 4 /

24 그러므로 여호와께서 / 내 의를 따라 갚으시되 /
4 5 / 1 2 2 4 /
그의 목전에서 / 내 손이 깨끗한 만큼 / 내게 갚으셨도다 //
2 4 / 1 2 5 / 2 5 //

암송 부분

20 여호와께서 5 1 2 2 / 4 / 1 2 6 / 2 5 /
21 이는 2 2 / 4 2 3 / 3 1 4 / 3 6 /
22 그의 2 2 3 / 3 2 / 3 2 3 / 3 8 //
23 또한 2 2 4 4 / 2 4 / 3 3 4 /
24 그러므로 4 5 / 1 2 2 4 / 2 4 / 1 2 5 / 2 5 //

25 자비로운 자에게는 / 주의 자비로우심을 나타내시며 /
4 4 / 2 6 5 /
완전한 자에게는 / 주의 완전하심을 보이시며 /
3 4 / 2 5 4 /

26 깨끗한 자에게는 / 주의 깨끗하심을 보이시며 /
3 4 / 2 5 4 /
사악한 자에게는 / 주의 거스르심을 보이시리니 /
3 4 / 2 5 5 /

27 주께서 곤고한 백성은 구원하시고 /
3 3 3 5 /
교만한 눈은 낮추시리이다 //
3 2 6 //

28 주께서 나의 등불을 켜심이여 / 여호와 내 하나님이 /
3 2 3 4 / 3 1 4 /
내 흑암을 밝히시리이다 //
1 3 6 //

29 내가 주를 의뢰하고 / 적군을 향해 달리며 /
2 2 4 / 5 3 /
내 하나님을 의지하고 / 담을 뛰어넘나이다 //
1 4 4 / 2 6 //

암송 부분

25 자비로운 4 4 / 2 6 5 / 3 4 / 2 5 4 /
26 깨끗한 3 4 / 2 5 4 / 3 4 / 2 5 5 /
27 주께서 3 3 3 5 / 3 2 6 //
28 주께서 3 2 3 4 / 3 1 4 / 1 3 6 //
29 내가 2 2 4 / 5 3 / 1 4 4 / 2 6 //

30 하나님의 도는 완전하고 / 여호와의 말씀은 순수하니 /
4 2 4 / 4 3 4 /
그는 자기에게 피하는 / 모든 자의 방패시로다 //
2 4 3 / 4 5 //

31 여호와 외에 누가 하나님이며 / 우리 하나님 외에 /
3 2 2 5 / 2 3 2 /
누가 반석이냐 //
2 4 //

32 이 하나님이 힘으로 / 내게 띠 띠우시며 /
1 4 3 / 2 1 4 /
내 길을 완전하게 하시며 /
1 2 4 3 /

33 나의 발을 암사슴 발 같게 하시며 /
4 4 5 /
나를 나의 높은 곳에 세우시며 /
2 2 4 4 /

34 내 손을 가르쳐 / 싸우게 하시니 /
1 2 3 / 3 3 /
내 팔이 놋 활을 당기도다 //
1 2 3 4 //

암송 부분

30 하나님의 4 2 4 / 4 3 4 / 2 4 3 / 4 5 //
31 여호와 3 2 2 5 / 2 3 2 / 2 4 //
32 이 1 4 3 / 2 1 4 / 1 2 4 3 /
33 나의 발을 4 4 5 / 2 2 4 4 /
34 내 1 2 3 / 3 3 / 1 2 3 4 //

35 또 주께서 / 주의 구원하는 방패를 / 내게 주시며 /
1 3 / 2 4 3 / 2 3 /
주의 오른손이 나를 붙들고 /
2 4 2 3 /
주의 온유함이 / 나를 크게 하셨나이다 //
2 4 / 2 2 5 //

36 내 걸음을 넓게 하셨고 /
1 3 5 /
나를 실족하지 않게 하셨나이다 //
2 6 5 //

37 내가 내 원수를 뒤쫓아가리니 / 그들이 망하기 전에는 /
2 1 3 6 / 3 3 3 /
돌아서지 아니하리이다 //
4 6 //

38 내가 그들을 쳐서 / 능히 일어나지 못하게 하리니 /
2 3 2 / 2 4 3 3 /
그들이 내 발 아래에 엎드러지리이다 //
3 5 7 //

39 주께서 나를 전쟁하게 하려고 /
3 2 4 3 /
능력으로 내게 띠 띠우사 / 일어나 나를 치는 자들이 /
4 2 1 3 / 3 4 3 /
내게 굴복하게 하셨나이다 //
2 4 5 //

암송 부분

35 또 1 3 / 2 4 3 / 2 3 / 2 4 2 3 / 2 4 / 2 2 5 //
36 내 1 3 5 / 2 6 5 //
37 내가 2 1 3 6 / 3 3 3 / 4 6 //
38 내가 2 3 2 / 2 4 3 3 / 3 5 7 //
39 주께서 3 2 4 3 / 4 2 1 3 / 3 4 3 / 2 4 5 //

40 또 주께서 / 내 원수들에게 /
1 3 / 1 5 /
등을 내게로 향하게 하시고 / 나를 미워하는 자들을 /
2 3 3 3 / 2 4 3 /
내가 끊어 버리게 하셨나이다 //
2 5 5 //

41 그들이 부르짖으나 / 구원할 자가 없었고 /
3 5 / 5 3 /
여호와께 부르짖어도 / 그들에게 대답하지 아니하셨나이다 //
4 5 / 4 4 7 //

42 내가 그들을 / 바람 앞에 티끌 같이 부숴뜨리고 /
2 3 / 4 4 5 /
거리의 진흙 같이 쏟아 버렸나이다 //
3 4 7 //

43 주께서 / 나를 백성의 다툼에서 건지시고 /
3 / 2 3 4 4 /
여러 민족의 으뜸으로 삼으셨으니 /
5 4 5 /
내가 알지 못하는 백성이 / 나를 섬기리이다 //
2 5 3 / 2 5 //

44 그들이 내 소문을 들은 즉시로 / 내게 청종함이여 /
3 1 3 5 / 2 5 /
이방인들이 내게 복종하리로다 //
5 2 6 //

암송 부분

40 또 1 3 / 1 5 / 2 3 3 3 / 2 4 3 / 2 5 5 //
41 그들이 3 5 / 5 3 / 4 5 / 4 4 7 //
42 내가 2 3 / 4 4 5 / 3 4 7 //
43 주께서 3 / 2 3 4 4 / 5 4 5 / 2 5 3 / 2 5 //
44 그들이 3 1 3 5 / 2 5 / 5 2 6 //

45 이방 자손들이 쇠잔하여 / 그 견고한 곳에서 /
6 4 / 1 3 3 /
떨며 나오리로다 //
2 5 //

46 여호와는 살아 계시니 / 나의 반석을 찬송하며 /
4 5 / 2 3 4 /
내 구원의 하나님을 높일지로다 //
1 3 4 5 //

47 이 하나님이 / 나를 위하여 보복해 주시고 /
1 4 / 5 3 3 /
민족들이 내게 복종하게 해 주시도다 //
4 2 4 5 //

48 주께서 / 나를 내 원수들에게서 구조하시니 / 주께서 /
3 / 2 1 6 5 / 3 /
나를 대적하는 자들의 위에 / 나를 높이 드시고 /
2 4 3 2 / 2 2 3 /
나를 포악한 자에게서 건지시나이다 //
2 7 6 //

49 여호와여 / 이러므로 내가 이방 나라들 중에서 /
4 / 4 2 5 3 /
주께 감사하며 / 주의 이름을 찬송하리이다 //
2 4 / 2 3 6 //

암송 부분

45 이방 자손들이 6 4 / 1 3 3 / 2 5 //
46 여호와는 4 5 / 2 3 4 / 1 3 4 5 //
47 이 1 4 / 5 3 3 / 4 2 4 5 //
48 주께서 3 / 2 1 6 5 / 3 / 2 4 3 2 / 2 2 3 / 2 7 6 //
49 여호와여 4 / 4 2 5 3 / 2 4 / 2 3 6 //

50 여호와께서 / 그 왕에게 큰 구원을 주시며 /
5 / 1 3 1 3 3 /
기름 부음 받은 자에게 인자를 베푸심이여 /
4 5 3 5 /
영원토록 다윗과 그 후손에게로다 //
4 3 1 6 //

암송 부분

50 여호와께서 5 / 1 3 1 3 3 / 4 5 3 5 / 4 3 1 6 //

1 나의 2 3 4 / 2 2 6 //
2 여호와는 4 2 5 / 2 4 / 2 4 3 / 2 6 /
2 3 2 / 2 4 / 2 4 / 2 3 4 / 2 6 //
3 내가 2 / 5 4 4 / 1 6 3 5 //
4 사망의 3 2 2 2 / 3 3 / 2 3 4 /
5 스올의 3 2 2 3 / 3 3 2 5 //
6 내가 2 5 4 3 / 2 4 6 / 2 2 4 / 1 3 5 / 2 3 2 5 / 2 2 4 //
7 이에 2 2 4 / 3 2 6 / 2 3 7 //
8 그의 2 3 3 3 / 3 4 4 / 1 2 2 4 //
9 그가 2 1 / 3 5 5 / 2 4 7 //
10 그룹을 3 2 5 / 5 2 2 7 //
11 그가 2 / 3 2 5 3 / 4 3 3 4 / 1 2 3 / 3 3 4 6 //
12 그 앞에 3 3 4 / 3 3 3 / 3 3 4 //
13 여호와께서 5 4 5 3 / 6 3 3 / 3 3 5 //
14 그의 2 3 2 / 3 5 / 2 3 3 6 //
15 이럴 때에 4 / 4 4 4 4 / 3 4 / 3 2 5 //
16 그가 2 5 4 / 2 3 4 / 2 3 2 6 //
17 나를 2 / 5 4 4 6 / 3 3 4 5 //
18 그들이 3 / 2 5 2 5 / 5 2 3 4 //
19 나를 2 5 5 / 2 6 2 6 //
20 여호와께서 5 1 2 2 / 4 / 1 2 6 / 2 5 /
21 이는 2 2 / 4 2 3 / 3 1 4 / 3 6 /

22 그의 2 2 3 / 3 2 / 3 2 3 / 3 8 //
23 또한 2 2 4 4 / 2 4 / 3 3 4 /
24 그러므로 4 5 / 1 2 2 4 / 2 4 / 1 2 5 / 2 5 //
25 자비로운 4 4 / 2 6 5 / 3 4 / 2 5 4 /
26 깨끗한 3 4 / 2 5 4 / 3 4 / 2 5 5 /
27 주께서 3 3 3 5 / 3 2 6 //
28 주께서 3 2 3 4 / 3 1 4 / 1 3 6 //
29 내가 2 2 4 / 5 3 / 1 4 4 / 2 6 //
30 하나님의 4 2 4 / 4 3 4 / 2 4 3 / 4 5 //
31 여호와 3 2 2 5 / 2 3 2 / 2 4 //
32 이 1 4 3 / 2 1 4 / 1 2 4 3 /
33 나의 발을 4 4 5 / 2 2 4 4 /
34 내 1 2 3 / 3 3 / 1 2 3 4 //
35 또 1 3 / 2 4 3 / 2 3 / 2 4 2 3 / 2 4 / 2 2 5 //
36 내 1 3 5 / 2 6 5 //
37 내가 2 1 3 6 / 3 3 3 / 4 6 //
38 내가 2 3 2 / 2 4 3 3 / 3 5 7 //
39 주께서 3 2 4 3 / 4 2 1 3 / 3 4 3 / 2 4 5 //
40 또 1 3 / 1 5 / 2 3 3 3 / 2 4 3 / 2 5 5 //
41 그들이 3 5 / 5 3 / 4 5 / 4 4 7 //
42 내가 2 3 / 4 4 5 / 3 4 7 //
43 주께서 3 / 2 3 4 4 / 5 4 5 / 2 5 3 / 2 5 //
44 그들이 3 1 3 5 / 2 5 / 5 2 6 //
45 이방 자손들이 6 4 / 1 3 3 / 2 5 //
46 여호와는 4 5 / 2 3 4 / 1 3 4 5 //
47 이 1 4 / 5 3 3 / 4 2 4 5 //
48 주께서 3 / 2 1 6 5 / 3 / 2 4 3 2 / 2 2 3 / 2 7 6 //
49 여호와여 4 / 4 2 5 3 / 2 4 / 2 3 6 //
50 여호와께서 5 / 1 3 1 3 3 / 4 5 3 5 / 4 3 1 6 //

19편

<다윗의 시, 인도자를 따라 부르는 노래>

1 하늘이 / 하나님의 영광을 선포하고 /
3 / 4 3 4 /
궁창이 / 그의 손으로 하신 일을 나타내는도다 //
3 / 2 3 4 6 //

2 날은 날에게 말하고 / 밤은 밤에게 지식을 전하니 /
2 3 3 / 2 3 3 3 /

3 언어도 없고 말씀도 없으며 / 들리는 소리도 없으나 /
3 2 3 3 / 3 3 3 /

4 그의 소리가 온 땅에 통하고 /
2 3 3 3 /
그의 말씀이 세상 끝까지 이르도다 //
2 3 5 4 //
하나님이 해를 위하여 / 하늘에 장막을 베푸셨도다 //
4 2 3 / 3 3 5 //

5 해는 / 그의 신방에서 나오는 신랑과 같고 /
2 / 2 4 3 5 /
그의 길을 / 달리기 기뻐하는 장사 같아서 /
2 2 / 3 4 5 /

암송 부분

1 하늘이 3 / 4 3 4 / 3 / 2 3 4 6 //
2 날은 2 3 3 / 2 3 3 3 /
3 언어도 3 2 3 3 / 3 3 3 /
4 그의 2 3 3 3 / 2 3 5 4 // 4 2 3 / 3 3 5 //
5 해는 2 / 2 4 3 5 / 2 2 / 3 4 5 /

6 하늘 이 끝에서 나와서 / 하늘 저 끝까지 운행함이여 /
2 4 3 / 2 4 5 /
그의 열기에서 피할 자가 없도다 //
2 4 4 3 //

7 여호와의 율법은 완전하여 / 영혼을 소성시키며 /
4 3 4 / 3 5 /
여호와의 증거는 확실하여 / 우둔한 자를 지혜롭게 하며 /
4 3 4 / 5 6 /

8 여호와의 교훈은 정직하여 / 마음을 기쁘게 하고 /
4 3 4 / 3 5 /
여호와의 계명은 순결하여 / 눈을 밝게 하시도다 //
4 3 4 / 2 2 4 //

9 여호와를 경외하는 도는 정결하여 / 영원까지 이르고 /
4 4 2 4 / 4 3 /
여호와의 법도 진실하여 / 다 의로우니 /
4 2 4 / 1 4 /

10 금 / 곧 많은 순금보다 / 더 사모할 것이며 /
1 / 1 2 4 / 1 6 /
꿀과 송이꿀보다 더 달도다 //
2 5 1 3 //

암송 부분

6 하늘 2 4 3 / 2 4 5 / 2 4 4 3 //
7 여호와의 4 3 4 / 3 5 / 4 3 4 / 5 6 /
8 여호와의 4 3 4 / 3 5 / 4 3 4 / 2 2 4 //
9 여호와를 4 4 2 4 / 4 3 / 4 2 4 / 1 4 /
10 금 1 / 1 2 4 / 1 6 / 2 5 1 3 //

11 또 주의 종이 / 이것으로 경고를 받고 /
1 4 / 4 5 /
이것을 지킴으로 상이 크니이다 //
3 4 2 4 //

12 자기 허물을 / 능히 깨달을 자 누구리요 /
2 3 / 2 4 4 /
나를 숨은 허물에서 / 벗어나게 하소서 //
2 2 4 / 4 3 //

13 또 주의 종에게 / 고의로 죄를 짓지 말게 하사 /
1 2 3 / 3 4 4 /
그 죄가 / 나를 주장하지 못하게 하소서 //
1 2 / 2 4 6 //
그리하면 내가 정직하여 / 큰 죄과에서 벗어나겠나이다 //
4 2 4 / 1 4 7 //

14 나의 반석이시요 / 나의 구속자이신 여호와여 /
2 5 / 2 5 4 /
내 입의 말과 / 마음의 묵상이 /
1 2 2 / 3 3 /
주님 앞에 열납되기를 원하나이다 //
4 5 5 //

암송 부분

11 또 1 4 / 4 5 / 3 4 2 4 //
12 자기 2 3 / 2 4 4 / 2 2 4 / 4 3 //
13 또 1 2 3 / 3 4 4 / 1 2 / 2 4 6 // 4 2 4 / 1 4 7 //
14 나의 2 5 / 2 5 4 / 1 2 2 / 3 3 / 4 5 5 //

1 하늘이 3 / 4 3 4 / 3 / 2 3 4 6 //
2 날은 2 3 3 / 2 3 3 3 /
3 언어도 3 2 3 3 / 3 3 3 /
4 그의 2 3 3 3 / 2 3 5 4 // 4 2 3 / 3 3 5 //
5 해는 2 / 2 4 3 5 / 2 2 / 3 4 5 /
6 하늘 2 4 3 / 2 4 5 / 2 4 4 3 //
7 여호와의 4 3 4 / 3 5 / 4 3 4 / 5 6 /
8 여호와의 4 3 4 / 3 5 / 4 3 4 / 2 2 4 //
9 여호와를 4 4 2 4 / 4 3 / 4 2 4 / 1 4 /
10 금 1 / 1 2 4 / 1 6 / 2 5 1 3 //
11 또 1 4 / 4 5 / 3 4 2 4 //
12 자기 2 3 / 2 4 4 / 2 2 4 / 4 3 //
13 또 1 2 3 / 3 4 4 / 1 2 / 2 4 6 // 4 2 4 / 1 4 7 //
14 나의 2 5 / 2 5 4 / 1 2 2 / 3 3 / 4 5 5 //

20편

<다윗의 시, 인도자를 따라 부르는 노래>

1 환난 날에 여호와께서 네게 응답하시고 /
4 5 2 5 /
야곱의 하나님의 이름이 / 너를 높이 드시며 /
3 4 3 / 2 5 /

2 성소에서 너를 도와 주시고 / 시온에서 너를 붙드시며 /
4 2 5 / 4 2 4 /

3 네 모든 소제를 기억하시며 /
1 2 3 5 /
네 번제를 받아 주시기를 원하노라 // (셀라)
1 3 6 4 // (2)

4 네 마음의 소원대로 허락하시고 / 네 모든 계획을 /
1 3 4 5 / 1 2 3 /
이루어 주시기를 원하노라 //
3 4 4 //

5 우리가 / 너의 승리로 말미암아 / 개가를 부르며 /
3 / 2 3 4 / 3 3 /
우리 하나님의 이름으로 / 우리의 깃발을 세우리니 /
2 4 4 / 3 3 4 /
여호와께서 / 네 모든 기도를 / 이루어 주시기를 원하노라 //
5 / 1 2 3 / 3 4 4 //

암송 부분

1 환난 날에 4 5 2 5 / 3 4 3 / 2 5 /
2 성소에서 4 2 5 / 4 2 4 /
3 네 1 2 3 5 / 1 3 6 4 // (2)
4 네 1 3 4 5 / 1 2 3 / 3 4 4 //
5 우리가 3 / 2 3 4 / 3 3 / 2 4 4 / 3 3 4 /
5 / 1 2 3 / 3 4 4 //

6 여호와께서 /
5 /
자기에게 기름 부음 받은 자를 구원하시는 줄 /
4 4 4 6 /
이제 내가 아노니 / 그의 오른손의 구원하는 힘으로 /
2 2 3 / 2 4 4 3 /
그의 거룩한 하늘에서 / 그에게 응답하시리로다 //
2 3 4 / 3 7 //

7 어떤 사람은 병거, / 어떤 사람은 말을 의지하나 /
5 2 / 5 2 4 /
우리는 / 여호와 우리 하나님의 이름을 자랑하리로다 //
3 / 3 2 4 3 6 //

8 그들은 비틀거리며 엎드러지고 /
3 5 5 /
우리는 일어나 바로 서도다 //
3 3 5 //

9 여호와여 왕을 구원하소서 //
4 2 5 //
우리가 부를 때에 우리에게 응답하소서 //
3 4 4 5 //

암송 부분

1 환난 날에 4 5 2 5 / 3 4 3 / 2 5 /
2 성소에서 4 2 5 / 4 2 4 /
3 네 1 2 3 5 / 1 3 6 4 // (2)
4 네 1 3 4 5 / 1 2 3 / 3 4 4 //
5 우리가 3 / 2 3 4 / 3 3 / 2 4 4 / 3 3 4 /
5 / 1 2 3 / 3 4 4 //

6 여호와께서 5 / 4 4 4 6 / 2 2 3 / 2 4 4 3 / 2 3 4 / 3 7 //
7 어떤 사람은 5 2 / 5 2 4 / 3 / 3 2 4 3 6 //
8 그들은 3 5 5 / 3 3 5 //
9 여호와여 4 2 5 // 3 4 4 5 //

21편

<다윗의 시, 인도자를 따라 부르는 노래>

1 여호와여 / 왕이 주의 힘으로 말미암아 / 기뻐하며 /
4 / 2 2 3 4 / 4 /
주의 구원으로 말미암아 / 크게 즐거워하리이다 //
2 4 4 / 2 7 //

2 그의 마음의 소원을 들어 주셨으며 /
2 3 3 6 /
그의 입술의 요구를 / 거절하지 아니하셨나이다 // (셀라)
2 3 3 / 4 7 // (2)

3 주의 아름다운 복으로 / 그를 영접하시고 /
2 4 3 / 2 5 /
순금 관을 / 그의 머리에 씌우셨나이다 //
4 / 2 3 6 //

4 그가 생명을 구하매 / 주께서 그에게 주셨으니 /
2 3 3 / 3 3 4 /
곧 영원한 장수로소이다 //
1 3 6 //

5 주의 구원이 / 그의 영광을 크게 하시고 /
2 3 / 2 3 2 3 /
존귀와 위엄을 그에게 입히시나이다 //
3 3 3 6 //

암송 부분

1 여호와여 4 / 2 2 3 4 / 4 / 2 4 4 / 2 7 //
2 그의 2 3 3 6 / 2 3 3 / 4 7 // (2)
3 주의 2 4 3 / 2 5 / 4 / 2 3 6 //
4 그가 2 3 3 / 3 3 4 / 1 3 6 //
5 주의 2 3 / 2 3 2 3 / 3 3 3 6 //

6 그가 영원토록 / 지극한 복을 받게 하시며 /
2 4 / 3 2 5 /
주 앞에서 기쁘고 즐겁게 하시나이다 //
4 3 3 5 //

7 왕이 여호와를 의지하오니 / 지존하신 이의 인자함으로 /
2 4 5 / 6 5 /
흔들리지 아니하리이다 //
4 6 //

8 왕의 손이 / 왕의 모든 원수들을 찾아냄이여 /
2 2 / 2 2 4 5 /
왕의 오른손이 / 왕을 미워하는 자들을 찾아내리로다 //
2 4 / 2 4 3 6 //

9 왕이 노하실 때에 / 그들을 풀무불 같게 할 것이라 //
2 5 / 3 5 4 //
여호와께서 진노하사 그들을 삼키시리니 /
5 4 3 5 /
불이 그들을 소멸하리로다 //
2 3 6 //

10 왕이 / 그들의 후손을 땅에서 멸함이여 /
2 / 3 3 3 4 /
그들의 자손을 사람 중에서 끊으리로다 //
3 3 5 5 //

암송 부분

6 그가 2 4 / 3 2 5 / 4 3 3 5 //
7 왕이 2 4 5 / 6 5 / 4 6 //
8 왕의 2 2 / 2 2 4 5 / 2 4 / 2 4 3 6 //
9 왕이 2 5 / 3 5 4 // 5 4 3 5 / 2 3 6 //
10 왕이 2 / 3 3 3 4 / 3 3 5 5 //

11 비록 그들이 / 왕을 해하려 하여 음모를 꾸몄으나 /
2 3 / 2 5 3 4 /
이루지 못하도다 //
3 4 //

12 왕이 그들로 돌아서게 함이여 / 그들의 얼굴을 향하여 /
2 3 4 3 / 3 3 3 /
활시위를 당기리로다 //
4 5 //

13 여호와여 / 주의 능력으로 높임을 받으소서 //
4 / 2 4 3 4 //
우리가 주의 권능을 노래하고 / 찬송하게 하소서 //
3 2 3 4 / 4 3 //

암송 부분

1 여호와여 4 / 2 2 3 4 / 4 / 2 4 4 / 2 7 //
2 그의 2 3 3 6 / 2 3 3 / 4 7 // (2)
3 주의 2 4 3 / 2 5 / 4 / 2 3 6 //
4 그가 2 3 3 / 3 3 4 / 1 3 6 //
5 주의 2 3 / 2 3 2 3 / 3 3 3 6 //
6 그가 2 4 / 3 2 5 / 4 3 3 5 //
7 왕이 2 4 5 / 6 5 / 4 6 //
8 왕의 2 2 / 2 2 4 5 / 2 4 / 2 4 3 6 //
9 왕이 2 5 / 3 5 4 // 5 4 3 5 / 2 3 6 //
10 왕이 2 / 3 3 3 4 / 3 3 5 5 //

11 비록 2 3 / 2 5 3 4 / 3 4 //
12 왕이 2 3 4 3 / 3 3 3 / 4 5 //
13 여호와여 4 / 2 4 3 4 // 3 2 3 4 / 4 3 //

22편

<다윗의 시, 인도자를 따라 아얠렛샤할에 맞춘 노래>

1 내 하나님이여 내 하나님이여 / 어찌 나를 버리셨나이까 //
1 5 1 5 / 2 2 6 //
어찌 나를 멀리 하여 / 돕지 아니하시오며 /
2 2 4 / 2 6 /
내 신음 소리를 듣지 아니하시나이까 //
1 5 2 7 //

2 내 하나님이여 / 내가 낮에도 부르짖고 /
1 5 / 2 3 4 /
밤에도 잠잠하지 아니하오나 / 응답하지 아니하시나이다 //
3 4 5 / 4 7 //

3 이스라엘의 찬송 중에 계시는 주여 /
5 4 3 2 /
주는 거룩하시니이다 //
2 7 //

4 우리 조상들이 / 주께 의뢰하고 의뢰하였으므로 /
2 4 / 2 4 7 /
그들을 건지셨나이다 //
3 6 //

암송 부분

1 내 1 5 1 5 / 2 2 6 // 2 2 4 / 2 6 / 1 5 2 7 //
2 내 1 5 / 2 3 4 / 3 4 5 / 4 7 //
3 이스라엘의 5 4 3 2 / 2 7 //
4 우리 2 4 / 2 4 7 / 3 6 //

5 그들이 / 주께 부르짖어 구원을 얻고 /
3 / 2 4 5 /
주께 의뢰하여 / 수치를 당하지 아니하였나이다 //
2 4 / 3 3 7 //

6 나는 벌레요 사람이 아니라 / 사람의 비방 거리요 /
2 3 3 3 / 3 5 /
백성의 조롱 거리니이다 //
3 7 //

7 나를 보는 자는 / 다 나를 비웃으며 /
2 4 / 1 2 4 /
입술을 비쭉거리고 머리를 흔들며 / 말하되 /
3 5 3 3 / 3 /

8 그가 여호와께 의탁하니 구원하실 걸, /
2 4 4 5 /
그를 기뻐하시니 건지실 걸 // 하나이다 //
2 5 4 // 4 //

9 오직 주께서 / 나를 모태에서 나오게 하시고 /
2 3 / 2 4 6 /
내 어머니의 젖을 먹을 때에 / 의지하게 하셨나이다 //
1 4 2 4 / 4 5 //

암송 부분

5 그들이 3 / 2 4 5 / 2 4 / 3 3 7 //
6 나는 2 3 3 3 / 3 5 / 3 7 //
7 나를 2 4 / 1 2 4 / 3 5 3 3 / 3 /
8 그가 2 4 4 5 / 2 5 4 // 4 //
9 오직 2 3 / 2 4 6 / 1 4 2 4 / 4 5 //

10 내가 날 때부터 / 주께 맡긴 바 되었고 /
2 4 / 2 3 3 /
모태에서 나올 때부터 / 주는 나의 하나님이 되셨나이다 //
4 5 / 2 2 4 5 //

11 나를 멀리 하지 마옵소서 //
2 4 4 //
환난이 가까우나 도울 자 없나이다 //
3 4 3 4 //

12 많은 황소가 나를 에워싸며 /
2 3 2 4 /
바산의 힘센 소들이 나를 둘러쌌으며 /
3 5 2 5 /

13 내게 그 입을 벌림이 /
2 1 2 3 /
찢으며 부르짖는 사자 같으니이다 //
3 4 2 5 //

14 나는 물 같이 쏟아졌으며 / 내 모든 뼈는 어그러졌으며 /
2 3 5 / 1 2 2 6 /
내 마음은 밀랍 같아서 / 내 속에서 녹았으며 /
1 3 5 / 1 3 4 /

암송 부분

10 내가 2 4 / 2 3 3 / 4 5 / 2 2 4 5 //
11 나를 2 4 4 // 3 4 3 4 //
12 많은 2 3 2 4 / 3 5 2 5 /
13 내게 2 1 2 3 / 3 4 2 5 //
14 나는 2 3 5 / 1 2 2 6 / 1 3 5 / 1 3 4 /

15 내 힘이 말라 / 질그릇 조각 같고 /
1 2 2 / 3 4 /
내 혀가 입천장에 붙었나이다 // 주께서 또 /
1 2 4 5 // 3 1 /
나를 죽음의 진토 속에 두셨나이다 //
2 3 4 5 //

16 개들이 나를 에워쌌으며 / 악한 무리가 나를 둘러 /
3 2 5 / 5 2 2 /
내 수족을 찔렀나이다 //
1 3 5 //

17 내가 내 모든 뼈를 셀 수 있나이다 //
2 1 4 6 //
그들이 나를 주목하여 보고 /
3 2 6 /

18 내 겉옷을 나누며 / 속옷을 제비 뽑나이다 //
1 3 3 / 3 6 //

19 여호와여 멀리 하지 마옵소서 //
4 4 4 //
나의 힘이시여 / 속히 나를 도우소서 //
2 4 / 2 2 4 //

암송 부분

15 내 1 2 2 / 3 4 / 1 2 4 5 // 3 1 / 2 3 4 5 //
16 개들이 3 2 5 / 5 2 2 / 1 3 5 //
17 내가 2 1 4 6 // 3 2 6 /
18 내 1 3 3 / 3 6 //
19 여호와여 4 4 4 // 2 4 / 2 2 4 //

20 내 생명을 칼에서 건지시며 / 내 유일한 것을 /
1 3 3 4 / 1 5 /
개의 세력에서 구하소서 //
2 4 4 //

21 나를 사자의 입에서 구하소서 //
2 3 3 4 //
주께서 내게 응답하시고 / 들소의 뿔에서 구원하셨나이다 //
3 2 5 / 3 3 7 //

22 내가 주의 이름을 / 형제에게 선포하고 /
2 2 3 / 4 4 /
회중 가운데에서 주를 찬송하리이다 //
2 5 2 6 //

23 여호와를 두려워하는 너희여 / 그를 찬송할지어다 //
4 5 3 / 2 6 //
야곱의 모든 자손이여 / 그에게 영광을 돌릴지어다 //
3 2 4 / 3 3 5 //
너희 이스라엘 모든 자손이여 / 그를 경외할지어다 //
2 4 2 4 / 2 6 //

암송 부분

20 내 1 3 3 4 / 1 5 / 2 4 4 //
21 나를 2 3 3 4 // 3 2 5 / 3 3 7 //
22 내가 2 2 3 / 4 4 / 2 5 2 6 //
23 여호와를 4 5 3 / 2 6 // 3 2 4 / 3 3 5 // 2 4 2 4 / 2 6 //

24 그는 곤고한 자의 곤고를 /
2 5 3 /
멸시하거나 싫어하지 아니하시며 /
5 4 5 /
그의 얼굴을 / 그에게서 숨기지 아니하시고 /
2 3 / 4 3 5 /
그가 울부짖을 때에 들으셨도다 //
2 6 5 //

25 큰 회중 가운데에서 / 나의 찬송은 주께로부터 온 것이니 /
1 2 5 / 2 3 5 4 /
주를 경외하는 자 앞에서 / 나의 서원을 갚으리이다 //
2 5 3 / 2 3 5 //

26 겸손한 자는 먹고 배부를 것이며 / 여호와를 찾는 자는 /
5 2 6 / 4 4 /
그를 찬송할 것이라 // 너희 마음은 영원히 살지어다 //
2 6 // 2 3 3 4 //

27 땅의 모든 끝이 / 여호와를 기억하고 돌아오며 /
2 2 2 / 4 4 4 /
모든 나라의 모든 족속이 / 주의 앞에 예배하리니 /
2 3 2 3 / 2 2 5 /

28 나라는 여호와의 것이요 /
3 4 3 /
여호와는 모든 나라의 주재심이로다 //
4 5 6 //

암송 부분

24 그는 2 5 3 / 5 4 5 / 2 3 / 4 3 5 / 2 6 5 //
25 큰 1 2 5 / 2 3 5 4 / 2 5 3 / 2 3 5 //
26 겸손한 자는 5 2 6 / 4 4 / 2 6 // 2 3 3 4 //
27 땅의 2 2 2 / 4 4 4 / 2 3 2 3 / 2 2 5 /
28 나라는 3 4 3 / 4 5 6 //

29 세상의 모든 풍성한 자가 / 먹고 경배할 것이요 /
3 2 5 / 2 6 /
진토 속으로 내려가는 자 /
5 5 /
곧 / 자기 영혼을 살리지 못할 자도 / 다 그 앞에 절하리로다 //
1/ 2 3 3 4 / 1 3 5 //

30 후손이 그를 섬길 것이요 / 대대에 주를 전할 것이며 /
3 2 5 / 3 2 5 /

31 와서 그의 공의를 / 태어날 백성에게 전함이여 /
2 2 3 / 3 4 4 /
주께서 이를 행하셨다 // 할 것이로다 //
3 2 4 // 5 //

암송 부분

29 세상의 3 2 5 / 2 6 / 5 5 / 1 / 2 3 3 4 / 1 3 5 //
30 후손이 3 2 5 / 3 2 5 /
31 와서 2 2 3 / 3 4 4 / 3 2 4 // 5 //

1 내 1 5 1 5 / 2 2 6 // 2 2 4 / 2 6 / 1 5 2 7 //
2 내 1 5 / 2 3 4 / 3 4 5 / 4 7 //
3 이스라엘의 5 4 3 2 / 2 7 //
4 우리 2 4 / 2 4 7 / 3 6 //
5 그들이 3 / 2 4 5 / 2 4 / 3 3 7 //
6 나는 2 3 3 3 / 3 5 / 3 7 //
7 나를 2 4 / 1 2 4 / 3 5 3 3 / 3 /
8 그가 2 4 4 5 / 2 5 4 // 4 //
9 오직 2 3 / 2 4 6 / 1 4 2 4 / 4 5 //
10 내가 2 4 / 2 3 3 / 4 5 / 2 2 4 5 //
11 나를 2 4 4 // 3 4 3 4 //
12 많은 2 3 2 4 / 3 5 2 5 /
13 내게 2 1 2 3 / 3 4 2 5 //

14 나는 2 3 5 / 1 2 2 6 / 1 3 5 / 1 3 4 /
15 내 1 2 2 / 3 4 / 1 2 4 5 // 3 1 / 2 3 4 5 //
16 개들이 3 2 5 / 5 2 2 / 1 3 5 //
17 내가 2 1 4 6 // 3 2 6 /
18 내 1 3 3 / 3 6 //
19 여호와여 4 4 4 // 2 4 / 2 2 4 //
20 내 1 3 3 4 / 1 5 / 2 4 4 //
21 나를 2 3 3 4 // 3 2 5 / 3 3 7 //
22 내가 2 2 3 / 4 4 / 2 5 2 6 //
23 여호와를 4 5 3 / 2 6 // 3 2 4 / 3 3 5 // 2 4 2 4 / 2 6 //
24 그는 2 5 3 / 5 4 5 / 2 3 / 4 3 5 / 2 6 5 //
25 큰 1 2 5 / 2 3 5 4 / 2 5 3 / 2 3 5 //
26 겸손한 자는 5 2 6 / 4 4 / 2 6 // 2 3 3 4 //
27 땅의 2 2 2 / 4 4 4 / 2 3 2 3 / 2 2 5 /
28 나라는 3 4 3 / 4 5 6 //
29 세상의 3 2 5 / 2 6 / 5 5 / 1 / 2 3 3 4 / 1 3 5 //
30 후손이 3 2 5 / 3 2 5 /
31 와서 2 2 3 / 3 4 4 / 3 2 4 // 5 //

23편

<다윗의 시>

1 여호와는 나의 목자시니 / 내게 부족함이 없으리로다 //
4 2 4 / 2 4 5 //

2 그가 나를 푸른 풀밭에 누이시며 /
2 2 5 4 /
쉴 만한 물 가로 인도하시는도다 //
3 3 7 //

3 내 영혼을 소생시키시고 / 자기 이름을 위하여 /
1 3 6 / 2 3 3 /
의의 길로 인도하시는도다 //
2 2 7 //

4 내가 / 사망의 음침한 골짜기로 다닐지라도 /
2 / 3 3 4 5 /
해를 두려워하지 않을 것은 / 주께서 나와 함께 하심이라 //
2 5 4 / 3 2 2 4 //
주의 지팡이와 막대기가 / 나를 안위하시나이다 //
2 4 4 / 2 7 //

암송 부분

1 여호와는 4 2 4 / 2 4 5 //
2 그가 2 2 5 4 / 3 3 7 //
3 내 1 3 6 / 2 3 3 / 2 2 7 //
4 내가 2 / 3 3 4 5 / 2 5 4 / 3 2 2 4 // 2 4 4 / 2 7 //

5 주께서 내 원수의 목전에서 / 내게 상을 차려 주시고 /
3 1 3 4 / 2 2 5 /
기름을 내 머리에 부으셨으니 / 내 잔이 넘치나이다 //
3 1 3 5 / 1 2 5 //

6 내 평생에 선하심과 인자하심이 / 반드시 나를 따르리니 /
1 3 4 5 / 3 2 4 /
내가 여호와의 집에 / 영원히 살리로다 //
2 4 2 / 3 4 //

암송 부분

1 여호와는 4 2 4 / 2 4 5 //
2 그가 2 2 5 4 / 3 3 7 //
3 내 1 3 6 / 2 3 3 / 2 2 7 //
4 내가 2 / 3 3 4 5 / 2 5 4 / 3 2 2 4 // 2 4 4 / 2 7 //

5 주께서 3 1 3 4 / 2 2 5 / 3 1 3 5 / 1 2 5 //
6 내 1 3 4 5 / 3 2 4 / 2 4 2 / 3 4 //

24편

<다윗의 시>

1 땅과 거기에 충만한 것과 /
2 3 5 /
세계와 그 가운데에 사는 자들은 / 다 여호와의 것이로다 //
3 1 4 5 / 1 4 4 //

2 여호와께서 / 그 터를 바다 위에 세우심이여 /
5 / 1 2 4 5 /
강들 위에 건설하셨도다 //
4 6 //

3 여호와의 산에 오를 자가 누구며 /
4 2 4 3 /
그의 거룩한 곳에 설 자가 누구인가 //
2 5 3 4 //

4 곧 손이 깨끗하며 / 마음이 청결하며 /
1 2 4 / 3 4 /
뜻을 허탄한 데에 두지 아니하며 /
2 5 2 4 /
거짓 맹세하지 아니하는 자로다 //
6 4 3 //

암송 부분

1 땅과 2 3 5 / 3 1 4 5 / 1 4 4 //
2 여호와께서 5 / 1 2 4 5 / 4 6 //
3 여호와의 4 2 4 3 / 2 5 3 4 //
4 곧 1 2 4 / 3 4 / 2 5 2 4 / 6 4 3 //

5 그는 여호와께 복을 받고 /
2 4 4 /
구원의 하나님께 의를 얻으리니 /
3 4 2 4 /

6 이는 여호와를 찾는 족속이요 / 야곱의 하나님의 얼굴을 /
2 4 2 4 / 3 4 3 /
구하는 자로다 // (셀라)
3 3 // (2)

7 문들아 너희 머리를 들지어다 //
3 2 3 4 //
영원한 문들아 들릴지어다 // 영광의 왕이 들어가시리로다 //
3 3 5 // 3 2 7 //

8 영광의 왕이 누구시냐 // 강하고 능한 여호와시요 /
3 2 4 // 3 2 5 /
전쟁에 능한 여호와시로다 //
3 2 6 //

9 문들아 너희 머리를 들지어다 //
3 2 3 4 //
영원한 문들아 들릴지어다 // 영광의 왕이 들어가시리로다 //
3 3 5 // 3 2 7 //

암송 부분

5 그는 2 4 4 / 3 4 2 4 /
6 이는 2 4 2 4 / 3 4 3 / 3 3 // (2)
7 문들아 3 2 3 4 // 3 3 5 // 3 2 7 //
8 영광의 3 2 4 // 3 2 5 / 3 2 6 //
9 문들아 3 2 3 4 // 3 3 5 // 3 2 7 //

10 영광의 왕이 누구시냐 //
3 2 4 //
만군의 여호와께서 / 곧 영광의 왕이시로다 // (셀라)
3 5 / 1 3 5 // (2)

암송 부분

1 땅과 2 3 5 / 3 1 4 5 / 1 4 4 //
2 여호와께서 5 / 1 2 4 5 / 4 6 //
3 여호와의 4 2 4 3 / 2 5 3 4 //
4 곧 1 2 4 / 3 4 / 2 5 2 4 / 6 4 3 //
5 그는 2 4 4 / 3 4 2 4 /
6 이는 2 4 2 4 / 3 4 3 / 3 3 // (2)
7 문들아 3 2 3 4 // 3 3 5 // 3 2 7 //
8 영광의 3 2 4 // 3 2 5 / 3 2 6 //
9 문들아 3 2 3 4 // 3 3 5 // 3 2 7 //

10 영광의 3 2 4 // 3 5 / 1 3 5 // (2)

25편

<다윗의 시>

1 여호와여 / 나의 영혼이 주를 우러러보나이다 //
4 / 2 3 2 7 //

2 나의 하나님이여 / 내가 주께 의지하였사오니 /
2 5 / 2 2 7 /
나를 부끄럽지 않게 하시고 / 나의 원수들이 나를 이겨 /
2 6 3 / 2 4 2 2 /
개가를 부르지 못하게 하소서 //
3 3 3 3 //

3 주를 바라는 자들은 / 수치를 당하지 아니하려니와 /
2 3 3 / 3 3 6 /
까닭 없이 속이는 자들은 / 수치를 당하리이다 //
4 6 / 3 5 //

4 여호와여 / 주의 도를 내게 보이시고 /
4 / 2 2 2 4 /
주의 길을 내게 가르치소서 //
2 2 2 5 //

암송 부분

1 여호와여 4 / 2 3 2 7 //
2 나의 2 5 / 2 2 7 / 2 6 3 / 2 4 2 2 / 3 3 3 3 //
3 주를 2 3 3 / 3 3 6 / 4 6 / 3 5 //
4 여호와여 4 / 2 2 2 4 / 2 2 2 5 //

5 주의 진리로 / 나를 지도하시고 교훈하소서 //
2 3 / 2 5 5 //
주는 내 구원의 하나님이시니 /
2 1 3 6 /
내가 종일 주를 기다리나이다 //
2 2 2 6 //

6 여호와여 / 주의 긍휼하심과 인자하심이 /
4 / 2 5 5 /
영원부터 있었사오니 / 주여 이것들을 기억하옵소서 //
4 5 / 2 4 6 //

7 여호와여 / 내 젊은 시절의 /
4 / 1 2 3 /
죄와 허물을 기억하지 마시고 / 주의 인자하심을 따라 /
2 3 4 3 / 2 5 2 /
주께서 나를 기억하시되 / 주의 선하심으로 하옵소서 //
3 2 5 / 2 5 4 //

8 여호와는 선하시고 정직하시니 / 그러므로 그의 도로 /
4 4 5 / 4 2 2 /
죄인들을 교훈하시리로다 //
4 7 //

9 온유한 자를 정의로 지도하심이여 /
5 3 6 /
온유한 자에게 그의 도를 가르치시리로다 //
6 2 2 7 //

암송 부분

5 주의 2 3 / 2 5 5 // 2 1 3 6 / 2 2 2 6 //
6 여호와여 4 / 2 5 5 / 4 5 / 2 4 6 //
7 여호와여 4 / 1 2 3 / 2 3 4 3 / 2 5 2 / 3 2 5 / 2 5 4 //
8 여호와는 4 4 5 / 4 2 2 / 4 7 //
9 온유한 자를 5 3 6 / 6 2 2 7 //

10 여호와의 모든 길은 /
4 4 /
그의 언약과 증거를 / 지키는 자에게 / 인자와 진리로다 //
2 3 3 / 3 3 / 3 4 //

11 여호와여 / 나의 죄악이 크오니 /
4 / 2 3 3 /
주의 이름으로 말미암아 사하소서 //
2 4 4 4 //

12 여호와를 경외하는 자 누구냐 //
4 5 3 //
그가 택할 길을 그에게 가르치시리로다 //
2 4 3 7 //

13 그의 영혼은 평안히 살고 /
2 3 3 2 /
그의 자손은 땅을 상속하리로다 //
2 3 2 6 //

14 여호와의 친밀하심이 /
4 5 /
그를 경외하는 자들에게 있음이여 /
2 4 4 4 /
그의 언약을 그들에게 보이시리로다 //
2 3 4 6 //

암송 부분

10 여호와의 4 4 / 2 3 3 / 3 3 / 3 4 //
11 여호와여 4 / 2 3 3 / 2 4 4 4 //
12 여호와를 4 5 3 // 2 4 3 7 //
13 그의 2 3 3 2 / 2 3 2 6 //
14 여호와의 4 5 / 2 4 4 4 / 2 3 4 6 //

15 내 눈이 / 항상 여호와를 바라봄은 /
1 2 / 2 4 4 /
내 발을 / 그물에서 벗어나게 하실 것임이로다 //
1 2 / 4 4 7 //

16 주여 / 나는 외롭고 괴로우니 / 내게 돌이키사 /
2 / 2 3 4 / 2 4 /
나에게 은혜를 베푸소서 //
3 3 4 //

17 내 마음의 근심이 많사오니 / 나를 고난에서 끌어내소서 //
1 3 3 4 / 2 4 5 //

18 나의 곤고와 환난을 보시고 / 내 모든 죄를 사하소서 //
2 3 3 3 / 1 4 4 //

19 내 원수를 보소서 // 그들의 수가 많고 /
1 3 3 // 3 2 2 /
나를 심히 미워하나이다 //
2 2 6 //

20 내 영혼을 지켜 / 나를 구원하소서 //
1 3 2 / 2 5 //
내가 주께 피하오니 / 수치를 당하지 않게 하소서 //
2 2 4 / 3 5 3 //

암송 부분

15 내 1 2 / 2 4 4 / 1 2 / 4 4 7 //
16 주여 2 / 2 3 4 / 2 4 / 3 3 4 //
17 내 1 3 3 4 / 2 4 5 //
18 나의 2 3 3 3 / 1 4 4 //
19 내 1 3 3 // 3 2 2 / 2 2 6 //
20 내 1 3 2 / 2 5 // 2 2 4 / 3 5 3 //

21 내가 주를 바라오니 / 성실과 정직으로 나를 보호하소서 //
2 2 4 / 3 4 2 5 //

22 하나님이여 / 이스라엘을 그 모든 환난에서 속량하소서 //
5 / 5 1 2 4 5 //

암송 부분

1 여호와여 4 / 2 3 2 7 //
2 나의 2 5 / 2 2 7 / 2 6 3 / 2 4 2 2 / 3 3 3 3 //
3 주를 2 3 3 / 3 3 6 / 4 6 / 3 5 //
4 여호와여 4 / 2 2 2 4 / 2 2 2 5 //
5 주의 2 3 / 2 5 5 // 2 1 3 6 / 2 2 2 6 //
6 여호와여 4 / 2 5 5 / 4 5 / 2 4 6 //
7 여호와여 4 / 1 2 3 / 2 3 4 3 / 2 5 2 / 3 2 5 / 2 5 4 //
8 여호와는 4 4 5 / 4 2 2 / 4 7 //
9 온유한 자를 5 3 6 / 6 2 2 7 //
10 여호와의 4 4 / 2 3 3 / 3 3 / 3 4 //
11 여호와여 4 / 2 3 3 / 2 4 4 4 //
12 여호와를 4 5 3 // 2 4 3 7 //
13 그의 2 3 3 2 / 2 3 2 6 //
14 여호와의 4 5 / 2 4 4 4 / 2 3 4 6 //
15 내 1 2 / 2 4 4 / 1 2 / 4 4 7 //
16 주여 2 / 2 3 4 / 2 4 / 3 3 4 //
17 내 1 3 3 4 / 2 4 5 //
18 나의 2 3 3 3 / 1 4 4 //
19 내 1 3 3 // 3 2 2 / 2 2 6 //
20 내 1 3 2 / 2 5 // 2 2 4 / 3 5 3 //

21 내가 2 2 4 / 3 4 2 5 //
22 하나님이여 5 / 5 1 2 4 5 //

26편

<다윗의 시>

1 내가 나의 완전함에 행하였사오며 /
2 2 4 6 /
흔들리지 아니하고 여호와를 의지하였사오니 /
4 4 4 7 /
여호와여 나를 판단하소서 //
4 2 5 //

2 여호와여 / 나를 살피시고 시험하사 /
4 / 2 4 4 /
내 뜻과 내 양심을 단련하소서 //
1 2 1 3 5 //

3 주의 인자하심이 / 내 목전에 있나이다 //
2 5 / 1 3 4 //
내가 주의 진리 중에 행하여 /
2 2 4 3 /

4 허망한 사람과 같이 앉지 아니하였사오니 /
3 3 4 7 /
간사한 자와 동행하지도 아니하리이다 //
5 5 6 //

암송 부분

1 내가 2 2 4 6 / 4 4 4 7 / 4 2 5 //
2 여호와여 4 / 2 4 4 / 1 2 1 3 5 //
3 주의 2 5 / 1 3 4 // 2 2 4 3 /
4 허망한 3 3 4 7 / 5 5 6 //

5 내가 행악자의 집회를 미워하오니 /
2 4 3 5 /
악한 자와 같이 앉지 아니하리이다 //
4 4 6 //

6 여호와여 / 내가 무죄하므로 /
4 / 2 5 /
손을 씻고 주의 제단에 두루 다니며 /
4 2 3 5 /

7 감사의 소리를 들려 주고 /
3 3 4 /
주의 기이한 모든 일을 말하리이다 //
2 3 4 5 //

8 여호와여 / 내가 주께서 계신 집과 /
4 / 2 3 2 2 /
주의 영광이 머무는 곳을 사랑하오니 /
2 3 5 5 /

9 내 영혼을 죄인과 함께, / 내 생명을 살인자와 함께 /
1 3 3 2 / 1 3 4 2 /
거두지 마소서 //
3 3 //

암송 부분

5 내가 2 4 3 5 / 4 4 6 //
6 여호와여 4 / 2 5 / 4 2 3 5 /
7 감사의 3 3 4 / 2 3 4 5 //
8 여호와여 4 / 2 3 2 2 / 2 3 5 5 /
9 내 1 3 3 2 / 1 3 4 2 / 3 3 //

10 그들의 손에 사악함이 있고 /
3 2 4 2 /
그들의 오른손에 뇌물이 가득하오나 /
3 4 3 5 /

11 나는 나의 완전함에 행하오리니 / 나를 속량하시고 /
2 2 4 5 / 2 5 /
내게 은혜를 베푸소서 //
2 3 4 //

12 내 발이 평탄한 데에 섰사오니 /
1 2 5 4 /
무리 가운데에서 여호와를 송축하리이다 //
2 5 4 6 //

암송 부분

1 내가 2 2 4 6 / 4 4 4 7 / 4 2 5 //
2 여호와여 4 / 2 4 4 / 1 2 1 3 5 //
3 주의 2 5 / 1 3 4 // 2 2 4 3 /
4 허망한 3 3 4 7 / 5 5 6 //
5 내가 2 4 3 5 / 4 4 6 //
6 여호와여 4 / 2 5 / 4 2 3 5 /
7 감사의 3 3 4 / 2 3 4 5 //
8 여호와여 4 / 2 3 2 2 / 2 3 5 5 /
9 내 1 3 3 2 / 1 3 4 2 / 3 3 //

10 그들의 3 2 4 2 / 3 4 3 5 /
11 나는 2 2 4 5 / 2 5 / 2 3 4 //
12 내 1 2 5 4 / 2 5 4 6 //

27편

<다윗의 시>

1 여호와는 / 나의 빛이요 나의 구원이시니 /
4 / 2 3 2 5 /
내가 누구를 두려워하리요 //
2 3 6 //
여호와는 내 생명의 능력이시니 / 내가 누구를 무서워하리요 //
4 1 3 5 / 2 3 6 //

2 악인들이 내 살을 먹으려고 / 내게로 왔으나 /
4 1 2 4 / 3 3 /
나의 대적들, 나의 원수들인 그들은 / 실족하여 넘어졌도다 //
2 3 2 4 3 / 4 5 //

3 군대가 나를 대적하여 진 칠지라도 /
3 2 4 5 /
내 마음이 두렵지 아니하며 / 전쟁이 일어나 /
1 3 3 4 / 3 3 /
나를 치려 할지라도 / 나는 여전히 태연하리로다 //
2 2 4 / 2 3 6 //

암송 부분

1 여호와는 4 / 2 3 2 5 / 2 3 6 // 4 1 3 5 / 2 3 6 //
2 악인들이 4 1 2 4 / 3 3 / 2 3 2 4 3 / 4 5 //
3 군대가 3 2 4 5 / 1 3 3 4 / 3 3 / 2 2 4 / 2 3 6 //

4 내가 여호와께 바라는 한 가지 일 / 그것을 구하리니 /
2 4 3 4 / 3 4 /
곧 내가 내 평생에 / 여호와의 집에 살면서 /
1 2 1 3 / 4 2 3 /
여호와의 아름다움을 바라보며 /
4 5 4 /
그의 성전에서 사모하는 그것이라 //
2 4 4 4 //

5 여호와께서 환난 날에 나를 /
5 4 2 /
그의 초막 속에 비밀히 지키시고 /
2 4 3 4 /
그의 장막 은밀한 곳에 / 나를 숨기시며 /
2 2 5 / 2 4 /
높은 바위 위에 두시리로다 //
6 5 //

6 이제 내 머리가 / 나를 둘러싼 내 원수 위에 들리리니 /
2 1 3 / 2 3 1 4 4 /
내가 그의 장막에서 / 즐거운 제사를 드리겠고 /
2 2 4 / 3 3 4 /
노래하며 여호와를 찬송하리로다 //
4 4 6 //

7 여호와여 / 내가 소리 내어 부르짖을 때에 들으시고 /
4 / 2 4 6 4 /
또한 나를 긍휼히 여기사 응답하소서 //
2 2 6 5 //

암송 부분

4 내가 2 4 3 4 / 3 4 / 1 2 1 3 / 4 2 3 / 4 5 4 / 2 4 4 4 //
5 여호와께서 5 4 2 / 2 4 3 4 / 2 2 5 / 2 4 / 6 5 //
6 이제 2 1 3 / 2 3 1 4 4 / 2 2 4 / 3 3 4 / 4 4 6 //
7 여호와여 4 / 2 4 6 4 / 2 2 6 5 //

8 너희는 내 얼굴을 찾으라 // 하실 때에 /
3 1 3 3 // 4 /
내가 마음으로 주께 말하되 /
2 4 2 3 /
여호와여 / 내가 주의 얼굴을 찾으리이다 // 하였나이다 //
4 / 2 2 3 5 // 5 //

9 주의 얼굴을 / 내게서 숨기지 마시고 /
2 3 / 3 3 3 /
주의 종을 노하여 / 버리지 마소서 //
2 2 3 / 3 3 //
주는 나의 도움이 되셨나이다 // 나의 구원의 하나님이시여 /
2 2 3 5 // 2 3 6 /
나를 버리지 마시고 / 떠나지 마소서 //
2 3 3 / 3 3 //

10 내 부모는 나를 버렸으나 /
1 3 2 4 /
여호와는 나를 영접하시리이다 //
4 2 7 //

11 여호와여 / 주의 도를 내게 가르치시고 /
4 / 2 2 2 5 /
내 원수를 생각하셔서 / 평탄한 길로 나를 인도하소서 //
1 3 5 / 5 2 5 //

암송 부분

8 너희는 3 1 3 3 // 4 / 2 4 2 3 / 4 / 2 2 3 5 // 5 //
9 주의 2 3 / 3 3 3 / 2 2 3 / 3 3 // 2 2 3 5 //
2 3 6 / 2 3 3 / 3 3 //
10 내 1 3 2 4 / 4 2 7 //
11 여호와여 4 / 2 2 2 5 / 1 3 5 / 5 2 5 //

12 내 생명을 / 내 대적에게 맡기지 마소서 //

1 3 /1 4 3 3 //

위증자와 악을 토하는 자가 / 일어나 / 나를 치려 함이니이다 //

4 2 3 2/ 3 / 2 2 5 //

13 내가 산 자들의 땅에서 /

2 4 3 /

여호와의 선하심을 보게 될 줄 / 확실히 믿었도다 //

4 4 4 / 3 4 //

14 너는 여호와를 기다릴지어다 //

2 4 6 //

강하고 담대하며 여호와를 기다릴지어다 //

3 4 4 6 //

암송 부분

1 여호와는 4 / 2 3 2 5 / 2 3 6 // 4 1 3 5 / 2 3 6 //
2 악인들이 4 1 2 4 / 3 3 / 2 3 2 4 3 / 4 5 //
3 군대가 3 2 4 5 / 1 3 3 4 / 3 3 / 2 2 4 / 2 3 6 //
4 내가 2 4 3 4 / 3 4 / 1 2 1 3 / 4 2 3 / 4 5 4 / 2 4 4 4 //
5 여호와께서 5 4 2 / 2 4 3 4 / 2 2 5 / 2 4 / 6 5 //
6 이제 2 1 3 / 2 3 1 4 4 / 2 2 4 / 3 3 4 / 4 4 6 //
7 여호와여 4 / 2 4 6 4 / 2 2 6 5 //
8 너희는 3 1 3 3 // 4 / 2 4 2 3 / 4 / 2 2 3 5 // 5 //
9 주의 2 3 / 3 3 3 / 2 2 3 / 3 3 // 2 2 3 5 //
2 3 6 / 2 3 3 / 3 3 //
10 내 1 3 2 4 / 4 2 7 //
11 여호와여 4 / 2 2 2 5 / 1 3 5 / 5 2 5 //

12 내 1 3 / 1 4 3 3 // 4 2 3 2 / 3 / 2 2 5 //
13 내가 2 4 3 / 4 4 4 / 3 4 //
14 너는 2 4 6 // *3 4 4 6* //

28편

<다윗의 시>

1 여호와여 / 내가 주께 부르짖으오니 / 나의 반석이여 /
4 / 2 2 6 / 2 4 /
내게 귀를 막지 마소서 // 주께서 내게 잠잠하시면 /
2 4 3 // 3 2 5 /
내가 무덤에 내려가는 자와 / 같을까 하나이다 //
2 3 6 / 3 4 //

2 내가 주의 지성소를 향하여 /
2 2 4 3 /
나의 손을 들고 주께 부르짖을 때에 /
2 4 2 6 /
나의 간구하는 소리를 들으소서 //
2 4 3 4 //

3 악인과 / 악을 행하는 자들과 함께 /
3 / 2 3 3 2 /
나를 끌어내지 마옵소서 //
2 4 4 //
그들은 그 이웃에게 / 화평을 말하나 /
3 1 4 / 3 3 /
그들의 마음에는 악독이 있나이다 //
3 4 3 4 //

암송 부분

1 여호와여 4 / 2 2 6 / 2 4 / 2 4 3 // 3 2 5 / 2 3 6 / 3 4 //
2 내가 2 2 4 3 / 2 4 2 6 / 2 4 3 4 //
3 악인과 3 / 2 3 3 2 / 2 4 4 // 3 1 4 / 3 3 / 3 4 3 4 //

4 그들이 하는 일과 그들의 행위가 / 악한 대로 갚으시며 /
3 4 3 3 / 4 4 /
그들의 손이 지은 대로 / 그들에게 갚아 /
3 2 4 / 4 2 /
그 마땅히 받을 것으로 / 그들에게 갚으소서 //
1 3 5 / 4 4 //

5 그들은 여호와께서 행하신 일과 / 손으로 지으신 것을 /
3 5 5 / 3 5 /
생각하지 아니하므로 / 여호와께서 그들을 파괴하고 /
4 5 / 5 3 4 /
건설하지 아니하시리로다 //
4 7 //

6 여호와를 찬송함이여 / 내 간구하는 소리를 들으심이로다 //
4 5 / 1 4 3 6 //

7 여호와는 / 나의 힘과 나의 방패이시니 / 내 마음이 /
4 / 2 2 2 5 / 1 3 /
그를 의지하여 도움을 얻었도다 // 그러므로 내 마음이 /
2 4 3 4 // 4 1 3 /
크게 기뻐하며 / 내 노래로 그를 찬송하리로다 //
2 4 / 1 3 2 6 //

8 여호와는 그들의 힘이시요 / 그의 기름 부음 받은 자의 /
4 3 4 / 2 4 4 /
구원의 요새이시로다 //
3 6 //

암송 부분

4 그들이 3 4 3 3 / 4 4 / 3 2 4 / 4 2 / 1 3 5 / 4 4 //
5 그들은 3 5 5 / 3 5 / 4 5 / 5 3 4 / 4 7 //
6 여호와를 4 5 / *1 4 3 6* //
7 여호와는 4 / 2 2 2 5 / 1 3 / 2 4 3 4 //
4 1 3 / 2 4 / 1 3 2 6 //
8 여호와는 4 3 4 / 2 4 4 / 3 6 //

9 주의 백성을 구원하시며 / 주의 산업에 복을 주시고 /
2 3 5 / 2 3 5 /
또 그들의 목자가 되시어 / 영원토록 그들을 인도하소서 //
1 3 3 3 / 4 3 5 //

암송 부분

1 여호와여 4 / 2 2 6 / 2 4 / 2 4 3 // 3 2 5 / 2 3 6 / 3 4 //
2 내가 2 2 4 3 / 2 4 2 6 / 2 4 3 4 //
3 악인과 3 / 2 3 3 2 / 2 4 4 // 3 1 4 / 3 3 / 3 4 3 4 //
4 그들이 3 4 3 3 / 4 4 / 3 2 4 / 4 2 / 1 3 5 / 4 4 //
5 그들은 3 5 5 / 3 5 / 4 5 / 5 3 4 / 4 7 //
6 여호와를 4 5 / 1 4 3 6 //
7 여호와는 4 / 2 2 2 5 / 1 3 / 2 4 3 4 //
4 1 3 / 2 4 / 1 3 2 6 //
8 여호와는 4 3 4 / 2 4 4 / 3 6 //

9 주의 2 3 5 / 2 3 5 / 1 3 3 3 / 4 3 5 //

29편

<다윗의 시>

1 너희 권능 있는 자들아 / 영광과 능력을 /
2 4 3 / 3 3 /
여호와께 돌리고 돌릴지어다 //
4 3 5 //

2 여호와께 / 그의 이름에 합당한 / 영광을 돌리며 /
4 / 2 3 3 / 3 3 /
거룩한 옷을 입고 / 여호와께 예배할지어다 //
3 4 / 4 6 //

3 여호와의 소리가 물 위에 있도다 //
4 3 3 3 //
영광의 하나님이 우렛소리를 내시니 /
3 4 5 3 /
여호와는 많은 물 위에 계시도다 //
4 5 4 //

4 여호와의 소리가 힘 있음이여 /
4 3 5 /
여호와의 소리가 위엄차도다 //
4 3 5 //

암송 부분

1 너희 2 4 3 / 3 3 / 4 3 5 //
2 여호와께 4 / 2 3 3 / 3 3 / 3 4 / 4 6 //
3 여호와의 4 3 3 3 // 3 4 5 3 / 4 5 4 //
4 여호와의 4 3 5 / 4 3 5 //

5 여호와의 소리가 백향목을 꺾으심이여 /
4 3 4 5 /
여호와께서 / 레바논 백향목을 꺾어 부수시도다 //
5 / 3 4 2 5 //

6 그 나무를 송아지 같이 뛰게 하심이여 /
1 3 5 6 /
레바논과 시룐으로 / 들송아지 같이 뛰게 하시도다 //
4 4 / 6 6 //

7 여호와의 소리가 화염을 가르시도다 //
4 3 3 5 //

8 여호와의 소리가 광야를 진동하심이여 /
4 3 3 6 /
여호와께서 가데스 광야를 진동시키시도다 //
5 6 7 //

9 여호와의 소리가 / 암사슴을 낙태하게 하시고 /
4 3 / 4 4 3 /
삼림을 말갛게 벗기시니 / 그의 성전에서 /
3 3 4 / 2 4 /
그의 모든 것들이 말하기를 / 영광이라 하도다 //
2 5 4 / 4 3 //

암송 부분

5 여호와의 4 3 4 5 / 5 / 3 4 2 5 //
6 그 1 3 5 6 / 4 4 / 6 6 //
7 여호와의 4 3 3 5 //
8 여호와의 4 3 3 6 / 5 6 7 //
9 여호와의 4 3 / 4 4 3 / 3 3 4 / 2 4 / 2 5 4 / 4 3 //

10 여호와께서 / 홍수 때에 좌정하셨음이여 /
5 / 4 7 /
여호와께서 / 영원하도록 왕으로 좌정하시도다 //
5 / 5 3 6 //

11 여호와께서 자기 백성에게 / 힘을 주심이여 /
5 2 4 / 2 4 /
여호와께서 자기 백성에게 / 평강의 복을 주시리로다 //
5 2 4 / 3 2 5 //

암송 부분

1 너희 2 4 3 / 3 3 / 4 3 5 //
2 여호와께 4 / 2 3 3 / 3 3 / 3 4 / 4 6 //
3 여호와의 4 3 3 3 // 3 4 5 3 / 4 5 4 //
4 여호와의 4 3 5 / 4 3 5 //
5 여호와의 4 3 4 5 / 5 / 3 4 2 5 //
6 그 1 3 5 6 / 4 4 / 6 6 //
7 여호와의 4 3 3 5 //
8 여호와의 4 3 3 6 / 5 6 7 //
9 여호와의 4 3 / 4 4 3 / 3 3 4 / 2 4 / 2 5 4 / 4 3 //

10 여호와께서 5 / 4 7 / 5 / 5 3 6 //
11 여호와께서 5 2 4 / 2 4 / 5 2 4 / 3 2 5 //

30편

<다윗의 시, 곧 성전 낙성가>

1 여호와여 / 내가 주를 높일 것은 /
4 / 2 2 4 /
주께서 나를 끌어내사 / 내 원수로 하여금 /
3 2 4 / 1 3 3 /
나로 말미암아 / 기뻐하지 못하게 하심이니이다 //
2 4 / 4 3 6 //

2 여호와 내 하나님이여 / 내가 주께 부르짖으매 /
3 1 5 / 2 2 5 /
나를 고치셨나이다 //
2 6 //

3 여호와여 / 주께서 내 영혼을 / 스올에서 끌어내어 /
4 / 3 1 3 / 4 4 /
나를 살리사 / 무덤으로 내려가지 아니하게 하셨나이다 //
2 3 / 4 4 4 5 //

4 주의 성도들아 / 여호와를 찬송하며 /
2 4 / 4 4 /
그의 거룩함을 기억하며 감사하라 //
2 4 4 4 //

암송 부분

1 여호와여 4 / 2 2 4 / 3 2 4 / 1 3 3 / 2 4 / 4 3 6 //
2 여호와 3 1 5 / 2 2 5 / 2 6 //
3 여호와여 4 / 3 1 3 / 4 4 / 2 3 / 4 4 4 5 //
4 주의 2 4 / 4 4 / 2 4 4 4 //

5 그의 노염은 잠깐이요 / 그의 은총은 평생이로다 //
2 3 4 / 2 3 5 //
저녁에는 울음이 깃들일지라도 / 아침에는 기쁨이 오리로다 //
4 3 6 / 4 3 4 //

6 내가 형통할 때에 말하기를 /
2 5 4 /
영원히 흔들리지 아니하리라 // 하였도다 //
3 4 5 // 4 //

7 여호와여 / 주의 은혜로 / 나를 산 같이 굳게 세우셨더니 /
4 / 2 3 / 2 3 2 5 /
주의 얼굴을 가리시매 / 내가 근심하였나이다 //
2 3 4 / 2 7 //

8 여호와여 / 내가 주께 부르짖고 / 여호와께 간구하기를 /
4 / 2 2 4 / 4 5 /

9 내가 무덤에 내려갈 때에 /
2 3 5 /
나의 피가 / 무슨 유익이 있으리요 //
2 2 / 2 3 4 //
진토가 어떻게 주를 찬송하며 / 주의 진리를 선포하리이까 //
3 3 2 4 / 2 3 6 //

암송 부분

5 그의 2 3 4 / 2 3 5 // 4 3 6 / 4 3 4 //
6 내가 2 5 4 / 3 4 5 // 4 //
7 여호와여 4 / 2 3 / 2 3 2 5 / 2 3 4 / 2 7 //
8 여호와여 4 / 2 2 4 / 4 5 /
9 내가 2 3 5 / 2 2 / 2 3 4 // 3 3 2 4 / 2 3 6 //

10 여호와여 들으시고 / 내게 은혜를 베푸소서 //
4 4 / 2 3 4 //
여호와여 / 나를 돕는 자가 되소서 // 하였나이다 //
4 / 2 4 3 // 5 //

11 주께서 나의 슬픔이 변하여 / 내게 춤이 되게 하시며 /
3 2 3 3 / 2 4 3 /
나의 베옷을 벗기고 / 기쁨으로 띠 띠우셨나이다 //
2 3 3 / 4 1 6 //

12 이는 잠잠하지 아니하고 /
2 4 4 /
내 영광으로 / 주를 찬송하게 하심이니 /
1 4 / 2 4 4 /
여호와 나의 하나님이여 / 내가 주께 영원히 감사하리이다 //
3 2 5 / 2 2 3 6 //

암송 부분

1 여호와여 4 / 2 2 4 / 3 2 4 / 1 3 3 / 2 4 / 4 3 6 //
2 여호와 3 1 5 / 2 2 5 / 2 6 //
3 여호와여 4 / 3 1 3 / 4 4 / 2 3 / 4 4 4 5 //
4 주의 2 4 / 4 4 / 2 4 4 4 //
5 그의 2 3 4 / 2 3 5 // 4 3 6 / 4 3 4 //
6 내가 2 5 4 / 3 4 5 // 4 //
7 여호와여 4 / 2 3 / 2 3 2 5 / 2 3 4 / 2 7 //
8 여호와여 4 / 2 2 4 / 4 5 /
9 내가 2 3 5 / 2 2 / 2 3 4 // 3 3 2 4 / 2 3 6 //

10 여호와여 4 4 / 2 3 4 // 4 / 2 4 3 // 5 //
11 주께서 3 2 3 3 / 2 4 3 / 2 3 3 / 4 1 6 //
12 이는 2 4 4 / 1 4 / 2 4 4 / 3 2 5 / 2 2 3 6 //

31편

<다윗의 시, 인도자를 따라 부르는 노래>

1 여호와여 / 내가 주께 피하오니 /
4 / 2 2 4 /
나를 영원히 부끄럽게 하지 마시고 /
2 3 4 5 /
주의 공의로 나를 건지소서 //
2 3 2 4 //

2 내게 귀를 기울여 / 속히 건지시고 /
2 2 3 / 2 4 /
내게 / 견고한 바위와 / 구원하는 산성이 되소서 //
2 / 3 3 / 4 3 3 //

3 주는 나의 반석과 산성이시니 /
2 2 3 5 /
그러므로 주의 이름을 생각하셔서 /
4 2 3 5 /
나를 인도하시고 지도하소서 //
2 5 5 //

4 그들이 나를 위하여 / 비밀히 친 그물에서 빼내소서 //
3 2 3 / 3 1 4 4 //
주는 나의 산성이시니이다 //
2 2 7 //

암송 부분

1 여호와여 4 / 2 2 4 / 2 3 4 5 / 2 3 2 4 //
2 내게 2 2 3 / 2 4 / 2 / 3 3 / 4 3 3 //
3 주는 2 2 3 5 / 4 2 3 5 / 2 5 5 //
4 그들이 3 2 3 / 3 1 4 4 // 2 2 7 //

5 내가 나의 영을 / 주의 손에 부탁하나이다 //
2 2 2 / 2 2 6 //
진리의 하나님 여호와여 / 나를 속량하셨나이다 //
3 3 4 / 2 7 //

6 내가 / 허탄한 거짓을 숭상하는 자들을 / 미워하고 /
2 / 3 3 4 3 / 4 /
여호와를 의지하나이다 //
4 6 //

7 내가 주의 인자하심을 / 기뻐하며 즐거워할 것은 /
2 2 5 / 4 6 /
주께서 나의 고난을 보시고 /
3 2 3 3 /
환난 중에 있는 내 영혼을 아셨으며 /
6 1 3 4 /

8 나를 원수의 수중에 / 가두지 아니하셨고 /
2 3 3 / 3 5 /
내 발을 넓은 곳에 세우셨음이니이다 //
1 2 4 8 //

9 여호와여 내가 고통 중에 있사오니 / 내게 은혜를 베푸소서 //
4 2 4 4 / 2 3 4 //
내가 근심 때문에 / 눈과 영혼과 몸이 쇠하였나이다 //
2 5 / 2 3 2 6 //

암송 부분

5 내가 2 2 2 / 2 2 6 // 3 3 4 / 2 7 //
6 내가 2 / 3 3 4 3 / 4 / 4 6 //
7 내가 2 2 5 / 4 6 / 3 2 3 3 / 6 1 3 4 /
8 나를 2 3 3 / 3 5 / 1 2 4 8 //
9 여호와여 4 2 4 4 / 2 3 4 // 2 5 / 2 3 2 6 //

10 내 일생을 슬픔으로 보내며 /
1 3 4 3 /
나의 연수를 탄식으로 보냄이여 /
2 3 4 4 /
내 기력이 / 나의 죄악 때문에 약하여지며 /
1 3 / 2 5 5 /
나의 뼈가 쇠하도소이다 //
2 2 6 //

11 내가 모든 대적들 때문에 / 욕을 당하고 /
2 2 3 3 / 2 3 /
내 이웃에게서는 심히 당하니 /
1 6 2 3 /
내 친구가 놀라고 / 길에서 보는 자가 나를 피하였나이다 //
1 3 3 / 3 4 2 6 //

12 내가 잊어버린 바 됨이 /
2 5 2 /
죽은 자를 마음에 두지 아니함 같고 /
4 5 5 /
깨진 그릇과 같으니이다 //
5 5 //

암송 부분

10 내 1 3 4 3 / 2 3 4 4 / 1 3 / 2 5 5 / 2 2 6 //
11 내가 2 2 3 3 / 2 3 / 1 6 2 3 / 1 3 3 / 3 4 2 6 //
12 내가 2 5 2 / 4 5 5 / 5 5 //

13 내가 무리의 비방을 들었으므로 /
2 3 3 5 /
사방이 두려움으로 감싸였나이다 //
3 5 6 //
그들이 나를 치려고 / 함께 의논할 때에 /
3 2 3 / 2 5 /
내 생명을 빼앗기로 꾀하였나이다 //
1 3 4 6 //

14 여호와여 / 그러하여도 나는 주께 의지하고 /
4 / 5 2 2 4 /
말하기를 / 주는 내 하나님이시라 // 하였나이다 //
4 / 2 1 6 // 5 //

15 나의 앞날이 / 주의 손에 있사오니 /
2 3 / 2 2 4 /
내 원수들과 / 나를 핍박하는 자들의 손에서 /
1 4 / 2 4 3 3 /
나를 건져 주소서 //
2 5 //

16 주의 얼굴을 / 주의 종에게 비추시고 /
2 3 / 2 3 4 /
주의 사랑하심으로 나를 구원하소서 //
2 6 2 5 //

암송 부분

13 내가 2 3 3 5 / 3 5 6 // 3 2 3 / 2 5 / 1 3 4 6 //
14 여호와여 4 / 5 2 2 4 / 4 / 2 1 6 // 5 //
15 나의 2 3 / 2 2 4 / 1 4 / 2 4 3 3 / 2 5 //
16 주의 2 3 / 2 3 4 / 2 6 2 5 //

17 여호와여 내가 주를 불렀사오니 /
4 2 2 5 /
나를 부끄럽게 하지 마시고 / 악인들을 부끄럽게 하사 /
2 6 3 / 4 6 /
스올에서 잠잠하게 하소서 //
4 4 3 //

18 교만하고 완악한 말로 / 무례히 의인을 치는 /
4 5 / 3 3 2 /
거짓 입술이 / 말 못하는 자 되게 하소서 //
5 / 5 5 //

19 주를 두려워하는 자를 위하여 / 쌓아 두신 은혜 /
2 7 3 / 4 2 /
곧 주께 피하는 자를 위하여 / 인생 앞에 베푸신 은혜가 /
1 2 5 3 / 4 3 3 /
어찌 그리 큰지요 //
2 2 3 //

20 주께서 그들을 / 주의 은밀한 곳에 숨기사 /
3 3 / 2 5 3 /
사람의 꾀에서 벗어나게 하시고 / 비밀히 장막에 감추사 /
3 3 4 3 / 3 3 3 /
말 다툼에서 면하게 하시리이다 //
5 3 5 //

암송 부분

17 여호와여 *4 2 2 5 / 2 6 3 / 4 6 / 4 4 3 //*
18 교만하고 4 5 / 3 3 2 / 5 / 5 5 //
19 주를 2 7 3 / 4 2 / 1 2 5 3 / 4 3 3 / 2 2 3 //
20 주께서 3 3 / 2 5 3 / 3 3 4 3 / 3 3 3 / 5 3 5 //

21 여호와를 찬송할지어다 //
4 6 //
견고한 성에서 / 그의 놀라운 사랑을 /
3 3 / 2 3 3 /
내게 보이셨음이로다 //
2 7 //

22 내가 놀라서 말하기를 / 주의 목전에서 끊어졌다 //
2 3 4 / 2 4 4 //
하였사오나 / 내가 주께 부르짖을 때에 /
5 / 2 2 6 /
주께서 / 나의 간구하는 소리를 들으셨나이다 //
3 / 2 4 3 6 //

23 너희 모든 성도들아 / 여호와를 사랑하라 //
2 2 4 / 4 4 //
여호와께서 진실한 자를 보호하시고 /
5 5 5 /
교만하게 행하는 자에게 / 엄중히 갚으시느니라 //
4 3 3 / 3 6 //

24 여호와를 바라는 너희들아 // 강하고 담대하라 //
4 3 4 // 3 4 //

암송 부분

21 여호와를 4 6 // 3 3 / 2 3 3 / 2 7 //
22 내가 2 3 4 / 2 4 4 // 5 / 2 2 6 / 3 / 2 4 3 6 //
23 너희 2 2 4 / 4 4 // 5 5 5 / 4 3 3 / 3 6 //
24 여호와를 4 3 4 // 3 4 //

1 여호와여 4 / 2 2 4 / 2 3 4 5 / 2 3 2 4 //
2 내게 2 2 3 / 2 4 / 2 / 3 3 / 4 3 3 //
3 주는 2 2 3 5 / 4 2 3 5 / 2 5 5 //
4 그들이 3 2 3 / 3 1 4 4 // 2 2 7 //
5 내가 2 2 2 / 2 2 6 // 3 3 4 / 2 7 //
6 내가 2 / 3 3 4 3 / 4 / 4 6 //
7 내가 2 2 5 / 4 6 / 3 2 3 3 / 6 1 3 4 /
8 나를 2 3 3 / 3 5 / 1 2 4 8 //
9 여호와여 4 2 4 4 / 2 3 4 // 2 5 / 2 3 2 6 //
10 내 1 3 4 3 / 2 3 4 4 / 1 3 / 2 5 5 / 2 2 6 //
11 내가 2 2 3 3 / 2 3 / 1 6 2 3 / 1 3 3 / 3 4 2 6 //
12 내가 2 5 2 / 4 5 5 / 5 5 //
13 내가 2 3 3 5 / 3 5 6 // 3 2 3 / 2 5 / 1 3 4 6 //
14 여호와여 4 / 5 2 2 4 / 4 / 2 1 6 // 5 //
15 나의 2 3 / 2 2 4 / 1 4 / 2 4 3 3 / 2 5 //
16 주의 2 3 / 2 3 4 / 2 6 2 5 //
17 여호와여 4 2 2 5 / 2 6 3 / 4 6 / 4 4 3 //
18 교만하고 4 5 / 3 3 2 / 5 / 5 5 //
19 주를 2 7 3 / 4 2 / 1 2 5 3 / 4 3 3 / 2 2 3 //
20 주께서 3 3 / 2 5 3 / 3 3 4 3 / 3 3 3 / 5 3 5 //
21 여호와를 4 6 // 3 3 / 2 3 3 / 2 7 //
22 내가 2 3 4 / 2 4 4 // 5 / 2 2 6 / 3 / 2 4 3 6 //
23 너희 2 2 4 / 4 4 // 5 5 5 / 4 3 3 / 3 6 //
24 여호와를 4 3 4 // 3 4 //

32편

<다윗의 마스길>

1 허물의 사함을 받고 / 자신의 죄가 가려진 자는 /
3 3 2 / 3 2 3 2 /
복이 있도다 //
5 //

2 마음에 간사함이 없고 /
3 4 2 /
여호와께 / 정죄를 당하지 아니하는 자는 / 복이 있도다 //
4 / 3 3 4 2 / 5 //

3 내가 입을 열지 아니할 때에 /
2 4 5 /
종일 신음하므로 / 내 뼈가 쇠하였도다 //
2 5 / 1 2 5 //

4 주의 손이 / 주야로 나를 누르시오니 / 내 진액이 빠져서 /
2 2 / 3 2 5 / 1 3 3 /
여름 가뭄에 마름 같이 되었나이다 // (셀라)
5 4 5 // (2)

암송 부분

1 허물의 3 3 2 / 3 2 3 2 / 5 //
2 마음에 3 4 2 / 4 / 3 3 4 2 / 5 //
3 내가 2 4 5 / 2 5 / 1 2 5 //
4 주의 2 2 / 3 2 5 / 1 3 3 / 5 4 5 // (2)

5 내가 이르기를 / 내 허물을 여호와께 자복하리라 // 하고 /
2 4 / 1 3 4 5 // 2 /
주께 내 죄를 아뢰고 / 내 죄악을 숨기지 아니하였더니 /
2 1 2 3 / 1 3 3 6 /
곧 주께서 / 내 죄악을 사하셨나이다 // (셀라)
1 3 / 1 3 6 // (2)

6 이로 말미암아 모든 경건한 자는 /
2 4 2 5 /
주를 만날 기회를 얻어서 / 주께 기도할지라 //
2 2 3 3 / 2 5 //
진실로 홍수가 범람할지라도 / 그에게 미치지 못하리이다 //
3 3 6 / 3 3 5 //

7 주는 나의 은신처이오니 / 환난에서 나를 보호하시고 /
2 2 6 / 4 2 5 /
구원의 노래로 나를 두르시리이다 // (셀라)
3 3 2 6 // (2)

8 내가 / 네 갈 길을 가르쳐 보이고 /
2 / 1 3 3 3 /
너를 주목하여 훈계하리로다 //
2 4 6 //

암송 부분

5 내가 2 4 / 1 3 4 5 // 2 / 2 1 2 3 / 1 3 3 6 /
1 3 / *1 3 6 // (2)*
6 이로 2 4 2 5 / 2 2 3 3 / 2 5 // 3 3 6 / 3 3 5 //
7 주는 2 2 6 / 4 2 5 / 3 3 2 6 // (2)
8 내가 2 / 1 3 3 3 / 2 4 6 //

9 너희는 무지한 말이나 / 노새 같이 되지 말지어다 //
3 3 3 / 4 2 4 //
그것들은 / 재갈과 굴레로 단속하지 아니하면 /
4 / 3 3 4 4 /
너희에게 가까이 가지 아니하리로다 //
4 5 6 //

10 악인에게는 많은 슬픔이 있으나 /
5 2 3 3 /
여호와를 신뢰하는 자에게는 / 인자하심이 두르리로다 //
4 4 4 / 5 5 //

11 너희 의인들아 / 여호와를 기뻐하며 즐거워할지어다 //
2 4 / 4 4 7 //
마음이 정직한 너희들아 / 다 즐거이 외칠지어다 //
3 3 4 / 1 3 5 //

암송 부분

1 허물의 3 3 2 / 3 2 3 2 / 5 //
2 마음에 3 4 2 / 4 / 3 3 4 2 / 5 //
3 내가 2 4 5 / 2 5 / 1 2 5 //
4 주의 2 2 / 3 2 5 / 1 3 3 / 5 4 5 // (2)
5 내가 2 4 / 1 3 4 5 // 2 / 2 1 2 3 / 1 3 3 6 /
1 3 / 1 3 6 // (2)
6 이로 2 4 2 5 / 2 2 3 3 / 2 5 // 3 3 6 / 3 3 5 //
7 주는 2 2 6 / 4 2 5 / 3 3 2 6 // (2)
8 내가 2 / 1 3 3 3 / 2 4 6 //

9 너희는 3 3 3 / 4 2 4 // 4 / 3 3 4 4 / 4 5 6 //
10 악인에게는 5 2 3 3 / 4 4 4 / 5 5 //
11 너희 2 4 / 4 4 7 // 3 3 4 / 1 3 5 //

33편

1 너희 의인들아 여호와를 즐거워하라 //
2 4 4 5 //
찬송은 / 정직한 자들이 마땅히 할 바로다 //
3 / 3 3 3 4 //

2 수금으로 여호와께 감사하고 /
4 4 4 /
열 줄 비파로 찬송할지어다 //
5 6 //

3 새 노래로 그를 노래하며 /
4 2 4 /
즐거운 소리로 아름답게 연주할지어다 //
3 3 4 6 //

4 여호와의 말씀은 정직하며 / 그가 행하시는 일은 /
4 3 4 / 2 4 2 /
다 진실하시도다 //
1 6 //

5 그는 공의와 정의를 사랑하심이여 /
2 3 3 6 /
세상에는 여호와의 인자하심이 충만하도다 //
4 4 5 5 //

암송 부분

1 너희 2 4 4 5 // 3 / 3 3 3 4 //
2 수금으로 4 4 4 / 5 6 //
3 새 노래로 4 2 4 / 3 3 4 6 //
4 여호와의 4 3 4 / 2 4 2 / 1 6 //
5 그는 2 3 3 6 / 4 4 5 5 //

6 여호와의 말씀으로 / 하늘이 지음이 되었으며 /
4 4 / 3 3 4 /
그 만상을 / 그의 입 기운으로 이루었도다 //
1 3 / 2 1 4 5 //

7 그가 바닷물을 모아 / 무더기 같이 쌓으시며 /
2 4 2 / 5 4 /
깊은 물을 곳간에 두시도다 //
4 3 4 //

8 온 땅은 여호와를 두려워하며 / 세상의 모든 거민들은 /
3 4 5 / 3 2 4 /
그를 경외할지어다 //
2 6 //

9 그가 말씀하시매 이루어졌으며 /
2 5 6 /
명령하시매 견고히 섰도다 //
5 3 3 //

10 여호와께서 나라들의 계획을 폐하시며 /
5 4 3 4 /
민족들의 사상을 무효하게 하시도다 //
4 3 4 4 //

암송 부분

6 여호와의 4 4 / 3 3 4 / 1 3 / 2 1 4 5 //
7 그가 2 4 2 / 5 4 / 4 3 4 //
8 온 땅은 3 4 5 / 3 2 4 / 2 6 //
9 그가 2 5 6 / 5 3 3 //
10 여호와께서 5 4 3 4 / 4 3 4 4 //

11 여호와의 계획은 영원히 서고 /
4 3 3 2 /
그의 생각은 대대에 이르리로다 //
2 3 3 5 //

12 여호와를 자기 하나님으로 / 삼은 나라 /
4 2 5 / 2 2 /
곧 하나님의 기업으로 / 선택된 백성은 / 복이 있도다 //
1 4 4 / 3 3 / 5 //

13 여호와께서 하늘에서 굽어보사 / 모든 인생을 살피심이여 /
5 4 4 / 2 3 5 /

14 곧 그가 거하시는 곳에서 /
1 2 4 3 /
세상의 모든 거민들을 굽어살피시는도다 //
3 2 4 8 //

15 그는 / 그들 모두의 마음을 지으시며 /
2 / 2 3 3 4 /
그들이 하는 일을 굽어살피시는 이로다 //
3 4 6 3 //

16 많은 군대로 / 구원 얻은 왕이 없으며 /
2 3 / 4 2 3 /
용사가 힘이 세어도 / 스스로 구원하지 못하는도다 //
3 5 / 3 4 5 //

암송 부분

11 여호와의 4 3 3 2 / 2 3 3 5 //
12 여호와를 4 2 5 / 2 2 / 1 4 4 / 3 3 / 5 //
13 여호와께서 5 4 4 / 2 3 5 /
14 곧 1 2 4 3 / 3 2 4 8 //
15 그는 2 / 2 3 3 4 / 3 4 6 3 //
16 많은 2 3 / 4 2 3 / 3 5 / 3 4 5 //

17 구원하는 데에 군마는 헛되며 / 군대가 많다 하여도 /
6 3 3 / 3 5 /
능히 구하지 못하는도다 //
2 3 5 //

18 여호와는 그를 경외하는 자 /
4 2 5 /
곧 그의 인자하심을 / 바라는 자를 살피사 /
1 2 5 / 5 3 /

19 그들의 영혼을 사망에서 건지시며 /
3 3 4 4 /
그들이 굶주릴 때에 / 그들을 살리시는도다 //
3 5 / 3 6 //

20 우리 영혼이 여호와를 바람이여 /
2 3 4 4 /
그는 우리의 도움과 방패시로다 //
2 3 3 5 //

21 우리 마음이 그를 즐거워함이여 /
2 3 2 6 /
우리가 / 그의 성호를 의지하였기 때문이로다 //
3 / 2 3 5 5 //

암송 부분

17 구원하는 데에 6 3 3 / 3 5 / 2 3 5 //
18 여호와는 4 2 5 / 1 2 5 / 5 3 /
19 그들의 3 3 4 4 / 3 5 / 3 6 //
20 우리 2 3 4 4 / 2 3 3 5 //
21 우리 2 3 2 6 / 3 / 2 3 5 5 //

22 여호와여 / 우리가 주께 바라는 대로 /
4 / 3 2 5 /
주의 인자하심을 우리에게 베푸소서 //
2 5 4 4 //

암송 부분

1 너희 2 4 4 5 // 3 / 3 3 3 4 //
2 수금으로 4 4 4 / 5 6 //
3 새 노래로 4 2 4 / 3 3 4 6 //
4 여호와의 4 3 4 / 2 4 2 / 1 6 //
5 그는 2 3 3 6 / 4 4 5 5 //
6 여호와의 4 4 / 3 3 4 / 1 3 / 2 1 4 5 //
7 그가 2 4 2 / 5 4 / 4 3 4 //
8 온 땅은 3 4 5 / 3 2 4 / 2 6 //
9 그가 2 5 6 / 5 3 3 //
10 여호와께서 5 4 3 4 / 4 3 4 4 //
11 여호와의 4 3 3 2 / 2 3 3 5 //
12 여호와를 4 2 5 / 2 2 / 1 4 4 / 3 3 / 5 //
13 여호와께서 5 4 4 / 2 3 5 /
14 곧 1 2 4 3 / 3 2 4 8 //
15 그는 2 / 2 3 3 4 / 3 4 6 3 //
16 많은 2 3 / 4 2 3 / 3 5 / 3 4 5 //
17 구원하는 데에 6 3 3 / 3 5 / 2 3 5 //
18 여호와는 4 2 5 / 1 2 5 / 5 3 /
19 그들의 3 3 4 4 / 3 5 / 3 6 //
20 우리 2 3 4 4 / 2 3 3 5 //
21 우리 2 3 2 6 / 3 / 2 3 5 5 //

22 여호와여 4 / 3 2 5 / 2 5 4 4 //

34편

<다윗이 아비멜렉 앞에서 미친 체하다가 쫓겨나서 지은 시>

1 내가 여호와를 항상 송축함이여 /
2 4 2 5 /
내 입술로 / 항상 주를 찬양하리이다 //
1 3 / 2 2 6 //

2 내 영혼이 여호와를 자랑하리니 / 곤고한 자들이 /
1 3 4 5 / 3 3 /
이를 듣고 기뻐하리로다 //
2 2 6 //

3 나와 함께 여호와를 광대하시다 // 하며 /
2 2 4 5 // 2 /
함께 그의 이름을 높이세 //
2 2 3 3 //

4 내가 여호와께 간구하매 / 내게 응답하시고 /
2 4 4 / 2 5 /
내 모든 두려움에서 / 나를 건지셨도다 //
1 2 5 / 2 5 //

5 그들이 주를 앙망하고 / 광채를 내었으니 /
3 2 4 / 3 4 /
그들의 얼굴은 부끄럽지 아니하리로다 //
3 3 4 6 //

암송 부분

1 내가 2 4 2 5 / 1 3 / 2 2 6 //
2 내 1 3 4 5 / 3 3 / 2 2 6 //
3 나와 2 2 4 5 // 2 / 2 2 3 3 //
4 내가 2 4 4 / 2 5 / 1 2 5 / 2 5 //
5 그들이 3 2 4 / 3 4 / 3 3 4 6 //

6 이 곤고한 자가 부르짖으매 / 여호와께서 들으시고 /
1 5 5 / 5 4 /
그의 모든 환난에서 구원하셨도다 //
2 2 4 6 //

7 여호와의 천사가 / 주를 경외하는 자를 둘러 진 치고 /
4 3 / 2 6 2 3 /
그들을 건지시는도다 //
3 6 //

8 너희는 여호와의 선하심을 / 맛보아 알지어다 //
3 4 4 / 3 4 //
그에게 피하는 자는 복이 있도다 //
3 5 5 //

9 너희 성도들아 여호와를 경외하라 //
2 4 4 4 //
그를 경외하는 자에게는 / 부족함이 없도다 //
2 4 4 / 4 3 //

10 젊은 사자는 궁핍하여 주릴지라도 / 여호와를 찾는 자는 /
5 4 5 / 4 4 /
모든 좋은 것에 부족함이 없으리로다 //
2 4 4 5 //

암송 부분

6 이 1 5 5 / 5 4 / 2 2 4 6 //
7 여호와의 4 3 / 2 6 2 3 / 3 6 //
8 너희는 3 4 4 / 3 4 // 3 5 5 //
9 너희 2 4 4 4 // 2 4 4 / 4 3 //
10 젊은 사자는 5 4 5 / 4 4 / 2 4 4 5 //

11 너희 자녀들아 / 와서 내 말을 들으라 //
2 4 / 2 3 3 //
내가 여호와를 경외하는 법을 / 너희에게 가르치리로다 //
2 4 6 / 4 6 //

12 생명을 사모하고 연수를 사랑하여 /
3 4 3 4 /
복 받기를 원하는 사람이 누구뇨 //
4 3 3 3 //

13 네 혀를 악에서 금하며 /
1 2 3 3 /
네 입술을 거짓말에서 금할지어다 //
1 3 5 5 //

14 악을 버리고 선을 행하며 / 화평을 찾아 따를지어다 //
2 3 2 3 / 3 2 5 //

15 여호와의 눈은 의인을 향하시고 /
4 2 3 4 /
그의 귀는 / 그들의 부르짖음에 기울이시는도다 //
2 2 / 3 5 7 //

16 여호와의 얼굴은 / 악을 행하는 자를 향하사 /
4 3 / 2 5 3 /
그들의 자취를 / 땅에서 끊으려 하시는도다 //
3 3 / 3 3 5 //

암송 부분

11 너희 2 4 / 2 3 3 // 2 4 6 / 4 6 //
12 생명을 3 4 3 4 / 4 3 3 3 //
13 네 1 2 3 3 / 1 3 5 5 //
14 악을 2 3 2 3 / 3 2 5 //
15 여호와의 4 2 3 4 / 2 2 / 3 5 7 //
16 여호와의 4 3 / 2 5 3 / 3 3 / 3 3 5 //

17 의인이 부르짖으매 여호와께서 들으시고 /
3 5 5 4 /
그들의 모든 환난에서 건지셨도다 //
3 2 4 5 //

18 여호와는 / 마음이 상한 자를 가까이 하시고 /
4 / 3 4 6 /
충심으로 통회하는 자를 구원하시는도다 //
4 6 7 //

19 의인은 고난이 많으나 /
3 3 3 /
여호와께서 / 그의 모든 고난에서 건지시는도다 //
5 / 2 2 4 6 //

20 그의 모든 뼈를 보호하심이여 /
2 2 2 6 /
그 중에서 하나도 꺾이지 아니하도다 //
4 3 3 5 //

21 악이 악인을 죽일 것이라 //
2 3 5 //
의인을 미워하는 자는 벌을 받으리로다 //
3 6 2 5 //

암송 부분

17 의인이 3 5 5 4 / 3 2 4 5 //
18 여호와는 4 / 3 4 6 / 4 6 7 //
19 의인은 3 3 3 / 5 / 2 2 4 6 //
20 그의 2 2 2 6 / 4 3 3 5 //
21 악이 2 3 5 // 3 6 2 5 //

22 여호와께서 / 그의 종들의 영혼을 속량하시나니 /
5 / 2 3 3 6 /
그에게 피하는 자는 / 다 벌을 받지 아니하리로다 //
3 5 / 1 4 6 //

암송 부분

1 내가 2 4 2 5 / 1 3 / 2 2 6 //
2 내 1 3 4 5 / 3 3 / 2 2 6 //
3 나와 2 2 4 5 // 2 / 2 2 3 3 //
4 내가 2 4 4 / 2 5 / 1 2 5 / 2 5 //
5 그들이 3 2 4 / 3 4 / 3 3 4 6 //
6 이 1 5 5 / 5 4 / 2 2 4 6 //
7 여호와의 4 3 / 2 6 2 3 / 3 6 //
8 너희는 3 4 4 / 3 4 // 3 5 5 //
9 너희 2 4 4 4 // 2 4 4 / 4 3 //
10 젊은 사자는 5 4 5 / 4 4 / 2 4 4 5 //
11 너희 2 4 / 2 3 3 // 2 4 6 / 4 6 //
12 생명을 3 4 3 4 / 4 3 3 3 //
13 네 1 2 3 3 / 1 3 5 5 //
14 악을 2 3 2 3 / 3 2 5 //
15 여호와의 4 2 3 4 / 2 2 / 3 5 7 //
16 여호와의 4 3 / 2 5 3 / 3 3 / 3 3 5 //
17 의인이 3 5 5 4 / 3 2 4 5 //
18 여호와는 4 / 3 4 6 / 4 6 7 //
19 의인은 3 3 3 / 5 / 2 2 4 6 //
20 그의 2 2 2 6 / 4 3 3 5 //
21 악이 2 3 5 // 3 6 2 5 //

22 여호와께서 5 / 2 3 3 6 / 3 5 / 1 4 6 //

35편

<다윗의 시>

1 여호와여 / 나와 다투는 자와 다투시고 /
4 / 2 5 4 /
나와 싸우는 자와 싸우소서 //
2 5 4 //

2 방패와 손 방패를 잡으시고 / 일어나 나를 도우소서 //
3 4 4 / 3 2 4 //

3 창을 빼사 / 나를 쫓는 자의 길을 막으시고 /
2 2 / 2 4 2 4 /
또 내 영혼에게 / 나는 네 구원이라 이르소서 //
1 1 4 / 2 1 4 4 //

4 내 생명을 찾는 자들이 / 부끄러워 수치를 당하게 하시며 /
1 3 5 / 4 3 3 3 /
나를 상해하려 하는 자들이 / 물러가 낭패를 당하게 하소서 //
2 4 5 / 3 3 3 3 //

5 그들을 바람 앞에 겨와 같게 하시고 /
3 4 4 3 /
여호와의 천사가 / 그들을 몰아내게 하소서 //
4 3 / 3 4 3 //

암송 부분

1 여호와여 4 / 2 5 4 / 2 5 4 //
2 방패와 3 4 4 / 3 2 4 //
3 창을 2 2 / 2 4 2 4 / 1 1 4 / 2 1 4 4 //
4 내 1 3 5 / 4 3 3 3 / 2 4 5 / 3 3 3 3 //
5 그들을 3 4 4 3 / 4 3 / 3 4 3 //

6 그들의 길을 / 어둡고 미끄럽게 하시며 /
3 2 / 3 4 3 /
여호와의 천사가 / 그들을 뒤쫓게 하소서 //
4 3 / 3 3 3 //

7 그들이 까닭 없이 나를 잡으려고 /
3 4 2 4 /
그들의 그물을 웅덩이에 숨기며 /
3 3 4 3 /
까닭 없이 내 생명을 해하려고 / 함정을 팠사오니 /
4 1 3 4 / 3 4 /

8 멸망이 / 순식간에 그에게 닥치게 하시며 /
3 / 4 3 3 3 /
그가 숨긴 그물에 / 자기가 잡히게 하시며 /
2 2 3 / 3 3 3 /
멸망 중에 떨어지게 하소서 //
4 4 3 //

9 내 영혼이 여호와를 즐거워함이여 /
1 3 4 6 /
그의 구원을 기뻐하리로다 //
2 3 6 //

암송 부분

6 그들의 3 2 / 3 4 3 / 4 3 / 3 3 3 //
7 그들이 3 4 2 4 / 3 3 4 3 / 4 1 3 4 / 3 4 /
8 멸망이 3 / 4 3 3 3 / 2 2 3 / 3 3 3 / 4 4 3 //
9 내 1 3 4 6 / 2 3 6 //

10 내 모든 뼈가 이르기를 / 여호와와 같은 이가 누구냐 //
1 4 4 / 4 4 3 //
그는 가난한 자를 / 그보다 강한 자에게서 건지시고 /
2 5 / 3 6 4 /
가난하고 궁핍한 자를 /
4 5 /
노략하는 자에게서 건지시는 이라 // 하리로다 //
4 4 4 2 // 4 //

11 불의한 증인들이 일어나서 /
3 4 4 /
내가 알지 못하는 일로 / 내게 질문하며 /
2 5 2 / 2 4 /

12 내게 선을 악으로 갚아 / 나의 영혼을 외롭게 하나 /
2 2 3 2 / 2 3 5 /

13 나는 그들이 병 들었을 때에 / 굵은 베 옷을 입으며 /
2 3 6 / 2 3 3 /
금식하여 / 내 영혼을 괴롭게 하였더니 /
4 / 1 3 3 4 /
내 기도가 / 내 품으로 돌아왔도다 //
1 3 / 1 3 5 //

암송 부분

10 내 *1 4 4 / 4 4 3 //* 2 5 / 3 6 4 / 4 5 / 4 4 4 2 // 4 //
11 불의한 3 4 4 / 2 5 2 / 2 4 /
12 내게 2 2 3 2 / 2 3 5 /
13 나는 2 3 6 / 2 3 3 / 4 / 1 3 3 4 / 1 3 / 1 3 5 //

14 내가 / 나의 친구와 형제에게 행함 같이 /
2 / 2 3 4 4 /
그들에게 행하였으며 / 내가 몸을 굽히고 슬퍼하기를 /
4 5 / 2 2 3 5 /
어머니를 곡함 같이 하였도다 //
4 4 4 //

15 그러나 내가 넘어지매 / 그들이 기뻐하여 서로 모임이여 /
3 2 4 / 3 4 2 4 /
불량배가 / 내가 알지 못하는 중에 모여서 /
4 / 2 5 2 3 /
나를 치며 찢기를 마지아니하도다 //
2 2 3 7 //

16 그들은 / 연회에서 망령되이 조롱하는 자 같이 /
3 / 4 4 4 3 /
나를 향하여 / 그들의 이를 갈도다 //
2 3 / 3 2 3 //

17 주여 / 어느 때까지 관망하시려 하나이까 //
2 / 5 5 4 //
내 영혼을 / 저 멸망자에게서 구원하시며 /
1 3 / 1 6 5 /
내 유일한 것을 / 사자들에게서 건지소서 //
1 5 / 6 4 //

암송 부분

14 내가 2 / 2 3 4 4 / 4 5 / 2 2 3 5 / 4 4 4 //
15 그러나 3 2 4 / 3 4 2 4 / 4 / 2 2 5 3 / 2 2 3 7 //
16 그들은 3 / 4 4 4 3 / 2 3 / 3 2 3 //
17 주여 2 / 5 5 4 // 1 3 / 1 6 5 / 1 5 / 6 4 //

18 내가 대회 중에서 주께 감사하며 /
2 5 2 4 /
많은 백성 중에서 주를 찬송하리이다 //
2 5 2 6 //

19 부당하게 나의 원수된 자가 /
4 2 5 /
나로 말미암아 / 기뻐하지 못하게 하시며 /
2 4 / 4 3 3 /
까닭 없이 나를 미워하는 자들이 /
4 2 4 3 /
서로 눈짓하지 못하게 하소서 //
2 4 3 3 //

20 무릇 / 그들은 화평을 말하지 아니하고 /
2 / 3 3 3 4 /
오히려 / 평안히 땅에 사는 자들을 / 거짓말로 모략하며 /
3 / 3 4 3 / 4 4 /

21 또 그들이 나를 향하여 / 입을 크게 벌리고 /
1 3 2 3 / 2 2 3 /
하하 우리가 목격하였다 // 하나이다 //
2 3 5 // 4 //

22 여호와여 / 주께서 이를 보셨사오니 /
4 / 3 2 5 /
잠잠하지 마옵소서 // 주여 나를 멀리하지 마옵소서 //
4 4 // 2 2 4 4 //

암송 부분

18 내가 2 5 2 4 / 2 5 2 6 //
19 부당하게 4 2 5 / 2 4 / 4 3 3 / 4 2 4 3 / 2 4 3 3 //
20 무릇 2 / 3 3 3 4 / 3 / 3 4 3 / 4 4 /
21 또 1 3 2 3 / 2 2 3 / 2 3 5 // 4 //
22 여호와여 4 / 3 2 5 / 4 4 // 2 2 4 4 //

23 나의 하나님, 나의 주여 /
2 3 2 2 /
떨치고 깨셔서 나를 공판하시며 / 나의 송사를 다스리소서 //
3 3 2 5 / 2 3 5 //

24 여호와 나의 하나님이여 / 주의 공의대로 나를 판단하사 /
3 2 5 / 2 4 2 4 /
그들이 나로 말미암아 / 기뻐하지 못하게 하소서 //
3 2 4 / 4 3 3 //

25 그들이 마음속으로 이르기를 / 아하 소원을 성취하였다 //
3 5 4 / 2 3 5 //
하지 못하게 하시며 / 우리가 그를 삼켰다 //
2 3 3 / 3 2 3 //
말하지 못하게 하소서 //
3 3 3 //

26 나의 재난을 기뻐하는 자들이 /
2 3 4 3 /
함께 부끄러워 / 낭패를 당하게 하시며 /
2 4 / 3 3 3 /
나를 향하여 / 스스로 뽐내는 자들이 /
2 3 / 3 3 3 /
수치와 욕을 당하게 하소서 //
3 2 3 3 //

암송 부분

23 나의 2 3 2 2 / 3 3 2 5 / 2 3 5 //
24 여호와 3 2 5 / 2 4 2 4 / 3 2 4 / 4 3 3 //
25 그들이 3 5 4 / 2 3 5 // 2 3 3 / 3 2 3 // 3 3 3 //
26 나의 2 3 4 3 / 2 4 / 3 3 3 / 2 3 / 3 3 3 / 3 2 3 3 //

27 나의 의를 즐거워하는 자들이 /
2 2 5 3 /
기꺼이 노래 부르고 즐거워하게 하시며 /
3 5 5 3 /
그의 종의 평안함을 기뻐하시는 / 여호와는 위대하시다 //
2 2 4 5 / 4 5 //
하는 말을 / 그들이 항상 말하게 하소서 //
4 / 3 2 3 3 //

28 나의 혀가 / 주의 의를 말하며 /
2 2 / 2 2 3 /
종일토록 주를 찬송하리이다 //
4 2 6 //

암송 부분

27 나의 2 2 5 3 / 3 5 5 3 / 2 2 4 / 5 4 5 // 4 / 3 2 3 3 //
28 나의 2 2 / 2 2 3 / 4 2 6 //

1 여호와여 4 / 2 5 4 / 2 5 4 //
2 방패와 3 4 4 / 3 2 4 //
3 창을 2 2 / 2 4 2 4 / 1 1 4 / 2 1 4 4 //
4 내 1 3 5 / 4 3 3 3 / 2 4 5 / 3 3 3 3 //
5 그들을 3 4 4 3 / 4 3 / 3 4 3 //
6 그들의 3 2 / 3 4 3 / 4 3 / 3 3 3 //
7 그들이 3 4 2 4 / 3 3 4 3 / 4 1 3 4 / 3 4 /
8 멸망이 3 / 4 3 3 3 / 2 2 3 / 3 3 3 / 4 4 3 //
9 내 1 3 4 6 / 2 3 6 //
10 내 1 4 4 / 4 4 3 // 2 5 / 3 6 4 / 4 5 / 4 4 4 2 // 4 //
11 불의한 3 4 4 / 2 5 2 / 2 4 /
12 내게 2 2 3 2 / 2 3 5 /
13 나는 2 3 6 / 2 3 3 / 4 / 1 3 3 4 / 1 3 / 1 3 5 //
14 내가 2 / 2 3 4 4 / 4 5 / 2 2 3 5 / 4 4 4 //
15 그러나 3 2 4 / 3 4 2 4 / 4 / 2 2 5 3 / 2 2 3 7 //
16 그들은 3 / 4 4 4 3 / 2 3 / 3 2 3 //
17 주여 2 / 5 5 4 // 1 3 / 1 6 5 / 1 5 / 6 4 //
18 내가 2 5 2 4 / 2 5 2 6 //
19 부당하게 4 2 5 / 2 4 / 4 3 3 / 4 2 4 3 / 2 4 3 3 //
20 무릇 2 / 3 3 3 4 / 3 / 3 4 3 / 4 4 /
21 또 1 3 2 3 / 2 2 3 / 2 3 5 // 4 //
22 여호와여 4 / 3 2 5 / 4 4 // 2 2 4 4 //
23 나의 2 3 2 2 / 3 3 2 5 / 2 3 5 //
24 여호와 3 2 5 / 2 4 2 4 / 3 2 4 / 4 3 3 //
25 그들이 3 5 4 / 2 3 5 // 2 3 3 / 3 2 3 // 3 3 3 //
26 나의 2 3 4 3 / 2 4 / 3 3 3 / 2 3 / 3 3 3 / 3 2 3 3 //
27 나의 2 2 5 3 / 3 5 5 3 / 2 2 4 5 / 4 5 // 4 / 3 2 3 3 //
28 나의 2 2 / 2 2 3 / 4 2 6 //

36편

<여호와의 종 다윗의 시, 인도자를 따라 부르는 노래>

1 악인의 죄가 / 그의 마음속으로 이르기를 /
3 2 / 2 5 4 /
그의 눈에는 / 하나님을 두려워하는 빛이 없다 // 하니 /
2 3 / 4 5 2 2 // 2 /

2 그가 스스로 자랑하기를 /
2 3 5 /
자기의 죄악은 드러나지 아니하고 /
3 3 4 4 /
미워함을 받지도 아니하리라 // 함이로다 //
4 3 5 // 4 //

3 그의 입에서 나오는 말은 / 죄악과 속임이라 //
2 3 3 2 / 3 4 //
그는 지혜와 선행을 그쳤도다 //
2 3 3 4 //

4 그는 / 그의 침상에서 죄악을 꾀하며 /
2 / 2 4 3 3 /
스스로 악한 길에 서고 / 악을 거절하지 아니하는도다 //
3 4 2 / 2 4 6 //

암송 부분

1 악인의 3 2 / 2 5 4 / 2 3 / 4 5 2 2 // 2 /
2 그가 2 3 5 / 3 3 4 4 / 4 3 5 // 4 //
3 그의 2 3 3 2 / 3 4 // 2 3 3 4 //
4 그는 2 / 2 4 3 3 / 3 4 2 / 2 4 6 //

5 여호와여 / 주의 인자하심이 하늘에 있고 /
4 / 2 5 3 2 /
주의 진실하심이 공중에 사무쳤으며 /
2 5 3 5 /

6 주의 의는 / 하나님의 산들과 같고 /
2 2 / 4 3 2 /
주의 심판은 / 큰 바다와 같으니이다 //
2 3 / 1 3 5 //
여호와여 / 주는 사람과 짐승을 / 구하여 주시나이다 //
4 / 2 3 3 / 3 5 //

7 하나님이여 / 주의 인자하심이 / 어찌 그리 보배로우신지요 //
5 / 2 5 / 4 7 //
사람들이 / 주의 날개 그늘 아래에 / 피하나이다 //
4 / 2 4 3 / 5 //

8 그들이 / 주의 집에 있는 / 살진 것으로 풍족할 것이라 //
3 / 2 2 2 / 5 6 //
주께서 / 주의 복락의 강물을 / 마시게 하시리이다 //
3 / 2 3 3 / 3 5 //

9 진실로 생명의 원천이 / 주께 있사오니 /
3 3 3 / 2 4 /
주의 빛 안에서 / 우리가 빛을 보리이다 //
2 4 / 3 2 4 //

암송 부분

5 여호와여 4 / 2 5 3 2 / 2 5 3 5 /
6 주의 2 2 / 4 3 2 / 2 3 / 1 3 5 // 4 / 2 3 3 / 3 5 //
7 하나님이여 5 / 2 5 / 4 7 // 4 / 2 4 3 / 5 //
8 그들이 3 / 2 2 2 / 5 6 // 3 / 2 3 3 / 3 5 //
9 진실로 3 3 3 / 2 4 / 2 4 / 3 2 4 //

10 주를 아는 자들에게 / 주의 인자하심을 계속 베푸시며 /
2 2 4 / 2 5 2 4 /
마음이 정직한 자에게 / 주의 공의를 베푸소서 //
3 3 3 / 2 3 4 //

11 교만한 자의 발이 / 내게 이르지 못하게 하시며 /
3 2 2 / 2 3 3 3 /
악인들의 손이 / 나를 쫓아내지 못하게 하소서 //
4 2 / 2 4 3 3 //

12 악을 행하는 자들이 / 거기서 넘어졌으니 /
2 3 3 / 3 5 /
엎드러지고 다시 일어날 수 없으리이다 //
5 2 4 5 //

암송 부분

1 악인의 3 2 / 2 5 4 / 2 3 / 4 5 2 2 // 2 /
2 그가 2 3 5 / 3 3 4 4 / 4 3 5 // 4 //
3 그의 2 3 3 2 / 3 4 // 2 3 3 4 //
4 그는 2 / 2 4 3 3 / 3 4 2 / 2 4 6 //
5 여호와여 4 / 2 5 3 2 / 2 5 3 5 /
6 주의 2 2 / 4 3 2 / 2 3 / 1 3 5 // 4 / 2 3 3 / 3 5 //
7 하나님이여 5 / 2 5 / 4 7 // 4 / 2 4 3 / 5 //
8 그들이 3 / 2 2 2 / 5 6 // 3 / 2 3 3 / 3 5 //
9 진실로 3 3 3 / 2 4 / 2 4 / 3 2 4 //

10 주를 2 2 4 / 2 5 2 4 / 3 3 3 / 2 3 4 //
11 교만한 3 2 2 / 2 3 3 3 / 4 2 / 2 4 3 3 //
12 악을 2 3 3 / 3 5 / 5 2 4 5 //

37편

<다윗의 시>

1 악을 행하는 자들 때문에 / 불평하지 말며 /
2 3 2 3 / 4 2 /
불의를 행하는 자들을 / 시기하지 말지어다 //
3 3 3 / 4 4 //

2 그들은 / 풀과 같이 속히 베임을 당할 것이며 /
3 / 4 2 3 5 /
푸른 채소 같이 쇠잔할 것임이로다 //
2 4 3 5 //

3 여호와를 의뢰하고 선을 행하라 // 땅에 머무는 동안 /
4 4 2 3 // 2 5 /
그의 성실을 먹을 거리로 삼을지어다 //
2 3 5 5 //

4 또 여호와를 기뻐하라 //
1 4 4 //
그가 네 마음의 소원을 / 네게 이루어 주시리로다 //
2 1 3 3 / 2 3 5 //

5 네 길을 여호와께 맡기라 // 그를 의지하면 그가 이루시고 /
1 2 4 3 // 2 4 2 4 /

암송 부분

1 악을 2 3 2 3 / 4 2 / 3 3 3 / 4 4 //
2 그들은 3 / 4 2 3 5 / 2 4 3 5 //
3 여호와를 4 4 2 3 // 2 5 / 2 3 5 5 //
4 또 1 4 4 // 2 1 3 3 / 2 3 5 //
5 네 1 2 4 3 // 2 4 2 4 /

6 네 의를 빛 같이 나타내시며 /
1 2 3 5 /
네 공의를 / 정오의 빛 같이 하시리로다 //
1 3 / 3 3 5 //

7 여호와 앞에 잠잠하고 / 참고 기다리라 //
3 2 4 / 2 4 //
자기 길이 형통하며 / 악한 꾀를 이루는 자 때문에 /
2 2 4 / 4 4 3 /
불평하지 말지어다 //
4 4 //

8 분을 그치고 노를 버리며 / 불평하지 말라 //
2 3 2 3 / 4 2 //
오히려 악을 만들 뿐이라 //
3 2 5 //

9 진실로 / 악을 행하는 자들은 / 끊어질 것이나 /
3 / 2 3 3 / 3 3 /
여호와를 소망하는 자들은 / 땅을 차지하리로다 //
4 4 3 / 2 6 //

10 잠시 후에는 악인이 없어지리니 /
5 3 5 /
네가 그 곳을 자세히 살필지라도 / 없으리로다 //
2 3 3 5 / 5 //

암송 부분

6 네 1 2 3 5 / 1 3 / 3 3 5 //
7 여호와 3 2 4 / *2 4* // *2 2 4* / 4 4 3 / 4 4 //
8 분을 2 3 2 3 / 4 2 // 3 2 5 //
9 진실로 3 / 2 3 3 / 3 3 / 4 4 3 / 2 6 //
10 잠시 후에는 5 3 5 / 2 3 3 5 / 5 //

11 그러나 / 온유한 자들은 땅을 차지하며 /
3 / 3 3 2 4 /
풍성한 화평으로 즐거워하리로다 //
3 4 7 //

12 악인이 의인 치기를 꾀하고 /
3 5 3 /
그를 향하여 / 그의 이를 가는도다 //
2 3 / 2 2 4 //

13 그러나 주께서 그를 비웃으시리니 /
3 3 2 6 /
그의 날이 다가옴을 보심이로다 //
2 2 4 5 //

14 악인이 / 칼을 빼고 활을 당겨 /
3 / 2 2 2 2 /
가난하고 궁핍한 자를 엎드러뜨리며 /
4 5 6 /
행위가 정직한 자를 죽이고자 하나 /
3 5 4 2 /

15 그들의 칼은 / 오히려 그들의 양심을 찌르고 /
3 2 / 3 3 3 3 /
그들의 활은 부러지리로다 //
3 2 6 //

암송 부분

11 그러나 3 / 3 3 2 4 / 3 4 7 //
12 악인이 3 5 3 / 2 3 / 2 2 4 //
13 그러나 3 3 2 6 / 2 2 4 5 //
14 악인이 3 / 2 2 2 2 / 4 5 6 / 3 5 4 2 /
15 그들의 3 2 / 3 3 3 3 / 3 2 6 //

16 의인의 적은 소유가 / 악인의 풍부함보다 낫도다 //
3 2 3 / 3 5 3 //

17 악인의 팔은 부러지나 /
3 2 4 /
의인은 여호와께서 붙드시는도다 //
3 5 6 //

18 여호와께서 / 온전한 자의 날을 아시나니 /
5 / 5 2 4 /
그들의 기업은 영원하리로다 //
3 3 6 //

19 그들은 / 환난 때에 부끄러움을 당하지 아니하며 /
3 / 4 5 3 4 /
기근의 날에도 풍족할 것이나 /
3 3 3 3 /

20 악인들은 멸망하고 / 여호와의 원수들은 /
4 4 / 4 4 /
어린 양의 기름 같이 타서 / 연기가 되어 없어지리로다 //
4 4 2 / 3 2 6 //

21 악인은 꾸고 갚지 아니하나 /
3 2 2 4 /
의인은 은혜를 베풀고 주는도다 //
3 3 3 4 //

암송 부분

16 의인의 3 2 3 / 3 5 3 //
17 악인의 3 2 4 / 3 5 6 //
18 여호와께서 5 / 5 2 4 / 3 3 6 //
19 그들은 3 / 4 5 3 4 / 3 3 3 3 /
20 악인들은 4 4 / 4 4 / 4 4 2 / 3 2 6 //
21 악인은 3 2 2 4 / 3 3 3 4 //

22 주의 복을 받은 자들은 / 땅을 차지하고 /
2 2 5 / 2 4 /
주의 저주를 받은 자들은 / 끊어지리로다 //
2 3 5 / 6 //

23 여호와께서 사람의 걸음을 정하시고 /
5 3 3 4 /
그의 길을 기뻐하시나니 /
2 2 6 /

24 그는 넘어지나 / 아주 엎드러지지 아니함은 /
2 4 / 2 5 4 /
여호와께서 그의 손으로 붙드심이로다 //
5 2 3 6 //

25 내가 어려서부터 늙기까지 / 의인이 버림을 당하거나 /
2 5 4 / 3 3 4 /
그의 자손이 걸식함을 / 보지 못하였도다 //
2 3 4 / 2 5 //

26 그는 / 종일토록 은혜를 베풀고 꾸어 주니 /
2 / 4 3 3 4 /
그의 자손이 복을 받는도다 //
2 3 2 4 //

27 악에서 떠나 선을 행하라 // 그리하면 영원히 살리니 /
3 2 2 3 // 4 3 3 /

암송 부분

22 주의 2 2 5 / 2 4 / 2 3 5 / 6 //
23 여호와께서 5 3 3 4 / 2 2 6 /
24 그는 2 4 / 2 5 4 / 5 2 3 6 //
25 내가 2 5 4 / 3 3 4 / 2 3 4 / 2 5 //
26 그는 2 / 4 3 3 4 / 2 3 2 4 //
27 악에서 3 2 2 3 // 4 3 3 /

28 여호와께서 정의를 사랑하시고 /
5 3 5 /
그의 성도를 버리지 아니하심이로다 //
2 3 3 7 //
그들은 영원히 보호를 받으나 /
3 3 3 3 /
악인의 자손은 끊어지리로다 //
3 3 6 //

29 의인이 땅을 차지함이여 / 거기서 영원히 살리로다 //
3 2 5 / 3 3 4 //

30 의인의 입은 지혜로우며 / 그의 혀는 정의를 말하며 /
3 2 5 / 2 2 3 3 /

31 그의 마음에는 / 하나님의 법이 있으니 /
2 4 / 4 2 3 /
그의 걸음은 실족함이 없으리로다 //
2 3 4 5 //

32 악인이 의인을 엿보아 / 살해할 기회를 찾으나 /
3 3 3 / 3 3 3 /

33 여호와는 그를 / 악인의 손에 버려 두지 아니하시고 /
4 2 / 3 2 4 5 /
재판 때에도 정죄하지 아니하시리로다 //
5 4 7 //

암송 부분

28 여호와께서 5 3 5 / 2 3 3 7 // 3 3 3 3 / 3 3 6 //
29 의인이 3 2 5 / 3 3 4 //
30 의인의 *3 2 5 / 2 2 3 3 /*
31 그의 2 4 / 4 2 3 / 2 3 4 5 //
32 악인이 3 3 3 / 3 3 3 /
33 여호와는 4 2 / 3 2 4 5 / 5 4 7 //

34 여호와를 바라고 / 그의 도를 지키라 //
4 3 / 2 2 3 //
그리하면 / 네가 땅을 차지하게 하실 것이라 //
4 / 2 2 4 5 //
악인이 끊어질 때에 / 네가 똑똑히 보리로다 //
3 5 / 2 3 4 //

35 내가 / 악인의 큰 세력을 본즉 /
2 / 3 1 3 2 /
그 본래의 땅에 서 있는 / 나무 잎이 무성함과 같으나 /
1 3 2 3 / 4 4 3 /

36 내가 지나갈 때에 그는 없어졌나니 /
2 5 2 5 /
내가 찾아도 발견하지 못하였도다 //
2 3 4 5 //

37 온전한 사람을 살피고 정직한 자를 볼지어다 //
6 3 5 4 //
모든 화평한 자의 미래는 평안이로다 //
2 5 3 5 //

38 범죄자들은 함께 멸망하리니 /
5 2 5 /
악인의 미래는 끊어질 것이나 /
3 3 3 3 /

암송 부분

34 여호와를 4 3 / 2 2 3 // 4 / 2 2 4 5 // 3 5 / 2 3 4 //
35 내가 2 / 3 1 3 2 / 1 3 2 3 / 4 4 3 /
36 내가 2 5 2 5 / 2 3 4 5 //
37 온전한 사람을 6 3 5 4 // 2 5 3 5 //
38 범죄자들은 5 2 5 / 3 3 3 3 /

39 의인들의 구원은 여호와로부터 오나니 /
4 3 6 3 /
그는 환난 때에 그들의 요새이시로다 //
2 4 3 6 //

40 여호와께서 그들을 도와 건지시되 /
5 3 2 4 /
악인들에게서 건져 구원하심은 / 그를 의지한 까닭이로다 //
6 2 5 / 2 3 5 //

암송 부분

39 의인들의 4 3 6 3 / 2 4 3 6 //
40 여호와께서 5 3 2 4 / 6 2 5 / 2 3 5 //

1 악을 2 3 2 3 / 4 2 / 3 3 3 / 4 4 //
2 그들은 3 / 4 2 3 5 / 2 4 3 5 //
3 여호와를 4 4 2 3 // 2 5 / 2 3 5 5 //
4 또 1 4 4 // 2 1 3 3 / 2 3 5 //
5 네 1 2 4 3 // 2 4 2 4 /
6 네 1 2 3 5 / 1 3 / 3 3 5 //
7 여호와 3 2 4 / 2 4 // 2 2 4 / 4 4 3 / 4 4 //
8 분을 2 3 2 3 / 4 2 // 3 2 5 //
9 진실로 3 / 2 3 3 / 3 3 / 4 4 3 / 2 6 //
10 잠시 후에는 5 3 5 / 2 3 3 5 / 5 //
11 그러나 3 / 3 3 2 4 / 3 4 7 //
12 악인이 3 5 3 / 2 3 / 2 2 4 //
13 그러나 3 3 2 6 / 2 2 4 5 //
14 악인이 3 / 2 2 2 2 / 4 5 6 / 3 5 4 2 /
15 그들의 *3 2 / 3 3 3 3 / 3 2 6* //
16 의인의 3 2 3 / 3 5 3 //
17 악인의 3 2 4 / 3 5 6 //
18 여호와께서 5 / 5 2 4 / 3 3 6 //

19 그들은 3 / 4 5 3 4 / 3 3 3 3 /
20 악인들은 4 4 / 4 4 / 4 4 2 / 3 2 6 //
21 악인은 3 2 2 4 / 3 3 3 4 //
22 주의 2 2 5 / 2 4 / 2 3 5 / 6 //
23 여호와께서 5 3 3 4 / 2 2 6 /
24 그는 2 4 / 2 5 4 / 5 2 3 6 //
25 내가 2 5 4 / 3 3 4 / 2 3 4 / 2 5 //
26 그는 2 / 4 3 3 4 / 2 3 2 4 //
27 악에서 3 2 2 3 // 4 3 3 /
28 여호와께서 5 3 5 / 2 3 3 7 // 3 3 3 3 / 3 3 6 //
29 의인이 3 2 5 / 3 3 4 //
30 의인의 3 2 5 / 2 2 3 3 /
31 그의 2 4 / 4 2 3 / 2 3 4 5 //
32 악인이 3 3 3 / 3 3 3 /
33 여호와는 4 2 / 3 2 4 5 / 5 4 7 //
34 여호와를 4 3 / 2 2 3 // 4 / 2 2 4 5 // 3 5 / 2 3 4 //
35 내가 2 / 3 1 3 2 / 1 3 2 3 / 4 4 3 /
36 내가 2 5 2 5 / 2 3 4 5 //
37 온전한 사람을 6 3 5 4 // 2 5 3 5 //
38 범죄자들은 5 2 5 / 3 3 3 3 /
39 의인들의 4 3 6 3 / 2 4 3 6 //
40 여호와께서 5 3 2 4 / 6 2 5 / 2 3 5 //

38편

<다윗의 기념하는 시>

1 여호와여 / 주의 노하심으로 / 나를 책망하지 마시고 /
4 / 2 5 / 2 4 3 /
주의 분노하심으로 / 나를 징계하지 마소서 //
2 6 / 2 4 3 //

2 주의 화살이 / 나를 찌르고 /
2 3 / 2 3 /
주의 손이 / 나를 심히 누르시나이다 //
2 2 / 2 2 6 //

3 주의 진노로 말미암아 / 내 살에 성한 곳이 없사오며 /
2 3 4 / 1 2 4 4 /
나의 죄로 말미암아 / 내 뼈에 평안함이 없나이다 //
2 2 4 / 1 2 4 4 //

4 내 죄악이 / 내 머리에 넘쳐서 / 무거운 짐 같으니 /
1 3 / 1 3 3 / 3 4 /
내가 감당할 수 없나이다 //
2 4 4 //

5 내 상처가 썩어 / 악취가 나오니 /
1 3 2 / 3 3 /
내가 우매한 까닭이로소이다 //
2 3 7 //

암송 부분

1 여호와여 4 / 2 5 / 2 4 3 / 2 6 / 2 4 3 //
2 주의 2 3 / 2 3 / 2 2 / 2 2 6 //
3 주의 2 3 4 / 1 2 4 4 / 2 2 4 / 1 2 4 4 //
4 내 1 3 / 1 3 3 / 3 4 / 2 4 4 //
5 내 1 3 2 / 3 3 / 2 3 7 //

6 내가 아프고 심히 구부러졌으며 /
2 3 2 6 /
종일토록 슬픔 중에 다니나이다 //
4 4 5 //

7 내 허리에 열기가 가득하고 /
1 3 3 4 /
내 살에 성한 곳이 없나이다 //
1 2 4 4 //

8 내가 피곤하고 심히 상하였으매 /
2 4 2 5 /
마음이 불안하여 신음하나이다 //
3 4 6 //

9 주여 / 나의 모든 소원이 / 주 앞에 있사오며 /
2 / 2 2 3 / 3 4 /
나의 탄식이 / 주 앞에 감추이지 아니하나이다 //
2 3 / 3 4 6 //

10 내 심장이 뛰고 / 내 기력이 쇠하여 /
1 3 2 / 1 3 3 /
내 눈의 빛도 / 나를 떠났나이다 //
1 2 2 / 2 5 //

암송 부분

6 내가 2 3 2 6 / 4 4 5 //
7 내 1 3 3 4 / 1 2 4 4 //
8 내가 2 4 2 5 / 3 4 6 //
9 주여 2 / 2 2 3 / 3 4 / 2 3 / 3 4 6 //
10 내 1 3 2 / 1 3 3 / 1 2 2 / 2 5 //

11 내가 사랑하는 자와 / 내 친구들이 /
2 4 2 / 1 4 /
내 상처를 멀리하고 / 내 친척들도 멀리 섰나이다 //
1 3 4 / 1 4 2 4 //

12 내 생명을 찾는 자가 / 올무를 놓고 /
1 3 4 / 3 2 /
나를 해하려는 자가 / 괴악한 일을 말하여 /
2 4 2 / 3 2 3 /
종일토록 음모를 꾸미오나 /
4 3 4 /

13 나는 / 못 듣는 자 같이 듣지 아니하고 /
2 / 3 3 2 4 /
말 못하는 자 같이 / 입을 열지 아니하오니 /
4 3 / 2 2 5 /

14 나는 듣지 못하는 자 같아서 /
2 2 4 3 /
내 입에는 / 반박할 말이 없나이다 //
1 3 / 3 2 4 //

15 여호와여 / 내가 주를 바랐사오니 /
4 / 2 2 5 /
내 주 하나님이 / 내게 응답하시리이다 //
1 1 4 / 2 7 //

암송 부분

11 내가 2 4 2 / 1 4 / 1 3 4 / 1 4 2 4 //
12 내 1 3 4 / 3 2 / *2 4 2* / 3 2 3 / 4 3 4 /
13 나는 *2 / 3* 3 2 4 / 1 3 3 / 2 2 5 /
14 나는 2 2 4 3 / 1 3 / 3 2 4 //
15 여호와여 4 / 2 2 5 / 1 1 4 / 2 7 //

16 내가 말하기를 / 두렵건대 /
2 4 / 4 /
그들이 나 때문에 기뻐하며 / 내가 실족할 때에 /
3 4 4 / 2 5 /
나를 향하여 / 스스로 교만할까 하였나이다 //
2 3 / 3 4 5 //

17 내가 넘어지게 되었고 / 나의 근심이 /
2 4 3 / 2 3 /
항상 내 앞에 있사오니 /
2 3 4 /

18 내 죄악을 아뢰고 / 내 죄를 슬퍼함이니이다 //
1 3 3 / 1 2 7 //

19 내 원수가 활발하며 강하고 /
1 3 4 3 /
부당하게 나를 미워하는 자가 많으며 /
4 2 6 3 /

20 또 / 악으로 선을 대신하는 자들이 /
1 / 3 2 4 3 /
내가 선을 따른다는 것 때문에 / 나를 대적하나이다 //
2 2 5 3 / 2 6 //

암송 부분

16 내가 2 4 / 4 / 3 4 4 / 2 5 / 2 3 / 3 4 5 //
17 내가 2 4 3 / 2 3 / 2 3 4 /
18 내 1 3 3 / 1 2 7 //
19 내 1 3 4 3 / 4 2 6 3 /
20 또 1 / 3 2 4 3 / 2 2 5 3 / 2 6 //

21 여호와여 / 나를 버리지 마소서 //
4 / 2 3 3 //
나의 하나님이여 / 나를 멀리하지 마소서 //
2 5 / 2 4 3 //

22 속히 나를 도우소서 // 주 나의 구원이시여 //
2 2 4 //1 2 5 //

암송 부분

1 여호와여 4 / 2 5 / 2 4 3 / 2 6 / 2 4 3 //
2 주의 2 3 / 2 3 / 2 2 / 2 2 6 //
3 주의 2 3 4 / 1 2 4 4 / 2 2 4 / 1 2 4 4 //
4 내 1 3 / 1 3 3 / 3 4 / 2 4 4 //
5 내 1 3 2 / 3 3 / 2 3 7 //
6 내가 2 3 2 6 / 4 4 5 //
7 내 1 3 3 4 / 1 2 4 4 //
8 내가 2 4 2 5 / 3 4 6 //
9 주여 2 / 2 2 3 / 3 4 / 2 3 / 3 4 6 //
10 내 1 3 2 / 1 3 3 / 1 2 2 / 2 5 //
11 내가 2 4 2 / 1 4 / 1 3 4 / 1 4 2 4 //
12 내 1 3 4 / 3 2 / 2 4 2 / 3 2 3 / 4 3 4 /
13 나는 2 / 3 3 2 4 / 1 3 3 / 2 2 5 /
14 나는 2 2 4 3 / 1 3 / 3 2 4 //
15 여호와여 4 / 2 2 5 / 1 1 4 / 2 7 //
16 내가 2 4 / 4 / 3 4 4 / 2 5 / 2 3 / 3 4 5 //
17 내가 2 4 3 / 2 3 / 2 3 4 /
18 내 1 3 3 / 1 2 7 //
19 내 1 3 4 3 / 4 2 6 3 /
20 또 1 / 3 2 4 3 / 2 2 5 3 / 2 6 //

21 여호와여 4 / 2 3 3 // 2 5 / 2 4 3 //
22 속히 2 2 4 // 1 2 5 //

39편

<다윗의 시, 인도자를 따라 여두둔 형식으로 부르는 노래>

1 내가 말하기를 / 나의 행위를 조심하여 /
2 4 / 2 3 4 /
내 혀로 범죄하지 아니하리니 / 악인이 내 앞에 있을 때에 /
1 2 4 5 / 3 3 4 /
내가 내 입에 / 재갈을 먹이리라 // 하였도다 //
2 1 2 / 3 4 // 4 //

2 내가 잠잠하여 / 선한 말도 하지 아니하니 /
2 4 / 2 2 2 4 /
나의 근심이 더 심하도다 //
2 3 1 4 //

3 내 마음이 / 내 속에서 뜨거워서 /
1 3 / 1 3 4 /
작은 소리로 읊조릴 때에 불이 붙으니 /
5 5 5 /
나의 혀로 말하기를 /
2 2 4 /

4 여호와여 / 나의 종말과 연한이 / 언제까지인지 알게 하사 /
4 / 2 3 3 / 6 4 /
내가 나의 연약함을 알게 하소서 //
2 2 4 5 //

암송 부분

1 내가 2 4 / 2 3 4 / 1 2 4 5 / 3 3 4 / 2 1 2 / 3 4 // 4 //
2 내가 2 4 / 2 2 2 4 / 2 3 1 4 //
3 내 1 3 / 1 3 4 / 5 5 5 / 2 2 4 /
4 여호와여 4 / 2 3 3 / 6 4 / 2 2 4 5 //

5 주께서 나의 날을 / 한 뼘 길이만큼 되게 하시매 /
3 4 / 2 4 5 /
나의 일생이 / 주 앞에는 없는 것 같사오니 /
2 3 / 4 3 4 /
사람은 그가 든든히 서 있는 때에도 /
3 2 3 6 /
진실로 모두가 허사뿐이니이다 // (셀라)
3 3 7 // (2)

6 진실로 / 각 사람은 그림자 같이 다니고 /
3 / 1 3 5 3 /
헛된 일로 소란하며 재물을 쌓으나 /
4 4 3 3 /
누가 거둘는지 알지 못하나이다 //
2 4 2 5 //

7 주여 / 이제 내가 무엇을 바라리요 /
2 / 2 2 3 4 /
나의 소망은 주께 있나이다 //
2 3 2 4 //

8 나를 모든 죄에서 건지시며 /
2 2 3 4 /
우매한 자에게서 / 욕을 당하지 아니하게 하소서 //
3 4 / 2 3 4 3 //

암송 부분

5 주께서 3 4 / *2 4 5 / 2 3* / 4 3 4 / 3 2 3 6 / 3 3 7 // (2)
6 진실로 3 / 1 3 5 3 / 4 4 3 3 / 2 4 2 5 //
7 주여 2 / 2 2 3 4 / 2 3 2 4 //
8 나를 2 2 3 4 / 3 4 / 2 3 4 3 //

9 내가 잠잠하고 / 입을 열지 아니함은 /
2 4 / 2 2 4 /
주께서 이를 행하신 까닭이니이다 //
3 2 3 6 //

10 주의 징벌을 나에게서 옮기소서 //
2 3 4 4 //
주의 손이 치심으로 / 내가 쇠망하였나이다 //
2 2 4 / 2 7 //

11 주께서 죄악을 책망하사 / 사람을 징계하실 때에 /
3 3 4 / 3 6 /
그 영화를 / 좀먹음 같이 소멸하게 하시니 /
1 3 / 5 4 3 /
참으로 인생이란 모두 헛될 뿐이니이다 // (셀라)
3 4 2 7 // (2)

12 여호와여 / 나의 기도를 들으시며 /
4 / 2 3 4 /
나의 부르짖음에 귀를 기울이소서 //
2 5 2 5 //
내가 눈물 흘릴 때에 잠잠하지 마옵소서 //
2 6 4 4 //
나는 주와 함께 있는 나그네이며 /
2 2 4 5 /
나의 모든 조상들처럼 떠도나이다 //
2 2 5 5 //

암송 부분

9 내가 2 4 / 2 2 4 / 3 2 3 6 //
10 주의 2 3 4 4 // 2 2 4 / 2 7 //
11 주께서 3 3 4 / 3 6 / 1 3 / 5 4 3 / 3 4 2 7 // (2)
12 여호와여 4 / 2 3 4 / 2 5 2 5 // 2 6 4 4 //
2 2 4 5 / 2 2 5 5 //

13 주는 나를 용서하사 / 내가 떠나 없어지기 전에 /
2 2 4 / 2 2 6 /
나의 건강을 회복시키소서 //
2 3 6 //

암송 부분

1 내가 2 4 / 2 3 4 / 1 2 4 5 / 3 3 4 / 2 1 2 / 3 4 // 4 //
2 내가 2 4 / 2 2 2 4 / 2 3 1 4 //
3 내 1 3 / 1 3 4 / 5 5 5 / 2 2 4 /
4 여호와여 4 / 2 3 3 / 6 4 / 2 2 4 5 //
5 주께서 3 4 / 2 4 5 / 2 3 / 4 3 4 / 3 2 3 6 / 3 3 7 // (2)
6 진실로 3 / 1 3 5 3 / 4 4 3 3 / 2 4 2 5 //
7 주여 2 / 2 2 3 4 / 2 3 2 4 //
8 나를 2 2 3 4 / 3 4 / 2 3 4 3 //
9 내가 2 4 / 2 2 4 / 3 2 3 6 //
10 주의 2 3 4 4 // 2 2 4 / 2 7 //
11 주께서 3 3 4 / 3 6 / 1 3 / 5 4 3 / 3 4 2 7 // (2)
12 여호와여 4 / 2 3 4 / 2 5 2 5 // 2 6 4 4 //
2 2 4 5 / 2 2 5 5 //

13 주는 2 2 4 / 2 2 6 / 2 3 6 //

40편

<다윗의 시, 인도자를 따라 부르는 노래>

1 내가 여호와를 기다리고 기다렸더니 /
2 4 4 5 /
귀를 기울이사 / 나의 부르짖음을 들으셨도다 //
2 4 / 2 5 5 //

2 나를 기가 막힐 웅덩이와 / 수렁에서 끌어올리시고 /
2 4 4 / 4 6 /
내 발을 반석 위에 두사 / 내 걸음을 견고하게 하셨도다 //
1 2 4 2 / 1 3 4 4 //

3 새 노래 곧 / 우리 하나님께 올릴 찬송을 /
3 1 / 2 4 2 3 /
내 입에 두셨으니 / 많은 사람이 보고 두려워하여 /
1 2 4 / 5 2 5 /
여호와를 의지하리로다 //
4 6 //

4 여호와를 의지하고 / 교만한 자와 / 거짓에 치우치는 자를 /
4 4 / 3 2 / 3 4 2 /
돌아보지 아니하는 자는 / 복이 있도다 //
4 4 2 / 2 3 //

암송 부분

1 내가 2 4 4 5 / 2 4 / 2 5 5 //
2 나를 2 4 4 / 4 6 / 1 2 4 2 / 1 3 4 4 //
3 새 노래 3 1 / 2 4 2 3 / 1 2 4 / 5 2 5 / 4 6 //
4 여호와를 4 4 / 3 2 / 3 4 2 / 4 4 2 / 2 3 //

5 여호와 나의 하나님이여 / 주께서 행하신 기적이 많고 /
3 2 5 / 3 3 3 2 /
우리를 향하신 / 주의 생각도 많아 /
3 3 / 2 3 2 /
누구도 주와 견줄 수가 없나이다 //
3 2 4 4 //
내가 널리 알려 / 말하고자 하나 /
2 2 2 / 4 2 /
너무 많아 / 그 수를 셀 수도 없나이다 //
2 2 / 1 2 3 4 //

6 주께서 내 귀를 통하여 / 내게 들려 주시기를 /
3 1 2 3 / 2 2 4 /
제사와 예물을 기뻐하지 아니하시며 /
3 3 4 5 /
번제와 속죄제를 요구하지 아니하신다 // 하신지라 //
3 4 4 5 // 4 //

7 그 때에 내가 말하기를 / 내가 왔나이다 //
3 2 4 / 2 4 //
나를 가리켜 기록한 것이 / 두루마리 책에 있나이다 //
2 3 5 / 4 2 4 //

8 나의 하나님이여 / 내가 주의 뜻 행하기를 즐기오니 /
2 5 / 2 3 4 4 /
주의 법이 / 나의 심중에 있나이다 // 하였나이다 //
2 2 / 2 3 4 // 5 //

암송 부분

5 여호와 3 2 5 / 3 3 3 2 / 3 3 / 2 3 2 / 3 2 4 4 //
2 2 2 / 4 2 / 2 2 / 1 2 3 4 //
6 주께서 3 1 2 3 / 2 2 4 / 3 3 4 5 / 3 4 4 5 // 4 //
7 그 때에 3 2 4 / 2 4 // 2 3 5 / 4 2 4 //
8 나의 2 5 / 2 3 4 4 / 2 2 / 2 3 4 // 5 //

9 내가 많은 회중 가운데에서 /
2 2 2 5 /
의의 기쁜 소식을 전하였나이다 // 여호와여 /
2 2 3 6 // 4 /
내가 내 입술을 / 닫지 아니할 줄을 / 주께서 아시나이다 //
2 1 3 / 2 5 / 3 5 //

10 내가 주의 공의를 / 내 심중에 숨기지 아니하고 /
2 2 3 / 1 3 3 4 /
주의 성실과 구원을 선포하였으며 /
2 3 3 6 /
내가 주의 인자와 진리를 / 많은 회중 가운데에서 /
2 2 3 3 / 2 2 5 /
감추지 아니하였나이다 //
3 7 //

11 여호와여 / 주의 긍휼을 내게서 거두지 마시고 /
4 / 2 3 3 6 /
주의 인자와 진리로 / 나를 항상 보호하소서 //
2 3 3 / 2 2 5 //

12 수많은 재앙이 나를 둘러싸고 /
3 3 2 4 /
나의 죄악이 나를 덮치므로 / 우러러볼 수도 없으며 /
2 3 2 4 / 6 3 /
죄가 나의 머리털보다 많으므로 / 내가 낙심하였음이니이다 //
2 2 5 4 / 2 9 //

암송 부분

9 내가 2 2 2 5 / 2 2 3 6 // 4 / 2 1 3 / 2 5 / 3 5 //
10 내가 2 2 3 / 1 3 3 4 / 2 3 3 6 /
2 2 3 3 / 2 2 5 / 3 7 //
11 여호와여 4 / 2 3 3 6 / 2 3 3 / 2 2 5 //
12 수많은 3 3 2 4 / 2 3 2 4 / 6 3 / 2 2 5 4 / 2 9 //

13 여호와여 / 은총을 베푸사 나를 구원하소서 //
4 / 3 3 2 5 //
여호와여 / 속히 나를 도우소서 //
4 / 2 2 4 //

14 내 생명을 찾아 / 멸하려 하는 자는 /
1 3 2 / 3 4 /
다 수치와 낭패를 / 당하게 하시며 /
1 3 3 / 3 3 /
나의 해를 기뻐하는 자는 / 다 물러가 욕을 당하게 하소서 //
2 2 4 2 / 1 3 5 3 //

15 나를 향하여 / 하하 하하 하며 조소하는 자들이 /
2 3 / 4 2 4 3 /
자기 수치로 말미암아 / 놀라게 하소서 //
2 3 4 / 3 3 //

16 주를 찾는 자는 / 다 주 안에서 /
2 4 / 1 4 /
즐거워하고 기뻐하게 하시며 / 주의 구원을 사랑하는 자는 /
5 4 3 / 2 3 6 /
항상 말하기를 / 여호와는 위대하시다 // 하게 하소서 //
2 4 / 4 5 // 2 3 //

암송 부분

13 여호와여 4 / 3 3 2 5 // 4 / 2 2 4 //
14 내 1 3 2 / 3 4 / 1 3 3 / 3 3 / 2 2 4 2 / 1 3 5 3 //
15 나를 2 3 / 4 2 4 3 / 2 3 4 / 3 3 //
16 주를 2 4 / 1 4 / 5 4 3 / 2 3 6 / 2 4 / 4 5 // 2 3 //

17 나는 가난하고 궁핍하오나 /
2 4 5 /
주께서는 나를 생각하시오니 / 주는 나의 도움이시요 /
4 2 6 / 2 2 5 /
나를 건지시는 이시라 // 나의 하나님이여 지체하지 마소서 //
2 4 3 // 2 5 4 3 //

암송 부분

1 내가 2 4 4 5 / 2 4 / 2 5 5 //
2 나를 2 4 4 / 4 6 / 1 2 4 2 / 1 3 4 4 //
3 새 노래 3 1 / 2 4 2 3 / 1 2 4 / 5 2 5 / 4 6 //
4 여호와를 4 4 / 3 2 / 3 4 2 / 4 4 2 / 2 3 //
5 여호와 3 2 5 / 3 3 3 2 / 3 3 / 2 3 2 / 3 2 4 4 //
2 2 2 / 4 2 / 2 2 / 1 2 3 4 //
6 주께서 3 1 2 3 / 2 2 4 / 3 3 4 5 / 3 4 4 5 // 4 //
7 그 때에 3 2 4 / 2 4 // 2 3 5 / 4 2 4 //
8 나의 2 5 / 2 3 4 4 / 2 2 / 2 3 4 // 5 //
9 내가 2 2 2 5 / 2 2 3 6 // 4 / 2 1 3 / 2 5 / 3 5 //
10 내가 2 2 3 / 1 3 3 4 / 2 3 3 6 /
2 2 3 3 / 2 2 5 / 3 7 //
11 여호와여 4 / 2 3 3 6 / 2 3 3 / 2 2 5 //
12 수많은 3 3 2 4 / 2 3 2 4 / 6 3 / 2 2 5 4 / 2 9 //
13 여호와여 4 / 3 3 2 5 // 4 / 2 2 4 //
14 내 1 3 2 / 3 4 / 1 3 3 / 3 3 / 2 2 4 2 / 1 3 5 3 //
15 나를 2 3 / 4 2 4 3 / 2 3 4 / 3 3 //
16 주를 2 4 / 1 4 / 5 4 3 / 2 3 6 / 2 4 / 4 5 // 2 3 //

17 나는 2 4 5 / 4 2 6 / 2 2 5 / 2 4 3 // 2 5 4 3 //

41편

<다윗의 시, 인도자를 따라 부르는 노래>

1 가난한 자를 보살피는 자에게 / 복이 있음이여 /
3 2 4 3 / 2 4 /
재앙의 날에 / 여호와께서 그를 건지시리로다 //
3 2 / 5 2 6 //

2 여호와께서 / 그를 지키사 살게 하시리니 /
5 / 2 3 6 /
그가 이 세상에서 / 복을 받을 것이라 //
2 1 4 / 2 5 //
주여 / 그를 그 원수들의 뜻에 / 맡기지 마소서 //
2 / 2 1 4 2 / 3 3 //

3 여호와께서 / 그를 병상에서 붙드시고 /
5 / 2 4 4 /
그가 누워 있을 때마다 / 그의 병을 고쳐 주시나이다 //
2 7 / 2 2 7 //

4 내가 말하기를 / 여호와여 내게 은혜를 베푸소서 //
2 4 / 4 2 3 4 //
내가 주께 범죄하였사오니 / 나를 고치소서 // 하였나이다 //
2 2 7 / 2 4 // 5 //

암송 부분

1 가난한 3 2 4 3 / 2 4 / 3 2 / 5 2 6 //
2 여호와께서 5 / 2 3 6 / 2 1 4 / 2 5 // 2 / 2 1 4 2 / 3 3 //
3 여호와께서 5 / 2 4 4 / 2 7 / 2 2 7 //
4 내가 2 4 / 4 2 3 4 // 2 2 7 / 2 4 // 5 //

5 나의 원수가 내게 대하여 악담하기를 /
2 3 5 5 /
그가 어느 때에나 죽고 /
2 5 2 /
그의 이름이 언제나 없어질까 // 하며 /
2 3 3 4 // 2 /

6 나를 보러 와서는 거짓을 말하고 /
2 5 3 3 /
그의 중심에 악을 쌓았다가 /
2 3 2 4 /
나가서는 이를 널리 선포하오며 /
4 2 2 5 /

7 나를 미워하는 자가 / 다 하나같이 내게 대하여 수군거리고 /
2 6 / 1 4 5 5 /
나를 해하려고 꾀하며 /
2 4 3 /

8 이르기를 / 악한 병이 그에게 들었으니 /
4 / 4 3 4 /
이제 그가 눕고 / 다시 일어나지 못하리라 // 하오며 /
2 2 2 / 2 4 4 // 3 /

9 내가 신뢰하여 / 내 떡을 나눠 먹던 / 나의 가까운 친구도 /
2 4 / 1 2 4 / 2 3 3 /
나를 대적하여 / 그의 발꿈치를 들었나이다 //
2 4 / 2 4 5 //

암송 부분

5 나의 2 3 5 5 / 2 5 2 / 2 3 3 4 // 2 /
6 나를 2 5 3 3 / 2 3 2 4 / 4 2 2 5 /
7 나를 2 6 / 1 4 5 5 / 2 4 3 /
8 이르기를 4 / 4 3 4 / 2 2 2 / 2 4 4 // 3 /
9 내가 2 4 / 1 2 4 / 2 3 3 / 2 4 / 2 4 5 //

10 그러하오나 주 여호와여 / 내게 은혜를 베푸시고 /
5 1 4 / 2 3 4 /
나를 일으키사 / 내가 그들에게 보응하게 하소서 // 이로써 /
2 4 / 2 4 4 3 // 3 /

11 내 원수가 / 나를 이기지 못하오니 /
1 3 / 2 3 4 /
주께서 나를 기뻐하시는 줄을 / 내가 알았나이다 //
3 2 7 / 2 5 //

12 주께서 / 나를 온전한 중에 붙드시고 /
3 / 2 5 4 /
영원히 주 앞에 세우시나이다 //
3 3 6 //

13 이스라엘의 하나님 여호와를 /
5 3 4 /
영원부터 영원까지 송축할지로다 // 아멘 아멘 //
4 4 6 // 2 2 //

암송 부분

1 가난한 3 2 4 3 / 2 4 / 3 2 / 5 2 6 //
2 여호와께서 5 / 2 3 6 / 2 1 4 / 2 5 // 2 / 2 1 4 2 / 3 3 //
3 여호와께서 5 / 2 4 4 / 2 7 / 2 2 7 //
4 내가 2 4 / 4 2 3 4 // 2 2 7 / 2 4 // 5 //
5 나의 2 3 5 5 / 2 5 2 / 2 3 3 4 // 2 /
6 나를 2 5 3 3 / 2 3 2 4 / 4 2 2 5 /
7 나를 2 6 / 1 4 5 5 / 2 4 3 /
8 이르기를 4 / 4 3 4 / 2 2 2 / 2 4 4 // 3 /
9 내가 2 4 / 1 2 4 / 2 3 3 / 2 4 / 2 4 5 //

10 그러하오나 5 1 4 / 2 3 4 / 2 4 / 2 4 4 3 // 3 /
11 내 1 3 / 2 3 4 / 3 2 7 / 2 5 //
12 주께서 3 / 2 5 4 / 3 3 6 //
13 이스라엘의 5 3 4 / 4 4 6 // 2 2 //

제 이 권

42편

<고라 자손의 마스길, 인도자를 따라 부르는 노래>

1 하나님이여 / 사슴이 시냇물을 찾기에 갈급함 같이 /
5 / 3 4 3 5 /
내 영혼이 / 주를 찾기에 갈급하니이다 //
1 3 / 2 3 6 //

2 내 영혼이 하나님 / 곧 살아 계시는 하나님을 갈망하나니 /
1 3 3 / 1 5 4 5 /
내가 어느 때에 나아가서 / 하나님의 얼굴을 뵈올까 //
2 4 4 / 4 3 3 //

3 사람들이 종일 내게 하는 말이 / 네 하나님이 어디 있느뇨 //
4 2 2 4 / 1 4 5 //
하오니 / 내 눈물이 / 주야로 내 음식이 되었도다 //
3 / 1 3 / 3 1 3 4 //

4 내가 전에 / 성일을 지키는 무리와 동행하여 /
2 2 / 3 3 3 4 /
기쁨과 감사의 소리를 내며 /
3 3 3 2 /
그들을 하나님의 집으로 인도하였더니 /
3 4 3 6 /
이제 이 일을 기억하고 / 내 마음이 상하는도다 //
2 3 4 / 1 3 5 //

암송 부분

1 하나님이여 5 / 3 4 3 5 / 1 3 / 2 3 6 //
2 내 1 3 3 / 1 5 4 5 / 2 4 4 / 4 3 3 //
3 사람들이 4 2 2 4 / 1 4 5 // 3 / 1 3 / 3 1 3 4 //
4 내가 2 2 / 3 3 3 4 / 3 3 3 2 / 3 4 3 6 / 2 3 4 / 1 3 5 //

5 내 영혼아 / 네가 어찌하여 낙심하며 /
1 3 / 2 4 4 /
어찌하여 내 속에서 불안해 하는가 //
4 4 6 //
너는 하나님께 소망을 두라 //
2 4 5 //
그가 나타나 도우심으로 말미암아 /
2 3 5 4 /
내가 여전히 찬송하리로다 //
2 3 6 //

6 내 하나님이여 / 내 영혼이 내 속에서 / 낙심이 되므로 /
1 5 / 1 3 1 3 / 3 3 /
내가 요단 땅과 헤르몬과 미살 산에서 / 주를 기억하나이다 //
2 4 4 5 / 2 6 //

7 주의 폭포 소리에 / 깊은 바다가 서로 부르며 /
2 5 / 2 3 2 3 /
주의 모든 파도와 물결이 / 나를 휩쓸었나이다 //
2 2 3 3 / 2 6 //

8 낮에는 / 여호와께서 그의 인자하심을 베푸시고 /
3 / 5 2 5 4 /
밤에는 / 그의 찬송이 내게 있어 /
3 / 2 3 4 /
생명의 하나님께 기도하리로다 //
3 4 6 //

암송 부분

5 내 1 3 / 2 4 4 / 4 4 6 // 2 4 5 // 2 3 5 4 / 2 3 6 //
6 내 1 5 / 1 3 1 3 / 3 3 / 2 4 4 5 / 2 6 //
7 주의 2 5 / 2 3 2 3 / 2 2 3 3 / 2 6 //
8 낮에는 3 / 5 2 5 4 / 3 / 2 3 4 / 3 4 6 //

9 내 반석이신 하나님께 말하기를 /
1 4 4 4 /
어찌하여 나를 잊으셨나이까 // 내가 어찌하여 /
4 2 6 // 2 4 /
원수의 압제로 말미암아 / 슬프게 다니나이까 // 하리로다 //
3 3 4 / 3 5 // 4 //

10 내 뼈를 찌르는 칼 같이 / 내 대적이 나를 비방하여 /
1 2 3 3 / 1 3 2 4 /
늘 내게 말하기를 / 네 하나님이 어디 있느냐 // 하도다 //
1 2 4 / 1 4 5 // 3 //

11 내 영혼아 / 네가 어찌하여 낙심하며 /
1 3 / 2 4 4 /
어찌하여 내 속에서 불안해 하는가 //
4 4 6 //
너는 하나님께 소망을 두라 // 나는 /
2 4 5 // 2 /
그가 나타나 도우심으로 말미암아 /
2 3 5 4 /
내 하나님을 여전히 찬송하리로다 //
1 4 3 6 //

암송 부분

1 하나님이여 5 / 3 4 3 5 / 1 3 / 2 3 6 //
2 내 1 3 3 / 1 5 4 5 / 2 4 4 / 4 3 3 //
3 사람들이 4 2 2 4 / 1 4 5 // 3 / 1 3 / 3 1 3 4 //
4 내가 2 2 / 3 3 3 4 / 3 3 3 2 / 3 4 3 6 / 2 3 4 / 1 3 5 //
5 내 1 3 / 2 4 4 / 4 4 6 // 2 4 5 // 2 3 5 4 / 2 3 6 //
6 내 1 5 / 1 3 1 3 / 3 3 / 2 4 4 5 / 2 6 //
7 주의 2 5 / 2 3 2 3 / 2 2 3 3 / 2 6 //
8 낮에는 3 / 5 2 5 4 / 3 / 2 3 4 / 3 4 6 //
9 내 1 4 4 4 / 4 2 6 // 2 4 / 3 3 4 / 3 5 // 4 //
10 내 1 2 3 3 / 1 3 2 4 / 1 2 4 / 1 4 5 // 3 //
11 내 1 3 / 2 4 4 / 4 4 6 // 2 4 5 // 2 / 2 3 5 4 / 1
4 3 6 //

43편

1 하나님이여 나를 판단하시되 /
5 2 5 /
경건하지 아니한 나라에 대하여 / 내 송사를 변호하시며 /
4 3 3 3 / 1 3 5 /
간사하고 불의한 자에게서 / 나를 건지소서 //
4 3 4 / 2 4 //

2 주는 나의 힘이 되신 하나님이시거늘 /
2 2 4 7 /
어찌하여 나를 버리셨나이까 // 내가 어찌하여 /
4 2 6 // 2 4 /
원수의 억압으로 말미암아 / 슬프게 다니나이까 //
3 4 4 / 3 5 //

3 주의 빛과 주의 진리를 / 보내시어 / 나를 인도하시고 /
2 2 2 3 / 4 / 2 5 /
주의 거룩한 산과 / 주께서 계시는 곳에 이르게 하소서 //
2 3 2 / 3 5 6 //

암송 부분

1 하나님이여 5 2 5 / 4 3 3 3 / 1 3 5 / 4 3 4 / 2 4 //
2 주는 2 2 4 7 / 4 2 6 // 2 4 / 3 4 4 / 3 5 //
3 주의 2 2 2 3 / 4 / 2 5 / 2 3 2 / 3 5 6 //

4 그런즉 내가 / 하나님의 제단에 나아가 /
3 2 / 4 3 3 /
나의 큰 기쁨의 하나님께 / 이르리이다 //
2 1 3 4 / 5 //
하나님이여 나의 하나님이여 /
5 2 5 /
내가 수금으로 주를 찬양하리이다 //
2 4 2 6 //

5 내 영혼아 / 네가 어찌하여 낙심하며 /
1 3 / 2 4 4 /
어찌하여 내 속에서 불안해 하는가 //
4 4 6 //
너는 하나님께 소망을 두라 //
2 4 5 //
그가 나타나 도우심으로 말미암아 /
2 3 5 4 /
내 하나님을 여전히 찬송하리로다 //
1 4 3 6 //

암송 부분

1 하나님이여 5 2 5 / 4 3 3 3 / 1 3 5 / 4 3 4 / 2 4 //
2 주는 2 2 4 7 / 4 2 6 // 2 4 / 3 4 4 / 3 5 //
3 주의 2 2 2 3 / 4 / 2 5 / 2 3 2 / 3 5 6 //

4 그런즉 3 2 / 4 3 3 / 2 1 3 4 / 5 // 5 2 5 / 2 4 2 6 //
5 내 1 3 / 2 4 4 / 4 4 6 // 2 4 5 // 2 3 5 4 / 1 4 3 6 //

44편

<고라 자손의 마스길, 인도자를 따라 부르는 노래>

1 하나님이여 / 주께서 우리 조상들의 날 /
5 / 3 2 4 1 /
곧 옛날에 행하신 일을 / 그들이 우리에게 일러 주매 /
1 3 3 2 / 3 4 4 /
우리가 우리 귀로 들었나이다 //
3 4 5 //

2 주께서 주의 손으로 / 뭇 백성을 내쫓으시고 /
3 5 / 4 5 /
우리 조상들을 / 이 땅에 뿌리 박게 하시며 /
2 4 / 3 4 3 /
주께서 / 다른 민족들은 고달프게 하시고 /
3 / 6 4 3 /
우리 조상들은 번성하게 하셨나이다 //
2 4 4 5 //

3 그들이 / 자기 칼로 / 땅을 얻어 차지함이 아니요 /
3 / 4 / 2 2 4 3 /
그들의 팔이 / 그들을 구원함도 아니라 //
3 2 / 3 4 3 //
오직 주의 오른손과 / 주의 팔과 /
2 2 4 / 2 2 /
주의 얼굴의 빛으로 하셨으니 /
2 3 3 4 /
주께서 그들을 기뻐하신 까닭이니이다 //
3 3 4 6 //

암송 부분

1 하나님이여 5 / 3 2 4 1 / 1 3 3 2 / 3 4 4 / 3 4 5 //
2 주께서 3 5 / 4 5 / 2 4 / 3 4 3 / 3 / 6 4 3 / 2 4 4 5 //
3 그들이 3 / 4 / 2 2 4 3 / 3 2 / 3 4 3 //
2 2 4 / 2 2 / 2 3 3 4 / 3 3 4 6 //

4 하나님이여 / 주는 나의 왕이시니 /
5 / 2 2 4 /
야곱에게 구원을 베푸소서 //
4 3 4 //

5 우리가 주를 의지하여 / 우리 대적을 누르고 /
3 2 4 / 2 3 3 /
우리를 치러 일어나는 자를 / 주의 이름으로 밟으리이다 //
3 2 4 2 / 2 4 5 //

6 나는 내 활을 / 의지하지 아니할 것이라 //
2 1 2 / 4 6 //
내 칼이 / 나를 구원하지 못하리이다 //
1 2 / 2 4 5 //

7 오직 주께서 / 우리를 우리 원수들에게서 구원하시고 /
2 3 / 3 2 6 5 /
우리를 미워하는 자로 / 수치를 당하게 하셨나이다 //
3 4 2 / 3 3 5 //

8 우리가 종일 하나님을 자랑하였나이다 //
3 2 4 7 //
우리는 하나님의 이름에 / 영원히 감사하리이다 // (셀라)
3 4 3 / 3 6 // (2)

암송 부분

4 하나님이여 5 / 2 2 4 / 4 3 4 //
5 우리가 3 2 4 / 2 3 3 / 3 2 4 2 / 2 4 5 //
6 나는 2 1 2 / 4 6 // 1 2 / 2 4 5 //
7 오직 2 3 / 3 2 6 5 / 3 4 2 / 3 3 5 //
8 우리가 3 2 4 7 // 3 4 3 / 3 6 // (2)

9 그러나 이제는 / 주께서 우리를 버려 /
3 3 / 3 3 2 /
욕을 당하게 하시고 /
2 3 3 /
우리 군대와 함께 / 나아가지 아니하시나이다 //
2 3 2 / 4 7 //

10 주께서 / 우리를 대적들에게서 돌아서게 하시니 /
3 / 3 6 4 3 /
우리를 미워하는 자가 / 자기를 위하여 탈취하였나이다 //
3 4 2 / 3 3 7 //

11 주께서 / 우리를 잡아먹힐 양처럼 /
3 / 3 4 3 /
그들에게 넘겨 주시고 /
4 5 /
여러 민족 중에 우리를 흩으셨나이다 //
6 3 6 //

12 주께서 / 주의 백성을 헐값으로 파심이여 /
3 / 2 3 4 4 /
그들을 판 값으로 / 이익을 얻지 못하셨나이다 //
3 4 / 3 2 6 //

13 주께서 / 우리로 하여금 / 이웃에게 욕을 당하게 하시니 /
3 / 3 3 / 4 5 3 /
그들이 우리를 둘러싸고 / 조소하고 조롱하나이다 //
3 3 4 / 4 6 //

암송 부분

9 그러나 3 3 / 3 3 2 / 2 3 3 / 2 3 2 / 4 7 //
10 주께서 3 / 3 6 4 3 / 3 4 2 / 3 3 7 //
11 주께서 3 / 3 4 3 / 4 5 / 6 3 6 //
12 주께서 3 / 2 3 4 4 / 3 4 / 3 2 6 //
13 주께서 3 / 3 3 / 4 5 3 / 3 3 4 / 4 6 //

14 주께서 / 우리를 뭇 백성 중에 /
3 / 3 5 /
이야기거리가 되게 하시며 /
6 5 /
민족 중에서 머리 흔듦을 당하게 하셨나이다 //
5 5 3 5 //

15 나의 능욕이 / 종일 내 앞에 있으며 /
2 3 / 2 3 3 /
수치가 내 얼굴을 덮었으니 /
3 1 3 4 /

16 나를 비방하고 욕하는 소리 때문이요 /
2 4 3 6 /
나의 원수와 / 나의 복수자 때문이니이다 //
2 3 / 2 3 6 //

17 이 모든 일이 우리에게 임하였으나 /
1 4 4 5 /
우리가 주를 잊지 아니하며 /
3 2 2 4 /
주의 언약을 어기지 아니하였나이다 //
2 3 3 7 //

18 우리의 마음은 위축되지 아니하고 /
3 3 4 4 /
우리 걸음도 / 주의 길을 떠나지 아니하였으나 /
2 3 / 2 2 3 6 /

암송 부분

14 주께서 3 / 3 5 / 6 5 / 5 5 3 5 //
15 나의 2 3 / 2 3 3 / 3 1 3 4 /
16 나를 2 4 3 6 / 2 3 / 2 3 6 //
17 이 1 4 4 5 / 3 2 2 4 / 2 3 3 7 //
18 우리의 3 3 4 4 / 2 3 / 2 2 3 6 /

19 주께서 / 우리를 승냥이의 처소에 밀어 넣으시고 /
3 / 3 4 3 6 /
우리를 사망의 그늘로 덮으셨나이다 //
3 3 3 6 //

20 우리가 / 우리 하나님의 이름을 잊어버렸거나 /
3 / 2 4 3 6 /
우리 손을 이방 신에게 향하여 폈더면 /
4 5 3 3 /

21 하나님이 이를 알아내지 아니하셨으리이까 //
4 2 4 8 //
무릇 / 주는 마음의 비밀을 아시나이다 //
2 / 2 3 3 5 //

22 우리가 종일 / 주를 위하여 죽임을 당하게 되며 /
3 2 / 2 3 3 5 /
도살할 양 같이 여김을 받았나이다 //
3 3 3 5 //

23 주여 깨소서 어찌하여 주무시나이까 //
2 3 4 6 //
일어나시고 / 우리를 영원히 버리지 마소서 //
5 / 3 3 3 3 //

암송 부분

19 주께서 3 / 3 4 3 6 / 3 3 3 6 //
20 우리가 3 / 2 4 3 6 / 4 5 3 3 /
21 하나님이 4 2 4 8 // 2 / 2 3 3 5 //
22 우리가 3 2 / 2 3 3 5 / 3 3 3 5 //
23 주여 2 3 4 6 // 5 / 3 3 3 3 //

24 어찌하여 주의 얼굴을 가리시고 /
4 2 3 4 /
우리의 고난과 압제를 잊으시나이까 //
3 3 3 6 //

25 우리 영혼은 진토 속에 파묻히고 /
2 3 4 4 /
우리 몸은 땅에 붙었나이다 //
2 2 2 5 //

26 일어나 우리를 도우소서 //
3 3 4 //
주의 인자하심으로 말미암아 / 우리를 구원하소서 //
2 6 4 / 3 5 //

암송 부분

24 어찌하여 4 2 3 4 / 3 3 3 6 //
25 우리 2 3 4 4 / 2 2 2 5 //
26 일어나 3 3 4 // 2 6 4 / 3 5 //

1 하나님이여 5 / 3 2 4 1 / 1 3 3 2 / 3 4 4 / 3 4 5 //
2 주께서 3 5 / 4 5 / 2 4 / 3 4 3 / 3 / 6 4 3 / 2 4 4 5 //
3 그들이 3 / 4 / 2 2 4 3 / 3 2 / 3 4 3 //
2 2 4 / 2 2 / 2 3 3 4 / 3 3 4 6 //
4 하나님이여 5 / 2 2 4 / 4 3 4 //
5 우리가 3 2 4 / 2 3 3 / 3 2 4 2 / 2 4 5 //
6 나는 2 1 2 / 4 6 // 1 2 / 2 4 5 //
7 오직 2 3 / 3 2 6 5 / 3 4 2 / 3 3 5 //
8 우리가 3 2 4 7 // 3 4 3 / 3 6 // (2)
9 그러나 3 3 / 3 3 2 / 2 3 3 / 2 3 2 / 4 7 //
10 주께서 3 / 3 6 4 3 / 3 4 2 / 3 3 7 //
11 주께서 3 / 3 4 3 / 4 5 / 6 3 6 //
12 주께서 3 / 2 3 4 4 / 3 4 / 3 2 6 //
13 주께서 3 / 3 3 / 4 5 3 / 3 3 4 / 4 6 //
14 주께서 3 / 3 5 / 6 5 / 5 5 3 5 //
15 나의 2 3 / 2 3 3 / 3 1 3 4 /
16 나를 2 4 3 6 / 2 3 / 2 3 6 //
17 이 1 4 4 5 / 3 2 2 4 / 2 3 3 7 //
18 우리의 3 3 4 4 / 2 3 / 2 2 3 6 /
19 주께서 3 / 3 4 3 6 / 3 3 3 6 //
20 우리가 3 / 2 4 3 6 / 4 5 3 3 /
21 하나님이 4 2 4 8 // 2 / 2 3 3 5 //
22 우리가 3 2 / 2 3 3 5 / 3 3 3 5 //
23 주여 2 3 4 6 // 5 / 3 3 3 3 //
24 어찌하여 4 2 3 4 / 3 3 3 6 //
25 우리 2 3 4 4 / 2 2 2 5 //
26 일어나 3 3 4 // 2 6 4 / 3 5 //

45편

<고라 자손의 마스길, 사랑의 노래, 인도자를 따라 소산님에 맞춘 것>

1 내 마음이 좋은 말로 / 왕을 위하여 지은 것을 말하리니 /
1 3 4 / 2 3 4 4 /
내 혀는 / 글솜씨가 뛰어난 / 서기관의 붓끝과 같도다 //
1 2 / 4 3 / 4 3 3 //

2 왕은 사람들보다 아름다워 / 은혜를 입술에 머금으니 /
2 5 4 / 3 3 4 /
그러므로 하나님이 / 왕에게 영원히 복을 주시도다 //
4 4 / 3 3 2 4 //

3 용사여 칼을 허리에 차고 / 왕의 영화와 위엄을 입으소서 //
3 2 3 2 / 2 3 3 4 //

4 왕은 / 진리와 온유와 공의를 위하여 /
2 / 3 3 3 3 /
왕의 위엄을 세우시고 / 병거에 오르소서 //
2 3 4 / 3 4 //
왕의 오른손이 / 왕에게 놀라운 일을 가르치리이다 //
2 4 / 3 5 6 //

5 왕의 화살은 날카로워 / 왕의 원수의 염통을 뚫으니 /
2 3 4 / 2 3 3 3 /
만민이 왕의 앞에 엎드러지는도다 //
3 4 7 //

암송 부분

1 내 1 3 4 / 2 3 4 4 / 1 2 / 4 3 / 4 3 3 //
2 왕은 2 5 4 / 3 3 4 / 4 4 / 3 3 2 4 //
3 용사여 3 2 3 2 / 2 3 3 4 //
4 왕은 2 / 3 3 3 3 / 2 3 4 / 3 4 // 2 4 / 3 5 6 //
5 왕의 2 3 4 / 2 3 3 3 / 3 4 7 //

6 하나님이여 / 주의 보좌는 영원하며 /
5 / 2 3 4 /
주의 나라의 규는 / 공평한 규이니이다 //
2 3 2 / 3 5 //

7 왕은 정의를 사랑하고 / 악을 미워하시니 /
2 3 4 / 2 5 /
그러므로 하나님 / 곧 왕의 하나님이 /
4 3 / 1 2 4 /
즐거움의 기름을 왕에게 부어 /
4 3 3 2 /
왕의 동료보다 뛰어나게 하셨나이다 //
2 4 4 5 //

8 왕의 모든 옷은 / 몰약과 침향과 육계의 / 향기가 있으며 /
2 2 2 / 3 3 3 / 3 3 /
상아궁에서 나오는 현악은 / 왕을 즐겁게 하도다 //
5 3 3 / 2 3 3 //

9 왕이 가까이 하는 여인들 중에는 / 왕들의 딸이 있으며 /
2 5 6 / 3 2 3 /
왕후는 오빌의 금으로 꾸미고 / 왕의 오른쪽에 서도다 //
3 3 3 3 / 2 4 3 //

10 딸이여 / 듣고 보고 귀를 기울일지어다 //
3 / 2 2 2 6 //
네 백성과 / 네 아버지의 집을 / 잊어버릴지어다 //
1 3 / 1 4 2 / 7 //

암송 부분

6 하나님이여 5 / 2 3 4 / 2 3 2 / 3 5 //
7 왕은 *2 3 4 / 2 5 / 4 3 / 1 2 4* / 4 3 3 2 / 2 4 4 5 //
8 왕의 2 2 2 / 3 3 3 / 3 3 / 5 3 3 / 2 3 3 //
9 왕이 2 5 6 / 3 2 3 / 3 3 3 3 / 2 4 3 //
10 딸이여 3 / 2 2 2 6 // 1 3 / 1 4 2 / 7 //

11 그리하면 왕이 / 네 아름다움을 사모하실지라 //
4 2 / 1 5 6 //
그는 네 주인이시니 / 너는 그를 경배할지어다 //
2 1 5 / 2 2 6 //

12 두로의 딸은 예물을 드리고 / 백성 중 부한 자도 /
3 2 3 3 / 3 4 /
네 얼굴 보기를 원하리로다 //
1 5 5 //

13 왕의 딸은 / 궁중에서 모든 영화를 누리니 /
2 2 / 4 2 3 3 /
그의 옷은 / 금으로 수 놓았도다 //
2 2 / 3 5 //

14 수 놓은 옷을 입은 그는 / 왕께로 인도함을 받으며 /
3 2 2 2 / 3 4 3 /
시종하는 친구 처녀들도 / 왕께로 이끌려 갈 것이라 //
4 2 4 / 3 3 4 //

15 그들은 / 기쁨과 즐거움으로 인도함을 받고 /
3 / 3 5 6 /
왕궁에 들어가리로다 //
3 6 //

암송 부분

11 그리하면 4 2 / 1 5 6 // 2 1 5 / 2 2 6 //
12 두로의 3 2 3 3 / 3 4 / 1 5 5 //
13 왕의 2 2 / 4 2 3 3 / 2 2 / 3 5 //
14 수 놓은 3 2 2 2 / 3 4 3 / 4 2 4 / 3 3 4 //
15 그들은 3 / 3 5 6 / 3 6 //

16 왕의 아들들은 / 왕의 조상들을 계승할 것이라 //
2 4 / 2 4 6 //
왕이 그들로 / 온 세계의 군왕을 삼으리로다 //
2 3 / 1 3 3 5 //

17 내가 왕의 이름을 / 만세에 기억하게 하리니 /
2 2 3 / 3 3 4 3 /
그러므로 / 만민이 왕을 영원히 찬송하리로다 //
4 / 3 2 3 6 //

암송 부분

1 내 1 3 4 / 2 3 4 4 / 1 2 / 4 3 / 4 3 3 //
2 왕은 2 5 4 / 3 3 4 / 4 4 / 3 3 2 4 //
3 용사여 3 2 3 2 / 2 3 3 4 //
4 왕은 2 / 3 3 3 3 / 2 3 4 / 3 4 // 2 4 / 3 5 6 //
5 왕의 2 3 4 / 2 3 3 3 / 3 4 7 //
6 하나님이여 5 / 2 3 4 / 2 3 2 / 3 5 //
7 왕은 2 3 4 / 2 5 / 4 3 / 1 2 4 / 4 3 3 2 / 2 4 4 5 //
8 왕의 2 2 2 / 3 3 3 / 3 3 / 5 3 3 / 2 3 3 //
9 왕이 2 5 6 / 3 2 3 / 3 3 3 3 / 2 4 3 //
10 딸이여 3 / 2 2 2 6 // 1 3 / 1 4 2 / 7 //
11 그리하면 4 2 / 1 5 6 // 2 1 5 / 2 2 6 //
12 두로의 3 2 3 3 / 3 4 / 1 5 5 //
13 왕의 2 2 / 4 2 3 3 / 2 2 / 3 5 //
14 수 놓은 3 2 2 2 / 3 4 3 / 4 2 4 / 3 3 4 //
15 그들은 3 / 3 5 6 / 3 6 //

16 왕의 2 4 / 2 4 6 // 2 3 / 1 3 3 5 //
17 내가 2 2 3 / 3 4 3 / 4 / 3 2 3 6 //

46편

<고라 자손의 시, 인도자를 따라 알라못에 맞춘 노래>

1 하나님은 우리의 피난처시요 힘이시니 /
4 3 5 4 /
환난 중에 만날 큰 도움이시라 //
4 2 1 5 //

2 그러므로 땅이 변하든지 /
4 2 4 /
산이 흔들려 / 바다 가운데에 빠지든지 /
2 3 / 2 4 4 /

3 바닷물이 솟아나고 뛰놀든지 /
4 4 4 /
그것이 넘침으로 산이 흔들릴지라도 /
3 4 2 6 /
우리는 두려워하지 아니하리로다 // (셀라)
3 5 6 // (2)

4 한 시내가 있어 나뉘어 흘러 / 하나님의 성 /
1 5 5 / 4 1 /
곧 지존하신 이의 성소를 / 기쁘게 하도다 //
1 4 2 3 / 3 3 //

암송 부분

1 하나님은 4 3 5 4 / 4 2 1 5 //
2 그러므로 4 2 4 / 2 3 / 2 4 4 /
3 바닷물이 4 4 4 / 3 4 2 6 / 3 5 6 // (2)
4 한 1 5 5 / 4 1 / 1 4 2 3 / 3 3 //

5 하나님이 그 성 중에 계시매 /
4 1 3 3 /
성이 흔들리지 아니할 것이라 //
2 4 6 //
새벽에 하나님이 도우시리로다 //
3 4 6 //

6 뭇 나라가 떠들며 왕국이 흔들렸더니 /
4 3 3 5 /
그가 소리를 내시매 / 땅이 녹았도다 //
2 3 3 / 2 4 //

7 만군의 여호와께서 우리와 함께 하시니 /
3 5 3 5 /
야곱의 하나님은 우리의 피난처시로다 // (셀라)
3 4 3 6 // (2)

8 와서 여호와의 행적을 볼지어다 //
2 4 3 4 //
그가 땅을 황무지로 만드셨도다 //
2 2 4 5 //

9 그가 땅 끝까지 전쟁을 쉬게 하심이여 /
2 4 3 6 /
활을 꺾고 창을 끊으며 / 수레를 불사르시는도다 //
2 2 2 3 / 3 7 //

암송 부분

5 하나님이 4 1 3 3 / 2 4 6 // 3 4 6 //
6 뭇 나라가 4 3 3 5 / 2 3 3 / 2 4 //
7 만군의 3 5 3 5 / 3 4 3 6 // (2)
8 와서 2 4 3 4 // 2 2 4 5 //
9 그가 2 4 3 6 / 2 2 2 3 / 3 7 //

10 이르시기를 / 너희는 가만히 있어 /
5 / 3 5 /
내가 하나님 됨을 알지어다 // 내가 뭇 나라 중에서 /
2 5 4 // 2 3 3 /
높임을 받으리라 // 내가 세계 중에서 높임을 받으리라 //
3 4 // 2 5 3 4 //
하시도다 //
4 //

11 만군의 여호와께서 우리와 함께 하시니 /
3 5 3 5 /
야곱의 하나님은 우리의 피난처시로다 // (셀라)
3 4 3 6 // (2)

암송 부분

1 하나님은 4 3 5 4 / 4 2 1 5 //
2 그러므로 4 2 4 / 2 3 / 2 4 4 /
3 바닷물이 4 4 4 / 3 4 2 6 / 3 5 6 // (2)
4 한 1 5 5 / 4 1 / 1 4 2 3 / 3 3 //
5 하나님이 4 1 3 3 / 2 4 6 // 3 4 6 //
6 뭇 나라가 4 3 3 5 / 2 3 3 / 2 4 //
7 만군의 3 5 3 5 / 3 4 3 6 // (2)
8 와서 2 4 3 4 // 2 2 4 5 //
9 그가 2 4 3 6 / 2 2 2 3 / 3 7 //

10 이르시기를 5 / 3 5 / 2 5 4 // 2 3 3 / 3 4 //
2 5 3 4 // 4 //
11 만군의 3 5 3 5 / 3 4 3 6 // (2)

47편

<고라 자손의 시, 인도자를 따라 부르는 노래>

1 너희 만민들아 / 손바닥을 치고 /
2 4 / 4 2 /
즐거운 소리로 하나님께 외칠지어다 //
3 3 4 5 //

2 지존하신 여호와는 두려우시고 /
4 4 5 /
온 땅에 큰 왕이 되심이로다 //
3 1 2 5 //

3 여호와께서 만민을 우리에게, /
5 3 4 /
나라들을 우리 발 아래에 / 복종하게 하시며 /
4 3 3 / 4 3 /

4 우리를 위하여 기업을 택하시나니 /
3 3 3 5 /
곧 사랑하신 야곱의 영화로다 // (셀라)
1 4 3 4 // (2)

5 하나님께서 즐거운 함성 중에 올라가심이여 /
5 3 4 6 /
여호와께서 나팔 소리 중에 올라가시도다 //
5 6 6 //

암송 부분

1 너희 2 4 / 4 2 / 3 3 4 5 //
2 지존하신 4 4 5 / 3 1 2 5 //
3 여호와께서 5 3 4 / 4 3 3 / 4 3 /
4 우리를 3 3 3 5 / 1 4 3 4 // (2)
5 하나님께서 5 3 4 6 / 5 6 6 //

6 찬송하라 하나님을 찬송하라 //
4 4 4 //
찬송하라 우리 왕을 찬송하라 //
4 4 4 //

7 하나님은 온 땅의 왕이심이라 //
4 3 5 //
지혜의 시로 찬송할지어다 //
3 2 6 //

8 하나님이 / 뭇 백성을 다스리시며 /
4 / 4 5 /
하나님이 / 그의 거룩한 보좌에 앉으셨도다 //
4 / 2 3 3 5 //

9 뭇 나라의 고관들이 모임이여 /
4 4 4 /
아브라함의 하나님의 백성이 되도다 // 세상의 모든 방패는 /
5 4 3 3 // 3 2 3 /
하나님의 것임이여 / 그는 높임을 받으시리로다 //
4 4 / 2 3 6 //

암송 부분

1 너희 2 4 / 4 2 / 3 3 4 5 //
2 지존하신 4 4 5 / 3 1 2 5 //
3 여호와께서 5 3 4 / 4 3 3 / 4 3 /
4 우리를 3 3 3 5 / 1 4 3 4 // (2)
5 하나님께서 5 3 4 6 / 5 6 6 //

6 찬송하라 4 4 4 // 4 4 4 //
7 하나님은 4 3 5 // 3 2 6 //
8 하나님이 4 / 4 5 / 4 / 2 3 3 5 //
9 뭇 나라의 4 4 4 / 5 4 3 3 // 3 2 3 / 4 4 / 2 3 6 //

48편

<고라 자손의 시 곧 노래>

1 여호와는 위대하시니 / 우리 하나님의 성, / 거룩한 산에서 /
4 5 / 2 4 1 / 3 3 /
극진히 찬양 받으시리로다 //
3 2 6 //

2 터가 높고 아름다워 / 온 세계가 즐거워함이여 /
2 2 4 / 1 3 6 /
큰 왕의 성 / 곧 북방에 있는 시온 산이 그러하도다 //
1 2 1 / 1 5 4 5 //

3 하나님이 그 여러 궁중에서 / 자기를 요새로 알리셨도다 //
4 1 2 4 / 3 3 5 //

4 왕들이 모여서 함께 지나갔음이여 /
3 3 2 6 /

5 그들이 보고 / 놀라고 두려워 빨리 지나갔도다 //
3 2 / 3 3 2 5 //

6 거기서 떨림이 그들을 사로잡으니 /
3 3 3 5 /
고통이 해산하는 여인의 고통 같도다 //
3 4 3 5 //

암송 부분

1 여호와는 4 5 / 2 4 1 / 3 3 / 3 2 6 //
2 터가 2 2 4 / 1 3 6 / 1 2 1 / 1 5 4 5 //
3 하나님이 4 1 2 4 / 3 3 5 //
4 왕들이 3 3 2 6 /
5 그들이 3 2 / 3 3 2 5 //
6 거기서 3 3 3 5 / 3 4 3 5 //

7 주께서 동풍으로 / 다시스의 배를 깨뜨리시도다 //
3 4 / 4 2 6 //

8 우리가 들은 대로 / 만군의 여호와의 성, /
3 4 / 3 4 1 /
우리 하나님의 성에서 보았나니 /
2 4 3 4 /
하나님이 / 이를 영원히 견고하게 하시리로다 // (셀라)
4 / 2 3 4 5 // (2)

9 하나님이여 / 우리가 주의 전 가운데에서 /
5 / 3 2 1 5 /
주의 인자하심을 생각하였나이다 //
2 5 7 //

10 하나님이여 / 주의 이름과 같이 /
5 / 2 3 2 /
찬송도 땅 끝까지 미쳤으며 /
3 4 4 /
주의 오른손에는 정의가 충만하였나이다 //
2 5 3 7 //

11 주의 심판으로 말미암아 / 시온 산은 기뻐하고 /
2 4 4 / 4 4 /
유다의 딸들은 즐거워할지어다 //
3 3 7 //

암송 부분

7 주께서 3 4 / 4 2 6 //
8 우리가 3 4 / 3 4 1 / 2 4 3 4 / 4 / 2 3 4 5 // (2)
9 하나님이여 5 / 3 2 1 5 / 2 5 7 //
10 하나님이여 5 / 2 3 2 / 3 4 4 / 2 5 3 7 //
11 주의 2 4 4 / 4 4 / 3 3 7 //

12 너희는 시온을 돌면서 / 그 곳을 둘러보고 /
3 3 3 / 3 4 /
그 망대들을 세어 보라 //
1 4 4 //

13 그의 성벽을 자세히 보고 / 그의 궁전을 살펴서 /
2 3 5 / 2 3 3 /
후대에 전하라 //
3 3 //

14 이 하나님은 / 영원히 우리 하나님이시니 /
1 4 / 3 2 6 /
그가 우리를 죽을 때까지 인도하시리로다 //
2 3 5 7 //

암송 부분

1 여호와는 4 5 / 2 4 1 / 3 3 / 3 2 6 //
2 터가 2 2 4 / 1 3 6 / 1 2 1 / 1 5 4 5 //
3 하나님이 4 1 2 4 / 3 3 5 //
4 왕들이 3 3 2 6 /
5 그들이 3 2 / 3 3 2 5 //
6 거기서 3 3 3 5 / 3 4 3 5 //
7 주께서 3 4 / 4 2 6 //
8 우리가 3 4 / 3 4 1 / 2 4 3 4 / 4 / 2 3 4 5 // (2)
9 하나님이여 5 / 3 2 1 5 / 2 5 7 //
10 하나님이여 5 / 2 3 2 / 3 4 4 / 2 5 3 7 //
11 주의 2 4 4 / 4 4 / 3 3 7 //

12 너희는 3 3 3 / 3 4 / 1 4 4 //
13 그의 2 3 5 / 2 3 3 / 3 3 //
14 이 1 4 / 3 2 6 / 2 3 5 7 //

49편

<고라 자손의 시, 인도자를 따라 부르는 노래>

1 뭇 백성들아 / 이를 들으라 //
1 4 / 2 3 //
세상의 거민들아 / 모두 귀를 기울이라 //
3 4 / 2 2 4 //

2 귀천 빈부를 막론하고 다 들을지어다 //
5 4 1 5 //

3 내 입은 지혜를 말하겠고 /
1 2 3 4 /
내 마음은 명철을 / 작은 소리로 읊조리리로다 //
1 3 3 / 5 6 //

4 내가 비유에 / 내 귀를 기울이고 /
2 3 / 1 2 4 /
수금으로 나의 오묘한 말을 풀리로다 //
4 2 5 4 //

5 죄악이 나를 따라다니며 / 나를 에워싸는 환난의 날을 /
3 2 5 / 2 4 5 /
내가 어찌 두려워하랴 //
2 2 5 //

암송 부분

1 뭇 1 4 / 2 3 // 3 4 / 2 2 4 //
2 귀천 빈부를 5 4 1 5 //
3 내 1 2 3 4 / 1 3 3 / 5 6 //
4 내가 2 3 / 1 2 4 / 4 2 5 4 //
5 죄악이 3 2 5 / 2 4 5 / 2 2 5 //

6 자기의 재물을 의지하고 / 부유함을 자랑하는 자는 /
3 3 4 / 4 4 2 /

7 아무도 자기의 형제를 / 구원하지 못하며 /
3 3 3 / 4 3 /
그를 위한 속전을 / 하나님께 바치지도 못할 것은 /
4 3 / 4 4 4 /

8 그들의 생명을 속량하는 값이 / 너무 엄청나서 /
3 3 4 2 / 2 4 /
영원히 마련하지 못할 것임이니라 //
3 4 7 //

9 그가 영원히 살아서 / 죽음을 보지 않을 것인가 /
2 3 3 / 3 4 3 /

10 그러나 그는 / 지혜 있는 자도 죽고 /
3 2 / 6 2 /
어리석고 무지한 자도 함께 망하며 / 그들의 재물은 /
4 5 5 / 3 3 /
남에게 남겨 두고 떠나는 것을 보게 되리로다 //
3 4 5 6 //

암송 부분

6 자기의 3 3 4 / 4 4 2 /
7 아무도 3 3 3 / 4 3 / 4 3 / 4 4 4 /
8 그들의 3 3 4 2 / 2 4 / 3 4 7 //
9 그가 2 3 3 / 3 4 3 /
10 그러나 3 2 / 6 2 / 4 5 5 / 3 3 / 3 4 5 6 //

11 그러나 그들의 속 생각에 / 그들의 집은 영원히 있고 /
3 3 1 3 / 3 2 3 2 /
그들의 거처는 대대에 이르리라 // 하여 /
3 3 3 4 // 2 /
그들의 토지를 / 자기 이름으로 부르도다 //
3 3 / 2 4 4 //

12 사람은 존귀하나 장구하지 못함이여 /
3 4 4 4 /
멸망하는 짐승 같도다 //
4 5 //

13 이것이 바로 / 어리석은 자들의 길이며 /
3 2 / 4 3 3 /
그들의 말을 기뻐하는 자들의 / 종말이로다 // (셀라)
3 2 4 3 / 5 // (2)

14 그들은 양 같이 / 스올에 두기로 작정되었으니 /
3 3 / 3 3 6 /
사망이 그들의 목자일 것이라 // 정직한 자들이 /
3 3 6 // 3 3 /
아침에 그들을 다스리리니 / 그들의 아름다움은 소멸하고 /
3 3 5 / 3 5 4 /
스올이 그들의 거처가 되리라 //
3 3 3 3 //

암송 부분

11 그러나 3 3 1 3 / 3 2 3 2 / 3 3 3 4 // 2 / 3 3 / 2 4 4 //
12 사람은 3 4 4 4 / 4 5 //
13 이것이 3 2 / 4 3 3 / 3 2 4 3 / 5 // (2)
14 그들은 3 3 / 3 3 6 / 3 3 6 //
3 3 / 3 3 5 / 3 5 4 / 3 3 3 3 //

15 그러나 하나님은 나를 영접하시리니 /
3 4 2 6 /
이러므로 내 영혼을 / 스올의 권세에서 건져내시리로다 // (셀라)
4 1 3 / 3 4 7 // (2)

16 사람이 치부하여 / 그의 집의 영광이 더할 때에 /
3 4 / 2 2 3 4 /
너는 두려워하지 말지어다 //
2 5 4 //

17 그가 죽으매 / 가져가는 것이 없고 /
2 3 / 6 2 /
그의 영광이 / 그를 따라 내려가지 못함이로다 //
2 3 / 2 2 4 5 //

18 그가 비록 / 생시에 자기를 축하하며 /
2 2 / 3 3 4 /
스스로 좋게 함으로 / 사람들에게 칭찬을 받을지라도 /
3 5 / 5 3 5 /

19 그들은 / 그들의 역대 조상들에게로 돌아가리니 /
3 / 3 2 6 5 /
영원히 빛을 보지 못하리로다 //
3 4 5 //

20 존귀하나 깨닫지 못하는 사람은 / 멸망하는 짐승 같도다 //
4 6 3 / 4 5 //

암송 부분

15 그러나 3 4 2 6 / 4 1 3 / 3 4 7 // (2)
16 사람이 3 4 / 2 2 3 4 / 2 5 4 //
17 그가 2 3 / 6 2 / 2 3 / 2 2 4 5 //
18 그가 2 2 / 3 3 4 / 3 5 / 5 3 5 /
19 그들은 3 / 3 2 6 5 / 3 4 5 //
20 존귀하나 4 6 3 / 4 5 //

1 뭇 1 4 / 2 3 // 3 4 / 2 2 4 //
2 귀천 빈부를 5 4 1 5 //
3 내 1 2 3 4 / 1 3 3 / 5 6 //
4 내가 2 3 / 1 2 4 / 4 2 5 4 //
5 죄악이 3 2 5 / 2 4 5 / 2 2 5 //
6 자기의 3 3 4 / 4 4 2 /
7 아무도 3 3 3 / 4 3 / 4 3 / 4 4 4 /
8 그들의 3 3 4 2 / 2 4 / 3 4 7 //
9 그가 2 3 3 / 3 4 3 /
10 그러나 3 2 / 6 2 / 4 5 5 / 3 3 / 3 4 5 6 //
11 그러나 3 3 1 3 / 3 2 3 2 / 3 3 3 4 // 2 / 3 3 / 2 4 4 //
12 사람은 3 4 4 4 / 4 5 //
13 이것이 3 2 / 4 3 3 / 3 2 4 3 / 5 // (2)
14 그들은 3 3 / 3 3 6 / 3 3 6 //
3 3 / 3 3 5 / 3 5 4 / 3 3 3 3 //
15 그러나 3 4 2 6 / 4 1 3 / 3 4 7 // (2)
16 사람이 3 4 / 2 2 3 4 / 2 5 4 //
17 그가 2 3 / 6 2 / 2 3 / 2 2 4 5 //
18 그가 2 2 / 3 3 4 / 3 5 / 5 3 5 /
19 그들은 3 / 3 2 6 5 / 3 4 5 //
20 존귀하나 4 6 3 / 4 5 //

50편

<아삽의 시>

1 전능하신 이 / 여호와 하나님께서 말씀하사 /
4 1 / 3 5 4 /
해 돋는 데서부터 지는 데까지 / 세상을 부르셨도다 //
3 4 5 / 3 5 //

2 온전히 아름다운 시온에서 / 하나님이 빛을 비추셨도다 //
3 4 4 / 4 2 5 //

3 우리 하나님이 오사 / 잠잠하지 아니하시니 /
2 4 2 / 4 5 /
그 앞에는 삼키는 불이 있고 /
4 3 4 /
그 사방에는 광풍이 불리로다 //
1 4 3 4 //

4 하나님이 자기의 백성을 판결하시려고 /
4 3 3 6 /
위 하늘과 아래 땅에 / 선포하여 /
1 3 2 2 / 4 /

5 이르시되 / 나의 성도들을 내 앞에 모으라 //
4 / 2 4 3 3 //
그들은 / 제사로 나와 언약한 이들이니라 // 하시도다 //
3 / 3 2 3 5 // 4 //

암송 부분

1 전능하신 4 1 / 3 5 4 / 3 4 5 / 3 5 //
2 온전히 3 4 4 / 4 2 5 //
3 우리 2 4 2 / 4 5 / 4 3 4 / 1 4 3 4 //
4 하나님이 4 3 3 6 / 1 3 2 2 / 4 /
5 이르시되 4 / 2 4 3 3 // 3 / 3 2 3 5 // 4 //

6 하늘이 그의 공의를 선포하리니 /
3 2 3 5 /
하나님 그는 심판장이심이로다 // (셀라)
3 2 8 // (2)

7 내 백성아 들을지어다 // 내가 말하리라 //
1 3 5 // 2 4 //
이스라엘아 내가 네게 증언하리라 //
5 2 2 5 //
나는 하나님 / 곧 네 하나님이로다 //
2 3 / 1 1 6 //

8 나는 네 제물 때문에 / 너를 책망하지는 아니하리니 /
2 1 5 / 2 5 5 /
네 번제가 / 항상 내 앞에 있음이로다 //
1 3 / 2 3 5 //

9 내가 네 집에서 수소나 / 네 우리에서 숫염소를 /
2 1 3 3 / 1 4 4 /
가져가지 아니하리니 /
4 5 /

10 이는 삼림의 짐승들과 / 뭇 산의 가축이 / 다 내 것이며 /
2 3 4 / 1 2 3 / 1 4 /

암송 부분

6 하늘이 3 2 3 5 / 3 2 8 // (2)
7 내 1 3 5 // 2 4 // 5 2 2 5 // 2 3 / 1 1 6 //
8 나는 2 1 5 / 2 5 5 / 1 3 / 2 3 5 //
9 내가 2 1 3 3 / 1 4 4 / 4 5 /
10 이는 2 3 4 / 1 2 3 / 1 4 /

11 산의 모든 새들도 / 내가 아는 것이며 /
2 2 3 / 2 2 3 /
들의 짐승도 내 것임이로다 //
2 3 6 //

12 내가 가령 주려도 / 네게 이르지 아니할 것은 /
2 2 3 / 2 3 5 /
세계와 거기에 충만한 것이 / 내 것임이로다 //
3 3 5 / 6 //

13 내가 수소의 고기를 먹으며 / 염소의 피를 마시겠느냐 //
2 3 3 3 / 3 2 5 //

14 감사로 하나님께 제사를 드리며 /
3 4 3 3 /
지존하신 이에게 / 네 서원을 갚으며 /
4 3 / 1 3 3 /

15 환난 날에 나를 부르라 //
4 2 3 //
내가 너를 건지리니 / 네가 나를 영화롭게 하리로다 //
2 2 4 / 2 2 4 4 //

암송 부분

11 산의 2 2 3 / 2 2 3 / 2 3 6 //
12 내가 2 2 3 / 2 3 5 / 3 3 5 / 6 //
13 내가 2 3 3 3 / 3 2 5 //
14 감사로 3 4 3 3 / 4 3 / 1 3 3 /
15 환난 날에 4 2 3 // 2 2 4 / 2 2 4 4 //

16 악인에게는 하나님이 이르시되 /
5 4 4 /
네가 어찌하여 / 내 율례를 전하며 /
2 4 / 1 3 3 /
내 언약을 / 네 입에 두느냐 //
1 3 / 1 2 3 //

17 네가 교훈을 미워하고 / 내 말을 네 뒤로 던지며 /
2 3 4 / 1 2 1 2 3 /

18 도둑을 본즉 그와 연합하고 /
3 2 2 4 /
간음하는 자들과 동료가 되며 /
4 3 3 2 /

19 네 입을 악에게 내어 주고 / 네 혀로 거짓을 꾸미며 /
1 2 3 4 / 1 2 3 3 /

20 앉아서 네 형제를 공박하며 /
3 1 3 4 /
네 어머니의 아들을 비방하는도다 //
1 4 3 6 //

암송 부분

16 악인에게는 5 4 4 / 2 4 / 1 3 3 / 1 3 / 1 2 3 //
17 네가 2 3 4 / 1 2 1 2 3 /
18 도둑을 3 2 2 4 / 4 3 3 2 /
19 네 1 2 3 4 / 1 2 3 3 /
20 앉아서 3 1 3 4 / 1 4 3 6 //

21 네가 / 이 일을 행하여도 / 내가 잠잠하였더니 /
2 / 1 2 4 / 2 6 /
네가 나를 / 너와 같은 줄로 생각하였도다 //
2 2 / 2 4 6 //
그러나 내가 너를 책망하여 / 네 죄를 네 눈 앞에 /
3 2 2 4 / 1 2 1 3 /
낱낱이 드러내리라 // 하시는도다 //
3 5 // 5 //

22 하나님을 잊어버린 너희여 / 이제 이를 생각하라 //
4 4 3 / 2 2 4 //
그렇지 아니하면 / 내가 너희를 찢으리니 /
3 4 / 2 3 4 /
건질 자 없으리라 //
3 4 //

23 감사로 제사를 드리는 자가 / 나를 영화롭게 하나니 /
3 3 5 / 2 4 3 /
그의 행위를 옳게 하는 자에게 /
2 3 4 3 /
내가 하나님의 구원을 보이리라 //
2 4 3 4 //

암송 부분

21 네가 *2 / 1 2 4 / 2 6 / 2 2 / 2 4 6 //*
3 2 2 4 / 1 2 1 3 / 3 5 // 5 //
22 하나님을 4 4 3 / 2 2 4 // 3 4 / 2 3 4 / 3 4 //
23 감사로 3 3 5 / 2 4 3 / 2 3 4 3 / 2 4 3 4 //

1 전능하신 4 1 / 3 5 4 / 3 4 5 / 3 5 //
2 온전히 3 4 4 / 4 2 5 //
3 우리 2 4 2 / 4 5 / 4 3 4 / 1 4 3 4 //
4 하나님이 4 3 3 6 / 1 3 2 2 / 4 /
5 이르시되 4 / 2 4 3 3 // 3 / 3 2 3 5 // 4 //
6 하늘이 3 2 3 5 / 3 2 8 // (2)
7 내 1 3 5 // 2 4 // 5 2 2 5 // 2 3 / 1 1 6 //
8 나는 2 1 5 / 2 5 5 / 1 3 / 2 3 5 //
9 내가 2 1 3 3 / 1 4 4 / 4 5 /
10 이는 2 3 4 / 1 2 3 / 1 4 /
11 산의 2 2 3 / 2 2 3 / 2 3 6 //
12 내가 2 2 3 / 2 3 5 / 3 3 5 / 6 //
13 내가 2 3 3 3 / 3 2 5 //
14 감사로 3 4 3 3 / 4 3 / 1 3 3 /
15 환난 날에 4 2 3 // 2 2 4 / 2 2 4 4 //
16 악인에게는 5 4 4 / 2 4 / 1 3 3 / 1 3 / 1 2 3 //
17 네가 2 3 4 / 1 2 1 2 3 /
18 도둑을 3 2 2 4 / 4 3 3 2 /
19 네 1 2 3 4 / 1 2 3 3 /
20 앉아서 3 1 3 4 / 1 4 3 6 //
21 네가 2 / 1 2 4 / 2 6 / 2 2 / 2 4 6 //
3 2 2 4 / 1 2 1 3 / 3 5 // 5 //
22 하나님을 4 4 3 / 2 2 4 // 3 4 / 2 3 4 / 3 4 //
23 감사로 3 3 5 / 2 4 3 / 2 3 4 3 / 2 4 3 4 //

51편

<다윗의 시, 인도자를 따라 부르는 노래, 다윗이 밧세바와 동침한 후 선지자 나단이 그에게 왔을 때>

1 하나님이여 / 주의 인자를 따라 / 내게 은혜를 베푸시며 /
5 / 2 3 2 / 2 3 4 /
주의 많은 긍휼을 따라 / 내 죄악을 지워 주소서 //
2 2 3 2 / 1 3 5 //

2 나의 죄악을 말갛게 씻으시며 /
2 3 3 4 /
나의 죄를 깨끗이 제하소서 //
2 2 3 4 //

3 무릇 / 나는 내 죄과를 아오니 /
2 / 2 1 3 3 /
내 죄가 / 항상 내 앞에 있나이다 //
1 2 / 2 3 4 //

4 내가 주께만 범죄하여 / 주의 목전에 악을 행하였사오니 /
2 3 4 / 2 3 2 6 /
주께서 말씀하실 때에 / 의로우시다 // 하고 /
3 6 / 5 // 2 /
주께서 심판하실 때에 / 순전하시다 // 하리이다 //
3 6 / 5 // 4 //

암송 부분

1 하나님이여 5 / 2 3 2 / 2 3 4 / 2 2 3 2 / 1 3 5 //
2 나의 2 3 3 4 / 2 2 3 4 //
3 무릇 2 / 2 1 3 3 / 1 2 / 2 3 4 //
4 내가 2 3 4 / 2 3 2 6 / 3 6 / 5 // 2 / 3 6 / 5 // 4 //

5 내가 죄악 중에서 출생하였음이여 /
2 5 7 /
어머니가 죄 중에서 나를 잉태하였나이다 //
4 4 2 7 //

6 보소서 / 주께서는 중심이 진실함을 원하시오니 /
3 / 4 3 4 5 /
내게 지혜를 은밀히 가르치시리이다 //
2 3 3 7 //

7 우슬초로 나를 정결하게 하소서 // 내가 정하리이다 //
4 2 4 3 // 2 5 //
나의 죄를 씻어 주소서 // 내가 눈보다 희리이다 //
2 2 5 // 2 3 4 //

8 내게 즐겁고 기쁜 소리를 들려 주시사 /
2 3 5 5 /
주께서 꺾으신 뼈들도 / 즐거워하게 하소서 //
3 3 3 / 5 3 //

9 주의 얼굴을 / 내 죄에서 돌이키시고 /
2 3 / 1 3 5 /
내 모든 죄악을 지워 주소서 //
1 5 5 //

암송 부분

5 내가 2 5 7 / 4 4 2 7 //
6 보소서 3 / 4 3 4 5 / 2 3 3 7 //
7 우슬초로 4 2 4 3 // 2 5 // 2 2 5 // 2 3 4 //
8 내게 2 3 5 5 / 3 3 3 / 5 3 //
9 주의 2 3 / 1 3 5 / 1 5 5 //

10 하나님이여 / 내 속에 정한 마음을 창조하시고 /
5 / 3 5 5 /
내 안에 정직한 영을 새롭게 하소서 //
3 5 6 //

11 나를 주 앞에서 쫓아내지 마시며 /
2 4 4 3 /
주의 성령을 / 내게서 거두지 마소서 //
2 3 / 3 3 3 //

12 주의 구원의 즐거움을 / 내게 회복시켜 주시고 /
2 3 4 / 2 7 /
자원하는 심령을 주사 / 나를 붙드소서 //
4 3 2 / 2 4 //

13 그리하면 내가 / 범죄자에게 주의 도를 가르치리니 /
4 2 / 5 2 2 5 /
죄인들이 주께 돌아오리이다 //
4 2 6 //

14 하나님이여 / 나의 구원의 하나님이여 /
5 / 2 3 5 /
피 흘린 죄에서 나를 건지소서 //
3 3 2 4 //
내 혀가 / 주의 의를 높이 노래하리이다 //
1 2 / 2 2 2 6 //

암송 부분

10 하나님이여 5 / 3 5 5 / 3 5 6 //
11 나를 2 4 4 3 / 2 3 / 3 3 3 //
12 주의 2 3 4 / 2 7 / 4 3 2 / 2 4 //
13 그리하면 4 2 / 5 2 2 5 / 4 2 6 //
14 하나님이여 5 / 2 3 5 / 3 3 2 4 // 1 2 / 2 2 2 6 //

15 주여 / 내 입술을 열어 주소서 //
2 / 1 3 5 //
내 입이 / 주를 찬송하여 전파하리이다 //
1 2 / 2 4 6 //

16 주께서는 제사를 기뻐하지 아니하시나니 /
4 3 4 6 /
그렇지 아니하면 내가 드렸을 것이라 //
3 4 2 6 //
주는 번제를 기뻐하지 아니하시나이다 //
2 3 4 7 //

17 하나님께서 구하시는 제사는 / 상한 심령이라 //
5 4 3 / 2 4 //
하나님이여 / 상하고 통회하는 마음을 /
5 / 3 4 3 /
주께서 멸시하지 아니하시리이다 //
3 4 7 //

18 주의 은택으로 / 시온에 선을 행하시고 /
2 4 / 3 2 4 /
예루살렘 성을 쌓으소서 //
6 4 //

암송 부분

15 주여 2 / 1 3 5 // 1 2 / 2 4 6 //
16 주께서는 4 3 4 6 / 3 4 2 6 // 2 3 4 7 //
17 하나님께서 5 4 3 / 2 4 // 5 / 3 4 3 / 3 4 7 //
18 주의 2 4 / 3 2 4 / 6 4 //

19 그 때에 / 주께서 의로운 제사와 번제와 /
3 / 3 3 3 3 /
온전한 번제를 기뻐하시리니 /
3 3 6 /
그 때에 그들이 / 수소를 주의 제단에 드리리이다 //
3 3 / 3 2 3 5 //

암송 부분

1 하나님이여 5 / 2 3 2 / 2 3 4 / 2 2 3 2 / 1 3 5 //
2 나의 2 3 3 4 / 2 2 3 4 //
3 무릇 2 / 2 1 3 3 / 1 2 / 2 3 4 //
4 내가 2 3 4 / 2 3 2 6 / 3 6 / 5 // 2 / 3 6 / 5 // 4 //
5 내가 2 5 7 / 4 4 2 7 //
6 보소서 3 / 4 3 4 5 / 2 3 3 7 //
7 우슬초로 4 2 4 3 // 2 5 // 2 2 5 // 2 3 4 //
8 내게 2 3 5 5 / 3 3 3 / 5 3 //
9 주의 2 3 / 1 3 5 / 1 5 5 //
10 하나님이여 5 / 3 5 5 / 3 5 6 //
11 나를 2 4 4 3 / 2 3 / 3 3 3 //
12 주의 2 3 4 / 2 7 / 4 3 2 / 2 4 //
13 그리하면 4 2 / 5 2 2 5 / 4 2 6 //
14 하나님이여 5 / 2 3 5 / 3 3 2 4 // 1 2 / 2 2 2 6 //
15 주여 2 / 1 3 5 // 1 2 / 2 4 6 //
16 주께서는 4 3 4 6 / 3 4 2 6 // 2 3 4 7 //
17 하나님께서 5 4 3 / 2 4 // 5 / 3 4 3 / 3 4 7 //
18 주의 2 4 / 3 2 4 / 6 4 //

19 그 때에 3 / 3 3 3 3 / 3 3 6 / 3 3 / 3 2 3 5 //

52편

<다윗의 마스길, 인도자를 따라 부르는 노래, 에돔인 도엑이 사울에게 이르러
다윗이 아히멜렉의 집에 왔다고 그에게 말하던 때에>

1 포악한 자여 / 네가 어찌하여 /
5 / 2 4 /
악한 계획을 스스로 자랑하는가 //
2 3 3 5 //
하나님의 인자하심은 항상 있도다 //
4 5 2 3 //

2 네 혀가 / 심한 악을 꾀하여 /
1 2 / 2 2 3 /
날카로운 삭도 같이 간사를 행하는도다 //
4 4 3 5 //

3 네가 선보다 악을 사랑하며 /
2 3 2 4 /
의를 말함보다 거짓을 사랑하는도다 // (셀라)
2 4 3 6 // (2)

4 간사한 혀여 / 너는 남을 해치는 /
3 2 / 2 2 3 /
모든 말을 좋아하는도다 //
2 2 6 //

암송 부분

1 포악한 자여 5 / 2 4 / 2 3 3 5 // 4 5 2 3 //
2 네 1 2 / 2 2 3 / 4 4 3 5 //
3 네가 2 3 2 4 / 2 4 3 6 // (2)
4 간사한 3 2 / 2 2 3 / 2 2 6 //

5 그런즉 / 하나님이 영원히 너를 멸하심이여 /
3 / 4 3 2 5 /
너를 붙잡아 / 네 장막에서 뽑아 내며 /
2 3 / 1 4 4 /
살아 있는 땅에서 / 네 뿌리를 빼시리로다 // (셀라)
4 3 / 1 3 5 // (2)

6 의인이 보고 두려워하며 / 또 그를 비웃어 말하기를 /
3 2 5 / 1 2 3 4 /

7 이 사람은 / 하나님을 자기 힘으로 삼지 아니하고 /
1 3 / 4 5 2 4 /
오직 / 자기 재물의 풍부함을 의지하며 / 자기의 악으로 /
2 / 2 3 4 4 / 3 3 /
스스로 든든하게 하던 자라 // 하리로다 //
3 4 4 // 4 //

8 그러나 / 나는 하나님의 집에 있는 /
3 / 2 4 4 /
푸른 감람나무 같음이여 /
2 4 4 /
하나님의 인자하심을 영원히 의지하리로다 //
4 5 3 6 //

암송 부분

5 그런즉 *3 / 4 3 2 5 / 2 3 /* 1 4 4 / 4 3 / 1 3 5 // (2)
6 의인이 3 2 5 / 1 2 3 4 /
7 이 1 3 / 4 5 2 4 / 2 / 2 3 4 4 / 3 3 / 3 4 4 // 4 //
8 그러나 3 / 2 4 4 / 2 4 4 / 4 5 3 6 //

9 주께서 이를 행하셨으므로 / 내가 영원히 주께 감사하고 /
3 2 6 / 2 3 2 4 /
주의 이름이 선하시므로 /
2 3 5 /
주의 성도 앞에서 / 내가 주의 이름을 사모하리이다 //
2 5 / 2 2 3 6 //

암송 부분

1 포악한 자여 5 / 2 4 / 2 3 3 5 // 4 5 2 3 //
2 네 1 2 / 2 2 3 / 4 4 3 5 //
3 네가 2 3 2 4 / 2 4 3 6 // (2)
4 간사한 3 2 / 2 2 3 / 2 2 6 //
5 그런즉 3 / 4 3 2 5 / 2 3 / 1 4 4 / 4 3 / 1 3 5 // (2)
6 의인이 3 2 5 / 1 2 3 4 /
7 이 1 3 / 4 5 2 4 / 2 / 2 3 4 4 / 3 3 / 3 4 4 // 4 //
8 그러나 3 / 2 4 4 / 2 4 4 / 4 5 3 6 //

9 주께서 3 2 6 / 2 3 2 4 / 2 3 5 / 2 5 / 2 2 3 6 //

53편

<다윗의 마스길, 인도자를 따라 마할랏에 맞춘 노래>

1 어리석은 자는 / 그의 마음에 이르기를 /
4 2 / 2 3 4 /
하나님이 없다 // 하도다 // 그들은 부패하며 /
4 2 // 3 // 3 4 /
가증한 악을 행함이여 / 선을 행하는 자가 없도다 //
3 2 4 / 2 5 3 //

2 하나님이 하늘에서 인생을 굽어살피사 /
4 4 3 5 /
지각이 있는 자와 하나님을 찾는 자가 /
3 4 4 4 /
있는가 보려 하신즉 /
3 5 /

3 각기 물러가 / 함께 더러운 자가 되고 /
2 3 / 2 5 2 /
선을 행하는 자 없으니 / 한 사람도 없도다 //
2 4 3 / 4 3 //

4 죄악을 행하는 자들은 무지하냐 /
3 3 3 4 /
그들이 떡 먹듯이 / 내 백성을 먹으면서 /
3 4 / 1 3 4 /
하나님을 부르지 아니하는도다 //
4 3 6 //

암송 부분

1 어리석은 4 2 / 2 3 4 / 4 2 // 3 // 3 4 / 3 2 4 / 2 5 3 //
2 하나님이 4 4 3 5 / 3 4 4 4 / 3 5 /
3 각기 2 3 / 2 5 2 / 2 4 3 / 4 3 //
4 죄악을 3 3 3 4 / 3 4 / 1 3 4 / 4 3 6 //

5 그들이 / 두려움이 없는 곳에서 크게 두려워하였으니 /
3 / 4 5 2 7 /
너를 대항하여 진 친 / 그들의 뼈를 하나님이 흩으심이라 //
2 4 2 / 3 2 4 5 //
하나님이 그들을 버리셨으므로 /
4 3 6 /
네가 / 그들에게 수치를 당하게 하였도다 //
2 / 4 3 3 4 //

6 시온에서 / 이스라엘을 구원하여 줄 자 누구인가 //
4 / 5 6 4 //
하나님이 자기 백성의 포로된 것을 돌이키실 때에 /
4 5 5 6 /
야곱이 즐거워하며 이스라엘이 기뻐하리로다 //
3 5 5 6 //

암송 부분

1 어리석은 4 2 / 2 3 4 / 4 2 // 3 // 3 4 / 3 2 4 / 2 5 3 //
2 하나님이 4 4 3 5 / 3 4 4 4 / 3 5 /
3 각기 2 3 / 2 5 2 / 2 4 3 / 4 3 //
4 죄악을 3 3 3 4 / 3 4 / 1 3 4 / 4 3 6 //

5 그들이 3 / 4 5 2 7 / 2 4 2 / 3 2 4 5 //
4 3 6 / 2 / 4 3 3 4 //
6 시온에서 4 / 5 6 4 // 4 5 5 6 / 3 5 5 6 //

54편

<다윗의 마스길, 인도자를 따라 현악에 맞춘 노래, 십 사람이 사울에게 이르러 말하기를 다윗이 우리가 있는 곳에 숨지 아니하였나이까 하던 때에>

1 하나님이여 / 주의 이름으로 나를 구원하시고 /
5 / 2 4 2 5 /
주의 힘으로 나를 변호하소서 //
2 3 2 5 //

2 하나님이여 / 내 기도를 들으시며 /
5 / 1 3 4 /
내 입의 말에 / 귀를 기울이소서 //
1 2 2 / 2 5 //

3 낯선 자들이 일어나 나를 치고 /
5 3 2 2 /
포악한 자들이 나의 생명을 수색하며 /
6 2 3 4 /
하나님을 자기 앞에 두지 아니하였음이니이다 // (셀라)
4 4 2 9 // (2)

4 하나님은 나를 돕는 이시며 /
4 2 2 3 /
주께서는 / 내 생명을 / 붙들어 주시는 이시니이다 //
4 / 1 3 / 3 3 5 //

암송 부분

1 하나님이여 5 / 2 4 2 5 / 2 3 2 5 //
2 하나님이여 5 / 1 3 4 / 1 2 2 / 2 5 //
3 낯선 자들이 5 3 2 2 / 6 2 3 4 / 4 4 2 9 // (2)
4 하나님은 4 2 2 3 / 4 / 1 3 / 3 3 5 //

5 주께서는 / 내 원수에게 악으로 갚으시리니 /
4 / 1 4 3 5 /
주의 성실하심으로 그들을 멸하소서 //
2 6 3 4 //

6 내가 낙헌제로 주께 제사하리이다 //
2 4 2 6 //
여호와여 주의 이름에 감사하오리니 /
4 2 3 6 /
주의 이름이 선하심이니이다 //
2 3 7 //

7 참으로 주께서는 / 모든 환난에서 나를 건지시고 /
3 4 / 2 4 2 4 /
내 원수가 보응 받는 것을 /
1 3 6 /
내 눈이 똑똑히 보게 하셨나이다 //
1 2 3 7 //

암송 부분

1 하나님이여 5 / 2 4 2 5 / 2 3 2 5 //
2 하나님이여 5 / 1 3 4 / 1 2 2 / 2 5 //
3 낯선 자들이 5 3 2 2 / 6 2 3 4 / 4 4 2 9 // (2)
4 하나님은 4 2 2 3 / 4 / 1 3 / 3 3 5 //

5 주께서는 4 / 1 4 3 5 / 2 6 3 4 //
6 내가 2 4 2 6 // 4 2 3 6 / 2 3 7 //
7 참으로 3 4 / 2 4 2 4 / 1 3 6 / 1 2 3 7 //

55편

<다윗의 마스길, 인도자를 따라 현악에 맞춘 노래>

1 하나님이여 / 내 기도에 귀를 기울이시고 /
5 / 1 3 2 5 /
내가 간구할 때에 숨지 마소서 //
2 5 5 //

2 내게 굽히사 응답하소서 //
2 3 5 //
내가 / 근심으로 편하지 못하여 탄식하오니 /
2 / 4 6 5 /

3 이는 원수의 소리와 / 악인의 압제 때문이라 //
2 3 3 / 3 6 //
그들이 죄악을 내게 더하며 / 노하여 나를 핍박하나이다 //
3 3 2 3 / 3 2 6 //

4 내 마음이 / 내 속에서 심히 아파하며 /
1 3 / 1 3 2 4 /
사망의 위험이 내게 이르렀도다 //
3 3 2 5 //

5 두려움과 떨림이 내게 이르고 / 공포가 나를 덮었도다 //
4 3 5 / 3 2 4 //

암송 부분

1 하나님이여 5 / 1 3 2 5 / 2 5 5 //
2 내게 2 3 5 // 2 / 4 6 5 /
3 이는 2 3 3 / 3 6 // 3 3 2 3 / 3 2 6 //
4 내 1 3 / 1 3 2 4 / 3 3 2 5 //
5 두려움과 4 3 5 / 3 2 4 //

6 나는 말하기를 / 만일 내게 /
2 4 / 2 2 /
비둘기 같이 날개가 있다면 / 날아가서 편히 쉬리로다 //
5 3 3 / 4 2 4 //

7 내가 멀리 날아가서 / 광야에 머무르리로다 // (셀라)
2 2 4 / 3 6 // (2)

8 내가 나의 피난처로 속히 가서 /
2 2 4 4 /
폭풍과 광풍을 피하리라 // 하였도다 //
3 3 4 // 4 //

9 내가 성내에서 / 강포와 분쟁을 보았사오니 /
2 4 / 3 3 5 /
주여 그들을 멸하소서 // 그들의 혀를 잘라 버리소서 //
2 3 4 // 3 2 6 //

10 그들이 주야로 성벽 위에 두루 다니니 /
3 3 4 5 /
성 중에는 죄악과 재난이 있으며 /
4 3 3 3 /

11 악독이 그 중에 있고 /
3 5 /
압박과 속임수가 / 그 거리를 떠나지 아니하도다 //
3 4 / 1 3 3 5 //

암송 부분

6 나는 2 4 / 2 2 / 5 3 3 / 4 2 4 //
7 내가 2 2 4 / 3 6 // (2)
8 내가 2 2 4 4 / 3 3 4 // 4 //
9 내가 2 4 / 3 3 5 / 2 3 4 // 3 2 6 //
10 그들이 3 3 4 5 / 4 3 3 3 /
11 악독이 3 5 / 3 4 / 1 3 3 5 //

12 나를 책망하는 자는 / 원수가 아니라 원수일진대 /
2 4 2 / 3 3 5 /
내가 참았으리라 // 나를 대하여 자기를 높이는 자는 /
2 5 // 2 3 3 5 /
나를 미워하는 자가 아니라 / 미워하는 자일진대 /
2 6 3 / 4 4 /
내가 그를 피하여 숨었으리라 //
2 2 3 5 //

13 그는 곧 너로다 // 나의 동료, 나의 친구요 /
2 1 3 // 2 2 2 3 /
나의 가까운 친우로다 //
2 3 4 //

14 우리가 같이 재미있게 의논하며 /
3 2 4 4 /
무리와 함께 하여 / 하나님의 집 안에서 다녔도다 //
3 4 / 4 4 4 //

15 사망이 갑자기 그들에게 임하여 /
3 3 4 3 /
산 채로 스올에 내려갈지어다 //
3 3 6 //
이는 / 악독이 그들의 거처에 있고 /
2 / 3 3 3 2 /
그들 가운데에 있음이로다 //
2 4 5 //

암송 부분

12 나를 2 4 2 / 3 3 5 / 2 5 //
2 3 3 5 / 2 6 3 / 4 4 / 2 2 3 5 //
13 그는 2 1 3 // 2 2 2 3 / 2 3 4 //
14 우리가 3 2 4 4 / 3 4 / 4 4 4 //
15 사망이 3 3 4 3 / 3 3 6 // 2 / 3 3 3 2 / 2 4 5 //

16 나는 하나님께 부르짖으리니 /
2 4 6 /
여호와께서 나를 구원하시리로다 //
5 2 7 //

17 저녁과 아침과 정오에 / 내가 근심하여 탄식하리니 /
3 3 3 / 2 4 5 /
여호와께서 내 소리를 들으시리로다 //
5 1 3 6 //

18 나를 대적하는 자 많더니 / 나를 치는 전쟁에서 /
2 5 3 / 2 2 4 /
그가 내 생명을 구원하사 / 평안하게 하셨도다 //
2 1 3 4 / 4 4 //

19 옛부터 계시는 하나님이 들으시고 /
3 3 4 4 /
그들을 낮추시리이다 // (셀라)
3 6 // (2)
그들은 변하지 아니하며 /
3 3 4 /
하나님을 경외하지 아니함이니이다 //
4 4 7 //

20 그는 손을 들어 / 자기와 화목한 자를 치고 /
2 4 / 3 5 2 /
그의 언약을 배반하였도다 //
2 3 6 //

암송 부분

16 나는 2 4 6 / 5 2 7 //
17 저녁과 3 3 3 / 2 4 5 / 5 1 3 6 //
18 나를 2 5 3 / 2 2 4 / 2 1 3 4 / 4 4 //
19 옛부터 3 3 4 4 / 3 6 // (2) 3 3 4 / 4 4 7 //
20 그는 2 4 / 3 5 2 / 2 3 6 //

21 그의 입은 / 우유 기름보다 미끄러우나 /
2 2 / 6 5 /
그의 마음은 전쟁이요 /
2 3 4 /
그의 말은 기름보다 유하나 / 실상은 뽑힌 칼이로다 //
2 2 4 3 / 3 6 //

22 네 짐을 여호와께 맡기라 // 그가 너를 붙드시고 /
1 2 4 3 // 2 2 4 /
의인의 요동함을 / 영원히 허락하지 아니하시리로다 //
3 4 / 3 4 7 //

23 하나님이여 / 주께서 그들로 /
5 / 3 3 /
파멸의 웅덩이에 빠지게 하시리이다 //
3 4 3 5 //
피를 흘리게 하며 속이는 자들은 / 그들의 날의 /
2 5 3 3 / 3 2 /
반도 살지 못할 것이나 / 나는 주를 의지하리이다 //
2 7 / 2 2 6 //

암송 부분

21 그의 2 2 / 6 5 / 2 3 4 / 2 2 4 3 / 3 6 //
22 네 1 2 4 3 // 2 2 4 / 3 4 / 3 4 7 //
23 하나님이여 5 / 3 3 / 3 4 3 5 //
2 5 3 3 / 3 2 / 2 7 / 2 2 6 //

1 하나님이여 5 / 1 3 2 5 / 2 5 5 //
2 내게 2 3 5 // 2 / 4 6 5 /
3 이는 2 3 3 / 3 6 // 3 3 2 3 / 3 2 6 //
4 내 1 3 / 1 3 2 4 / 3 3 2 5 //
5 두려움과 4 3 5 / 3 2 4 //
6 나는 2 4 / 2 2 / 5 3 3 / 4 2 4 //
7 내가 2 2 4 / 3 6 // (2)
8 내가 2 2 4 4 / 3 3 4 // 4 //
9 내가 2 4 / 3 3 5 / 2 3 4 // 3 2 6 //
10 그들이 3 3 4 5 / 4 3 3 3 /
11 악독이 3 5 / 3 4 / 1 3 3 5 //
12 나를 2 4 2 / 3 3 5 / 2 5 //
2 3 3 5 / 2 6 3 / 4 4 / 2 2 3 5 //
13 그는 2 1 3 // 2 2 2 3 / 2 3 4 //
14 우리가 3 2 4 4 / 3 4 / 4 4 4 //
15 사망이 3 3 4 3 / 3 3 6 // 2 / 3 3 3 2 / 2 4 5 //
16 나는 2 4 6 / 5 2 7 //
17 저녁과 3 3 3 / 2 4 5 / 5 1 3 6 //
18 나를 2 5 3 / 2 2 4 / 2 1 3 4 / 4 4 //
19 옛부터 3 3 4 4 / 3 6 // (2) 3 3 4 / 4 4 7 //
20 그는 2 4 / 3 5 2 / 2 3 6 //
21 그의 2 2 / 6 5 / 2 3 4 / 2 2 4 3 / 3 6 //
22 네 1 2 4 3 // 2 2 4 / 3 4 / 3 4 7 //
23 하나님이여 5 / 3 3 / 3 4 3 5 //
2 5 3 3 / 3 2 / 2 7 / 2 2 6 //

56편

<다윗의 믹담 시, 인도자를 따라 요낫 엘렘 르호김에 맞춘 노래, 다윗이 가드에서 블레셋인에게 잡힌 때에>

1 하나님이여 내게 은혜를 베푸소서 //
5 2 3 4 //
사람이 나를 삼키려고 / 종일 치며 압제하나이다 //
3 2 4 / 2 2 6 //

2 내 원수가 / 종일 나를 삼키려 하며 /
1 3 / 2 2 5 /
나를 교만하게 치는 자들이 많사오니 /
2 4 5 4 /

3 내가 두려워하는 날에는 / 내가 주를 의지하리이다 //
2 5 3 / 2 2 6 //

4 내가 하나님을 의지하고 / 그 말씀을 찬송하올지라 //
2 4 4 / 1 3 6 //
내가 하나님을 의지하였은즉 / 두려워하지 아니하리니 /
2 4 6 / 5 5 /
혈육을 가진 사람이 내게 어찌하리이까 //
5 3 2 6 //

5 그들이 종일 내 말을 곡해하며 /
3 2 3 4 /
나를 치는 / 그들의 모든 생각은 사악이라 //
2 2 / 3 5 4 //

암송 부분

1 하나님이여 5 2 3 4 // 3 2 4 / 2 2 6 //
2 내 1 3 / 2 2 5 / 2 4 5 4 /
3 내가 2 5 3 / 2 2 6 //
4 내가 2 4 4 / 1 3 6 // 2 4 6 / 5 5 / 5 3 2 6 //
5 그들이 3 2 3 4 / 2 2 / 3 5 4 //

6 그들이 내 생명을 / 엿보았던 것과 같이 / 또 모여 숨어 /
3 1 3 / 4 4 / 1 2 2 /
내 발자취를 지켜보나이다 //
1 4 6 //

7 그들이 악을 행하고야 안전하오리이까 //
3 2 4 7 //
하나님이여 / 분노하사 뭇 백성을 낮추소서 //
5 / 4 4 4 //

8 나의 유리함을 주께서 계수하셨사오니 /
2 4 3 7 /
나의 눈물을 / 주의 병에 담으소서 //
2 3 / 2 2 4 //
이것이 주의 책에 / 기록되지 아니하였나이까 //
3 2 2 / 4 7 //

9 내가 아뢰는 날에 / 내 원수들이 물러가리니 /
2 5 / 1 4 5 /
이것으로 / 하나님이 내 편이심을 내가 아나이다 //
4 / 4 5 2 4 //

10 내가 하나님을 의지하여 / 그의 말씀을 찬송하며 /
2 4 4 / 2 3 4 /
여호와를 의지하여 / 그의 말씀을 찬송하리이다 //
4 4 / 2 3 6 //

암송 부분

6 그들이 3 1 3 / 4 4 / 1 2 2 / 1 4 6 //
7 그들이 3 2 4 7 // 5 / 4 4 4 //
8 나의 2 4 3 7 / 2 3 / 2 2 4 // 3 2 2 / 4 7 //
9 내가 2 5 / 1 4 5 / 4 / 4 5 2 4 //
10 내가 2 4 4 / 2 3 4 / 4 4 / 2 3 6 //

11 내가 하나님을 의지하였은즉 / 두려워하지 아니하리니 /
2 4 6 / 5 5 /
사람이 내게 어찌하리이까 //
3 2 6 //

12 하나님이여 / 내가 주께 서원함이 있사온즉 /
5 / 2 2 4 4 /
내가 감사제를 주께 드리리니 /
2 4 2 4 /

13 주께서 / 내 생명을 사망에서 건지셨음이라 //
3 / 1 3 4 6 //
주께서 나로 하나님 앞, / 생명의 빛에 다니게 하시려고 /
3 2 4 / 3 2 3 4 /
실족하지 아니하게 하지 아니하셨나이까 //
4 4 2 7 //

암송 부분

1 하나님이여 5 2 3 4 // 3 2 4 / 2 2 6 //
2 내 1 3 / 2 2 5 / 2 4 5 4 /
3 내가 2 5 3 / 2 2 6 //
4 내가 2 4 4 / 1 3 6 // 2 4 6 / 5 5 / 5 3 2 6 //
5 그들이 3 2 3 4 / 2 2 / 3 5 4 //
6 그들이 3 1 3 / 4 4 / 1 2 2 / 1 4 6 //
7 그들이 3 2 4 7 // 5 / 4 4 4 //
8 나의 2 4 3 7 / 2 3 / 2 2 4 // 3 2 2 / 4 7 //
9 내가 2 5 / 1 4 5 / 4 / 4 5 2 4 //
10 내가 2 4 4 / 2 3 4 / 4 4 / 2 3 6 //

11 내가 2 4 6 / 5 5 / 3 2 6 //
12 하나님이여 5 / 2 2 4 4 / 2 4 2 4 /
13 주께서 3 / 1 3 4 6 // 3 2 4 / 3 2 3 4 / 4 4 2 7 //

57편

<다윗의 믹담 시, 인도자를 따라 알다스헷에 맞춘 노래, 다윗이 사울을 피하여 굴에 있던 때에>

1 하나님이여 / 내게 은혜를 베푸소서 //
5 / 2 3 4 //
내게 은혜를 베푸소서 // 내 영혼이 주께로 피하되 /
2 3 4 // 1 3 3 3 /
주의 날개 그늘 아래에서 /
2 4 4 /
이 재앙들이 지나기까지 피하리이다 //
1 4 5 5 //

2 내가 지존하신 하나님께 부르짖음이여 /
2 4 4 6 /
곧 나를 위하여 / 모든 것을 이루시는 하나님께로다 //
1 2 3 / 4 4 6 //

3 그가 하늘에서 보내사 / 나를 삼키려는 자의 비방에서 /
2 4 3 / 2 6 4 /
나를 구원하실지라 // (셀라)
2 6 // (2)
하나님이 / 그의 인자와 진리를 보내시리로다 //
4 / 2 3 3 6 //

암송 부분

1 하나님이여 5 / 2 3 4 // 2 3 4 //
1 3 3 3 / 2 4 4 / 1 4 5 5 //
2 내가 2 4 4 6 / 1 2 3 / 4 4 6 //
3 그가 2 4 3 / 2 6 4 / 2 6 // (2) 4 / 2 3 3 6 //

4 내 영혼이 / 사자들 가운데에서 살며 /
1 3 / 3 5 2 /
내가 불사르는 자들 중에 누웠으니 /
2 4 4 4 /
곧 사람의 아들들 중에라 // 그들의 이는 창과 화살이요 /
1 3 3 3 // 3 2 2 4 /
그들의 혀는 날카로운 칼 같도다 //
3 2 4 4 //

5 하나님이여 / 주는 하늘 위에 높이 들리시며 /
5 / 2 4 2 4 /
주의 영광이 온 세계 위에 / 높아지기를 원하나이다 //
2 3 1 4 / 5 5 //

6 그들이 내 걸음을 막으려고 / 그물을 준비하였으니 /
3 1 3 4 / 3 6 /
내 영혼이 억울하도다 // 그들이 내 앞에 웅덩이를 팠으나 /
1 3 5 // 3 3 4 3 /
자기들이 그 중에 빠졌도다 // (셀라)
4 3 4 // (2)

7 하나님이여 /
5 /
내 마음이 확정되었고 / 내 마음이 확정되었사오니 /
1 3 5 / 1 3 7 /
내가 노래하고 내가 찬송하리이다 //
2 4 2 6 //

암송 부분

4 내 1 3 / 3 5 2 / 2 4 4 4 / 1 3 3 3 //
3 2 2 4 / 3 2 4 4 //
5 하나님이여 5 / 2 4 2 4 / 2 3 1 4 / 5 5 //
6 그들이 3 1 3 4 / 3 6 / 1 3 5 // 3 3 4 3 / 4 3 4 // (2)
7 하나님이여 / 5 / 1 3 5 / 1 3 7 / 2 4 2 6 //

8 내 영광아 깰지어다 // 비파야, 수금아, 깰지어다 //
1 3 4 // 3 3 4 //
내가 새벽을 깨우리로다 //
2 3 5 //

9 주여 / 내가 만민 중에서 주께 감사하오며 /
2 / 2 5 2 5 /
뭇 나라 중에서 주를 찬송하리이다 //
3 3 2 6 //

10 무릇 주의 인자는 커서 / 하늘에 미치고 /
2 2 3 2 / 3 3 /
주의 진리는 궁창에 이르나이다 //
2 3 3 5 //

11 하나님이여 / 주는 하늘 위에 높이 들리시며 /
5 / 2 4 2 4 /
주의 영광이 / 온 세계 위에 높아지기를 원하나이다 //
2 3 / 1 4 5 5 //

암송 부분

1 하나님이여 5 / 2 3 4 // 2 3 4 //
1 3 3 3 / 2 4 4 / 1 4 5 5 //
2 내가 2 4 4 6 / 1 2 3 / 4 4 6 //
3 그가 2 4 3 / 2 6 4 / 2 6 // (2) 4 / 2 3 3 6 //
4 내 1 3 / 3 5 2 / 2 4 4 4 / 1 3 3 3 //
3 2 2 4 / 3 2 4 4 //
5 하나님이여 5 / 2 4 2 4 / 2 3 1 4 / 5 5 //
6 그들이 3 1 3 4 / 3 6 / 1 3 5 // 3 3 4 3 / 4 3 4 // (2)
7 하나님이여 / 5 / 1 3 5 / 1 3 7 / 2 4 2 6 //

8 내 1 3 4 // 3 3 4 // 2 3 5 //
9 주여 2 / 2 5 2 5 / 3 3 2 6 //
10 무릇 2 2 3 2 / 3 3 / 2 3 3 5 //
11 하나님이여 5 / 2 4 2 4 / 2 3 / 1 4 5 5 //

58편

<다윗의 믹담 시, 인도자를 따라 알다스헷에 맞춘 노래>

1 통치자들아 / 너희가 정의를 말해야 하거늘 /
5 / 3 3 3 3 /
어찌 잠잠하냐 // 인자들아 /
2 4 // 4 /
너희가 올바르게 판결해야 하거늘 / 어찌 잠잠하냐 //
3 4 4 3 / 2 4 //

2 아직도 / 너희가 중심에 악을 행하며 /
3 / 3 3 2 3 /
땅에서 너희 손으로 / 폭력을 달아 주는도다 //
3 5 / 3 6 //

3 악인은 모태에서부터 멀어졌음이여 /
3 6 6 /
나면서부터 곁길로 나아가 / 거짓을 말하는도다 //
5 3 3 / 3 5 //

4 그들의 독은 뱀의 독 같으며 /
3 2 3 3 /
그들은 귀를 막은 귀머거리 독사 같으니 /
3 4 4 5 /

암송 부분

1 통치자들아 5 / 3 3 3 3 / 2 4 // 4 / 3 4 4 3 / 2 4 //
2 아직도 3 / 3 3 2 3 / 3 5 / 3 6 //
3 악인은 3 6 6 / 5 3 3 / 3 5 //
4 그들의 3 2 3 3 / 3 4 4 5 /

5 술사의 홀리는 소리도 듣지 않고 /
3 3 3 4 /
능숙한 술객의 요술도 / 따르지 아니하는 독사로다 //
3 3 3 / 3 4 4 //

6 하나님이여 / 그들의 입에서 이를 꺾으소서 //
5 / 3 3 2 4 //
여호와여 / 젊은 사자의 어금니를 꺾어 내시며 /
4 / 5 4 5 /

7 그들이 / 급히 흐르는 물 같이 / 사라지게 하시며 /
3 / 2 3 3 / 4 3 /
겨누는 화살이 꺾임 같게 하시며 /
3 3 4 3 /

8 소멸하여 가는 달팽이 같게 하시며 /
6 5 3 /
만삭 되지 못하여 출생한 아이가 /
4 3 3 3 /
햇빛을 보지 못함 같게 하소서 //
3 4 5 //

9 가시나무 불이 가마를 뜨겁게 하기 전에 /
6 3 3 4 /
생나무든지 불 붙는 나무든지 /
5 3 4 /
강한 바람으로 휩쓸려가게 하소서 //
6 5 3 //

암송 부분

5 술사의 3 3 3 4 / 3 3 3 / 3 4 4 //
6 하나님이여 5 / 3 3 2 4 // 4 / 5 4 5 /
7 그들이 3 / 2 3 3 / 4 3 / 3 3 4 3 /
8 소멸하여 가는 6 5 3 / 4 3 3 3 / 3 4 5 //
9 가시나무 불이 6 3 3 4 / 5 3 4 / 6 5 3 //

10 의인이 / 악인의 보복 당함을 보고 기뻐함이여 /
3 / 3 5 2 5 /
그의 발을 / 악인의 피에 씻으리로다 //
2 2 / 3 2 5 //

11 그 때에 사람의 말이 / 진실로 / 의인에게 갚음이 있고 /
3 5 / 3 / 4 3 2 /
진실로 / 땅에서 심판하시는 하나님이 계시다 // 하리로다 //
3 / 3 5 4 3 // 4 //

암송 부분

1 통치자들아 5 / 3 3 3 3 / 2 4 // 4 / 3 4 4 3 / 2 4 //
2 아직도 3 / 3 3 2 3 / 3 5 / 3 6 //
3 악인은 3 6 6 / 5 3 3 / 3 5 //
4 그들의 3 2 3 3 / 3 4 4 5 /
5 술사의 3 3 3 4 / 3 3 3 / 3 4 4 //
6 하나님이여 5 / 3 3 2 4 // 4 / 5 4 5 /
7 그들이 3 / 2 3 3 / 4 3 / 3 3 4 3 /
8 소멸하여 가는 6 5 3 / 4 3 3 3 / 3 4 5 //
9 가시나무 불이 6 3 3 4 / 5 3 4 / 6 5 3 //

10 의인이 3 / 3 5 2 5 / 2 2 / 3 2 5 //
11 그 때에 3 5 / 3 / 4 3 2 / 3 / 3 5 4 3 // 4 //

59편

<다윗의 믹담 시, 인도자를 따라 알다스헷에 맞춘 노래, 사울이 사람을 보내어 다윗을 죽이려고 그 집을 지킨 때에>

1 나의 하나님이여 / 나의 원수에게서 나를 건지시고 /
2 5 / 2 5 2 4 /
일어나 치려는 자에게서 / 나를 높이 드소서 //
3 3 4 / 2 2 3 //

2 악을 행하는 자에게서 나를 건지시고 /
5 4 2 4 /
피 흘리기를 즐기는 자에게서 / 나를 구원하소서 //
5 3 4 / 2 5 //

3 그들이 / 나의 생명을 해하려고 / 엎드려 기다리고 /
3 / 2 3 4 / 3 4 /
강한 자들이 모여 나를 치려 하오니 /
5 2 2 5 /
여호와여 / 이는 / 나의 잘못으로 말미암음이 아니요 /
4 / 2 / 2 4 5 3 /
나의 죄로 말미암음도 아니로소이다 //
2 2 5 6 //

4 내가 허물이 없으나 /
2 3 3 /
그들이 달려와서 스스로 준비하오니 /
3 4 3 5 /
주여 / 나를 도우시기 위하여 / 깨어 살펴 주소서 //
2 / 2 4 3 / 2 5 //

암송 부분

1 나의 2 5 / 2 5 2 4 / 3 3 4 / 2 2 3 //
2 악을 행하는 5 4 2 4 / 5 3 4 / 2 5 //
3 그들이 3 / 2 3 4 / 3 4 / 5 2 2 5 /
4 / 2 / 2 4 5 3 / 2 2 5 6 //
4 내가 2 3 3 / 3 4 3 5 / 2 / 2 4 3 / 2 5 //

5 주님은 만군의 하나님 여호와, / 이스라엘의 하나님이시오니 /
3 3 3 3 / 5 7 /
일어나 모든 나라들을 벌하소서 //
3 6 4 //
악을 행하는 모든 자들에게 은혜를 베풀지 마소서 // (셀라)
5 6 3 6 // (2)

6 그들이 저물어 돌아와서 / 개처럼 울며 성으로 두루 다니고 /
3 3 4 / 3 2 3 5 /

7 그들의 입으로는 악을 토하며 / 그들의 입술에는 칼이 있어 /
3 4 2 3 / 3 4 2 2 /
이르기를 / 누가 들으리요 // 하나이다 //
4 / 2 4 // 4 //

8 여호와여 / 주께서 그들을 비웃으시며 /
4 / 3 3 5 /
모든 나라들을 조롱하시리이다 //
2 4 7 //

9 하나님은 나의 요새이시니 / 그의 힘으로 말미암아 /
4 2 5 / 2 3 4 /
내가 주를 바라리이다 //
2 2 5 //

암송 부분

5 주님은 3 3 3 3 / 5 7 / 3 6 4 // 5 6 3 6 // (2)
6 그들이 3 3 4 / 3 2 3 5 /
7 그들의 3 4 2 3 / 3 4 2 2 / 4 / 2 4 // 4 //
8 여호와여 4 / 3 3 5 / 2 4 7 //
9 하나님은 4 2 5 / 2 3 4 / 2 2 5 //

10 나의 하나님이 / 그의 인자하심으로 나를 영접하시며 /
2 4 / 2 6 2 5 /
하나님이 / 나의 원수가 보응 받는 것을 /
4 / 2 3 6 /
내가 보게 하시리이다 //
2 2 5 //

11 그들을 죽이지 마옵소서 //
3 3 4 //
나의 백성이 잊을까 하나이다 // 우리 방패 되신 주여 /
2 3 3 4 // 2 4 2 /
주의 능력으로 / 그들을 흩으시고 낮추소서 //
2 4 / 3 4 4 //

12 그들의 입술의 말은 / 곧 그들의 입의 죄라 /
3 3 2 / 1 3 2 2 /
그들이 말하는 저주와 / 거짓말로 말미암아 /
3 3 3 / 4 4 /
그들이 그 교만한 중에서 / 사로잡히게 하소서 //
3 1 3 3 / 5 3 //

13 진노하심으로 소멸하시되 없어지기까지 소멸하사 /
6 5 6 4 /
하나님이 야곱 중에서 다스리심을 /
4 5 5 /
땅 끝까지 알게 하소서 // (셀라)
4 5 // (2)

암송 부분

10 나의 2 4 / 2 6 2 5 / 4 / 2 3 6 / 2 2 5 //
11 그들을 3 3 4 // 2 3 3 4 // 2 4 2 / 2 4 / 3 4 4 //
12 그들의 3 3 2 / 1 3 2 2 / 3 3 3 / 4 4 / 3 1 3 3 / 5 3 //
13 진노하심으로 6 5 6 4 / 4 5 5 / 4 5 // (2)

14 그들에게 / 저물어 돌아와서 개처럼 울며 /
4 / 3 4 3 2 /
성으로 두루 다니게 하소서 //
3 5 3 //

15 그들은 먹을 것을 찾아 유리하다가 /
3 6 5 /
배부름을 얻지 못하면 밤을 새우려니와 /
4 5 2 5 /

16 나는 주의 힘을 노래하며 /
2 2 2 4 /
아침에 / 주의 인자하심을 높이 부르오리니 /
3 / 2 5 2 5 /
주는 나의 요새이시며 / 나의 환난 날에 피난처심이니이다 //
2 2 5 / 2 4 8 //

17 나의 힘이시여 / 내가 주께 찬송하오리니 /
2 4 / 2 2 6 /
하나님은 나의 요새이시며 /
4 2 5 /
나를 긍휼히 여기시는 하나님이심이니이다 //
2 3 4 9 //

암송 부분

14 그들에게 *4 / 3 4 3 2 / 3 5 3 //*
15 그들은 3 6 5 / 4 5 2 5 /
16 나는 2 2 2 4 / 3 / 2 5 2 5 / 2 2 5 / 2 4 8 //
17 나의 2 4 / 2 2 6 / 4 2 5 / 2 3 4 9 //

1 나의 2 5 / 2 5 2 4 / 3 3 4 / 2 2 3 //
2 악을 행하는 5 4 2 4 / 5 3 4 / 2 5 //
3 그들이 3 / 2 3 4 / 3 4 / 5 2 2 5 /
4 / 2 / 2 4 5 3 / 2 2 5 6 //
4 내가 2 3 3 / 3 4 3 5 / 2 / 2 4 3 / 2 5 //
5 주님은 3 3 3 3 / 5 7 / 3 6 4 // 5 6 3 6 // (2)
6 그들이 3 3 4 / 3 2 3 5 /
7 그들의 3 4 2 3 / 3 4 2 2 / 4 / 2 4 // 4 //
8 여호와여 4 / 3 3 5 / 2 4 7 //
9 하나님은 4 2 5 / 2 3 4 / 2 2 5 //
10 나의 2 4 / 2 6 2 5 / 4 / 2 3 6 / 2 2 5 //
11 그들을 3 3 4 // 2 3 3 4 // 2 4 2 / 2 4 / 3 4 4 //
12 그들의 3 3 2 / 1 3 2 2 / 3 3 3 / 4 4 / 3 1 3 3 / 5 3 //
13 진노하심으로 6 5 6 4 / 4 5 5 / 4 5 // (2)
14 그들에게 4 / 3 4 3 2 / 3 5 3 //
15 그들은 3 6 5 / 4 5 2 5 /
16 나는 2 2 2 4 / 3 / 2 5 2 5 / 2 2 5 / 2 4 8 //
17 나의 2 4 / 2 2 6 / 4 2 5 / 2 3 4 9 //

60편

<다윗이 교훈하기 위하여 지은 믹담, 인도자를 따라 수산에듯에 맞춘 노래, 다윗이 아람 나하라임과 아람소바와 싸우는 중에 요압이 돌아와 에돔을 소금 골짜기에서 쳐서 만 이천 명을 죽인 때에>

1 하나님이여 / 주께서 우리를 버려 흩으셨고 /
5 / 3 3 2 4 /
분노하셨사오나 지금은 우리를 회복시키소서 //
7 3 3 6 //

2 주께서 / 땅을 진동시키사 갈라지게 하셨사오니 /
3 / 2 5 4 5 /
그 틈을 기우소서 // 땅이 흔들림이니이다 //
1 2 4 // 2 7 //

3 주께서 / 주의 백성에게 어려움을 보이시고 /
3 / 2 4 4 4 /
비틀거리게 하는 포도주를 / 우리에게 마시게 하셨나이다 //
7 4 / 4 3 5 //

4 주를 경외하는 자에게 / 깃발을 주시고 /
2 4 3 / 3 3 /
진리를 위하여 달게 하셨나이다 // (셀라)
3 3 2 5 // (2)

5 주께서 / 사랑하시는 자를 건지시기 위하여 /
3 / 5 2 4 3 /
주의 오른손으로 구원하시고 응답하소서 //
2 5 5 5 //

—— 암송 부분 ——

1 하나님이여 5 / 3 3 2 4 / 7 3 3 6 //
2 주께서 3 / 2 5 4 5 / 1 2 4 // 2 7 //
3 주께서 3 / 2 4 4 4 / 7 4 / 4 3 5 //
4 주를 2 4 3 / 3 3 / 3 3 2 5 // (2)
5 주께서 3 / 5 2 4 3 / 2 5 5 5 //

6 하나님이 그의 거룩하심으로 말씀하시되 / 내가 뛰놀리라 //
4 2 6 5 / 2 4 //
내가 세겜을 나누며 / 숙곳 골짜기를 측량하리라 //
2 3 3 / 6 5 //

7 길르앗이 내 것이요 / 므낫세도 내 것이며 /
4 4 / 4 4 /
에브라임은 내 머리의 투구요 / 유다는 나의 규이며 /
5 1 3 3 / 3 2 3 /

8 모압은 나의 목욕통이라 // 에돔에는 나의 신발을 던지리라 //
3 2 5 // 4 2 3 4 //
블레셋아 나로 말미암아 외치라 // 하셨도다 //
4 2 4 3 // 4 //

9 누가 나를 이끌어 / 견고한 성에 들이며 /
2 2 3 / 3 2 3 /
누가 나를 에돔에 인도할까 //
2 2 3 4 //

10 하나님이여 / 주께서 우리를 버리지 아니하셨나이까 //
5 / 3 3 3 7 //
하나님이여 /
5 /
주께서 우리 군대와 함께 / 나아가지 아니하시나이다 //
3 5 2 / 4 7 //

암송 부분

6 하나님이 4 2 6 5 / 2 4 // 2 3 3 / 6 5 //
7 길르앗이 4 4 / 4 4 / 5 1 3 3 / 3 2 3 /
8 모압은 3 2 5 // 4 2 3 4 // 4 2 4 3 // 4 //
9 누가 2 2 3 / 3 2 3 / 2 2 3 4 //
10 하나님이여 5 / 3 3 3 7 // 5 / 3 5 2 / 4 7 //

11 우리를 도와 대적을 치게 하소서 //
3 2 3 5 //
사람의 구원은 헛됨이니이다 //
3 3 6 //

12 우리가 하나님을 의지하고 / 용감하게 행하리니 /
3 4 4 / 4 4 /
그는 / 우리의 대적을 밟으실 이심이로다 //
2 / 3 3 3 5 //

암송 부분

1 하나님이여 5 / 3 3 2 4 / 7 3 3 6 //
2 주께서 3 / 2 5 4 5 / 1 2 4 // 2 7 //
3 주께서 3 / 2 4 4 4 / 7 4 / 4 3 5 //
4 주를 2 4 3 / 3 3 / 3 3 2 5 // (2)
5 주께서 3 / 5 2 4 3 / 2 5 5 5 //
6 하나님이 4 2 6 5 / 2 4 // 2 3 3 / 6 5 //
7 길르앗이 4 4 / 4 4 / 5 1 3 3 / 3 2 3 /
8 모압은 3 2 5 // 4 2 3 4 // 4 2 4 3 // 4 //
9 누가 2 2 3 / 3 2 3 / 2 2 3 4 //
10 하나님이여 5 / 3 3 3 7 // 5 / 3 5 2 / 4 7 //

11 우리를 3 2 3 5 // 3 3 6 //
12 우리가 3 4 4 / 4 4 / 2 / 3 3 3 5 //

61편

<다윗의 시, 인도자를 따라 현악에 맞춘 노래>

1 하나님이여 / 나의 부르짖음을 들으시며 /
5 / 2 5 4 /
내 기도에 유의하소서 //
1 3 5 //

2 내 마음이 약해 질 때에 /
1 3 5 /
땅 끝에서부터 주께 부르짖으오리니 /
6 2 7 /
나보다 높은 바위에 / 나를 인도하소서 //
3 2 3 / 2 5 //

3 주는 나의 피난처시요 /
2 2 5 /
원수를 피하는 견고한 망대이심이니이다 //
3 3 3 8 //

4 내가 영원히 / 주의 장막에 머물며 /
2 3 / 2 3 3 /
내가 주의 날개 아래로 피하리이다 // (셀라)
2 4 3 5 // (2)

암송 부분

1 하나님이여 5 / 2 5 4 / 1 3 5 //
2 내 1 3 5 / 6 2 7 / 3 2 3 / 2 5 //
3 주는 2 2 5 / 3 3 3 8 //
4 내가 2 3 / 2 3 3 / 2 4 3 5 // (2)

5 주 하나님이여 / 주께서 나의 서원을 들으시고 /
1 5 / 3 2 3 4 /
주의 이름을 경외하는 자가 / 얻을 기업을 내게 주셨나이다 //
2 3 4 2 / 2 3 2 5 //

6 주께서 왕에게 장수하게 하사 /
3 3 6 /
그의 나이가 / 여러 대에 미치게 하시리이다 //
2 3 / 4 3 5 //

7 그가 영원히 / 하나님 앞에서 거주하리니 /
2 3 / 3 3 5 /
인자와 진리를 예비하사 / 그를 보호하소서 //
3 3 4 / 2 5 //

8 그리하시면 내가 / 주의 이름을 영원히 찬양하며 /
5 2 / 2 3 3 4 /
매일 나의 서원을 이행하리이다 //
2 2 3 6 //

암송 부분

1 하나님이여 5 / 2 5 4 / 1 3 5 //
2 내 1 3 5 / 6 2 7 / 3 2 3 / 2 5 //
3 주는 2 2 5 / 3 3 3 8 //
4 내가 2 3 / 2 3 3 / 2 4 3 5 // (2)

5 주 1 5 / 3 2 3 4 / 2 3 4 2 / 2 3 2 5 //
6 주께서 3 3 6 / 2 3 / 4 3 5 //
7 그가 2 3 / 3 3 5 / 3 3 4 / 2 5 //
8 그리하시면 5 2 / 2 3 3 4 / 2 2 3 6 //

62편

<다윗의 시, 인도자를 따라 여두둔의 법칙에 따라 부르는 노래>

1 나의 영혼이 / 잠잠히 하나님만 바람이여 /
2 3 / 3 4 4 /
나의 구원이 그에게서 나오는도다 //
2 3 4 5 //

2 오직 그만이 나의 반석이시요 /
2 3 2 5 /
나의 구원이시요 나의 요새이시니 /
2 5 2 5 /
내가 크게 흔들리지 아니하리로다 //
2 2 4 6 //

3 넘어지는 담과 흔들리는 울타리 같이 / 사람을 죽이려고 /
4 2 4 5 / 3 4 /
너희가 일제히 공격하기를 / 언제까지 하려느냐 //
3 3 5 / 4 4 //

4 그들이 / 그를 그의 높은 자리에서 / 떨어뜨리기만 꾀하고 /
3 / 2 2 6 / 6 3 /
거짓을 즐겨 하니 /
3 4 /
입으로는 축복이요 속으로는 저주로다 // (셀라)
4 4 4 4 // (2)

암송 부분

1 나의 2 3 / 3 4 4 / 2 3 4 5 //
2 오직 2 3 2 5 / 2 5 2 5 / 2 2 4 6 //
3 넘어지는 4 2 4 5 / 3 4 / 3 3 5 / 4 4 //
4 그들이 3 / 2 2 6 / 6 3 / 3 4 / 4 4 4 4 // (2)

5 나의 영혼아 / 잠잠히 하나님만 바라라 //
2 3 / 3 4 3 //
무릇 / 나의 소망이 그로부터 나오는도다 //
2 / 2 3 4 5 //

6 오직 그만이 나의 반석이시요 /
2 3 2 5 /
나의 구원이시요 나의 요새이시니 /
2 5 2 5 /
내가 흔들리지 아니하리로다 //
2 4 6 //

7 나의 구원과 영광이 / 하나님께 있음이여 /
2 3 3 / 4 4 /
내 힘의 반석과 피난처도 / 하나님께 있도다 //
1 2 3 4 / 4 3 //

8 백성들아 / 시시로 그를 의지하고 /
4 / 3 2 4 /
그의 앞에 마음을 토하라 //
2 2 3 3 //
하나님은 우리의 피난처시로다 // (셀라)
4 3 6 // (2)

9 아, 슬프도다 // 사람은 입김이며 인생도 속임수이니 /
1 4 // 3 4 3 5 /
저울에 달면 / 그들은 입김보다 가벼우리로다 //
3 2 / 3 4 6 //

암송 부분

5 나의 2 3 / 3 4 3 // 2 / 2 3 4 5 //
6 오직 2 3 2 5 / 2 5 2 5 / 2 4 6 //
7 나의 2 3 3 / 4 4 / 1 2 3 4 / 4 3 //
8 백성들아 4 / 3 2 4 / 2 2 3 3 // 4 3 6 // (2)
9 아, 1 4 // 3 4 3 5 / 3 2 / 3 4 6 //

10 포악을 의지하지 말며 /
3 4 2 /
탈취한 것으로 허망하여지지 말며 /
3 3 6 2 /
재물이 늘어도 / 거기에 마음을 두지 말지어다 //
3 3 / 3 3 6 //

11 하나님이 한두 번 하신 말씀을 / 내가 들었나니 /
4 5 3 / 2 4 /
권능은 하나님께 속하였다 // 하셨도다 //
3 4 4 // 4 //

12 주여 / 인자함은 주께 속하오니 /
2 / 4 2 4 /
주께서 / 각 사람이 행한 대로 갚으심이니이다 //
3 / 4 4 7 //

암송 부분

1 나의 2 3 / 3 4 4 / 2 3 4 5 //
2 오직 2 3 2 5 / 2 5 2 5 / 2 2 4 6 //
3 넘어지는 4 2 4 5 / 3 4 / 3 3 5 / 4 4 //
4 그들이 3 / 2 2 6 / 6 3 / 3 4 / 4 4 4 4 // (2)
5 나의 2 3 / 3 4 3 // 2 / 2 3 4 5 //
6 오직 2 3 2 5 / 2 5 2 5 / 2 4 6 //
7 나의 2 3 3 / 4 4 / 1 2 3 4 / 4 3 //
8 백성들아 4 / 3 2 4 / 2 2 3 3 // 4 3 6 // (2)
9 아, 1 4 // 3 4 3 5 / 3 2 / 3 4 6 //

10 포악을 3 4 2 / 3 3 6 2 / 3 3 / 3 3 6 //
11 하나님이 4 5 3 / 2 4 / 3 4 4 // 4 //
12 주여 2 / 4 2 4 / 3 / 4 4 7 //

63편

<다윗의 시, 유다 광야에 있을 때에>

1 하나님이여 / 주는 나의 하나님이시라 //
5 / 2 2 6 //
내가 간절히 주를 찾되 / 물이 없어 마르고 황폐한 땅에서 /
2 3 4 / 4 3 3 3 /
내 영혼이 주를 갈망하며 / 내 육체가 주를 앙모하나이다 //
1 3 2 4 / 1 3 2 6 //

2 내가 / 주의 권능과 영광을 보기 위하여 /
2 / 2 3 3 5 /
이와 같이 / 성소에서 주를 바라보았나이다 //
4 / 4 2 7 //

3 주의 인자하심이 생명보다 나으므로 /
2 5 4 4 /
내 입술이 주를 찬양할 것이라 //
1 3 2 6 //

4 이러므로 / 나의 평생에 주를 송축하며 /
4 / 2 3 2 4 /
주의 이름으로 말미암아 / 나의 손을 들리이다 //
2 4 4 / 2 2 4 //

암송 부분

1 하나님이여 5 / 2 2 6 // 2 3 4 / 4 3 3 3 /
1 3 2 4 / 1 3 2 6 //
2 내가 2 / 2 3 3 5 / 4 / 4 2 7 //
3 주의 2 5 4 4 / 1 3 2 6 //
4 이러므로 4 / 2 3 2 4 / 2 4 4 / 2 2 4 //

5 골수와 기름진 것을 먹음과 같이 /
3 5 5 /
나의 영혼이 만족할 것이라 //
2 3 6 //
나의 입이 / 기쁜 입술로 주를 찬송하되 /
2 2 / 2 3 2 4 /

6 내가 / 나의 침상에서 주를 기억하며 / 새벽에 주의 말씀을 /
2 / 2 4 2 4 / 3 2 3 /
작은 소리로 읊조릴 때에 하오리니 //
5 5 4 //

7 주는 나의 도움이 되셨음이라 //
2 2 3 5 //
내가 주의 날개 그늘에서 / 즐겁게 부르리이다 //
2 2 2 4 / 3 5 //

8 나의 영혼이 / 주를 가까이 따르니 /
2 3 / 2 3 3 /
주의 오른손이 나를 붙드시거니와 /
2 4 2 6 /

9 나의 영혼을 찾아 / 멸하려 하는 그들은 /
2 3 2 / 5 3 /
땅 깊은 곳에 들어가며 /
5 4 /

암송 부분

5 골수와 3 5 5 / 2 3 6 // 2 2 / 2 3 2 4 /
6 내가 2 / 2 4 2 4 / 3 2 3 / 5 5 4 //
7 주는 2 2 3 5 // 2 2 2 4 / 3 5 //
8 나의 2 3 / 2 3 3 / 2 4 2 6 /
9 나의 2 3 2 / 5 3 / 5 4 /

10 칼의 세력에 넘겨져 / 승냥이의 먹이가 되리이다 //
2 3 3 / 4 3 4 //

11 왕은 하나님을 즐거워하리니 /
2 4 6 /
주께 맹세한 자마다 자랑할 것이나 /
2 6 6 /
거짓말하는 자의 입은 막히리로다 //
7 2 5 //

암송 부분

1 하나님이여 5 / 2 2 6 // 2 3 4 / 4 3 3 3 /
1 3 2 4 / 1 3 2 6 //
2 내가 2 / 2 3 3 5 / 4 / 4 2 7 //
3 주의 2 5 4 4 / 1 3 2 6 //
4 이러므로 4 / 2 3 2 4 / 2 4 4 / 2 2 4 //
5 골수와 3 5 5 / 2 3 6 // 2 2 / 2 3 2 4 /
6 내가 2 / 2 4 2 4 / 3 2 3 / 5 5 4 //
7 주는 2 2 3 5 // 2 2 2 4 / 3 5 //
8 나의 2 3 / 2 3 3 / 2 4 2 6 /
9 나의 2 3 2 / 5 3 / 5 4 /

10 칼의 2 3 3 / 4 3 4 //
11 왕은 2 4 6 / 2 6 6 / 7 2 5 //

64편

<다윗의 시, 인도자를 따라 부르는 노래>

1 하나님이여 / 내가 근심하는 소리를 들으시고 /
5 / 2 4 3 4 /
원수의 두려움에서 / 나의 생명을 보존하소서 //
3 5 / 2 3 5 //

2 주는 / 악을 꾀하는 자들의 음모에서 / 나를 숨겨 주시고 /
2 / 5 3 4 / 2 5 /
악을 행하는 자들의 소동에서 / 나를 감추어 주소서 //
5 3 4 / 2 6 //

3 그들이 / 칼 같이 자기 혀를 연마하며 /
3 / 3 4 4 /
화살 같이 독한 말로 겨누고 /
4 4 3 /

4 숨은 곳에서 온전한 자를 쏘며 /
5 5 2 /
갑자기 쏘고 두려워하지 아니하는도다 //
3 2 5 6 //

암송 부분

1 하나님이여 5 / 2 4 3 4 / 3 5 / 2 3 5 //
2 주는 2 / 5 3 4 / 2 5 / 5 3 4 / 2 6 //
3 그들이 3 / 3 4 4 / 4 4 3 /
4 숨은 곳에서 5 5 2 / 3 2 5 6 //

5 그들은 / 악한 목적으로 서로 격려하며 /
3 / 6 2 4 /
남몰래 올무 놓기를 함께 의논하고 /
3 5 2 4 /
하는 말이 / 누가 우리를 보리요 // 하며 /
4 / 2 3 3 // 2 /

6 그들은 죄악을 꾸미며 이르기를 / 우리가 묘책을 찾았다 //
3 3 3 4 / 3 3 3 //
하나니 / 각 사람의 / 속 뜻과 마음이 깊도다 //
3 / 1 3 / 3 3 3 //

7 그러나 하나님이 그들을 쏘시리니 /
3 4 3 4 /
그들이 갑자기 화살에 상하리로다 //
3 3 3 5 //

8 이러므로 그들이 엎드러지리니 /
4 3 6 /
그들의 혀가 그들을 해함이라 //
3 2 3 4 //
그들을 보는 자가 / 다 머리를 흔들리로다 //
3 4 / 1 3 5 //

9 모든 사람이 두려워하여 / 하나님의 일을 선포하며 /
5 5 / 4 2 4 /
그의 행하심을 깊이 생각하리로다 //
2 4 2 6 //

암송 부분

5 그들은 3 / 6 2 4 / 3 5 2 4 / 4 / 2 3 3 // 2 /
6 그들은 3 3 3 4 / *3 3 3* // *3* / 1 3 / 3 3 3 //
7 그러나 3 4 3 4 / 3 3 3 5 //
8 이러므로 4 3 6 / 3 2 3 4 // 3 4 / 1 3 5 //
9 모든 사람이 5 5 / 4 2 4 / 2 4 2 6 //

10 의인은 여호와로 말미암아 즐거워하며 /
3 4 4 5 /
그에게 피하리니 / 마음이 정직한 자는 다 자랑하리로다 //
3 4 / 3 5 1 6 //

암송 부분

1 하나님이여 5 / 2 4 3 4 / 3 5 / 2 3 5 //
2 주는 2 / 5 3 4 / 2 5 / 5 3 4 / 2 6 //
3 그들이 3 / 3 4 4 / 4 4 3 /
4 숨은 곳에서 5 5 2 / 3 2 5 6 //
5 그들은 3 / 6 2 4 / 3 5 2 4 / 4 / 2 3 3 // 2 /
6 그들은 3 3 3 4 / 3 3 3 // 3 / 1 3 / 3 3 3 //
7 그러나 3 4 3 4 / 3 3 3 5 //
8 이러므로 4 3 6 / 3 2 3 4 // 3 4 / 1 3 5 //
9 모든 사람이 5 5 / 4 2 4 / 2 4 2 6 //

10 의인은 3 4 4 5 / 3 4 / 3 5 1 6 //

65편

<다윗의 시, 인도자를 따라 부르는 노래>

1 하나님이여 / 찬송이 시온에서 주를 기다리오며 /
5 / 3 4 2 5 /
사람이 서원을 주께 이행하리이다 //
3 3 2 6 //

2 기도를 들으시는 주여 / 모든 육체가 주께 나아오리이다 //
3 4 2 / 2 3 2 6 //

3 죄악이 나를 이겼사오니 /
3 2 5 /
우리의 허물을 주께서 사하시리이다 //
3 3 3 6 //

4 주께서 택하시고 가까이 오게 하사 /
3 4 3 4 /
주의 뜰에 살게 하신 사람은 / 복이 있나이다 //
2 2 4 3 / 2 4 //
우리가 주의 집 /
3 2 1 /
곧 주의 성전의 아름다움으로 만족하리이다 //
1 2 3 6 6 //

암송 부분

1 하나님이여 5 / 3 4 2 5 / 3 3 2 6 //
2 기도를 3 4 2 / 2 3 2 6 //
3 죄악이 3 2 5 / 3 3 3 6 //
4 주께서 3 4 3 4 / 2 2 4 3 / 2 4 // 3 2 1 / 1 2 3 6 6 //

5 우리 구원의 하나님이시여 / 땅의 모든 끝과 /
2 3 6 / 2 2 2 /
먼 바다에 있는 자가 / 의지할 주께서 /
1 3 4 / 3 3 /
의를 따라 엄위하신 일로 / 우리에게 응답하시리이다 //
4 6 / 4 7 //

6 주는 / 주의 힘으로 산을 세우시며 / 권능으로 띠를 띠시며 /
2 / 2 3 2 4 / 4 2 3 /

7 바다의 설렘과 물결의 흔들림과 /
3 3 3 4 /
만민의 소요까지 진정하시나이다 //
3 4 7 //

8 땅 끝에 사는 자가 / 주의 징조를 두려워하나이다 //
3 4 / 2 3 7 //
주께서 / 아침 되는 것과 저녁 되는 것을 /
3 / 2 4 2 4 /
즐거워하게 하시며 /
5 3 /

9 땅을 돌보사 / 물을 대어 / 심히 윤택하게 하시며 /
2 3 / 2 2 / 2 4 3 /
하나님의 강에 / 물이 가득하게 하시고 /
4 2 / 2 4 3 /
이같이 땅을 예비하신 후에 / 그들에게 곡식을 주시나이다 //
3 2 6 / 4 3 5 //

암송 부분

5 우리 2 3 6 / 2 2 2 / 1 3 4 / 3 3 / 4 6 / 4 7 //
6 주는 2 / 2 3 2 4 / 4 2 3 /
7 바다의 3 3 3 4 / 3 4 7 //
8 땅 끝에 3 4 / 2 3 7 // 3 / 2 4 2 4 / 5 3 /
9 땅을 2 3 / 2 2 / 2 4 3 / 4 2 / 2 4 3 / 3 2 6 / 4 3 5 //

10 주께서 밭고랑에 물을 넉넉히 대사 /
3 4 2 5 /
그 이랑을 평평하게 하시며 / 또 단비로 부드럽게 하시고 /
1 3 4 3 / 1 3 4 3 /
그 싹에 복을 주시나이다 //
1 2 2 5 //

11 주의 은택으로 / 한 해를 관 씌우시니 /
2 4 / 3 5 /
주의 길에는 기름 방울이 떨어지며 /
2 3 5 4 /

12 들의 초장에도 떨어지니 / 작은 산들이 /
2 4 4 / 2 3 /
기쁨으로 띠를 띠었나이다 //
4 2 5 //

13 초장은 양 떼로 옷 입었고 /
3 3 4 /
골짜기는 곡식으로 덮였으매 /
4 4 4 /
그들이 다 / 즐거이 외치고 또 노래하나이다 //
3 1 / 3 3 1 6 //

암송 부분

10 주께서 *3 4 2 5 / 1 3 4 3* / 1 3 4 3 / 1 2 2 5 //
11 주의 2 4 / 3 5 / 2 3 5 4 /
12 들의 2 4 4 / 2 3 / 4 2 5 //
13 초장은 3 3 4 / 4 4 4 / 3 1 / 3 3 1 6 //

1 하나님이여 5 / 3 4 2 5 / 3 3 2 6 //
2 기도를 3 4 2 / 2 3 2 6 //
3 죄악이 3 2 5 / 3 3 3 6 //
4 주께서 3 4 3 4 / 2 2 4 3 / 2 4 // 3 2 1 / 1 2 3 6 6 //
5 우리 2 3 6 / 2 2 2 / 1 3 4 / 3 3 / 4 6 / 4 7 //
6 주는 2 / 2 3 2 4 / 4 2 3 /
7 바다의 3 3 3 4 / 3 4 7 //
8 땅 끝에 3 4 / 2 3 7 // 3 / 2 4 2 4 / 5 3 /
9 땅을 2 3 / 2 2 / 2 4 3 / 4 2 / 2 4 3 / 3 2 6 / 4 3 5 //
10 주께서 3 4 2 5 / 1 3 4 3 / 1 3 4 3 / 1 2 2 5 //
11 주의 2 4 / 3 5 / 2 3 5 4 /
12 들의 2 4 4 / 2 3 / 4 2 5 //
13 초장은 3 3 4 / 4 4 4 / 3 1 / 3 3 1 6 //

66편

<시, 인도자를 따라 부르는 노래>

1 온 땅이여 / 하나님께 즐거운 소리를 낼지어다 //
4 / 4 3 3 4 //

2 그의 이름의 영광을 찬양하고 / 영화롭게 찬송할지어다 //
2 3 3 4 / 4 6 //

3 하나님께 아뢰기를 / 주의 일이 어찌 그리 엄위하신지요 //
4 4 / 2 2 4 6 //
주의 큰 권능으로 말미암아 / 주의 원수가 주께 복종할 것이며 /
2 1 4 4 / 2 3 2 6 /

4 온 땅이 / 주께 경배하고 주를 노래하며 /
3 / 2 4 2 4 /
주의 이름을 노래하리이다 // 할지어다 // (셀라)
2 3 6 // 4 // (2)

5 와서 하나님께서 행하신 것을 보라 //
2 5 5 2 //
사람의 아들들에게 행하심이 엄위하시도다 //
3 5 4 6 //

암송 부분

1 온 땅이여 4 / 4 3 3 4 //
2 그의 2 3 3 4 / 4 6 //
3 하나님께 4 4 / 2 2 4 6 // 2 1 4 4 / 2 3 2 6 /
4 온 땅이 3 / 2 4 2 4 / 2 3 6 // 4 // (2)
5 와서 2 5 5 2 // 3 5 4 6 //

6 하나님이 / 바다를 변하여 육지가 되게 하셨으므로 /
4 / 3 3 5 5 /
무리가 걸어서 강을 건너고 /
3 3 2 3 /
우리가 거기서 / 주로 말미암아 기뻐하였도다 //
3 3 / 2 4 6 //

7 그가 / 그의 능력으로 영원히 다스리시며 /
2 / 2 4 3 5 /
그의 눈으로 나라들을 살피시나니 /
2 3 4 5 /
거역하는 자들은 교만하지 말지어다 // (셀라)
4 3 4 4 // (2)

8 만민들아 우리 하나님을 송축하며 /
4 2 4 4 /
그의 찬양 소리를 들리게 할지어다 //
2 5 3 4 //

9 그는 우리 영혼을 살려 두시고 /
2 2 3 5 /
우리의 실족함을 / 허락하지 아니하시는 주시로다 //
3 4 / 4 5 4 //

10 하나님이여 / 주께서 우리를 시험하시되 /
5 / 3 3 5 /
우리를 단련하시기를 / 은을 단련함 같이 하셨으며 /
3 6 / 2 5 4 /

암송 부분

6 하나님이 4 / 3 3 5 5 / 3 3 2 3 / 3 3 / 2 4 6 //
7 그가 2 / 2 4 3 5 / 2 3 4 5 / 4 3 4 4 // (2)
8 만민들아 4 2 4 4 / 2 5 3 4 //
9 그는 2 2 3 5 / 3 4 / 4 5 4 //
10 하나님이여 5 / 3 3 5 / 3 6 / 2 5 4 /

11 우리를 끌어 / 그물에 걸리게 하시며 /
3 2 / 3 3 3 /
어려운 짐을 / 우리 허리에 매어 두셨으며 /
3 2 / 2 3 6 /

12 사람들이 / 우리 머리를 타고 가게 하셨나이다 //
4 / 2 3 4 5 //
우리가 불과 물을 통과하였더니 /
3 2 2 6 /
주께서 우리를 끌어내사 / 풍부한 곳에 들이셨나이다 //
3 3 4 / 5 6 //

13 내가 번제물을 가지고 / 주의 집에 들어가서 /
2 4 3 / 2 2 4 /
나의 서원을 주께 갚으리니 /
2 3 2 4 /

14 이는 내 입술이 낸 것이요 /
2 1 3 4 /
내 환난 때에 / 내 입이 말한 것이니이다 //
1 4 / 1 2 7 //

15 내가 숫양의 향기와 함께 /
2 3 3 2 /
살진 것으로 주께 번제를 드리며 /
5 2 3 3 /
수소와 염소를 드리리이다 // (셀라)
3 3 5 // (2)

암송 부분

11 우리를 3 2 / 3 3 3 / 3 2 / 2 3 6 /
12 사람들이 4 / 2 3 4 5 // 3 2 2 6 / 3 3 4 / 5 6 //
13 내가 2 4 3 / 2 2 4 / 2 3 2 4 /
14 이는 2 1 3 4 / 1 4 / 1 2 7 //
15 내가 2 3 3 2 / 5 2 3 3 / 3 3 5 // (2)

16 하나님을 두려워하는 너희들아 / 다 와서 들으라 //
4 5 4 /1 2 3 //
하나님이 / 나의 영혼을 위하여 행하신 일을 /
4 / 2 3 3 5 /
내가 선포하리로다 //
2 6 //

17 내가 / 나의 입으로 그에게 부르짖으며 /
2 / 2 3 3 5 /
나의 혀로 높이 찬송하였도다 //
2 2 2 6 //

18 내가 / 나의 마음에 죄악을 품었더라면 /
2 / 2 3 3 5 /
주께서 듣지 아니하시리라 //
3 2 6 //

19 그러나 하나님이 실로 들으셨음이여 /
3 4 2 6 /
내 기도 소리에 귀를 기울이셨도다 //
1 5 2 6 //

20 하나님을 찬송하리로다 //
4 6 //
그가 내 기도를 / 물리치지 아니하시고 /
2 1 3 / 4 5 /
그의 인자하심을 / 내게서 거두지도 아니하셨도다 //
2 5 / 3 4 6 //

암송 부분

16 하나님을 4 5 4 / 1 2 3 // 4 / 2 3 3 5 / 2 6 //
17 내가 2 / 2 3 3 5 / 2 2 2 6 //
18 내가 2 / 2 3 3 5 / 3 2 6 //
19 그러나 3 4 2 6 / 1 5 2 6 //
20 하나님을 4 6 // 2 1 3 / 4 5 / 2 5 / 3 4 6 //

1 온 땅이여 4 / 4 3 3 4 //
2 그의 2 3 3 4 / 4 6 //
3 하나님께 4 4 / 2 2 4 6 // 2 1 4 4 / 2 3 2 6 /
4 온 땅이 3 / 2 4 2 4 / 2 3 6 // 4 // (2)
5 와서 2 5 5 2 // 3 5 4 6 //
6 하나님이 4 / 3 3 5 5 / 3 3 2 3 / 3 3 / 2 4 6 //
7 그가 2 / 2 4 3 5 / 2 3 4 5 / 4 3 4 4 // (2)
8 만민들아 4 2 4 4 / 2 5 3 4 //
9 그는 2 2 3 5 / 3 4 / 4 5 4 //
10 하나님이여 5 / 3 3 5 / 3 6 / 2 5 4 /
11 우리를 3 2 / 3 3 3 / 3 2 / 2 3 6 /
12 사람들이 4 / 2 3 4 5 // 3 2 2 6 / 3 3 4 / 5 6 //
13 내가 2 4 3 / 2 2 4 / 2 3 2 4 /
14 이는 2 1 3 4 / 1 4 / 1 2 7 //
15 내가 2 3 3 2 / 5 2 3 3 / 3 3 5 // (2)
16 하나님을 4 5 4 / 1 2 3 // 4 / 2 3 3 5 / 2 6 //
17 내가 2 / 2 3 3 5 / 2 2 2 6 //
18 내가 2 / 2 3 3 5 / 3 2 6 //
19 그러나 3 4 2 6 / 1 5 2 6 //
20 하나님을 4 6 // 2 1 3 / 4 5 / 2 5 / 3 4 6 //

67편

<시 곧 노래, 인도자를 따라 현악에 맞춘 것>

1 하나님은 우리에게 은혜를 베푸사 / 복을 주시고 /
4 4 3 3 / 2 3 /
그의 얼굴 빛을 우리에게 비추사 / (셀라)
2 4 4 3 / (2)

2 주의 도를 땅 위에, / 주의 구원을 모든 나라에게 /
2 2 3 / 2 3 2 4 /
알리소서 //
4 //

3 하나님이여 / 민족들이 주를 찬송하게 하시며 /
5 / 4 2 4 3 /
모든 민족들이 / 주를 찬송하게 하소서 //
2 4 / 2 4 3 //

4 온 백성은 / 기쁘고 즐겁게 노래할지니 /
1 3 / 3 3 5 /
주는 민족들을 공평히 심판하시며 /
2 4 3 5 /
땅 위의 나라들을 다스리실 것임이니이다 // (셀라)
3 4 4 6 // (2)

암송 부분

1 하나님은 4 4 3 3 / 2 3 / 2 4 4 3 / (2)
2 주의 2 2 3 / 2 3 2 4 / 4 //
3 하나님이여 5 / 4 2 4 3 / 2 4 / 2 4 3 //
4 온 1 3 / 3 3 5 / 2 4 3 5 / 3 4 4 6 // (2)

5 하나님이여 / 민족들이 주를 찬송하게 하시며 /
5 / 4 2 4 3 /
모든 민족으로 / 주를 찬송하게 하소서 //
2 4 / 2 4 3 //

6 땅이 그의 소산을 내어 주었으니 /
2 2 3 6 /
하나님 곧 우리 하나님이 / 우리에게 복을 주시리로다 //
3 1 2 4 / 4 2 5 //

7 하나님이 우리에게 복을 주시리니 /
4 4 2 4 /
땅의 모든 끝이 / 하나님을 경외하리로다 //
2 2 2 / 4 6 //

암송 부분

1 하나님은 4 4 3 3 / 2 3 / 2 4 4 3 / (2)
2 주의 2 2 3 / 2 3 2 4 / 4 //
3 하나님이여 5 / 4 2 4 3 / 2 4 / 2 4 3 //
4 온 1 3 / 3 3 5 / 2 4 3 5 / 3 4 4 6 // (2)

5 하나님이여 5 / 4 2 4 3 / 2 4 / 2 4 3 //
6 땅이 2 2 3 6 / 3 1 2 4 / 4 2 5 //
7 하나님이 4 4 2 4 / 2 2 2 / 4 6 //

68편

<다윗의 시, 인도자를 따라 부르는 노래>

1 하나님이 일어나시니 원수들은 흩어지며 /
4 5 4 4 /
주를 미워하는 자들은 / 주 앞에서 도망하리이다 //
2 4 3 / 4 6 //

2 연기가 불려 가듯이 그들을 몰아내소서 //
3 5 3 5 //
불 앞에서 밀이 녹음 같이 /
1 3 2 4 /
악인이 / 하나님 앞에서 망하게 하소서 //
3 / 3 3 3 3 //

3 의인은 기뻐하여 / 하나님 앞에서 뛰놀며 /
3 4 / 3 3 3 /
기뻐하고 즐거워할지어다 //
4 7 //

4 하나님께 노래하며 / 그의 이름을 찬양하라 //
4 4 / 2 3 4 //
하늘을 타고 / 광야에 행하시던 이를 위하여 /
3 2 / 3 4 2 3 /
대로를 수축하라 //
3 4 //
그의 이름은 여호와이시니 / 그의 앞에서 뛰놀지어다 //
2 3 6 / 2 3 5 //

암송 부분

1 하나님이 4 5 4 4 / 2 4 3 / 4 6 //
2 연기가 3 5 3 5 // 1 3 2 4 / 3 / 3 3 3 3 //
3 의인은 3 4 / 3 3 3 / 4 7 //
4 하나님께 4 4 / 2 3 4 // 3 2 / 3 4 2 3 / 3 4 //
2 3 6 / 2 3 5 //

5 그의 거룩한 처소에 계신 / 하나님은 /
2 3 3 2 / 4 /
고아의 아버지시며 과부의 재판장이시라 //
3 5 3 6 //

6 하나님이 / 고독한 자들은 / 가족과 함께 살게 하시며 /
4 / 3 3 / 3 4 3 /
갇힌 자들은 이끌어 내사 / 형통하게 하시느니라 //
5 5 / 4 5 //
오직 거역하는 자들의 거처는 / 메마른 땅이로다 //
2 4 3 3 / 3 4 //

7 하나님이여 / 주의 백성 앞에서 앞서 나가사 /
5 / 2 2 3 5 /
광야에서 행진하셨을 때에 / (셀라)
4 7 / (2)

8 땅이 진동하며 / 하늘이 하나님 앞에서 떨어지며 /
2 4 / 3 3 3 4 /
저 시내 산도 / 하나님 / 곧 이스라엘의 하나님 앞에서 /
1 4 / 3 / 1 5 3 3 /
진동하였나이다 //
7 //

9 하나님이여 / 주께서 흡족한 비를 보내사 /
5 / 3 5 3 /
주의 기업이 곤핍할 때에 / 주께서 그것을 견고하게 하셨고 /
2 3 5 / 3 3 4 3 /

암송 부분

5 그의 2 3 3 2 / 4 / 3 5 3 6 //
6 하나님이 4 / 3 3 / 3 4 3 / 5 5 / 4 5 // 2 4 3 3 / 3 4 //
7 하나님이여 5 / 2 2 3 5 / 4 7 / (2)
8 땅이 2 4 / 3 3 3 4 / 1 4 / 3 / 1 5 3 3 / 7 //
9 하나님이여 5 / 3 5 3 / 2 3 5 / 3 3 4 3 /

10 주의 회중을 / 그 가운데에 살게 하셨나이다 //
2 3 / 1 4 7 //
하나님이여 / 주께서 가난한 자를 위하여 /
5 / 3 5 3 /
주의 은택을 준비하셨나이다 //
2 3 7 //

11 주께서 말씀을 주시니 /
3 3 3 /
소식을 공포하는 여자들은 큰 무리라 //
3 4 4 1 3 //

12 여러 군대의 왕들이 / 도망하고 도망하니 /
2 3 3 / 4 4 /
집에 있던 여자들도 탈취물을 나누도다 //
4 4 4 4 //

13 너희가 양 우리에 누울 때에는 /
3 4 5 /
그 날개를 은으로 입히고 /
1 3 3 3 /
그 깃을 황금으로 입힌 / 비둘기 같도다 //
3 4 2 / 3 3 //

14 전능하신 이가 / 왕들을 그 중에서 흩으실 때에는 /
4 2 / 3 4 6 /
살몬에 눈이 날림 같도다 //
3 2 5 //

암송 부분

10 주의 2 3 / 1 4 7 // 5 / 3 5 3 / 2 3 7 //
11 주께서 3 3 3 / 3 4 4 1 3 //
12 여러 2 3 3 / 4 4 / 4 4 4 4 //
13 너희가 3 4 5 / 1 3 3 3 / 3 4 2 / 3 3 //
14 전능하신 4 2 / 3 4 6 / 3 2 5 //

15 바산의 산은 하나님의 산임이여 /
3 2 4 4 /
바산의 산은 높은 산이로다 //
3 2 6 //

16 너희 높은 산들아 /
2 5 /
어찌하여 하나님이 계시려 하는 산을 / 시기하여 보느냐 //
4 4 5 2 / 4 3 //
진실로 / 여호와께서 / 이 산에 영원히 계시리로다 //
3 / 5 / 1 2 3 5 //

17 하나님의 병거는 천천이요 만만이라 //
4 3 4 4 //
주께서 그 중에 계심이 / 시내 산 성소에 계심 같도다 //
3 3 3 / 3 3 5 //

18 주께서 높은 곳으로 오르시며 / 사로잡은 자들을 취하시고 /
3 5 4 / 4 3 4 /
선물들을 사람들에게서 받으시며 /
4 6 4 /
반역자들로부터도 받으시니 / 여호와 하나님이 /
8 4 / 3 4 /
그들과 함께 계시기 때문이로다 //
3 5 5 //

암송 부분

15 바산의 3 2 4 4 / 3 2 6 //
16 너희 2 5 / 4 4 5 2 / 4 3 // 3 / 5 / 1 2 3 5 //
17 하나님의 4 3 4 4 // 3 3 3 / 3 3 5 //
18 주께서 3 5 4 / 4 3 4 / 4 6 4 / 8 4 / 3 4 / 3 5 5 //

19 날마다 우리 짐을 지시는 주 /
3 4 3 1/
곧 우리의 구원이신 / 하나님을 찬송할지로다 // (셀라)
1 3 4 / 4 6 // (2)

20 하나님은 우리에게 구원의 하나님이시라 /
4 4 3 6 /
사망에서 벗어남은 / 주 여호와로 말미암거니와 /
4 4 / 1 4 6 /

21 그의 원수들의 머리 / 곧 죄를 짓고 다니는 자의 정수리는 /
2 4 2 / 1 4 5 4 /
하나님이 쳐서 깨뜨리시리로다 //
4 2 7 //

22 주께서 말씀하시기를 /
3 6 /
내가 그들을 바산에서 돌아오게 하며 /
2 3 4 6 /
바다 깊은 곳에서 도로 나오게 하고 /
2 5 2 5 /

23 네가 그들을 심히 치고 /
2 3 2 2/
그들의 피에 / 네 발을 잠그게 하며 / 네 집의 개의 혀로 /
3 2 / 1 2 5 / 1 2 2 2/
네 원수들에게서 / 제 분깃을 얻게 하리라 // 하시도다 //
1 6 / 1 3 5 // 4 //

암송 부분

19 날마다 3 4 3 1 / 1 3 4 / 4 6 // (2)
20 하나님은 4 4 3 6 / 4 4 / 1 4 6 /
21 그의 2 4 2 / 1 4 5 4 / 4 2 7 //
22 주께서 3 6 / 2 3 4 6 / 2 5 2 5 /
23 네가 2 3 2 2 / 3 2 / 1 2 5 /
1 2 2 2 / 1 6 / 1 3 5 // 4 //

24 하나님이여 / 그들이 주께서 행차하심을 보았으니 /
5 / 3 3 5 4 /
곧 나의 하나님, / 나의 왕이 / 성소로 행차하시는 것이라 //
1 2 3 / 2 2 / 3 5 3 //

25 소고 치는 처녀들 중에서 / 노래 부르는 자들은 앞서고 /
4 3 3 / 5 3 3 /
악기를 연주하는 자들은 뒤따르나이다 //
3 4 3 6 //

26 이스라엘의 근원에서 나온 너희여 / 대회 중에 하나님 /
5 4 2 3 / 4 3 /
곧 주를 송축할지어다 //
1 2 6 //

27 거기에는 / 그들을 주관하는 작은 베냐민과 /
4 / 3 4 2 4 /
유다의 고관과 그들의 무리와 /
3 3 3 3 /
스불론의 고관과 납달리의 고관이 있도다 //
4 3 4 3 3 //

28 네 하나님이 / 너의 힘을 명령하셨도다 // 하나님이여 /
1 4 / 2 2 6 // 5 /
우리를 위하여 행하신 것을 / 견고하게 하소서 //
3 3 5 / 4 3 //

암송 부분

24 하나님이여 5 / 3 3 5 4 / 1 2 3 / 2 2 / 3 5 3 //
25 소고 치는 4 3 3 / 5 3 3 / 3 4 3 6 //
26 이스라엘의 5 4 2 3 / 4 3 / 1 2 6 //
27 거기에는 4 / 3 4 2 4 / 3 3 3 3 / 4 3 4 3 3 //
28 네 1 4 / 2 2 6 // 5 / 3 3 5 / 4 3 //

29 예루살렘에 있는 / 주의 전을 위하여 /
5 2 / 2 2 3 /
왕들이 주께 예물을 드리리이다 //
3 2 3 5 //

30 갈밭의 들짐승과 / 수소의 무리와 /
3 4 / 3 3 /
만민의 송아지를 꾸짖으시고 / 은 조각을 발 아래에 밟으소서 //
3 4 5 / 4 4 4 //
그가 / 전쟁을 즐기는 백성을 흩으셨도다 //
2 / 3 3 3 5 //

31 고관들은 애굽에서 나오고 /
4 4 3 /
구스인은 / 하나님을 향하여 / 그 손을 신속히 들리로다 //
4 / 4 3 / 1 2 3 4 //

32 땅의 왕국들아 /
2 4 /
하나님께 노래하고 주께 찬송할지어다 // (셀라)
4 4 2 6 // (2)

33 옛적 / 하늘들의 하늘을 타신 자에게 찬송하라 //
2 / 4 3 5 4 //
주께서 그 소리를 내시니 / 웅장한 소리로다 //
3 1 3 3 / 3 4 //

암송 부분

29 예루살렘에 5 2 / 2 2 3 / 3 2 3 5 //
30 갈밭의 3 4 / 3 3 / 3 4 5 / 4 4 4 // 2 / 3 3 3 5 //
31 고관들은 4 4 3 / 4 / 4 3 / 1 2 3 4 //
32 땅의 2 4 / 4 4 2 6 // (2)
33 옛적 2 / 4 3 5 4 // 3 1 3 3 / 3 4 //

34 너희는 하나님께 능력을 돌릴지어다 //
3 4 3 5 //
그의 위엄이 이스라엘 위에 있고 /
2 3 4 4 /
그의 능력이 구름 속에 있도다 //
2 3 4 3 //

35 하나님이여 / 위엄을 성소에서 나타내시나이다 //
5 / 3 4 7 //
이스라엘의 하나님은 / 그의 백성에게 /
5 4 / 2 4 /
힘과 능력을 주시나니 / 하나님을 찬송할지어다 //
2 3 4 / 4 6 //

암송 부분

34 너희는 3 4 3 5 // 2 3 4 4 / 2 3 4 3 //
35 하나님이여 5 / 3 4 7 // 5 4 / 2 4 / 2 3 4 / 4 6 //

1 하나님이 4 5 4 4 / 2 4 3 / 4 6 //
2 연기가 3 5 3 5 // 1 3 2 4 / 3 / 3 3 3 3 //
3 의인은 3 4 / 3 3 3 / 4 7 //
4 하나님께 4 4 / 2 3 4 // 3 2 / 3 4 2 3 / 3 4 //
2 3 6 / 2 3 5 //
5 그의 2 3 3 2 / 4 / 3 5 3 6 //
6 하나님이 4 / 3 3 / 3 4 3 / 5 5 / 4 5 // 2 4 3 3 / 3 4 //
7 하나님이여 5 / 2 2 3 5 / 4 7 / (2)
8 땅이 2 4 / 3 3 3 4 / 1 4 / 3 / 1 5 3 3 / 7 //
9 하나님이여 5 / 3 5 3 / 2 3 5 / 3 3 4 3 /
10 주의 2 3 / 1 4 7 // 5 / 3 5 3 / 2 3 7 //
11 *주께서 3 3 3 / 3 4 4 1 3 //*
12 여러 2 3 3 / 4 4 / 4 4 4 4 //
13 너희가 3 4 5 / 1 3 3 3 / 3 4 2 / 3 3 //
14 전능하신 4 2 / 3 4 6 / 3 2 5 //

15 바산의 3 2 4 4 / 3 2 6 //
16 너희 2 5 / 4 4 5 2 / 4 3 // 3 / 5 / 1 2 3 5 //
17 하나님의 4 3 4 4 // 3 3 3 / 3 3 5 //
18 주께서 3 5 4 / 4 3 4 / 4 6 4 / 8 4 / 3 4 / 3 5 5 //
19 날마다 3 4 3 1 / 1 3 4 / 4 6 // (2)
20 하나님은 4 4 3 6 / 4 4 / 1 4 6 /
21 그의 2 4 2 / 1 4 5 4 / 4 2 7 //
22 주께서 3 6 / 2 3 4 6 / 2 5 2 5 /
23 네가 2 3 2 2 / 3 2 / 1 2 5 /
1 2 2 2 / 1 6 / 1 3 5 // 4 //
24 하나님이여 5 / 3 3 5 4 / 1 2 3 / 2 2 / 3 5 3 //
25 소고 치는 4 3 3 / 5 3 3 / 3 4 3 6 //
26 이스라엘의 5 4 2 3 / 4 3 / 1 2 6 //
27 거기에는 4 / 3 4 2 4 / 3 3 3 3 / 4 3 4 3 3 //
28 네 1 4 / 2 2 6 // 5 / 3 3 5 / 4 3 //
29 예루살렘에 5 2 / 2 2 3 / 3 2 3 5 //
30 갈밭의 3 4 / 3 3 / 3 4 5 / 4 4 4 // 2 / 3 3 3 5 //
31 고관들은 4 4 3 / 4 / 4 3 / 1 2 3 4 //
32 땅의 2 4 / 4 4 2 6 // (2)
33 옛적 2 / 4 3 5 4 // 3 1 3 3 / 3 4 //
34 너희는 3 4 3 5 // 2 3 4 4 / 2 3 4 3 //
35 하나님이여 5 / 3 4 7 // 5 4 / 2 4 / 2 3 4 / 4 6 //

69편

<다윗의 시, 인도자를 따라 소산님에 맞춘 노래>

1 하나님이여 나를 구원하소서 //
5 2 5 //
물들이 / 내 영혼에까지 흘러 들어왔나이다 //
3 / 1 5 8 //

2 나는 설 곳이 없는 / 깊은 수렁에 빠지며 /
2 5 / 2 3 3 /
깊은 물에 들어가니 / 큰 물이 내게 넘치나이다 //
4 4 / 1 2 2 5 //

3 내가 부르짖음으로 피곤하여 / 나의 목이 마르며 /
2 6 4 / 2 2 3 /
나의 하나님을 바라서 / 나의 눈이 쇠하였나이다 //
2 4 3 / 2 2 6 //

4 까닭 없이 나를 미워하는 자가 / 나의 머리털보다 많고 /
4 2 6 / 2 5 2 /
부당하게 나의 원수가 되어 /
4 2 3 2 /
나를 끊으려 하는 자가 강하였으니 /
2 3 4 5 /
내가 빼앗지 아니한 것도 / 물어 주게 되었나이다 //
2 3 3 2 / 4 5 //

암송 부분

1 하나님이여 5 2 5 // 3 / 1 5 8 //
2 나는 2 5 / 2 3 3 / 4 4 / 1 2 2 5 //
3 내가 2 6 4 / 2 2 3 / 2 4 3 / 2 2 6 //
4 까닭 없이 4 2 6 / 2 5 2 / 4 2 3 2 / 2 3 4 5 /
2 3 3 2 / 4 5 //

5 하나님이여 / 주는 나의 우매함을 아시오니 /
5 / 2 2 4 4 /
나의 죄가 / 주 앞에서 숨김이 없나이다 //
2 2 / 4 3 4 //

6 주 만군의 여호와여 / 주를 바라는 자들이 /
1 3 4 / 2 3 3 /
나를 인하여 / 수치를 당하게 하지 마옵소서 //
2 3 / 3 5 4 //
이스라엘의 하나님이여 / 주를 찾는 자가 /
5 5 / 2 4 /
나로 말미암아 / 욕을 당하게 하지 마옵소서 //
2 4 / 2 5 4 //

7 내가 / 주를 위하여 비방을 받았사오니 /
2 / 2 3 3 5 /
수치가 나의 얼굴에 덮였나이다 //
3 2 3 5 //

8 내가 나의 형제에게는 객이 되고 /
2 2 5 4 /
나의 어머니의 자녀에게는 / 낯선 사람이 되었나이다 //
2 4 5 / 5 5 //

9 주의 집을 위하는 열성이 / 나를 삼키고 /
2 2 3 3 / 2 3 /
주를 비방하는 비방이 / 내게 미쳤나이다 //
2 4 3 / 2 5 //

암송 부분

5 하나님이여 5 / 2 2 4 4 / 2 2 / 4 3 4 //
6 주 1 3 4 / 2 3 3 / 2 3 / 3 5 4 //
5 5 / 2 4 / 2 4 / 2 5 4 //
7 내가 2 / 2 3 3 5 / 3 2 3 5 //
8 내가 2 2 5 4 / 2 4 5 / 5 5 //
9 주의 2 2 3 3 / 2 3 / 2 4 3 / 2 5 //

10 내가 곡하고 금식하였더니 /
2 3 6 /
그것이 도리어 / 나의 욕이 되었으며 /
3 3 / 2 2 4 /

11 내가 / 굵은 베로 내 옷을 삼았더니 /
2 / 4 1 2 4 /
내가 그들의 말거리가 되었나이다 //
2 3 4 5 //

12 성문에 앉은 자가 나를 비난하며 /
3 4 2 4 /
독주에 취한 무리가 / 나를 두고 노래하나이다 //
3 2 3 / 2 2 6 //

13 여호와여 / 나를 반기시는 때에 / 내가 주께 기도하오니 /
4 / 2 6 / 2 2 5 /
하나님이여 / 많은 인자와 구원의 진리로 / 내게 응답하소서 //
5 / 2 3 3 3 / 2 5 //

14 나를 수렁에서 건지사 / 빠지지 말게 하시고 /
2 4 3 / 5 3 /
나를 미워하는 자에게서와 / 깊은 물에서 건지소서 //
2 4 5 / 5 4 //

암송 부분

10 내가 2 3 6 / 3 3 / 2 2 4 /
11 내가 2 / 4 1 2 4 / 2 3 4 5 //
12 성문에 3 4 2 4 / 3 2 3 / 2 2 6 //
13 여호와여 4 / 2 6 / 2 2 5 / 5 / 2 3 3 3 / 2 5 //
14 나를 2 4 3 / 5 3 / 2 4 5 / 5 4 //

15 큰 물이 나를 휩쓸거나 /
1 2 2 4 /
깊음이 나를 삼키지 못하게 하시며 /
3 2 6 3 /
웅덩이가 내 위에 덮쳐 / 그것의 입을 닫지 못하게 하소서 //
4 1 2 2 / 3 2 5 3 //

16 여호와여 / 주의 인자하심이 선하시오니 /
4 / 2 5 5 /
내게 응답하시며 / 주의 많은 긍휼에 따라 /
2 5 / 2 2 5 /
내게로 돌이키소서 //
3 5 //

17 주의 얼굴을 / 주의 종에게서 숨기지 마소서 //
2 3 / 2 4 3 3 //
내가 환난 중에 있사오니 / 속히 내게 응답하소서 //
2 4 4 / 2 2 5 //

18 내 영혼에게 가까이하사 구원하시며 /
1 4 5 5 /
내 원수로 말미암아 / 나를 속량하소서 //
1 3 4 / 2 5 //

19 주께서 / 나의 비방과 수치와 능욕을 / 아시나이다 //
3 / 2 3 3 3 / 5 //
나의 대적자들이 / 다 주님 앞에 있나이다 //
2 5 / 1 4 4 //

암송 부분

15 큰 1 2 2 4 / 3 2 6 3 / 4 1 2 2 / 3 2 5 3 //
16 여호와여 4 / 2 5 5 / 2 5 / 2 2 5 / 3 5 //
17 주의 2 3 / 2 4 3 3 // 2 4 4 / 2 2 5 //
18 내 1 4 5 5 / 1 3 4 / 2 5 //
19 주께서 3 / 2 3 3 3 / 5 // 2 5 / 1 4 4 //

20 비방이 나의 마음을 상하게 하여 / 근심이 충만하니 /
3 2 3 5 / 3 4 /
불쌍히 여길 자를 바라나 없고 /
3 4 3 2 /
긍휼히 여길 자를 바라나 / 찾지 못하였나이다 //
3 4 3 / 2 6 //

21 그들이 / 쓸개를 나의 음식물로 주며 /
3 / 3 2 4 2 /
목마를 때에는 / 초를 마시게 하였사오니 /
3 3 / 2 3 5 /

22 그들의 밥상이 올무가 되게 하시며 /
3 3 3 5 /
그들의 평안이 덫이 되게 하소서 //
3 3 4 3 //

23 그들의 눈이 어두워 / 보지 못하게 하시며 /
3 2 3 / 5 3 /
그들의 허리가 / 항상 떨리게 하소서 //
3 3 / 2 3 3 //

24 주의 분노를 / 그들의 위에 부으시며 /
2 3 / 3 2 4 /
주의 맹렬하신 노가 / 그들에게 미치게 하소서 //
2 4 2 / 4 3 3 //

암송 부분

20 비방이 3 2 3 5 / 3 4 / 3 4 3 2 / 3 4 3 / 2 6 //
21 그들이 3 / 3 2 4 2 / 3 3 / 2 3 5 /
22 그들의 3 3 3 5 / 3 3 4 3 //
23 그들의 3 2 3 / 5 3 / 3 3 / 2 3 3 //
24 주의 2 3 / 3 2 4 / 2 4 2 / 4 3 3 //

25 그들의 거처가 황폐하게 하시며 /
3 3 4 3 /
그들의 장막에 사는 자가 없게 하소서 //
3 3 4 5 //

26 무릇 / 그들이 주께서 치신 자를 핍박하며 /
2 / 3 3 4 4 /
주께서 상하게 하신 자의 / 슬픔을 말하였사오니 /
3 3 4 / 3 6 /

27 그들의 죄악에 죄악을 더하사 /
3 3 3 3 /
주의 공의에 / 들어오지 못하게 하소서 //
2 3 / 4 3 3 //

28 그들을 생명책에서 지우사 /
3 5 3 /
의인들과 함께 기록되지 말게 하소서 //
4 2 4 5 //

29 오직 나는 가난하고 슬프오니 /
2 2 4 4 /
하나님이여 / 주의 구원으로 나를 높이소서 //
5 / 2 4 2 4 //

암송 부분

25 그들의 3 3 4 3 / 3 3 4 5 //
26 무릇 2 / 3 3 4 4 / 3 3 4 / 3 6 /
27 그들의 3 3 3 3 / 2 3 / 4 3 3 //
28 그들을 3 5 3 / 4 2 4 5 //
29 오직 2 2 4 4 / 5 / 2 4 2 4 //

30 내가 노래로 / 하나님의 이름을 찬송하며 /
2 3 / 4 3 4 /
감사함으로 하나님을 위대하시다 하리니 /
5 4 5 3 /

31 이것이 소 / 곧 뿔과 굽이 있는 / 황소를 드림보다 /
3 1 / 1 2 2 2 / 3 4 /
여호와를 더욱 기쁘시게 함이 될 것이라 //
4 2 6 4 //

32 곤고한 자가 이를 보고 기뻐하나니 /
5 4 5 /
하나님을 찾는 너희들아 / 너희 마음을 소생하게 할지어다 //
4 2 4 / 2 3 4 4 //

33 여호와는 / 궁핍한 자의 소리를 들으시며 /
4 / 5 3 4 /
자기로 말미암아 갇힌 자를 / 멸시하지 아니하시나니 /
3 4 4 / 4 6 /

34 천지가 그를 찬송할 것이요 /
3 2 6 /
바다와 그 중의 모든 생물도 그리할지로다 //
3 3 5 6 //

암송 부분

30 내가 2 3 / 4 3 4 / 5 4 5 3 /
31 이것이 3 1 / 1 2 2 2 / 3 4 / 4 2 6 4 //
32 곤고한 자가 5 4 5 / 4 2 4 / 2 3 4 4 //
33 여호와는 4 / 5 3 4 / 3 4 4 / 4 6 /
34 천지가 3 2 6 / 3 3 5 6 //

35 하나님이 시온을 구원하시고 /
4 3 5 /
유다 성읍들을 건설하시리니 /
6 6 /
무리가 거기에 살며 소유를 삼으리로다 //
3 5 3 5 //

36 그의 종들의 후손이 / 또한 이를 상속하고 /
2 3 3 / 2 2 4 /
그의 이름을 사랑하는 자가 / 그 중에 살리로다 //
2 3 6 / 3 4 //

암송 부분

35 하나님이 4 3 5 / 6 6 / 3 5 3 5 //
36 그의 2 3 3 / 2 2 4 / 2 3 6 / 3 4 //

1 하나님이여 5 2 5 // 3 / 1 5 8 //
2 나는 2 5 / 2 3 3 / 4 4 / 1 2 2 5 //
3 내가 2 6 4 / 2 2 3 / 2 4 3 / 2 2 6 //
4 까닭 없이 4 2 6 / 2 5 2 / 4 2 3 2 / 2 3 4 5 /
2 3 3 2 / 4 5 //
5 하나님이여 5 / 2 2 4 4 / 2 2 / 4 3 4 //
6 주 1 3 4 / 2 3 3 / 2 3 / 3 5 4 //
5 5 / 2 4 / 2 4 / 2 5 4 //
7 내가 2 / 2 3 3 5 / 3 2 3 5 //
8 내가 2 2 5 4 / 2 4 5 / 5 5 //
9 주의 2 2 3 3 / 2 3 / 2 4 3 / 2 5 //
10 내가 2 3 6 / 3 3 / 2 2 4 /
11 내가 2 / 4 1 2 4 / 2 3 4 5 //
12 성문에 3 4 2 4 / 3 2 3 / 2 2 6 //
13 여호와여 4 / 2 6 / 2 2 5 / 5 / 2 3 3 3 / 2 5 //
14 나를 2 4 3 / 5 3 / 2 4 5 / 5 4 //
15 큰 1 2 2 4 / 3 2 6 3 / 4 1 2 2 / 3 2 5 3 //
16 여호와여 4 / 2 5 5 / 2 5 / 2 2 5 / 3 5 //

17 주의 2 3 / 2 4 3 3 // 2 4 4 / 2 2 5 //
18 내 1 4 5 5 / 1 3 4 / 2 5 //
19 주께서 3 / 2 3 3 3 / 5 // 2 5 / 1 4 4 //
20 비방이 3 2 3 5 / 3 4 / 3 4 3 2 / 3 4 3 / 2 6 //
21 그들이 3 / 3 2 4 2 / 3 3 / 2 3 5 /
22 그들의 3 3 3 5 / 3 3 4 3 //
23 그들의 3 2 3 / 5 3 / 3 3 / 2 3 3 //
24 주의 2 3 / 3 2 4 / 2 4 2 / 4 3 3 //
25 그들의 3 3 4 3 / 3 3 4 5 //
26 무릇 2 / 3 3 4 4 / 3 3 4 / 3 6 /
27 그들의 3 3 3 3 / 2 3 / 4 3 3 //
28 그들을 3 5 3 / 4 2 4 5 //
29 오직 2 2 4 4 / 5 / 2 4 2 4 //
30 내가 2 3 / 4 3 4 / 5 4 5 3 /
31 이것이 3 1 / 1 2 2 2 / 3 4 / 4 2 6 4 //
32 곤고한 자가 5 4 5 / 4 2 4 / 2 3 4 4 //
33 여호와는 4 / 5 3 4 / 3 4 4 / 4 6 /
34 천지가 3 2 6 / 3 3 5 6 //
35 하나님이 4 3 5 / 6 6 / 3 5 3 5 //
36 그의 2 3 3 / 2 2 4 / 2 3 6 / 3 4 //

70편

<다윗의 시로 기념식에서 인도자를 따라 부르는 노래>

1 하나님이여 나를 건지소서 // 여호와여 속히 나를 도우소서 //
5 2 4 // 4 2 2 4 //

2 나의 영혼을 찾는 자들이 / 수치와 무안을 당하게 하시며 /
2 3 5 / 3 3 3 3 /
나의 상함을 기뻐하는 자들이 /
2 3 4 3 /
뒤로 물러가 수모를 당하게 하소서 //
2 3 3 6 //

3 아하, 아하 하는 자들이 /
2 2 5 /
자기 수치로 말미암아 / 뒤로 물러가게 하소서 //
2 3 4 / 2 4 3 //

4 주를 찾는 모든 자들이 / 주로 말미암아 /
2 2 5 / 2 4 /
기뻐하고 즐거워하게 하시며 / 주의 구원을 사랑하는 자들이 /
4 5 3 / 2 3 4 3 /
항상 말하기를 / 하나님은 위대하시다 // 하게 하소서 //
2 4 / 4 5 // 5 //

암송 부분

1 하나님이여 5 2 4 // 4 2 2 4 //
2 나의 2 3 5 / 3 3 3 3 / 2 3 4 3 / 2 3 3 6 //
3 아하, 2 2 5 / 2 3 4 / 2 4 3 //
4 주를 2 2 5 / 2 4 / 4 5 3 / 2 3 4 3 / 2 4 / 4 5 // 5 //

5 나는 가난하고 궁핍하오니 /
2 4 5 /
하나님이여 속히 내게 임하소서 // 주는 나의 도움이시요 /
5 2 2 4 // 2 2 5 /
나를 건지시는 이시오니 / 여호와여 지체하지 마소서 //
2 4 4 / 4 4 3 //

암송 부분

1 하나님이여 5 2 4 // 4 2 2 4 //
2 나의 2 3 5 / 3 3 3 3 / 2 3 4 3 / 2 3 3 6 //
3 아하. 2 2 5 / 2 3 4 / 2 4 3 //
4 주를 2 2 5 / 2 4 / 4 5 3 / 2 3 4 3 / 2 4 / 4 5 // 5 //

5 나는 2 4 5 / 5 2 2 4 // 2 2 5 / 2 4 4 / 4 4 3 //

71편

1 여호와여 / 내가 주께 피하오니 /
4 / 2 2 4 /
내가 / 영원히 수치를 당하게 하지 마소서 //
2 / 3 3 5 3 //

2 주의 의로 나를 건지시며 / 나를 풀어 주시며 /
2 2 2 4 / 2 5 /
주의 귀를 내게 기울이사 / 나를 구원하소서 //
2 2 2 4 / 2 5 //

3 주는 / 내가 항상 피하여 / 숨을 바위가 되소서 //
2 / 2 2 3 / 2 3 3 //
주께서 나를 구원하라 명령하셨으니 /
3 2 4 6 /
이는 주께서 나의 반석이시요 / 나의 요새이심이니이다 //
2 3 2 5 / 2 8 //

4 나의 하나님이여 / 나를 악인의 손 /
2 5 / 2 3 1 /
곧 불의한 자와 흉악한 자의 장중에서 / 피하게 하소서 //
1 5 5 4 / 3 3 //

5 주 여호와여 / 주는 나의 소망이시요 /
1 4 / 2 2 5 /
내가 어릴 때부터 신뢰한 이시라 //
2 5 3 3 //

암송 부분

1 여호와여 4 / 2 2 4 / 2 / 3 3 5 3 //
2 주의 2 2 2 4 / 2 5 / 2 2 2 4 / 2 5 //
3 주는 2 / 2 2 3 / 2 3 3 // 3 2 4 6 / 2 3 2 5 / 2 8 //
4 나의 2 5 / 2 3 1 / 1 5 5 4 / 3 3 //
5 주 1 4 / 2 2 5 / 2 5 3 3 //

6 내가 모태에서부터 주를 의지하였으며 /
2 6 2 6 /
나의 어머니의 배에서부터 / 주께서 나를 택하셨사오니 /
2 4 5 / 3 2 6 /
나는 항상 주를 찬송하리이다 //
2 2 2 6 //

7 나는 / 무리에게 이상한 징조 같이 되었사오나 /
2 / 4 3 4 5 /
주는 나의 견고한 피난처시오니 /
2 2 3 6 /

8 주를 찬송함과 주께 영광 돌림이 /
2 4 2 5 /
종일토록 내 입에 가득하리이다 //
4 1 2 6 //

9 늙을 때에 나를 버리지 마시며 / 내 힘이 쇠약할 때에 /
4 2 6 / 1 2 5 /
나를 떠나지 마소서 //
2 3 3 //

10 내 원수들이 내게 대하여 말하며 /
1 4 5 3 /
내 영혼을 엿보는 자들이 / 서로 꾀하여 /
1 3 3 3 / 2 3 /

암송 부분

6 내가 2 6 2 6 / 2 4 5 / 3 2 6 / 2 2 2 6 //
7 나는 *2 / 4 3 4 5 / 2 2 3 6 /*
8 주를 2 4 2 5 / 4 1 2 6 //
9 늙을 때에 4 2 6 / 1 2 5 / 2 3 3 //
10 내 1 4 5 3 / 1 3 3 3 / 2 3 /

11 이르기를 / 하나님이 그를 버리셨은즉 따라 잡으라 //
4 / 4 2 5 5 //
건질 자가 없다 // 하오니 /
4 2 // 3 /

12 하나님이여 / 나를 멀리 하지 마소서 //
5 / 2 4 3 //
나의 하나님이여 / 속히 나를 도우소서 //
2 5 / 2 2 4 //

13 내 영혼을 대적하는 자들이 /
1 3 4 3 /
수치와 멸망을 당하게 하시며 /
3 3 3 3 /
나를 모해하려 하는 자들에게는 / 욕과 수욕이 덮이게 하소서 //
2 6 5 / 2 3 3 3 //

14 나는 항상 소망을 품고 / 주를 더욱더욱 찬송하리이다 //
2 2 3 2 / 2 4 6 //

15 내가 / 측량할 수 없는 주의 공의와 구원을 /
2 / 6 2 3 3 /
내 입으로 종일 전하리이다 //
1 3 2 5 //

암송 부분

11 이르기를 4 / 4 2 5 5 // 4 2 // 3 /
12 하나님이여 5 / 2 4 3 // 2 5 / 2 2 4 //
13 내 1 3 4 3 / 3 3 3 3 / 2 6 5 / 2 3 3 3 //
14 나는 2 2 3 2 / 2 4 6 //
15 내가 2 / 6 2 3 3 / 1 3 2 5 //

16 내가 / 주 여호와의 능하신 행적을 /
2 / 1 4 3 3 /
가지고 오겠사오며 / 주의 공의만 전하겠나이다 //
3 5 / 2 3 6 //

17 하나님이여 / 나를 어려서부터 교훈하셨으므로 /
5 / 2 5 7 /
내가 지금까지 / 주의 기이한 일들을 전하였나이다 //
2 4 / 2 6 6 //

18 하나님이여 / 내가 늙어 백발이 될 때에도 /
5 / 2 2 3 4 /
나를 버리지 마시며 / 내가 주의 힘을 / 후대에 전하고 /
2 3 3 / 2 2 2 / 3 3 /
주의 능력을 / 장래의 모든 사람에게 전하기까지 /
2 3 / 3 6 5 /
나를 버리지 마소서 //
2 3 3 //

19 하나님이여 / 주의 의가 또한 / 지극히 높으시니이다 //
5 / 2 2 2 / 3 6 //
하나님이여 / 주께서 큰 일을 행하셨사오니 /
5 / 3 3 6 /
누가 주와 같으리이까 //
2 2 5 //

암송 부분

16 내가 2 / 1 4 3 3 / 3 5 / 2 3 6 //
17 하나님이여 5 / 2 5 7 / 2 4 / 2 6 6 //
18 하나님이여 5 / 2 2 3 4 / 2 3 3 / 2 2 2 / 3 3 /
2 3 / 3 6 5 / 2 3 3 //
19 하나님이여 5 / 2 2 2 / 3 6 // 5 / 3 3 6 / 2 2 5 //

20 우리에게 / 여러 가지 심한 고난을 보이신 / 주께서 /
4 / 4 2 3 3 / 3 /
우리를 다시 살리시며 /
3 2 4 /
땅 깊은 곳에서 / 다시 이끌어 올리시리이다 //
3 3 / 2 3 6 //

21 나를 더욱 창대하게 하시고 / 돌이키사 나를 위로하소서 //
2 2 4 3 / 4 2 5 //

22 나의 하나님이여 / 내가 또 / 비파로 주를 찬양하며 /
2 5 / 2 1 / 3 2 4 /
주의 성실을 찬양하리이다 // 이스라엘의 거룩하신 주여 /
2 3 6 // 5 4 2 /
내가 수금으로 주를 찬양하리이다 //
2 4 2 6 //

23 내가 주를 찬양할 때에 / 나의 입술이 기뻐 외치며 /
2 2 5 / 2 3 5 /
주께서 속량하신 내 영혼이 / 즐거워하리이다 //
3 4 1 3 / 7 //

24 나의 혀도 종일토록 /
2 2 4 /
주의 의를 작은 소리로 읊조리오리니 /
2 2 5 6 /
나를 모해하려 하던 자들이 / 수치와 무안을 당함이니이다 //
2 4 5 / 3 3 6 //

암송 부분

20 우리에게 4 / 4 2 3 3 / 3 / 3 2 4 / 3 3 / 2 3 6 //
21 나를 2 2 4 3 / 4 2 5 //
22 나의 2 5 / 2 1 / 3 2 4 / 2 3 6 // 5 4 2 / 2 4 2 6 //
23 내가 2 2 5 / 2 3 5 / 3 4 1 3 / 7 //
24 나의 2 2 4 / 2 2 5 6 / 2 4 5 / 3 3 6 //

1 여호와여 4 / 2 2 4 / 2 / 3 3 5 3 //
2 주의 2 2 2 4 / 2 5 / 2 2 2 4 / 2 5 //
3 주는 2 / 2 2 3 / 2 3 3 // 3 2 4 6 / 2 3 2 5 / 2 8 //
4 나의 2 5 / 2 3 1 / 1 5 5 4 / 3 3 //
5 주 1 4 / 2 2 5 / 2 5 3 3 //
6 내가 2 6 2 6 / 2 4 5 / 3 2 6 / 2 2 2 6 //
7 나는 2 / 4 3 4 5 / 2 2 3 6 /
8 주를 2 4 2 5 / 4 1 2 6 //
9 늙을 때에 4 2 6 / 1 2 5 / 2 3 3 //
10 내 1 4 5 3 / 1 3 3 3 / 2 3 /
11 이르기를 4 / 4 2 5 5 // 4 2 // 3 /
12 하나님이여 5 / 2 4 3 // 2 5 / 2 2 4 //
13 내 1 3 4 3 / 3 3 3 3 / 2 6 5 / 2 3 3 3 //
14 나는 2 2 3 2 / 2 4 6 //
15 내가 2 / 6 2 3 3 / 1 3 2 5 //
16 내가 2 / 1 4 3 3 / 3 5 / 2 3 6 //
17 하나님이여 5 / 2 5 7 / 2 4 / 2 6 6 //
18 하나님이여 5 / 2 2 3 4 / 2 3 3 / 2 2 2 / 3 3 /
2 3 / 3 6 5 / 2 3 3 //
19 하나님이여 5 / 2 2 2 / 3 6 // 5 / 3 3 6 / 2 2 5 //
20 우리에게 4 / 4 2 3 3 / 3 / 3 2 4 / 3 3 / 2 3 6 //
21 나를 2 2 4 3 / 4 2 5 //
22 나의 2 5 / 2 1 / 3 2 4 / 2 3 6 // 5 4 2 / 2 4 2 6 //
23 내가 2 2 5 / 2 3 5 / 3 4 1 3 / 7 //
24 나의 2 2 4 / 2 2 5 6 / 2 4 5 / 3 3 6 //

72편

<솔로몬의 시>

1 하나님이여 / 주의 판단력을 / 왕에게 주시고 /
5 / 2 4 / 3 3 /
주의 공의를 / 왕의 아들에게 주소서 //
2 3 / 2 4 3 //

2 그가 주의 백성을 / 공의로 재판하며 /
2 2 3 / 3 4 /
주의 가난한 자를 / 정의로 재판하리니 /
2 5 / 3 5 /

3 의로 말미암아 / 산들이 백성에게 평강을 주며 /
2 4 / 3 4 5 /
작은 산들도 그리하리로다 //
5 6 //

4 그가 / 가난한 백성의 억울함을 풀어 주며 /
2 / 3 3 4 4 /
궁핍한 자의 자손을 구원하며 / 압박하는 자를 꺾으리로다 //
5 3 4 / 6 5 //

5 그들이 해가 있을 동안에도 / 주를 두려워하며 /
3 4 4 / 2 5 /
달이 있을 동안에도 / 대대로 그리하리로다 //
4 4 / 3 6 //

암송 부분

1 하나님이여 5 / 2 4 / 3 3 / 2 3 / 2 4 3 //
2 그가 2 2 3 / 3 4 / 2 5 / 3 5 /
3 의로 2 4 / 3 4 5 / 5 6 //
4 그가 2 / 3 3 4 4 / 5 3 4 / 6 5 //
5 그들이 3 4 4 / 2 5 / 4 4 / 3 6 //

6 그는 / 벤 풀 위에 내리는 비 같이, /
2 / 4 3 3 /
땅을 적시는 소낙비 같이 내리리니 /
2 3 5 4 /

7 그의 날에 의인이 흥왕하여 / 평강의 풍성함이 /
2 2 3 4 / 3 4 /
달이 다할 때까지 이르리로다 //
2 5 5 //

8 그가 바다에서부터 바다까지와 /
2 6 5 /
강에서부터 땅 끝까지 다스리리니 /
5 4 5 /

9 광야에 사는 자는 그 앞에 굽히며 /
3 4 3 3 /
그의 원수들은 티끌을 핥을 것이며 /
2 4 3 5 /

10 다시스와 섬의 왕들이 / 조공을 바치며 /
4 2 3 / 3 3 /
스바와 시바 왕들이 / 예물을 드리리로다 //
3 2 3 / 3 5 //

암송 부분

6 그는 2 / 4 3 3 / 2 3 5 4 /
7 그의 2 2 3 4 / 3 4 / 2 5 5 //
8 그가 2 6 5 / 5 4 5 /
9 광야에 3 4 3 3 / 2 4 3 5 /
10 다시스와 4 2 3 / 3 3 / 3 2 3 / 3 5 //

11 모든 왕이 / 그의 앞에 부복하며 /
2 2 / 2 2 4 /
모든 민족이 / 다 그를 섬기리로다 //
2 3 / 1 2 5 //

12 그는 궁핍한 자가 부르짖을 때에 건지며 /
2 5 6 3 /
도움이 없는 가난한 자도 건지며 /
3 2 5 3 /

13 그는 가난한 자와 궁핍한 자를 불쌍히 여기며 /
2 5 5 6 /
궁핍한 자의 생명을 구원하며 /
5 3 4 /

14 그들의 생명을 / 압박과 강포에서 구원하리니 /
3 3 / 3 4 5 /
그들의 피가 그의 눈 앞에서 / 존귀히 여김을 받으리로다 //
3 2 2 4 / 3 3 5 //

15 그들이 생존하여 / 스바의 금을 그에게 드리며 /
3 4 / 3 2 3 3 /
사람들이 그를 위하여 / 항상 기도하고 종일 찬송하리로다 //
4 2 3 / 2 4 2 6 //

암송 부분

11 모든 2 2 / 2 2 4 / 2 3 / 1 2 5 //
12 그는 2 5 6 3 / 3 2 5 3 /
13 그는 2 5 5 6 / 5 3 4 /
14 그들의 3 3 / 3 4 5 / 3 2 2 4 / 3 3 5 //
15 그들이 3 4 / 3 2 3 3 / 4 2 3 / 2 4 2 6 //

16 산 꼭대기의 땅에도 곡식이 풍성하고 /
5 3 3 4 /
그것의 열매가 레바논 같이 흔들리며 /
3 3 5 4 /
성에 있는 자가 / 땅의 풀 같이 왕성하리로다 //
2 2 2 / 2 3 6 //

17 그의 이름이 영구함이여 /
2 3 5 /
그의 이름이 해와 같이 장구하리로다 //
2 3 4 6 //
사람들이 그로 말미암아 복을 받으리니 /
4 2 4 6 /
모든 민족이 / 다 그를 복되다 하리로다 //
2 3 / 1 2 3 4 //

18 홀로 기이한 일들을 행하시는 / 여호와 하나님 /
2 3 3 4 / 3 3 /
곧 이스라엘의 하나님을 찬송하며 /
1 5 4 4 /

19 그 영화로운 이름을 / 영원히 찬송할지어다 //
1 4 3 / 3 6 //
온 땅에 그의 영광이 충만할지어다 // 아멘 아멘 //
3 2 3 6 // 2 2 //

20 이새의 아들 / 다윗의 기도가 끝나니라 //
3 2 / 3 3 4 //

암송 부분

16 산 꼭대기의 5 3 3 4 / 3 3 5 4 / 2 2 2 / 2 3 6 //
17 그의 2 3 5 / 2 3 4 6 // 4 2 4 6 / 2 3 / 1 2 3 4 //
18 홀로 2 3 3 4 / 3 3 / 1 5 4 4 /
19 그 1 4 3 / 3 6 // 3 2 3 6 // 2 2 //
20 이새의 3 2 / 3 3 4 //

1 하나님이여 5 / 2 4 / 3 3 / 2 3 / 2 4 3 //
2 그가 2 2 3 / 3 4 / 2 5 / 3 5 /
3 의로 2 4 / 3 4 5 / 5 6 //
4 그가 2 / 3 3 4 4 / 5 3 4 / 6 5 //
5 그들이 3 4 4 / 2 5 / 4 4 / 3 6 //
6 그는 2 / 4 3 3 / 2 3 5 4 /
7 그의 2 2 3 4 / 3 4 / 2 5 5 //
8 그가 2 6 5 / 5 4 5 /
9 광야에 3 4 3 3 / 2 4 3 5 /
10 다시스와 4 2 3 / 3 3 / 3 2 3 / 3 5 //
11 모든 2 2 / 2 2 4 / 2 3 / 1 2 5 //
12 그는 2 5 6 3 / 3 2 5 3 /
13 그는 2 5 5 6 / 5 3 4 /
14 그들의 3 3 / 3 4 5 / 3 2 2 4 / 3 3 5 //
15 그들이 3 4 / 3 2 3 3 / 4 2 3 / 2 4 2 6 //
16 산 꼭대기의 5 3 3 4 / 3 3 5 4 / 2 2 2 / 2 3 6 //
17 그의 2 3 5 / 2 3 4 6 // 4 2 4 6 / 2 3 / 1 2 3 4 //
18 홀로 2 3 3 4 / 3 3 / 1 5 4 4 /
19 그 1 4 3 / 3 6 // 3 2 3 6 // 2 2 //
20 이새의 3 2 / 3 3 4 //

제 삼 권

73편

<아삽의 시>

1 하나님이 참으로 / 이스라엘 중 마음이 정결한 자에게 /
4 3 / 5 3 3 3 /
선을 행하시나 /
2 4 /

2 나는 거의 넘어질 뻔하였고 /
2 2 3 4 /
나의 걸음이 미끄러질 뻔하였으니 /
2 3 4 5 /

3 이는 내가 / 악인의 형통함을 보고 /
2 2 / 3 4 2 /
오만한 자를 질투하였음이로다 //
5 8 //

4 그들은 죽을 때에도 고통이 없고 / 그 힘이 강건하며 /
3 5 5 / 1 2 4 /

5 사람들이 당하는 고난이 / 그들에게는 없고 /
4 3 3 / 5 2 /
사람들이 당하는 재앙도 / 그들에게는 없나니 /
4 3 3 / 5 3 /

암송 부분

1 하나님이 4 3 / 5 3 3 3 / 2 4 /
2 나는 2 2 3 4 / 2 3 4 5 /
3 이는 2 2 / 3 4 2 / 5 8 //
4 그들은 3 5 5 / 1 2 4 /
5 사람들이 4 3 3 / 5 2 / 4 3 3 / 5 3 /

6 그러므로 / 교만이 그들의 목걸이요 /
4 / 3 3 4 /
강포가 그들의 옷이며 /
3 3 3 /

7 살찜으로 그들의 눈이 솟아나며 /
4 3 2 4 /
그들의 소득은 / 마음의 소원보다 많으며 /
3 3 / 3 4 3 /

8 그들은 능욕하며 악하게 말하며 /
3 4 3 3 /
높은 데서 거만하게 말하며 /
4 4 3 /

9 그들의 입은 하늘에 두고 /
3 2 3 2 /
그들의 혀는 땅에 두루 다니도다 //
3 2 2 6 //

10 그러므로 / 그의 백성이 이리로 돌아와서 /
4 / 2 3 3 4 /
잔에 가득한 물을 다 마시며 /
2 3 2 4 /

암송 부분

6 그러므로 4 / 3 3 4 / 3 3 3 /
7 살찜으로 4 3 2 4 / 3 3 / 3 4 3 /
8 그들은 3 4 3 3 / 4 4 3 /
9 그들의 3 2 3 2 / 3 2 2 6 //
10 그러므로 4 / 2 3 3 4 / 2 3 2 4 /

11 말하기를 / 하나님이 어찌 알랴 //
4 / 4 4 //
지존자에게 지식이 있으랴 // 하는도다 //
5 3 3 // 4 //

12 볼지어다 / 이들은 악인들이라도 항상 평안하고 /
4 / 3 6 2 4 /
재물은 더욱 불어나도다 //
3 2 5 //

13 내가 내 마음을 깨끗하게 하며 /
2 1 3 6 /
내 손을 씻어 / 무죄하다 한 것이 / 실로 헛되도다 //
1 2 2 / 4 3 / 2 4 //

14 나는 종일 재난을 당하며 / 아침마다 징벌을 받았도다 //
2 2 3 3 / 4 3 4 //

15 내가 만일 스스로 이르기를 / 내가 그들처럼 말하리라 //
2 2 3 4 / 2 4 4 //
하였더라면 / 나는 / 주의 아들들의 세대에 대하여 /
5 / 2 / 2 4 3 3 /
악행을 행하였으리이다 //
3 7 //

암송 부분

11 말하기를 4 / 4 4 // 5 3 3 // 4 //
12 볼지어다 4 / 3 6 2 4 / 3 2 5 //
13 내가 2 1 3 6 / 1 2 2 / 4 3 / 2 4 //
14 나는 2 2 3 3 / 4 3 4 //
15 내가 2 2 3 4 / 2 4 4 // 5 / 2 / 2 4 3 3 / 3 7 //

16 내가 어쩌면 이를 알까 하여 / 생각한즉 /
2 3 4 2 / 4 /
그것이 / 내게 심한 고통이 되었더니 /
3 / 2 2 3 4 /

17 하나님의 성소에 들어갈 때에야 /
4 3 6 /
그들의 종말을 내가 깨달았나이다 //
3 3 2 6 //

18 주께서 참으로 / 그들을 미끄러운 곳에 두시며 /
3 3 / 3 6 3 /
파멸에 던지시니 /
3 4 /

19 그들이 / 어찌하여 그리 갑자기 황폐되었는가 /
3 / 4 2 3 6 /
놀랄 정도로 / 그들은 전멸하였나이다 //
2 3 / 3 7 //

20 주여 / 사람이 깬 후에는 꿈을 무시함 같이 /
2 / 3 4 2 5 /
주께서 깨신 후에는 / 그들의 형상을 멸시하시리이다 //
3 5 / 3 3 7 //

21 내 마음이 산란하며 / 내 양심이 찔렸나이다 //
1 3 4 / 1 3 5 //

암송 부분

16 내가 2 3 4 2 / 4 / 3 / 2 2 3 4 /
17 하나님의 4 3 6 / 3 3 2 6 //
18 주께서 3 3 / 3 6 3 / 3 4 /
19 그들이 3 / 4 2 3 6 / 2 3 / 3 7 //
20 주여 2 / 3 4 2 5 / 3 5 / 3 3 7 //
21 내 1 3 4 / 1 3 5 //

22 내가 이같이 / 우매 무지함으로 주 앞에 짐승이오나 /
2 3 / 2 5 3 5 /

23 내가 항상 주와 함께 하니 /
2 2 2 4 /
주께서 내 오른손을 붙드셨나이다 //
3 1 4 6 //

24 주의 교훈으로 나를 인도하시고 /
2 4 2 5 /
후에는 영광으로 나를 영접하시리니 /
3 4 2 6 /

25 하늘에서는 / 주 외에 / 누가 내게 있으리요 //
5 / 1 2 / 2 2 4 //
땅에서는 / 주 밖에 / 내가 사모할 이 없나이다 //
4 / 1 2 / 2 4 4 //

26 내 육체와 마음은 쇠약하나 /
1 3 3 4 /
하나님은 내 마음의 반석이시요 / 영원한 분깃이시라 //
4 1 3 5 / 3 5 //

27 무릇 / 주를 멀리하는 자는 망하리니 /
2 / 2 4 2 4 /
음녀 같이 주를 떠난 자를 / 주께서 다 멸하셨나이다 //
4 2 4 / 3 1 6 //

암송 부분

22 내가 2 3 / 2 5 3 5 /
23 내가 2 2 2 4 / 3 1 4 6 //
24 주의 2 4 2 5 / 3 4 2 6 /
25 하늘에서는 5 / 1 2 / 2 2 4 // 4 / 1 2 / 2 4 4 //
26 내 1 3 3 4 / 4 1 3 5 / 3 5 //
27 무릇 2 / 2 4 2 4 / 4 2 4 / 3 1 6 //

28 하나님께 가까이 함이 내게 복이라 // 내가 주 여호와를 /
4 5 2 3 // 2 1 4 /
나의 피난처로 삼아 / 주의 모든 행적을 전파하리이다 //
2 4 2 / 2 2 3 6 //

암송 부분

1 하나님이 4 3 / 5 3 3 3 / 2 4 /
2 나는 2 2 3 4 / 2 3 4 5 /
3 이는 2 2 / 3 4 2 / 5 8 //
4 그들은 3 5 5 / 1 2 4 /
5 사람들이 4 3 3 / 5 2 / 4 3 3 / 5 3 /
6 그러므로 4 / 3 3 4 / 3 3 3 /
7 살찜으로 4 3 2 4 / 3 3 / 3 4 3 /
8 그들은 3 4 3 3 / 4 4 3 /
9 그들의 3 2 3 2 / 3 2 2 6 //
10 그러므로 4 / 2 3 3 4 / 2 3 2 4 /
11 말하기를 4 / 4 4 // 5 3 3 // 4 //
12 볼지어다 4 / 3 6 2 4 / 3 2 5 //
13 내가 2 1 3 6 / 1 2 2 / 4 3 / 2 4 //
14 나는 2 2 3 3 / 4 3 4 //
15 내가 2 2 3 4 / 2 4 4 // 5 / 2 / 2 4 3 3 / 3 7 //
16 내가 2 3 4 2 / 4 / 3 / 2 2 3 4 /
17 하나님의 4 3 6 / 3 3 2 6 //
18 주께서 3 3 / 3 6 3 / 3 4 /
19 그들이 3 / 4 2 3 6 / 2 3 / 3 7 //
20 주여 2 / 3 4 2 5 / 3 5 / 3 3 7 //
21 내 1 3 4 / 1 3 5 //
22 내가 2 3 / 2 5 3 5 /
23 내가 2 2 2 4 / 3 1 4 6 //
24 주의 2 4 2 5 / 3 4 2 6 /
25 하늘에서는 5 / 1 2 / 2 2 4 // 4 / 1 2 / 2 4 4 //
26 내 1 3 3 4 / 4 1 3 5 / 3 5 //
27 무릇 2 / 2 4 2 4 / 4 2 4 / 3 1 6 //

28 하나님께 4 5 2 3 // 2 1 4 / 2 4 2 / 2 2 3 6 //

74편

<아삽의 마스길>

1 하나님이여 / 주께서 어찌하여 /
5 / 3 4 /
우리를 영원히 버리시나이까 // 어찌하여 /
3 3 6 // 4 /
주께서 기르시는 양을 향하여 / 진노의 연기를 뿜으시나이까 //
3 4 2 3 / 3 3 6 //

2 옛적부터 얻으시고 속량하사 /
4 4 4 /
주의 기업의 지파로 삼으신 / 주의 회중을 기억하시며 /
2 3 3 3 / 2 3 5 /
주께서 계시던 시온 산도 생각하소서 //
3 3 4 5 //

3 영구히 파멸된 곳을 향하여 / 주의 발을 옮겨 놓으소서 //
3 5 3 / 2 2 6 //
원수가 / 성소에서 모든 악을 행하였나이다 //
3 / 4 4 6 //

4 주의 대적이 / 주의 회중 가운데에서 떠들며 /
2 3 / 2 2 5 3 /
자기들의 깃발을 세워 / 표적으로 삼았으니 /
4 3 2 / 4 4 /

암송 부분

1 하나님이여 5 / 3 4 / 3 3 6 // 4 / 3 4 2 3 / 3 3 6 //
2 옛적부터 4 4 4 / 2 3 3 3 / 2 3 5 / 3 3 4 5 //
3 영구히 3 5 3 / 2 2 6 // 3 / 4 4 6 //
4 주의 2 3 / 2 2 5 3 / 4 3 2 / 4 4 /

5 그들은 마치 / 도끼를 들어 / 삼림을 베는 사람 같으니이다 //
3 2 / 3 2 / 3 2 2 5 //

6 이제 그들이 / 도끼와 철퇴로 /
2 3 / 3 3 /
성소의 모든 조각품을 쳐서 부수고 /
3 2 4 5 /

7 주의 성소를 불사르며 / 주의 이름이 계신 곳을 더럽혀 /
2 3 4 / 2 3 4 3 /
땅에 엎었나이다 //
2 5 //

8 그들이 마음속으로 이르기를 / 우리가 그들을 진멸하자 //
3 5 4 / 3 3 4 //
하고 / 이 땅에 있는 / 하나님의 모든 회당을 불살랐나이다 //
2 / 3 2 / 4 2 3 6 //

9 우리의 표적은 보이지 아니하며 /
3 3 3 4 /
선지자도 더 이상 없으며 / 이런 일이 얼마나 오랠는지 /
4 3 3 / 4 3 4 /
우리 중에 아는 자도 없나이다 //
4 4 4 //

암송 부분

5 그들은 3 2 / 3 2 / 3 2 2 5 //
6 이제 2 3 / 3 3 / 3 2 4 5 /
7 주의 2 3 4 / 2 3 4 3 / 2 5 //
8 그들이 3 5 4 / 3 3 4 // 2 / 3 2 / 4 2 3 6 //
9 우리의 3 3 3 4 / 4 3 3 / 4 3 4 / 4 4 4 //

10 하나님이여 / 대적이 언제까지 비방하겠으며 /
5 / 3 4 6 /
원수가 / 주의 이름을 영원히 능욕하리이까 //
3 / 2 3 3 6 //

11 주께서 어찌하여 / 주의 손 /
3 4 / 2 1/
곧 주의 오른손을 거두시나이까 //
1 2 4 6 //
주의 품에서 손을 빼내시어 / 그들을 멸하소서 //
2 3 2 4 / 3 4 //

12 하나님은 예로부터 나의 왕이시라 /
4 4 2 4 /
사람에게 구원을 베푸셨나이다 //
4 3 6 //

13 주께서 / 주의 능력으로 바다를 나누시고 /
3 / 2 4 3 4 /
물 가운데 용들의 머리를 깨뜨리셨으며 /
4 3 3 6 /

14 리워야단의 머리를 부수시고 /
5 3 4 /
그것을 / 사막에 사는 자에게 음식물로 주셨으며 /
3 / 3 5 4 4 /

암송 부분

10 하나님이여 5 / 3 4 6 / 3 / 2 3 3 6 //
11 주께서 3 4 / 2 1 / 1 2 4 6 // 2 3 2 4 / 3 4 //
12 하나님은 4 4 2 4 / 4 3 6 //
13 주께서 3 / 2 4 3 4 / 4 3 3 6 /
14 리워야단의 5 3 4 / 3 / 3 5 4 4 /

15 주께서 / 바위를 쪼개어 / 큰 물을 내시며 /
3 / 3 3 / 1 2 3 /
주께서 / 늘 흐르는 강들을 / 마르게 하셨나이다 //
3 / 1 3 3 / 3 5 //

16 낮도 주의 것이요 / 밤도 주의 것이라 //
2 5 / 2 5 //
주께서 빛과 해를 마련하셨으며 /
3 2 2 6 /

17 주께서 땅의 경계를 정하시며 /
3 2 3 4 /
주께서 여름과 겨울을 만드셨나이다 //
3 3 3 6 //

18 여호와여 이것을 기억하소서 // 원수가 주를 비방하며 /
4 3 5 // 3 2 4 /
우매한 백성이 / 주의 이름을 능욕하였나이다 //
3 3 / 2 3 7 //

19 주의 멧비둘기의 생명을 / 들짐승에게 주지 마시며 /
2 5 3 / 5 5 /
주의 가난한 자의 목숨을 / 영원히 잊지 마소서 //
2 5 3 / 3 5 //

암송 부분

15 주께서 3 / 3 3 / 1 2 3 / 3 / 1 3 3 / 3 5 //
16 낮도 2 5 / 2 5 // 3 2 2 6 /
17 주께서 3 2 3 4 / 3 3 3 6 //
18 여호와여 4 3 5 // 3 2 4 / 3 3 / 2 3 7 //
19 주의 2 5 3 / 5 5 / 2 5 3 / 3 5 //

20 그 언약을 눈여겨 보소서 // 무릇 땅의 어두운 곳에 /
1 3 3 3 // 2 2 5 /
포악한 자의 처소가 가득하나이다 //
5 3 6 //

21 학대 받은 자가 / 부끄러이 돌아가게 하지 마시고 /
6 / 4 4 5 /
가난한 자와 궁핍한 자가 / 주의 이름을 찬송하게 하소서 //
5 5 / 2 3 4 3 //

22 하나님이여 / 일어나 주의 원통함을 푸시고 /
5 / 3 2 4 3 /
우매한 자가 / 종일 주를 비방하는 것을 기억하소서 //
5 / 2 2 6 5 //

23 주의 대적들의 소리를 잊지 마소서 //
2 4 3 5 //
일어나 주께 항거하는 자의 /
3 2 6 /
떠드는 소리가 / 항상 주께 상달되나이다 //
3 3 / 2 2 6 //

암송 부분

20 그 1 3 3 3 // 2 2 5 / 5 3 6 //
21 학대 받은 자가 6 / 4 4 5 / 5 5 / 2 3 4 3 //
22 하나님이여 5 / 3 2 4 3 / 5 / 2 2 6 5 //
23 주의 2 4 3 5 // 3 2 6 / 3 3 / 2 2 6 //

1 하나님이여 5 / 3 4 / 3 3 6 // 4 / 3 4 2 3 / 3 3 6 //
2 옛적부터 4 4 4 / 2 3 3 3 / 2 3 5 / 3 3 4 5 //
3 영구히 3 5 3 / 2 2 6 // 3 / 4 4 6 //
4 주의 2 3 / 2 2 5 3 / 4 3 2 / 4 4 /
5 그들은 3 2 / 3 2 / 3 2 2 5 //
6 이제 2 3 / 3 3 / 3 2 4 5 /
7 주의 2 3 4 / 2 3 4 3 / 2 5 //
8 그들이 3 5 4 / 3 3 4 // 2 / 3 2 / 4 2 3 6 //
9 우리의 3 3 3 4 / 4 3 3 / 4 3 4 / 4 4 4 //
10 하나님이여 5 / 3 4 6 / 3 / 2 3 3 6 //
11 주께서 3 4 / 2 1 / 1 2 4 6 // 2 3 2 4 / 3 4 //
12 하나님은 4 4 2 4 / 4 3 6 //
13 주께서 3 / 2 4 3 4 / 4 3 3 6 /
14 리워야단의 5 3 4 / 3 / 3 5 4 4 /
15 주께서 3 / 3 3 / 1 2 3 / 3 / 1 3 3 / 3 5 //
16 낮도 2 5 / 2 5 // 3 2 2 6 /
17 주께서 3 2 3 4 / 3 3 3 6 //
18 여호와여 4 3 5 // 3 2 4 / 3 3 / 2 3 7 //
19 주의 2 5 3 / 5 5 / 2 5 3 / 3 5 //
20 그 1 3 3 3 // 2 2 5 / 5 3 6 //
21 학대 받은 자가 6 / 4 4 5 / 5 5 / 2 3 4 3 //
22 하나님이여 5 / 3 2 4 3 / 5 / 2 2 6 5 //
23 주의 2 4 3 5 // 3 2 6 / 3 3 / 2 2 6 //

75편

<아삽의 시, 인도자를 따라 알다스헷에 맞춘 노래>

1 하나님이여 / 우리가 주께 감사하고 감사함은 /
5 / 3 2 4 4 /
주의 이름이 가까움이라 //
2 3 5 //
사람들이 / 주의 기이한 일들을 전파하나이다 //
4 / 2 3 3 6 //

2 주의 말씀이 / 내가 정한 기약이 이르면 /
2 3 / 2 2 3 3 /
내가 바르게 심판하리니 /
2 3 5 /

3 땅의 기둥은 내가 세웠거니와 /
2 3 2 5 /
땅과 그 모든 주민이 소멸되리라 // 하시도다 // (셀라)
2 1 5 5 // 4 // (2)

4 내가 오만한 자들에게 / 오만하게 행하지 말라 // 하며 /
2 3 4 / 4 5 // 2 /
악인들에게 뿔을 들지 말라 // 하였노니 /
5 2 4 // 4 /

암송 부분

1 하나님이여 5 / 3 2 4 4 / 2 3 5 // 4 / 2 3 3 6 //
2 주의 *2 3 / 2 2 3 3 / 2 3 5 /*
3 땅의 2 3 2 5 / 2 1 5 5 // 4 // (2)
4 내가 2 3 4 / 4 5 // 2 / 5 2 4 // 4 /

5 너희 뿔을 높이 들지 말며 /
2 2 4 2 /
교만한 목으로 말하지 말지어다 //
3 3 3 4 //

6 무릇 높이는 일이 / 동쪽에서나 서쪽에서 말미암지 아니하며 /
2 5 / 5 4 4 4 /
남쪽에서도 말미암지 아니하고 /
5 4 4 /

7 오직 재판장이신 하나님이 /
2 5 4 /
이를 낮추시고 저를 높이시느니라 //
2 4 2 6 //

8 여호와의 손에 잔이 있어 / 술 거품이 일어나는도다 //
4 2 2 2 / 4 6 //
속에 섞은 것이 가득한 / 그 잔을 / 하나님이 쏟아 내시나니 /
2 4 3 / 1 2 / 4 6 /
실로 그 찌꺼기까지도 / 땅의 모든 악인이 / 기울여 마시리로다 //
2 1 6 / 2 2 3 / 3 5 //

9 나는 야곱의 하나님을 / 영원히 선포하며 찬양하며 /
2 3 4 / 3 4 4 /

암송 부분

5 너희 2 2 4 2 / 3 3 3 4 //
6 무릇 2 5 / 5 4 4 4 / 5 4 4 /
7 오직 2 5 4 / 2 4 2 6 //
8 여호와의 4 2 2 2 / 4 6 // 2 4 3 / 1 2 / 4 6 /
2 1 6 / 2 2 3 / 3 5 //
9 나는 2 3 4 / 3 4 4 /

10 또 / 악인들의 뿔을 다 베고 / 의인의 뿔은 높이 들리로다 //
1 / 4 2 1 2 / 3 2 2 4 //

암송 부분

1 하나님이여 5 / 3 2 4 4 / 2 3 5 // 4 / 2 3 3 6 //
2 주의 2 3 / 2 2 3 3 / 2 3 5 /
3 땅의 2 3 2 5 / 2 1 5 5 // 4 // (2)
4 내가 2 3 4 / 4 5 // 2 / 5 2 4 // 4 /
5 너희 2 2 4 2 / 3 3 3 4 //
6 무릇 2 5 / 5 4 4 4 / 5 4 4 /
7 오직 2 5 4 / 2 4 2 6 //
8 여호와의 4 2 2 2 / 4 6 // 2 4 3 / 1 2 / 4 6 /
2 1 6 / 2 2 3 / 3 5 //
9 나는 2 3 4 / 3 4 4 /

10 또 1 / 4 2 1 2 / 3 2 2 4 //

76편

<아삽의 시, 인도자를 따라 현악에 맞춘 노래>

1 하나님은 유다에 알려지셨으며 /
4 3 6 /
그의 이름이 이스라엘에 크시도다 //
2 3 5 4 //

2 그의 장막은 살렘에 있음이여 / 그의 처소는 시온에 있도다 //
2 3 3 4 / 2 3 3 3 //

3 거기에서 그가 / 화살과 방패와 칼과 전쟁을 /
4 2 / 3 3 2 3 /
없이하셨도다 // (셀라)
6 // (2)

4 주는 / 약탈한 산에서 영화로우시며 존귀하시도다 //
2 / 3 3 6 6 //

5 마음이 강한 자도 / 가진 것을 빼앗기고 잠에 빠질 것이며 /
3 4 / 4 4 2 5 /
장사들도 모두 / 그들에게 도움을 줄 손을 / 만날 수 없도다 //
4 2 / 4 3 1 2 / 3 3 //

암송 부분

1 하나님은 4 3 6 / 2 3 5 4 //
2 그의 2 3 3 4 / 2 3 3 3 //
3 거기에서 4 2 / 3 3 2 3 / 6 // (2)
4 주는 2 / 3 3 6 6 //
5 마음이 3 4 / 4 4 2 5 / 4 2 / 4 3 1 2 / 3 3 //

6 야곱의 하나님이여 / 주께서 꾸짖으시매 /
3 5 / 3 5 /
병거와 말이 / 다 깊이 잠들었나이다 //
3 2 / 1 2 6 //

7 주께서는 경외 받을 이시니 / 주께서 한 번 노하실 때에 /
4 4 3 / 3 2 5 /
누가 주의 목전에 서리이까 //
2 2 3 4 //

8 주께서 하늘에서 판결을 선포하시매 /
3 4 3 5 /
땅이 두려워 잠잠하였나니 /
2 3 6 /

9 곧 하나님이 / 땅의 모든 온유한 자를 구원하시려고 /
1 4 / 2 2 5 6 /
심판하러 일어나신 때에로다 // (셀라)
4 4 4 // (2)

10 진실로 사람의 노여움은 / 주를 찬송하게 될 것이요 /
3 3 4 / 2 4 4 /
그 남은 노여움은 / 주께서 금하시리이다 //
1 2 4 / 3 6 //

암송 부분

6 야곱의 3 5 / 3 5 / 3 2 / 1 2 6 //
7 *주께서는 4 4 3 / 3 2 5 / 2 2 3 4 //*
8 주께서 3 4 3 5 / 2 3 6 /
9 곧 1 4 / 2 2 5 6 / 4 4 4 // (2)
10 진실로 3 3 4 / 2 4 4 / 1 2 4 / 3 6 //

11 너희는 / 여호와 너희 하나님께 / 서원하고 갚으라 //
3 / 3 2 4 / 4 3 //
사방에 있는 모든 사람도 / 마땅히 경외할 이에게 /
5 5 / 3 3 3 /
예물을 드릴지로다 //
3 5 //

12 그가 고관들의 기를 꺾으시리니 /
2 4 2 5 /
그는 세상의 왕들에게 두려움이시로다 //
2 3 4 7 //

암송 부분

1 하나님은 4 3 6 / 2 3 5 4 //
2 그의 2 3 3 4 / 2 3 3 3 //
3 거기에서 4 2 / 3 3 2 3 / 6 // (2)
4 주는 2 / 3 3 6 6 //
5 마음이 3 4 / 4 4 2 5 / 4 2 / 4 3 1 2 / 3 3 //
6 야곱의 3 5 / 3 5 / 3 2 / 1 2 6 //
7 주께서는 4 4 3 / 3 2 5 / 2 2 3 4 //
8 주께서 3 4 3 5 / 2 3 6 /
9 곧 1 4 / 2 2 5 6 / 4 4 4 // (2)
10 진실로 3 3 4 / 2 4 4 / 1 2 4 / 3 6 //

11 너희는 3 / 3 2 4 / 4 3 // 5 5 / 3 3 3 / 3 5 //
12 그가 2 4 2 5 / 2 3 4 7 //

77편

<아삽의 시, 인도자를 따라 여두둔의 법칙에 따라 부르는 노래>

1 내가 내 음성으로 / 하나님께 부르짖으리니 /
2 1 4 / 4 6 /
내 음성으로 하나님께 부르짖으면 / 내게 귀를 기울이시리로다 //
1 4 4 5 / 2 2 7 //

2 나의 환난 날에 / 내가 주를 찾았으며 / 밤에는 내 손을 들고 /
2 4 / 2 2 4 / 3 1 2 2 /
거두지 아니하였나니 / 내 영혼이 위로 받기를 거절하였도다 //
3 6 / 1 3 5 6 //

3 내가 하나님을 기억하고 / 불안하여 근심하니 /
2 4 4 / 4 4 /
내 심령이 상하도다 // (셀라)
1 3 4 // (2)

4 주께서 / 내가 / 눈을 붙이지 못하게 하시니 /
3 / 2 / 2 3 3 3 /
내가 괴로워 말할 수 없나이다 //
2 3 3 4 //

5 내가 옛날 / 곧 지나간 세월을 생각하였사오며 /
2 2 / 1 3 3 7 /

암송 부분

1 내가 2 1 4 / 4 6 / 1 4 4 5 / 2 2 7 //
2 나의 2 4 / 2 2 4 / 3 1 2 2 / 3 6 / 1 3 5 6 //
3 내가 2 4 4 / 4 4 / 1 3 4 // (2)
4 주께서 3 / 2 / 2 3 3 3 / 2 3 3 4 //
5 내가 2 2 / 1 3 3 7 /

6 밤에 부른 노래를 / 내가 기억하여 /
2 2 3 / 2 4 /
내 심령으로, / 내가 내 마음으로 간구하기를 /
1 4 / 2 1 4 5 /

7 주께서 영원히 버리실까, /
3 3 4 /
다시는 은혜를 베풀지 아니하실까, /
3 3 3 5 /

8 그의 인자하심은 영원히 끝났는가, /
2 5 3 4 /
그의 약속하심도 영구히 폐하였는가, /
2 5 3 5 /

9 하나님이 / 그가 베푸실 은혜를 잊으셨는가, / 노하심으로 /
4 / 2 3 3 5 / 5 /
그가 베푸실 긍휼을 그치셨는가 / 하였나이다 //(셀라)
2 3 3 5 / 5 // (2)

10 또 내가 말하기를 / 이는 나의 잘못이라 /
1 2 4 / 2 2 4 /
지존자의 오른손의 해 /
4 4 1 /

암송 부분

6 밤에 2 2 3 / 2 4 / 1 4 / 2 1 4 5 /
7 주께서 3 3 4 / 3 3 3 5 /
8 그의 2 5 3 4 / 2 5 3 5 /
9 하나님이 4 / 2 3 3 5 / 5 / 2 3 3 5 / 5 // (2)
10 또 1 2 4 / 2 2 4 / 4 4 1 /

11 곧 여호와의 일들을 기억하며 / 주께서 옛적에 행하신 /
1 4 3 4 / 3 3 3 /
기이한 일을 기억하리이다 //
5 6 //

12 또 주의 모든 일을 / 작은 소리로 읊조리며 /
1 2 4 / 5 4 /
주의 행사를 낮은 소리로 되뇌이리이다 //
2 3 5 6 //

13 하나님이여 / 주의 도는 극히 거룩하시오니 /
5 / 2 2 2 6 /
하나님과 같이 위대하신 신이 / 누구오니이까 //
4 2 4 2 / 6 //

14 주는 기이한 일을 행하신 하나님이시라 //
2 5 3 6 //
민족들 중에 / 주의 능력을 알리시고 /
5 / 2 3 4 /

15 주의 팔로 주의 백성 / 곧 야곱과 요셉의 자손을 /
2 2 2 2 / 1 3 3 3 /
속량하셨나이다 // (셀라)
7 // (2)

암송 부분

11 곧 1 4 3 4 / 3 3 3 / 5 6 //
12 또 1 2 4 / 5 4 / 2 3 5 6 //
13 하나님이여 5 / 2 2 2 6 / 4 2 4 2 / 6 //
14 주는 2 5 3 6 // 5 / 2 3 4 /
15 주의 2 2 2 2 / 1 3 3 3 / 7 // (2)

16 하나님이여 / 물들이 주를 보았나이다 //
5 / 3 2 5 //
물들이 주를 보고 두려워하며 / 깊음도 진동하였고 /
3 2 2 5 / 3 5 /

17 구름이 물을 쏟고 / 궁창이 소리를 내며 /
3 2 2 / 3 3 2 /
주의 화살도 날아갔나이다 //
2 3 6 //

18 회오리바람 중에 / 주의 우렛소리가 있으며 /
5 2 / 2 5 3 /
번개가 세계를 비추며 / 땅이 흔들리고 움직였나이다 //
3 3 3 / 2 4 6 //

19 주의 길이 바다에 있었고 / 주의 곧은 길이 /
2 2 3 3 / 2 2 2 /
큰 물에 있었으나 / 주의 발자취를 알 수 없었나이다 //
1 2 4 / 2 4 7 //

20 주의 백성을 양 떼 같이 /
2 3 4 /
모세와 아론의 손으로 인도하셨나이다 //
3 3 3 7 //

암송 부분

16 하나님이여 5 / 3 2 5 // 3 2 2 5 / 3 5 /
17 구름이 3 2 2 / 3 3 2 / 2 3 6 //
18 회오리바람 5 2 / 2 5 3 / 3 3 3 / 2 4 6 //
19 주의 2 2 3 3 / 2 2 2 / 1 2 4 / 2 4 7 //
20 주의 2 3 4 / 3 3 3 7 //

1 내가 2 1 4 / 4 6 / 1 4 4 5 / 2 2 7 //
2 나의 2 4 / 2 2 4 / 3 1 2 2 / 3 6 / 1 3 5 6 //
3 내가 2 4 4 / 4 4 / 1 3 4 // (2)
4 주께서 3 / 2 / 2 3 3 3 / 2 3 3 4 //
5 내가 2 2 / 1 3 3 7 /
6 밤에 2 2 3 / 2 4 / 1 4 / 2 1 4 5 /
7 주께서 3 3 4 / 3 3 3 5 /
8 그의 2 5 3 4 / 2 5 3 5 /
9 하나님이 4 / 2 3 3 5 / 5 / 2 3 3 5 / 5 // (2)
10 또 1 2 4 / 2 2 4 / 4 4 1 /
11 곧 1 4 3 4 / 3 3 3 / 5 6 //
12 또 1 2 4 / 5 4 / 2 3 5 6 //
13 하나님이여 5 / 2 2 2 6 / 4 2 4 2 / 6 //
14 주는 2 5 3 6 // 5 / 2 3 4 /
15 주의 2 2 2 2 / 1 3 3 3 / 7 // (2)
16 하나님이여 5 / 3 2 5 // 3 2 2 5 / 3 5 /
17 구름이 3 2 2 / 3 3 2 / 2 3 6 //
18 회오리바람 5 2 / 2 5 3 / 3 3 3 / 2 4 6 //
19 주의 2 2 3 3 / 2 2 2 / 1 2 4 / 2 4 7 //
20 주의 2 3 4 / 3 3 3 7 //

78편

<아삽의 마스길>

1 내 백성이여, / 내 율법을 들으며 /
1 4 / 1 3 3 /
내 입의 말에 / 귀를 기울일지어다 //
1 2 2 / 2 6 //

2 내가 입을 열어 / 비유로 말하며 /
2 2 2 / 3 3 /
예로부터 감추어졌던 것을 드러내려 하니 /
4 7 6 /

3 이는 우리가 들어서 아는 바요 /
2 3 3 4 /
우리의 조상들이 우리에게 전한 바라 //
3 4 4 4 //

4 우리가 이를 / 그들의 자손에게 숨기지 아니하고 /
3 2 / 3 4 3 4 /
여호와의 영예와 그의 능력과 /
4 3 2 3 /
그가 행하신 기이한 사적을 / 후대에 전하리로다 //
2 3 3 3 / 3 5 //

암송 부분

1 내 1 4 / 1 3 3 / 1 2 2 / 2 6 //
2 내가 2 2 2 / 3 3 / 4 7 6 /
3 이는 2 3 3 4 / 3 4 4 4 //
4 우리가 3 2 / 3 4 3 4 / 4 3 2 3 / 2 3 3 3 / 3 5 //

5 여호와께서 증거를 야곱에게 세우시며 /
5 3 4 4 /
법도를 이스라엘에게 정하시고 / 우리 조상들에게 명령하사 /
3 6 4 / 2 5 4 /
그들의 자손에게 알리라 // 하셨으니 /
3 4 3 // 4 /

6 이는 그들로 / 후대 곧 태어날 자손에게 /
2 3 / 2 1 3 4 /
이를 알게 하고 / 그들은 일어나 / 그들의 자손에게 일러서 /
2 4 / 3 3 / 3 4 3 /

7 그들로 그들의 소망을 / 하나님께 두며 /
3 3 3 / 4 2 /
하나님께서 행하신 일을 잊지 아니하고 /
5 5 2 4 /
오직 그의 계명을 지켜서 /
2 2 3 3 /

8 그들의 조상들 / 곧 완고하고 패역하여 /
3 3 / 1 4 4 /
그들의 마음이 정직하지 못하며 /
3 3 4 3 /
그 심령이 / 하나님께 충성하지 아니하는 세대와 /
1 3 / 4 4 4 3 /
같이 되지 아니하게 하려 하심이로다 //
4 4 2 5 //

암송 부분

5 여호와께서 5 3 4 4 / 3 6 4 / 2 5 4 / 3 4 3 // 4 /
6 이는 2 3 / 2 1 3 4 / 2 4 / 3 3 / 3 4 3 /
7 그들로 3 3 3 / 4 2 / 5 5 2 4 / 2 2 3 3 /
8 그들의 3 3 / 1 4 4 / 3 3 4 3 / 1 3 / 4 4 4 3 / 4 4 2 5 //

9 에브라임 자손은 / 무기를 갖추며 활을 가졌으나 /
4 3 / 3 3 2 4 /
전쟁의 날에 물러갔도다 //
3 2 5 //

10 그들이 / 하나님의 언약을 지키지 아니하고 /
3 / 4 3 3 4 /
그의 율법 준행을 거절하며 /
2 5 4 /

11 여호와께서 행하신 것과 / 그들에게 보이신 /
5 5 / 4 3 /
그의 기이한 일을 잊었도다 //
2 5 4 //

12 옛적에 하나님이 애굽 땅 소안 들에서 /
3 4 3 5 /
기이한 일을 / 그들의 조상들의 목전에서 행하셨으되 /
5 / 3 4 4 5 /

13 그가 바다를 갈라 / 물을 무더기 같이 서게 하시고 /
2 3 2 / 2 5 5 /
그들을 지나가게 하셨으며 /
3 4 4 /

14 낮에는 구름으로, 밤에는 불빛으로 / 인도하셨으며 /
3 4 3 4 / 6 /

암송 부분

9 에브라임 4 3 / 3 3 2 4 / 3 2 5 //
10 그들이 3 / 4 3 3 4 / 2 5 4 /
11 여호와께서 5 5 / 4 3 / 2 5 4 //
12 옛적에 3 4 3 5 / 5 / 3 4 4 5 /
13 그가 2 3 2 / 2 5 5 / 3 4 4 /
14 낮에는 3 4 3 4 / 6 /

15 광야에서 반석을 쪼개시고 /
4 3 4 /
매우 깊은 곳에서 나오는 물처럼 / 흡족하게 마시게 하셨으며 /
2 5 3 3 / 4 3 4 /

16 또 바위에서 시내를 내사 / 물이 강 같이 흐르게 하셨으나 /
1 4 3 2 / 2 3 3 4 /

17 그들은 계속해서 하나님께 범죄하여 /
3 4 4 4 /
메마른 땅에서 지존자를 배반하였도다 //
3 3 4 6 //

18 그들이 / 그들의 탐욕대로 음식을 구하여 /
3 / 3 4 3 3 /
그들의 심중에 하나님을 시험하였으며 /
3 3 4 6 /

19 그뿐 아니라 / 하나님을 대적하여 말하기를 /
5 / 4 4 4 /
하나님이 / 광야에서 식탁을 베푸실 수 있으랴 /
4 / 4 3 4 3 /

암송 부분

15 광야에서 4 3 4 / 2 5 3 3 / 4 3 4 /
16 또 1 4 3 2 / 2 3 3 4 /
17 그들은 3 4 4 4 / 3 3 4 6 //
18 그들이 3 / 3 4 3 3 / 3 3 4 6 /
19 그뿐 아니라 5 / 4 4 4 / 4 / 4 3 4 3 /

20 보라 그가 반석을 쳐서 /
2 2 3 2 /
물을 내시니 시내가 넘쳤으나 / 그가 능히 떡도 주시며 /
2 3 3 4 / 2 2 2 3 /
자기 백성을 위하여 / 고기도 예비하시랴 // 하였도다 //
2 3 3 / 3 5 // 4 //

21 그러므로 여호와께서 듣고 노하셨으며 /
4 5 2 5 /
야곱에게 불 같이 노하셨고 /
4 3 4 /
또한 이스라엘에게 진노가 불타 올랐으니 /
2 6 3 6 /

22 이는 하나님을 믿지 아니하며 /
2 4 2 4 /
그의 구원을 / 의지하지 아니한 때문이로다 //
2 3 / 4 3 5 //

23 그러나 / 그가 위의 궁창을 명령하시며 /
3 / 2 2 3 5 /
하늘 문을 여시고 /
4 3 /

24 그들에게 만나를 비 같이 내려 먹이시며 /
4 3 5 4 /
하늘 양식을 그들에게 주셨나니 /
5 4 4 /

암송 부분

20 보라 2 2 3 2 / 2 3 3 4 / 2 2 2 3 / 2 3 3 / 3 5 // 4 //
21 그러므로 4 5 2 5 / 4 3 4 / 2 6 3 6 /
22 이는 2 4 2 4 / 2 3 / 4 3 5 //
23 그러나 3 / 2 2 3 5 / 4 3 /
24 그들에게 4 3 5 4 / 5 4 4 /

25 사람이 힘센 자의 떡을 먹었으며 /
3 4 2 4 /
그가 / 음식을 그들에게 충족히 주셨도다 //
2 / 3 4 3 4 //

26 그가 동풍을 하늘에서 일게 하시며 /
2 3 4 5 /
그의 권능으로 남풍을 인도하시고 /
2 4 3 5 /

27 먼지처럼 많은 고기를 / 비 같이 내리시고 /
4 2 3 / 3 4 /
나는 새를 / 바다의 모래 같이 내리셨도다 //
2 2 / 3 4 5 //

28 그가 / 그것들을 그들의 진중에 떨어지게 하사 /
2 / 4 3 3 6 /
그들의 거처에 두르셨으므로 /
3 3 6 /

29 그들이 먹고 심히 배불렀나니 /
3 2 2 5 /
하나님이 그들의 원대로 / 그들에게 주셨도다 //
4 3 3 / 4 4 //

암송 부분

25 사람이 3 4 2 4 / 2 / 3 4 3 4 //
26 그가 2 3 4 5 / 2 4 3 5 /
27 먼지처럼 4 2 3 / 3 4 / 2 2 / 3 4 5 //
28 그가 2 / 4 3 3 6 / 3 3 6 /
29 그들이 3 2 2 5 / 4 3 3 / 4 4 //

30 그러나 그들이 / 그들의 욕심을 버리지 아니하여 /
3 3 / 3 3 3 4 /
그들의 먹을 것이 / 아직 그들의 입에 있을 때에 /
3 4 / 2 3 2 4 /

31 하나님이 그들에게 노염을 나타내사 /
4 4 3 4 /
그들 중 강한 자를 죽이시며 /
3 4 4 /
이스라엘의 청년을 쳐 엎드러뜨리셨도다 //
5 3 1 8 //

32 이러함에도 / 그들은 여전히 범죄하여 /
5 / 3 3 4 /
그의 기이한 일들을 / 믿지 아니하였으므로 /
2 6 / 2 7 /

33 하나님이 / 그들의 날들을 헛되이 보내게 하시며 /
4 / 3 3 3 6 /
그들의 햇수를 / 두려움으로 보내게 하셨도다 //
3 3 / 5 3 4 //

34 하나님이 그들을 죽이실 때에 / 그들이 그에게 구하며 /
4 3 5 / 3 3 3 /
돌이켜 하나님을 간절히 찾았고 /
3 4 3 3 /

암송 부분

30 그러나 3 3 / 3 3 3 4 / 3 4 / 2 3 2 4 /
31 하나님이 4 4 3 4 / 3 4 4 / 5 3 1 8 //
32 이러함에도 5 / 3 3 4 / 2 6 / 2 7 /
33 하나님이 4 / 3 3 3 6 / 3 3 / 5 3 4 //
34 하나님이 4 3 5 / 3 3 3 / 3 4 3 3 /

35 하나님이 그들의 반석이시며 / 지존하신 하나님이 /
4 3 5 / 4 4 /
그들의 구속자이심을 기억하였도다 //
3 6 6 //

36 그러나 그들이 / 입으로 그에게 아첨하며 /
3 3 / 3 3 4 /
자기 혀로 / 그에게 거짓을 말하였으니 /
2 2 / 3 3 5 /

37 이는 / 하나님께 향하는 그들의 마음이 / 정함이 없으며 /
2 / 4 3 3 3 / 3 3 /
그의 언약에 성실하지 아니하였음이로다 //
2 3 4 8 //

38 오직 하나님은 긍휼하시므로 /
2 4 6 /
죄악을 덮어 주시어 멸망시키지 아니하시고 /
3 5 5 5 /
그의 진노를 여러 번 돌이키시며 /
2 3 3 5 /
그의 모든 분을 / 다 쏟아 내지 아니하셨으니 /
2 2 2 / 1 4 6 /

39 그들은 육체이며 /
3 4 /
가고 다시 돌아오지 못하는 / 바람임을 / 기억하셨음이라 //
2 2 4 3 / 4 / 7 //

암송 부분

35 하나님이 4 3 5 / 4 4 / 3 6 6 //
36 그러나 3 3 / 3 3 4 / 2 2 / 3 3 5 /
37 이는 2 / 4 3 3 3 / 3 3 / 2 3 4 8 //
38 오직 2 4 6 / 3 5 5 5 / 2 3 3 5 / 2 2 2 / 1 4 6 /
39 그들은 3 4 / 2 2 4 3 / 4 / 7 //

40 그들이 광야에서 그에게 반항하며 /
3 4 3 4 /
사막에서 그를 슬프시게 함이 몇 번인가 /
4 2 6 4 /

41 그들이 돌이켜 / 하나님을 거듭거듭 시험하며 /
3 3 / 4 4 4 /
이스라엘의 거룩하신 이를 / 노엽게 하였도다 //
5 4 2 / 3 4 //

42 그들이 / 그의 권능의 손을 / 기억하지 아니하며 /
3 / 2 3 2 / 4 4 /
대적에게서 그들을 구원하신 날도 / 기억하지 아니하였도다 //
5 3 4 2 / 4 6 //

43 그 때에 하나님이 / 애굽에서 그의 표적들을, /
3 4 / 4 2 4 /
소안 들에서 그의 징조들을 나타내사 /
5 2 4 4 /

44 그들의 강과 시내를 / 피로 변하여 /
3 2 3 / 2 3 /
그들로 마실 수 없게 하시며 /
3 5 3 /

암송 부분

40 그들이 3 4 3 4 / 4 2 6 4 /
41 그들이 3 3 / 4 4 4 / 5 4 2 / 3 4 //
42 그들이 3 / 2 3 2 / 4 4 / 5 3 4 2 / 4 6 //
43 그 때에 3 4 / 4 2 4 / 5 2 4 4 /
44 그들의 3 2 3 / 2 3 / 3 5 3 /

45 쇠파리 떼를 그들에게 보내어 / 그들을 물게 하시고 /
5 4 3 / 3 5 /
개구리를 보내어 해하게 하셨으며 /
4 3 3 4 /

46 그들의 토산물을 황충에게 주셨고 /
3 4 4 3 /
그들이 수고한 것을 메뚜기에게 주셨으며 /
3 5 5 4 /

47 그들의 포도나무를 우박으로, /
3 5 4 /
그들의 뽕나무를 서리로 죽이셨으며 /
3 4 3 5 /

48 그들의 가축을 우박에, /
3 3 3 /
그들의 양 떼를 번갯불에 넘기셨으며 /
3 3 4 5 /

49 그의 맹렬한 노여움과 / 진노와 분노와 고난 /
2 3 4 / 3 3 2 /
곧 재앙의 천사들을 / 그들에게 내려보내셨으며 /
1 3 4 / 4 7 /

암송 부분

45 쇠파리 떼를 5 4 3 / 3 5 / 4 3 3 4 /
46 그들의 *3 4 4 3 / 3 5 5 4* /
47 그들의 3 5 4 / 3 4 3 5 /
48 그들의 3 3 3 / 3 3 4 5 /
49 그의 2 3 4 / 3 3 2 / 1 3 4 / 4 7 /

50 그는 진노로 길을 닦으사 / 그들의 목숨이 /
2 3 2 3 / 3 3 /
죽음을 면하지 못하게 하시고 /
3 3 3 3 /
그들의 생명을 전염병에 붙이셨으며 /
3 3 4 5 /

51 애굽에서 모든 장자 / 곧 함의 장막에 있는 /
4 2 2 / 1 2 3 2 /
그들의 기력의 처음 것을 치셨으나 /
3 3 4 4 /

52 그가 / 자기 백성은 / 양 같이 인도하여 내시고 /
2 / 2 3 / 3 4 3 /
광야에서 양 떼 같이 지도하셨도다 //
4 4 6 //

53 그들을 안전히 인도하시니 / 그들은 두려움이 없었으나 /
3 3 5 / 3 4 4 /
그들의 원수는 바다에 빠졌도다 //
3 3 3 4 //

54 그들을 그의 성소의 영역 /
3 2 3 2 /
곧 그의 오른손으로 만드신 / 산으로 인도하시고 /
1 2 5 3 / 3 5 /

암송 부분

50 그는 2 3 2 3 / 3 3 / 3 3 3 3 / 3 3 4 5 /
51 애굽에서 4 2 2 / 1 2 3 2 / 3 3 4 4 /
52 그가 2 / 2 3 / 3 4 3 / 4 4 6 //
53 그들을 3 3 5 / 3 4 4 / 3 3 3 4 //
54 그들을 3 2 3 2 / 1 2 5 3 / 3 5 /

55 또 나라를 / 그들의 앞에서 쫓아내시며 /
1 3 / 3 3 5 /
줄을 쳐서 그들의 소유를 분배하시고 /
4 3 3 5 /
이스라엘의 지파들이 / 그들의 장막에 살게 하셨도다 //
5 4 / 3 3 6 //

56 그러나 그들은 / 지존하신 하나님을 시험하고 반항하여 /
3 3 / 4 4 4 4 /
그의 명령을 지키지 아니하며 /
2 3 3 4 /

57 그들의 조상들 같이 / 배반하고 거짓을 행하여 /
3 5 / 4 3 3 /
속이는 활 같이 빗나가서 /
3 3 4 /

58 자기 산당들로 / 그의 노여움을 일으키며 /
2 4 / 2 4 4 /
그들의 조각한 우상들로 / 그를 진노하게 하였으매 /
3 3 4 / 2 4 4 /

59 하나님이 들으시고 분내어 / 이스라엘을 크게 미워하사 /
4 4 3 / 5 2 4 /

60 사람 가운데 세우신 장막 / 곧 실로의 성막을 떠나시고 /
5 3 2 / 1 3 3 4 /

암송 부분

55 또 1 3 / 3 3 5 / 4 3 3 5 / 5 4 / 3 3 6 //
56 그러나 3 3 / 4 4 4 4 / 2 3 3 4 /
57 그들의 3 5 / 4 3 3 / 3 3 4 /
58 자기 2 4 / 2 4 4 / 3 3 4 / 2 4 4 /
59 하나님이 4 4 3 / 5 2 4 /
60 사람 가운데 5 3 2 / 1 3 3 4 /

61 그가 그의 능력을 / 포로에게 넘겨 주시며 /
2 2 3 / 4 5 /
그의 영광을 / 대적의 손에 붙이시고 /
2 3 / 3 2 4 /

62 그가 그의 소유 때문에 분내사 /
2 2 5 3 /
그의 백성을 칼에 넘기셨으니 /
2 3 2 5 /

63 그들의 청년은 / 불에 살라지고 /
3 3 / 2 4 /
그들의 처녀들은 / 혼인 노래를 들을 수 없었으며 /
3 4 / 5 3 4 /

64 그들의 제사장들은 칼에 엎드러지고 /
3 5 2 5 /
그들의 과부들은 / 애곡도 하지 못하였도다 //
3 4 / 3 2 5 //

65 그 때에 주께서 / 잠에서 깨어난 것처럼, /
3 3 / 3 6 /
포도주를 마시고 고함치는 용사처럼 / 일어나사 /
4 3 4 4 / 4 /

암송 부분

61 그가 2 2 3 / 4 5 / 2 3 / 3 2 4 /
62 그가 2 2 5 3 / 2 3 2 5 /
63 그들의 3 3 / 2 4 / 3 4 / 5 3 4 /
64 그들의 3 5 2 5 / 3 4 / 3 2 5 //
65 그 때에 3 3 / 3 6 / 4 3 4 4 / 4 /

66 그의 대적들을 쳐 물리쳐서 /
2 4 1 4 /
영원히 그들에게 욕되게 하셨도다 //
3 4 3 4 //

67 또 요셉의 장막을 버리시며 /
1 3 3 4 /
에브라임 지파를 택하지 아니하시고 /
4 3 3 5 /

68 오직 유다 지파와 /
2 2 3 /
그가 사랑하시는 시온 산을 택하시며 /
2 5 4 4 /

69 그의 성소를 산의 높음 같이, /
2 3 2 4 /
영원히 두신 땅 같이 지으셨도다 //
5 3 5 //

70 또 그의 종 / 다윗을 택하시되 / 양의 우리에서 취하시며 /
1 2 1 / 3 4 / 2 4 4 /

암송 부분

66 그의 2 4 1 4 / 3 4 3 4 //
67 또 1 3 3 4 / 4 3 3 5 /
68 오직 2 2 3 / 2 5 4 4 /
69 그의 2 3 2 4 / 5 3 5 //
70 또 1 2 1 / 3 4 / 2 4 4 /

71 젖 양을 지키는 중에서 / 그를 이끌어 내사 /
3 3 3 / 2 5 /
그의 백성인 야곱, / 그의 소유인 이스라엘을 /
2 3 2 / 2 3 5 /
기르게 하셨더니 /
3 4 /

72 이에 그가 / 그들을 자기 마음의 완전함으로 기르고 /
2 2 / 3 5 5 3 /
그의 손의 능숙함으로 / 그들을 지도하였도다 //
2 2 5 / 3 6 //

암송 부분

71 젖 양을 3 3 3 / 2 5 / 2 3 2 / 2 3 5 / 3 4 /
72 이에 2 2 / 3 5 5 3 / 2 2 5 / 3 6 //

1 내 1 4 / 1 3 3 / 1 2 2 / 2 6 //
2 내가 2 2 2 / 3 3 / 4 7 6 /
3 이는 2 3 3 4 / 3 4 4 4 //
4 우리가 3 2 / 3 4 3 4 / 4 3 2 3 / 2 3 3 3 / 3 5 //
5 여호와께서 5 3 4 4 / 3 6 4 / 2 5 4 / 3 4 3 // 4 /
6 이는 2 3 / 2 1 3 4 / 2 4 / 3 3 / 3 4 3 /
7 그들로 3 3 3 / 4 2 / 5 5 2 4 / 2 2 3 3 /
8 그들의 3 3 / 1 4 4 / 3 3 4 3 / 1 3 / 4 4 4 3 / 4 4 2 5 //
9 에브라임 4 3 / 3 3 2 4 / 3 2 5 //
10 그들이 3 / 4 3 3 4 / 2 5 4 /
11 여호와께서 5 5 / 4 3 / 2 5 4 //
12 옛적에 3 4 3 5 / 5 / 3 4 4 5 /
13 그가 2 3 2 / 2 5 5 / 3 4 4 /
14 낮에는 3 4 3 4 / 6 /
15 광야에서 4 3 4 / 2 5 3 3 / 4 3 4 /
16 또 1 4 3 2 / 2 3 3 4 /
17 그들은 3 4 4 4 / 3 3 4 6 //

18 그들이 3 / 3 4 3 3 / 3 3 4 6 /
19 그뿐 아니라 5 / 4 4 4 / 4 / 4 3 4 3 /
20 보라 2 2 3 2 / 2 3 3 4 / 2 2 2 3 / 2 3 3 / 3 5 // 4 //
21 그러므로 4 5 2 5 / 4 3 4 / 2 6 3 6 /
22 이는 2 4 2 4 / 2 3 / 4 3 5 //
23 그러나 3 / 2 2 3 5 / 4 3 /
24 그들에게 4 3 5 4 / 5 4 4 /
25 사람이 3 4 2 4 / 2 / 3 4 3 4 //
26 그가 2 3 4 5 / 2 4 3 5 /
27 먼지처럼 4 2 3 / 3 4 / 2 2 / 3 4 5 //
28 그가 2 / 4 3 3 6 / 3 3 6 /
29 그들이 3 2 2 5 / 4 3 3 / 4 4 //
30 그러나 3 3 / 3 3 3 4 / 3 4 / 2 3 2 4 /
31 하나님이 4 4 3 4 / 3 4 4 / 5 3 1 8 //
32 이러함에도 5 / 3 3 4 / 2 6 / 2 7 /
33 하나님이 4 / 3 3 3 6 / 3 3 / 5 3 4 //
34 하나님이 4 3 5 / 3 3 3 / 3 4 3 3 /
35 하나님이 4 3 5 / 4 4 / 3 6 6 //
36 그러나 3 3 / 3 3 4 / 2 2 / 3 3 5 /
37 이는 2 / 4 3 3 3 / 3 3 / 2 3 4 8 //
38 오직 2 4 6 / 3 5 5 5 / 2 3 3 5 / 2 2 2 / 1 4 6 /
39 그들은 3 4 / 2 2 4 3 / 4 / 7 //
40 그들이 3 4 3 4 / 4 2 6 4 /
41 그들이 3 3 / 4 4 4 / 5 4 2 / 3 4 //
42 그들이 3 / 2 3 2 / 4 4 / 5 3 4 2 / 4 6 //
43 그 때에 3 4 / 4 2 4 / 5 2 4 4 /
44 그들의 3 2 3 / 2 3 / 3 5 3 /
45 쇠파리 떼를 5 4 3 / 3 5 / 4 3 3 4 /
46 그들의 3 4 4 3 / 3 5 5 4 /
47 그들의 3 5 4 / 3 4 3 5 /
48 그들의 3 3 3 / 3 3 4 5 /
49 그의 2 3 4 / 3 3 2 / 1 3 4 / 4 7 /
50 그는 2 3 2 3 / 3 3 / 3 3 3 3 / 3 3 4 5 /
51 애굽에서 4 2 2 / 1 2 3 2 / 3 3 4 4 /
52 그가 2 / 2 3 / 3 4 3 / 4 4 6 //

53 그들을 3 3 5 / 3 4 4 / 3 3 3 4 //
54 그들을 3 2 3 2 / 1 2 5 3 / 3 5 /
55 또 1 3 / 3 3 5 / 4 3 3 5 / 5 4 / 3 3 6 //
56 그러나 3 3 / 4 4 4 4 / 2 3 3 4 /
57 그들의 3 5 / 4 3 3 / 3 3 4 /
58 자기 2 4 / 2 4 4 / 3 3 4 / 2 4 4 /
59 하나님이 4 4 3 / 5 2 4 /
60 사람 가운데 5 3 2 / 1 3 3 4 /
61 그가 2 2 3 / 4 5 / 2 3 / 3 2 4 /
62 그가 2 2 5 3 / 2 3 2 5 /
63 그들의 3 3 / 2 4 / 3 4 / 5 3 4 /
64 그들의 3 5 2 5 / 3 4 / 3 2 5 //
65 그 때에 3 3 / 3 6 / 4 3 4 4 / 4 /
66 그의 2 4 1 4 / 3 4 3 4 //
67 또 1 3 3 4 / 4 3 3 5 /
68 오직 2 2 3 / 2 5 4 4 /
69 그의 2 3 2 4 / 5 3 5 //
70 또 1 2 1 / 3 4 / 2 4 4 /
71 젖 양을 3 3 3 / 2 5 / 2 3 2 / 2 3 5 / 3 4 /
72 이에 2 2 / 3 5 5 3 / 2 2 5 / 3 6 //

79편

<아삽의 시>

1 하나님이여 / 이방 나라들이 /
5 / 6 /
주의 기업의 땅에 들어와서 / 주의 성전을 더럽히고 /
2 3 2 4 / 2 3 4 /
예루살렘이 돌무더기가 되게 하였나이다 //
5 5 7 //

2 그들이 주의 종들의 시체를 / 공중의 새에게 밥으로, /
3 2 3 3 / 3 3 3 /
주의 성도들의 육체를 / 땅의 짐승에게 주며 /
2 4 3 / 2 4 2 /

3 그들의 피를 / 예루살렘 사방에 물 같이 흘렸으나 /
3 2 / 4 3 3 4 /
그들을 매장하는 자가 없었나이다 //
3 6 5 //

4 우리는 / 우리 이웃에게 비방 거리가 되며 /
3 / 2 4 5 2 /
우리를 에워싼 자에게 / 조소와 조롱거리가 되었나이다 //
3 3 3 / 3 5 5 //

암송 부분

1 하나님이여 5 / 6 / 2 3 2 4 / 2 3 4 / 5 5 7 //
2 그들이 3 2 3 3 / 3 3 3 / 2 4 3 / 2 4 2 /
3 그들의 3 2 / 4 3 3 4 / 3 6 5 //
4 우리는 3 / 2 4 5 2 / 3 3 3 / 3 5 5 //

5 여호와여 어느 때까지니이까 / 영원히 노하시리이까 /
4 8 / 3 6 /
주의 질투가 불붙듯 하시리이까 /
2 3 3 5 /

6 주를 알지 아니하는 민족들과 /
2 2 4 4 /
주의 이름을 / 부르지 아니하는 나라들에게 /
2 3 / 3 4 5 /
주의 노를 쏟으소서 //
2 2 4 //

7 그들이 야곱을 삼키고 /
3 3 3 /
그의 거처를 황폐하게 함이니이다 //
2 3 4 5 //

8 우리 조상들의 죄악을 / 기억하지 마시고 /
2 4 3 / 4 3 /
주의 긍휼로 / 우리를 속히 영접하소서 //
2 3 / 3 2 5 //
우리가 매우 가련하게 되었나이다 //
3 2 4 5 //

암송 부분

5 여호와여 4 8 / 3 6 / 2 3 3 5 /
6 주를 2 2 4 4 / 2 3 / 3 4 5 / 2 2 4 //
7 그들이 3 3 3 / 2 3 4 5 //
8 우리 2 4 3 / 4 3 / 2 3 / 3 2 5 // 3 2 4 5 //

9 우리 구원의 하나님이여 / 주의 이름의 /
2 3 5 / 2 3 /
영광스러운 행사를 위하여 / 우리를 도우시며 /
5 3 3 / 3 4 /
주의 이름을 증거하기 위하여 / 우리를 건지시며 /
2 3 4 3 / 3 4 /
우리 죄를 사하소서 //
4 4 //

10 이방 나라들이 어찌하여 / 그들의 하나님이 어디 있느냐 //
6 4 / 3 4 5 //
말하나이까 // 주의 종들이 / 피 흘림에 대한 복수를 /
5 // 2 3 / 4 2 3 /
우리의 목전에서 / 이방 나라에게 보여 주소서 //
3 4 / 6 5 //

11 갇힌 자의 탄식을 / 주의 앞에 이르게 하시며 /
4 3 / 2 2 3 3 /
죽이기로 정해진 자도 / 주의 크신 능력을 따라 / 보존하소서 //
4 3 2 / 2 2 3 2 / 5 //

12 주여 / 우리 이웃이 주를 비방한 / 그 비방을 /
2 / 2 3 2 3 / 1 3 /
그들의 품에 칠 배나 갚으소서 //
3 2 3 4 //

암송 부분

9 우리 2 3 5 / 2 3 / 5 3 3 / 3 4 / 2 3 4 3 / 3 4 / 4 4 //
10 이방 나라들이 6 4 / 3 4 5 // 5 // 2 3 / 4 2 3 / 3 4 / 6 5 //
11 갇힌 자의 4 3 / 2 2 3 3 / 4 3 2 / 2 2 3 2 / 5 //
12 주여 2 / 2 3 2 3 / 1 3 / 3 2 3 4 //

13 우리는 주의 백성이요 / 주의 목장의 양이니 /
3 2 4 / 2 3 3 /
우리는 영원히 주께 감사하며 /
3 3 2 4 /
주의 영예를 대대에 전하리이다 //
2 3 3 5 //

암송 부분

1 하나님이여 5 / 6 / 2 3 2 4 / 2 3 4 / 5 5 7 //
2 그들이 3 2 3 3 / 3 3 3 / 2 4 3 / 2 4 2 /
3 그들의 3 2 / 4 3 3 4 / 3 6 5 //
4 우리는 3 / 2 4 5 2 / 3 3 3 / 3 5 5 //
5 여호와여 4 8 / 3 6 / 2 3 3 5 /
6 주를 2 2 4 4 / 2 3 / 3 4 5 / 2 2 4 //
7 그들이 3 3 3 / 2 3 4 5 //
8 우리 2 4 3 / 4 3 / 2 3 / 3 2 5 // 3 2 4 5 //
9 우리 2 3 5 / 2 3 / 5 3 3 / 3 4 / 2 3 4 3 / 3 4 / 4 4 //
10 이방 나라들이 6 4 / 3 4 5 // 5 // 2 3 / 4 2 3 / 3 4 / 6 5 //
11 갇힌 자의 4 3 / 2 2 3 3 / 4 3 2 / 2 2 3 2 / 5 //
12 주여 2 / 2 3 2 3 / 1 3 / 3 2 3 4 //

13 우리는 3 2 4 / 2 3 3 / 3 3 2 4 / 2 3 3 5 //

80편

<아삽의 시, 인도자를 따라 소산님에듯에 맞춘 노래>

1 요셉을 양 떼 같이 인도하시는 /
3 4 5 /
이스라엘의 목자여 귀를 기울이소서 //
5 3 2 5 //
그룹 사이에 좌정하신 이여 / 빛을 비추소서 //
5 6 / 2 4 //

2 에브라임과 베냐민과 므낫세 앞에서 /
5 4 3 3 /
주의 능력을 나타내사 / 우리를 구원하러 오소서 //
2 3 4 / 3 4 3 //

3 하나님이여 우리를 돌이키시고 / 주의 얼굴빛을 비추사 /
5 3 5 / 2 4 3 /
우리가 구원을 얻게 하소서 //
3 3 5 //

4 만군의 하나님 여호와여 / 주의 백성의 기도에 대하여 /
3 3 4 / 2 3 3 3 /
어느 때까지 노하시리이까 //
5 6 //

암송 부분

1 요셉을 3 4 5 / 5 3 2 5 // 5 6 / 2 4 //
2 에브라임과 5 4 3 3 / 2 3 4 / 3 4 3 //
3 하나님이여 5 3 5 / 2 4 3 / 3 3 5 //
4 만군의 3 3 4 / 2 3 3 3 / 5 6 //

5 주께서 그들에게 / 눈물의 양식을 먹이시며 /
3 4 / 3 3 4 /
많은 눈물을 마시게 하셨나이다 //
2 3 3 5 //

6 우리를 / 우리 이웃에게 다툼거리가 되게 하시니 /
3 / 2 4 5 5 /
우리 원수들이 서로 비웃나이다 //
2 4 2 5 //

7 만군의 하나님이여 / 우리를 회복하여 주시고 /
3 5 / 3 4 3 /
주의 얼굴의 광채를 비추사 / 우리가 구원을 얻게 하소서 //
2 3 3 3 / 3 3 5 //

8 주께서 / 한 포도나무를 애굽에서 가져다가 /
3 / 1 5 4 4 /
민족들을 쫓아내시고 그것을 심으셨나이다 //
4 5 3 6 //

9 주께서 그 앞서 가꾸셨으므로 / 그 뿌리가 깊이 박혀서 /
3 1 2 6 / 1 3 5 /
땅에 가득하며 /
2 4 /

암송 부분

5 주께서 3 4 / 3 3 4 / 2 3 3 5 //
6 우리를 3 / 2 4 5 5 / 2 4 2 5 //
7 만군의 3 5 / 3 4 3 / 2 3 3 3 / 3 3 5 //
8 주께서 3 / 1 5 4 4 / 4 5 3 6 //
9 주께서 3 1 2 6 / 1 3 5 / 2 4 /

10 그 그늘이 산들을 가리고 /
1 3 3 3 /
그 가지는 / 하나님의 백향목 같으며 /
1 3 / 4 3 3 /

11 그 가지가 바다까지 뻗고 / 넝쿨이 강까지 미쳤거늘 /
1 3 4 2 / 3 3 4 /

12 주께서 어찌하여 / 그 담을 허시사 /
3 4 / 1 2 3 /
길을 지나가는 모든 이들이 / 그것을 따게 하셨나이까 //
2 4 5 / 3 2 5 //

13 숲 속의 멧돼지들이 상해하며 / 들짐승들이 먹나이다 //
3 5 4 / 5 4 //

14 만군의 하나님이여 구하옵나니 돌아오소서 //
3 5 5 5 //
하늘에서 굽어보시고 / 이 포도나무를 돌보소서 //
4 5 / 1 5 4 //

15 주의 오른손으로 심으신 줄기요 /
2 5 3 3 /
주를 위하여 힘있게 하신 가지니이다 //
2 3 5 5 //

암송 부분

10 그 1 3 3 3 / 1 3 / 4 3 3 /
11 그 1 3 4 2 / 3 3 4 /
12 주께서 3 4 / 1 2 3 / 2 4 5 / 3 2 5 //
13 숲 속의 3 5 4 / 5 4 //
14 만군의 3 5 5 5 // 4 5 / 1 5 4 //
15 주의 2 5 3 3 / 2 3 5 5 //

16 그것이 불타고 베임을 당하며 /
3 3 3 3 /
주의 면책으로 말미암아 멸망하오니 /
2 4 4 5 /

17 주의 오른쪽에 있는 자 / 곧 주를 위하여 /
2 4 3 / 1 2 3 /
힘있게 하신 인자에게 / 주의 손을 얹으소서 //
5 4 / 2 2 4 //

18 그리하시면 우리가 / 주에게서 물러가지 아니하오리니 /
5 3 / 4 4 6 /
우리를 소생하게 하소서 // 우리가 주의 이름을 부르리이다 //
3 4 3 // 3 2 3 5 //

19 만군의 하나님 여호와여 / 우리를 돌이켜 주시고 /
3 3 4 / 3 3 3 /
주의 얼굴의 광채를 / 우리에게 비추소서 //
2 3 3 / 4 4 //
우리가 구원을 얻으리이다 //
3 3 5 //

암송 부분

16 그것이 3 3 3 3 / 2 4 4 5 /
17 주의 2 4 3 / 1 2 3 / 5 4 / 2 2 4 //
18 그리하시면 5 3 / 4 4 6 / 3 4 3 // 3 2 3 5 //
19 만군의 3 3 4 / 3 3 3 / 2 3 3 / 4 4 // 3 3 5 //

1 요셉을 3 4 5 / 5 3 2 5 // 5 6 / 2 4 //
2 에브라임과 5 4 3 3 / 2 3 4 / 3 4 3 //
3 하나님이여 5 3 5 / 2 4 3 / 3 3 5 //
4 만군의 3 3 4 / 2 3 3 3 / 5 6 //
5 주께서 3 4 / 3 3 4 / 2 3 3 5 //
6 우리를 3 / 2 4 5 5 / 2 4 2 5 //
7 만군의 3 5 / 3 4 3 / 2 3 3 3 / 3 3 5 //
8 주께서 3 / 1 5 4 4 / 4 5 3 6 //
9 주께서 3 1 2 6 / 1 3 5 / 2 4 /
10 그 1 3 3 3 / 1 3 / 4 3 3 /
11 그 1 3 4 2 / 3 3 4 /
12 주께서 3 4 / 1 2 3 / 2 4 5 / 3 2 5 //
13 숲 속의 3 5 4 / 5 4 //
14 만군의 3 5 5 5 // 4 5 / 1 5 4 //
15 주의 2 5 3 3 / 2 3 5 5 //
16 그것이 3 3 3 3 / 2 4 4 5 /
17 주의 2 4 3 / 1 2 3 / 5 4 / 2 2 4 //
18 그리하시면 5 3 / 4 4 6 / 3 4 3 // 3 2 3 5 //
19 만군의 3 3 4 / 3 3 3 / 2 3 3 / 4 4 // 3 3 5 //

81편

<아삽의 시, 인도자를 따라 깃딧에 맞춘 노래>

1 우리의 능력이 되시는 / 하나님을 향하여 기쁘게 노래하며 /
3 3 3 / 4 3 3 4 /
야곱의 하나님을 향하여 / 즐거이 소리칠지어다 //
3 4 3 / 3 6 //

2 시를 읊으며 소고를 치고 /
2 3 3 2 /
아름다운 수금에 비파를 아우를지어다 //
4 3 3 6 //

3 초하루와 보름과 / 우리의 명절에 나팔을 불지어다 //
4 3 / 3 3 3 4 //

4 이는 이스라엘의 율례요 / 야곱의 하나님의 규례로다 //
2 5 3 / 3 4 4 //

5 하나님이 / 애굽 땅을 치러 나아가시던 때에 /
4 / 4 2 7 /
요셉의 족속 중에 / 이를 증거로 세우셨도다 //
3 4 / 2 3 5 //
거기서 / 내가 알지 못하던 / 말씀을 들었나니 /
3 / 2 5 / 3 4 /

암송 부분

1 우리의 3 3 3 / 4 3 3 4 / 3 4 3 / 3 6 //
2 시를 2 3 3 2 / 4 3 3 6 //
3 초하루와 4 3 / 3 3 3 4 //
4 이는 2 5 3 / 3 4 4 //
5 하나님이 4 / 4 2 7 / 3 4 / 2 3 5 // 3 / 2 5 / 3 4 /

6 이르시되 / 내가 그의 어깨에서 / 짐을 벗기고 /
4 / 2 2 4 / 2 3 /
그의 손에서 / 광주리를 놓게 하였도다 //
2 3 / 4 6 //

7 네가 고난 중에 부르짖으매 / 내가 너를 건졌고 /
2 4 5 / 2 2 3 /
우렛소리의 은밀한 곳에서 / 네게 응답하며 /
5 3 3 / 2 4 /
므리바 물 가에서 너를 시험하였도다 // (셀라)
3 4 2 6 // (2)

8 내 백성이여 들으라 // 내가 네게 증언하리라 //
1 4 3 // 2 2 5 //
이스라엘이여 내게 듣기를 원하노라 //
6 2 3 4 //

9 너희 중에 다른 신을 두지 말며 /
4 4 4 /
이방 신에게 절하지 말지어다 //
5 3 4 //

10 나는 너를 애굽 땅에서 인도하여 낸 /
2 2 5 5 /
여호와 네 하나님이니 / 네 입을 크게 열라 //
3 1 5 / 1 2 4 //
내가 채우리라 // 하였으나 /
2 4 // 4 /

암송 부분

6 이르시되 4 / 2 2 4 / 2 3 / 2 3 / 4 6 //
7 네가 2 4 5 / 2 2 3 / 5 3 3 / 2 4 / 3 4 2 6 // (2)
8 내 1 4 3 // 2 2 5 // 6 2 3 4 //
9 너희 중에 4 4 4 / 5 3 4 //
10 나는 2 2 5 5 / 3 1 5 / 1 2 4 // 2 4 // 4 /

11 내 백성이 / 내 소리를 듣지 아니하며 /
1 3 /1 3 2 4 /
이스라엘이 나를 원하지 아니하였도다 //
5 2 3 6 //

12 그러므로 내가 / 그의 마음을 완악한 대로 버려 두어 /
4 2 / 2 3 5 4 /
그의 임의대로 행하게 하였도다 //
2 4 3 4 //

13 내 백성아 내 말을 들으라 //
1 3 3 3 //
이스라엘아 내 도를 따르라 //
5 1 2 3 //

14 그리하면 내가 속히 / 그들의 원수를 누르고 /
4 2 2/ 3 3 3 /
내 손을 돌려 / 그들의 대적들을 치리니 /
1 2 2 / 3 4 3 /

15 여호와를 미워하는 자는 / 그에게 복종하는 체할지라도 /
4 4 2 / 3 4 5 /
그들의 시대는 영원히 계속되리라 //
3 3 3 5 //

암송 부분

11 내 1 3 / 1 3 2 4 / 5 2 3 6 //
12 그러므로 4 2 / 2 3 5 4 / 2 4 3 4 //
13 내 1 3 3 3 // 5 1 2 3 //
14 그리하면 4 2 2 / 3 3 3 / 1 2 2 / 3 4 3 /
15 여호와를 4 4 2 / 3 4 5 / 3 3 3 5 //

16 또 내가 / 기름진 밀을 그들에게 먹이며 /
1 2 / 3 2 4 3 /
반석에서 나오는 꿀로 / 너를 만족하게 하리라 // 하셨도다 //
4 3 2 / 2 4 3 // 4 //

암송 부분

1 우리의 3 3 3 / 4 3 3 4 / 3 4 3 / 3 6 //
2 시를 2 3 3 2 / 4 3 3 6 //
3 초하루와 4 3 / 3 3 3 4 //
4 이는 2 5 3 / 3 4 4 //
5 하나님이 4 / 4 2 7 / 3 4 / 2 3 5 // 3 / 2 5 / 3 4 /
6 이르시되 4 / 2 2 4 / 2 3 / 2 3 / 4 6 //
7 네가 2 4 5 / 2 2 3 / 5 3 3 / 2 4 / 3 4 2 6 // (2)
8 내 1 4 3 // 2 2 5 // 6 2 3 4 //
9 너희 중에 4 4 4 / 5 3 4 //
10 나는 2 2 5 5 / 3 1 5 / 1 2 4 // 2 4 // 4 /
11 내 1 3 / 1 3 2 4 / 5 2 3 6 //
12 그러므로 4 2 / 2 3 5 4 / 2 4 3 4 //
13 내 1 3 3 3 // 5 1 2 3 //
14 그리하면 4 2 2 / 3 3 3 / 1 2 2 / 3 4 3 /
15 여호와를 4 4 2 / 3 4 5 / 3 3 3 5 //

16 또 1 2 / 3 2 4 3 / 4 3 2 / 2 4 3 // 4 //

82편

<아삽의 시>

1 하나님은 / 신들의 모임 가운데에 서시며 /
4 / 3 2 4 3 /
하나님은 그들 가운데에서 재판하시느니라 //
4 2 5 7 //

2 너희가 불공평한 판단을 하며 / 악인의 낯 보기를 /
3 4 5 / 3 1 3 /
언제까지 하려느냐 // (셀라)
4 4 // (2)

3 가난한 자와 고아를 위하여 판단하며 /
5 3 3 4 /
곤란한 자와 빈궁한 자에게 공의를 베풀지며 /
5 6 3 4 /

4 가난한 자와 궁핍한 자를 구원하여 /
5 5 4 /
악인들의 손에서 건질지니라 // 하시는도다 //
4 3 5 // 5 //

5 그들은 알지도 못하고 / 깨닫지도 못하여 /
3 3 3 / 4 3 /
흑암 중에 왕래하니 / 땅의 모든 터가 흔들리도다 //
4 4 / 2 2 2 5 //

암송 부분

1 하나님은 4 / 3 2 4 3 / 4 2 5 7 //
2 너희가 3 4 5 / 3 1 3 / 4 4 // (2)
3 가난한 자와 5 3 3 4 / 5 6 3 4 /
4 가난한 자와 5 5 4 / 4 3 5 // 5 //
5 그들은 3 3 3 / 4 3 / 4 4 / 2 2 2 5 //

6 내가 말하기를 / 너희는 신들이며 /
2 4 / 3 4 /
다 지존자의 아들들이라 // 하였으나 /
1 4 5 // 4 /

7 그러나 너희는 사람처럼 죽으며 /
3 3 4 3 /
고관의 하나 같이 넘어지리로다 //
3 4 6 //

8 하나님이여 일어나사 세상을 심판하소서 //
5 4 3 5 //
모든 나라가 / 주의 소유이기 때문이니이다 //
5 / 2 4 6 //

암송 부분

1 하나님은 4 / 3 2 4 3 / 4 2 5 7 //
2 너희가 3 4 5 / 3 1 3 / 4 4 // (2)
3 가난한 자와 5 3 3 4 / 5 6 3 4 /
4 가난한 자와 5 5 4 / 4 3 5 // 5 //
5 그들은 3 3 3 / 4 3 / 4 4 / 2 2 2 5 //

6 내가 2 4 / 3 4 / 1 4 5 // 4 /
7 그러나 3 3 4 3 / 3 4 6 //
8 하나님이여 5 4 3 5 // 5 / 2 4 6 //

83편

<아삽의 시 곧 노래>

1 하나님이여 침묵하지 마소서 //
5 4 3 //
하나님이여 잠잠하지 마시고 / 조용하지 마소서 //
5 4 3 / 4 3 //

2 무릇 / 주의 원수들이 떠들며 /
2 / 2 4 3 /
주를 미워하는 자들이 / 머리를 들었나이다 //
2 4 3 / 3 5 //

3 그들이 주의 백성을 치려 하여 / 간계를 꾀하며 /
3 2 3 4 / 3 3 /
주께서 숨기신 자를 치려고 / 서로 의논하여 /
3 5 3 / 2 4 /

4 말하기를 / 가서 그들을 멸하여 /
4 / 2 3 3 /
다시 나라가 되지 못하게 하여 / 이스라엘의 이름으로 /
2 5 5 / 5 4 /
다시는 기억되지 못하게 하자 // 하나이다 //
3 4 5 // 4 //

암송 부분

1 하나님이여 5 4 3 // 5 4 3 / 4 3 //
2 무릇 2 / 2 4 3 / 2 4 3 / 3 5 //
3 그들이 3 2 3 4 / 3 3 / 3 5 3 / 2 4 /
4 말하기를 4 / 2 3 3 / 2 5 5 / 5 4 / 3 4 5 // 4 //

5 그들이 한마음으로 의논하고 /
3 5 4 /
주를 대적하여 서로 동맹하니 /
2 4 2 4 /

6 곧 에돔의 장막과 / 이스마엘인과 모압과 하갈인이며 /
1 3 3 / 6 3 5 /

7 그발과 암몬과 아말렉이며 / 블레셋과 두로 사람이요 /
3 3 5 / 4 2 4 /

8 앗수르도 그들과 연합하여 /
4 3 4 /
롯 자손의 도움이 되었나이다 // (셀라)
1 3 3 5 // (2)

9 주는 미디안인에게 행하신 것 같이, /
2 6 6 /
기손 시내에서 / 시스라와 야빈에게 행하신 것 같이 /
2 4 / 4 4 6 /
그들에게도 행하소서 //
5 4 //

10 그들은 엔돌에서 패망하여 / 땅에 거름이 되었나이다 //
3 4 4 / 2 3 5 //

암송 부분

5 그들이 3 5 4 / 2 4 2 4 /
6 곧 1 3 3 / 6 3 5 /
7 그발과 3 3 5 / 4 2 4 /
8 앗수르도 4 3 4 / 1 3 3 5 // (2)
9 주는 2 6 6 / 2 4 / 4 4 6 / 5 4 //
10 그들은 3 4 4 / 2 3 5 //

11 그들의 귀인들이 / 오렙과 스엡 같게 하시며 /
3 4 / 3 4 3 /
그들의 모든 고관들은 / 세바와 살문나와 같게 하소서 //
3 2 4 / 3 4 5 //

12 그들이 말하기를 / 우리가 하나님의 목장을 /
3 4 / 3 4 3 /
우리의 소유로 취하자 // 하였나이다 //
3 3 3 // 5 //

13 나의 하나님이여 / 그들이 굴러가는 검불 같게 하시며 /
2 5 / 3 4 4 3 /
바람에 날리는 지푸라기 같게 하소서 //
3 3 4 5 //

14 삼림을 사르는 불과 / 산에 붙는 불길 같이 /
3 3 2 / 2 2 4 /

15 주의 광풍으로 그들을 쫓으시며 /
2 4 3 4 /
주의 폭풍으로 / 그들을 두렵게 하소서 //
2 4 / 3 6 //

16 여호와여 / 그들의 얼굴에 수치가 가득하게 하사 /
4 / 3 3 3 6 /
그들이 주의 이름을 찾게 하소서 //
3 2 3 5 //

암송 부분

11 그들의 3 4 / 3 4 3 / 3 2 4 / 3 4 5 //
12 그들이 3 4 / 3 4 3 / 3 3 3 // 5 //
13 나의 2 5 / 3 4 4 3 / 3 3 4 5 //
14 삼림을 3 3 2 / 2 2 4 /
15 주의 2 4 3 4 / 2 4 / 3 6 //
16 여호와여 4 / 3 3 3 6 / 3 2 3 5 //

17 그들로 수치를 당하여 / 영원히 놀라게 하시며 /
3 3 3 / 3 3 3 /
낭패와 멸망을 당하게 하사 /
3 3 5 /

18 여호와라 이름하신 주만 /
4 4 2 /
온 세계의 지존자로 알게 하소서 //
1 3 4 5 //

암송 부분

1 하나님이여 5 4 3 // 5 4 3 / 4 3 //
2 무릇 2 / 2 4 3 / 2 4 3 / 3 5 //
3 그들이 3 2 3 4 / 3 3 / 3 5 3 / 2 4 /
4 말하기를 4 / 2 3 3 / 2 5 5 / 5 4 / 3 4 5 // 4 //
5 그들이 3 5 4 / 2 4 2 4 /
6 곧 1 3 3 / 6 3 5 /
7 그발과 3 3 5 / 4 2 4 /
8 앗수르도 4 3 4 / 1 3 3 5 // (2)
9 주는 2 6 6 / 2 4 / 4 4 6 / 5 4 //
10 그들은 3 4 4 / 2 3 5 //
11 그들의 3 4 / 3 4 3 / 3 2 4 / 3 4 5 //
12 그들이 3 4 / 3 4 3 / 3 3 3 // 5 //
13 나의 2 5 / 3 4 4 3 / 3 3 4 5 //
14 삼림을 3 3 2 / 2 2 4 /
15 주의 2 4 3 4 / 2 4 / 3 6 //
16 여호와여 4 / 3 3 3 6 / 3 2 3 5 //

17 그들로 3 3 3 / 3 3 3 / 3 3 5 /
18 여호와라 4 4 2 / 1 3 4 5 //

84편

<고라 자손의 시, 인도자를 따라 깃딧에 맞춘 노래>

1 만군의 여호와여 / 주의 장막이 /
3 4 / 2 3 /
어찌 그리 사랑스러운지요 //
4 7 //

2 내 영혼이 / 여호와의 궁정을 사모하여 쇠약함이여 /
1 3 / 4 3 4 5 /
내 마음과 육체가 / 살아 계시는 하나님께 부르짖나이다 //
1 3 3 / 5 4 6 //

3 나의 왕, 나의 하나님, / 만군의 여호와여 /
2 1 2 3 / 3 4 /
주의 제단에서 / 참새도 제 집을 얻고 /
2 4 / 3 1 2 2 /
제비도 새끼 둘 보금자리를 얻었나이다 //
3 3 5 5 //

4 주의 집에 사는 자들은 / 복이 있나니 /
2 2 2 3 / 2 3 /
그들이 항상 주를 찬송하리이다 // (셀라)
3 2 2 6 // (2)

암송 부분

1 만군의 3 4 / 2 3 / 4 7 //
2 내 1 3 / 4 3 4 5 / 1 3 3 / 5 4 6 //
3 나의 2 1 2 3 / 3 4 / 2 4 / 3 1 2 2 / 3 3 5 5 //
4 주의 2 2 2 3 / 2 3 / 3 2 2 6 // (2)

5 주께 힘을 얻고 / 그 마음에 / 시온의 대로가 있는 자는 /
2 2 2 / 1 3 / 3 3 4 /
복이 있나이다 //
2 4 //

6 그들이 눈물 골짜기로 지나갈 때에 /
3 6 5 /
그 곳에 많은 샘이 있을 것이며 /
3 2 2 5 /
이른 비가 복을 채워 주나이다 //
4 2 6 //

7 그들은 힘을 얻고 / 더 얻어 나아가 /
3 2 2 / 1 2 3 /
시온에서 하나님 앞에 / 각기 나타나리이다 //
4 3 2 / 2 6 //

8 만군의 하나님 여호와여 / 내 기도를 들으소서 //
3 3 4 / 1 3 4 //
야곱의 하나님이여 귀를 기울이소서 // (셀라)
3 5 2 5 // (2)

9 우리 방패이신 하나님이여 /
2 4 5 /
주께서 / 기름 부으신 자의 얼굴을 살펴 보옵소서 //
3 / 7 3 6 //

암송 부분

5 주께 2 2 2 / 1 3 / 3 3 4 / 2 4 //
6 그들이 3 6 5 / 3 2 2 5 / 4 2 6 //
7 그들은 3 2 2 / 1 2 3 / 4 3 2 / 2 6 //
8 만군의 3 3 4 / 1 3 4 // 3 5 2 5 // (2)
9 우리 2 4 5 / 3 / 7 3 6 //

10 주의 궁정에서의 한 날이 /
2 5 3 /
다른 곳에서의 천 날보다 나은즉 /
6 4 3 /
악인의 장막에 사는 것보다 /
3 3 5 /
내 하나님의 / 성전 문지기로 있는 것이 좋사오니 /
1 4 / 2 4 4 4 /

11 여호와 하나님은 해요 방패이시라 //
3 4 2 5 //
여호와께서 은혜와 영화를 주시며 /
5 3 3 3 /
정직하게 행하는 자에게 /
4 3 3 /
좋은 것을 아끼지 아니하실 것임이니이다 //
4 3 4 6 //

12 만군의 여호와여 / 주께 의지하는 자는 복이 있나이다 //
3 4 / 2 6 2 4 //

암송 부분

1 만군의 3 4 / 2 3 / 4 7 //
2 내 1 3 / 4 3 4 5 / 1 3 3 / 5 4 6 //
3 나의 2 1 2 3 / 3 4 / 2 4 / 3 1 2 2 / 3 3 5 5 //
4 주의 2 2 2 3 / 2 3 / 3 2 2 6 // (2)
5 주께 2 2 2 / 1 3 / 3 3 4 / 2 4 //
6 그들이 3 6 5 / 3 2 2 5 / 4 2 6 //
7 그들은 3 2 2 / 1 2 3 / 4 3 2 / 2 6 //
8 만군의 3 3 4 / 1 3 4 // 3 5 2 5 // (2)
9 우리 2 4 5 / 3 / 7 3 6 //

10 주의 2 5 3 / 6 4 3 / 3 3 5 / 1 4 / 2 4 4 4 /
11 여호와 3 4 2 5 // 5 3 3 3 / 4 3 3 / 4 3 4 6 //
12 만군의 3 4 / 2 6 2 4 //

85편

<고라 자손의 시, 인도자를 따라 부르는 노래>

1 여호와여 / 주께서 / 주의 땅에 은혜를 베푸사 /
4 / 3 / 2 2 3 3 /
야곱의 포로 된 자들이 / 돌아오게 하셨으며 /
3 3 3 / 4 4 /

2 주의 백성의 죄악을 사하시고 /
2 3 3 4 /
그들의 모든 죄를 덮으셨나이다 // (셀라)
3 4 6 // (2)

3 주의 모든 분노를 거두시며 /
2 2 3 4 /
주의 진노를 돌이키셨나이다 //
2 3 7 //

4 우리 구원의 하나님이여 / 우리를 돌이키시고 /
2 3 5 / 3 5 /
우리에게 향하신 / 주의 분노를 거두소서 //
4 3 / 2 3 4 //

5 주께서 우리에게 영원히 노하시며 /
3 4 3 4 /
대대에 진노하시겠나이까 //
3 8 //

암송 부분

1 여호와여 4 / 3 / 2 2 3 3 / 3 3 3 / 4 4 /
2 주의 2 3 3 4 / 3 4 6 // (2)
3 주의 2 2 3 4 / 2 3 7 //
4 우리 2 3 5 / 3 5 / 4 3 / 2 3 4 //
5 주께서 3 4 3 4 / 3 8 //

6 주께서 우리를 다시 살리사 / 주의 백성이 /
3 3 2 3 / 2 3 /
주를 기뻐하도록 하지 아니하시겠나이까 //
2 5 2 8 //

7 여호와여 / 주의 인자하심을 우리에게 보이시며 /
4 / 2 5 4 4 /
주의 구원을 우리에게 주소서 //
2 3 4 3 //

8 내가 / 하나님 여호와께서 하실 말씀을 들으리니 /
2 / 3 5 5 4 /
무릇 그의 백성, / 그의 성도들에게 /
2 2 2 / 2 5 /
화평을 말씀하실 것이라 //
3 7 //
그들은 다시 어리석은 데로 / 돌아가지 말지로다 //
3 2 6 / 4 4 //

9 진실로 그의 구원이 / 그를 경외하는 자에게 가까우니 /
3 2 3 / 2 4 3 4 /
영광이 우리 땅에 머무르리이다 //
3 4 6 //

10 인애와 진리가 같이 만나고 /
3 3 2 3 /
의와 화평이 서로 입맞추었으며 /
2 3 2 6 /

암송 부분

6 주께서 3 3 2 3 / 2 3 / 2 5 2 8 //
7 여호와여 4 / 2 5 4 4 / 2 3 4 3 //
8 내가 2 / 3 5 5 4 / 2 2 2 / 2 5 / 3 7 // 3 2 6 / 4 4 //
9 진실로 3 2 3 / 2 4 3 4 / 3 4 6 //
10 인애와 3 3 2 3 / 2 3 2 6 /

11 진리는 땅에서 솟아나고 / 의는 하늘에서 굽어보도다 //
3 3 4 / 2 4 5 //

12 여호와께서 좋은 것을 주시리니 /
5 4 4 /
우리 땅이 / 그 산물을 내리로다 //
2 2 / 1 3 4 //

13 의가 주의 앞에 앞서 가며 / 주의 길을 닦으리로다 //
2 4 4 / 4 5 //

암송 부분

1 여호와여 4 / 3 / 2 2 3 3 / 3 3 3 / 4 4 /
2 주의 2 3 3 4 / 3 4 6 // (2)
3 주의 2 2 3 4 / 2 3 7 //
4 우리 2 3 5 / 3 5 / 4 3 / 2 3 4 //
5 주께서 3 4 3 4 / 3 8 //
6 주께서 3 3 2 3 / 2 3 / 2 5 2 8 //
7 여호와여 4 / 2 5 4 4 / 2 3 4 3 //
8 내가 2 / 3 5 5 4 / 2 2 2 / 2 5 / 3 7 // 3 2 6 / 4 4 //
9 진실로 3 2 3 / 2 4 3 4 / 3 4 6 //
10 인애와 3 3 2 3 / 2 3 2 6 /

11 진리는 3 3 4 / 2 4 5 //
12 여호와께서 5 4 4 / 2 2 / 1 3 4 //
13 의가 2 4 4 / 4 5 //

86편

<다윗의 기도>

1 여호와여 / 나는 가난하고 궁핍하오니 /
4 / 2 4 5 /
주의 귀를 기울여 / 내게 응답하소서 //
2 2 3 / 2 5 //

2 나는 경건하오니 / 내 영혼을 보존하소서 //
2 5 / 1 3 5 //
내 주 하나님이여 / 주를 의지하는 종을 구원하소서 //
1 1 5 / 2 4 2 5 //

3 주여 / 내게 은혜를 베푸소서 //
2 / 2 3 4 //
내가 종일 주께 부르짖나이다 //
2 2 2 6 //

4 주여 / 내 영혼이 주를 우러러보오니 /
2 / 1 3 2 6 /
주여 / 내 영혼을 기쁘게 하소서 //
2 / 1 3 3 3 //

5 주는 선하사 사죄하기를 즐거워하시며 /
2 3 5 6 /
주께 부르짖는 자에게 / 인자함이 후하심이니이다 //
2 4 3 / 4 7 //

암송 부분

1 여호와여 4 / 2 4 5 / 2 2 3 / 2 5 //
2 나는 2 5 / 1 3 5 // 1 1 5 / 2 4 2 5 //
3 주여 2 / 2 3 4 // 2 2 2 6 //
4 주여 2 / 1 3 2 6 / 2 / 1 3 3 3 //
5 주는 2 3 5 6 / 2 4 3 / 4 7 //

6 여호와여 / 나의 기도에 귀를 기울이시고 /
4 / 2 3 2 5 /
내가 간구하는 소리를 들으소서 //
2 4 3 4 //

7 나의 환난 날에 / 내가 주께 부르짖으리니 /
2 4 / 2 2 6 /
주께서 내게 응답하시리이다 //
3 2 7 //

8 주여 / 신들 중에 주와 같은 자 없사오며 /
2 / 4 5 4 /
주의 행하심과 같은 일도 없나이다 //
2 4 4 4 //

9 주여 / 주께서 지으신 / 모든 민족이 와서 /
2 / 3 3 / 2 3 2 /
주의 앞에 경배하며 / 주의 이름에 영광을 돌리리이다 //
4 4 / 2 3 3 5 //

10 무릇 주는 위대하사 / 기이한 일들을 행하시오니 /
2 2 4 / 3 3 5 /
주만이 하나님이시니이다 //
3 8 //

암송 부분

6 여호와여 4 / 2 3 2 5 / 2 4 3 4 //
7 나의 2 4 / 2 2 6 / 3 2 7 //
8 주여 2 / 4 5 4 / 2 4 4 4 //
9 주여 2 / 3 3 / 2 3 2 / 4 4 / 2 3 3 5 //
10 무릇 2 2 4 / 3 3 5 / 3 8 //

11 여호와여 / 주의 도를 내게 가르치소서 //
4 / 2 2 2 5 //
내가 주의 진리에 행하오리니 /
2 2 3 5 /
일심으로 / 주의 이름을 경외하게 하소서 //
4 / 2 3 4 3 //

12 주 나의 하나님이여 / 내가 전심으로 주를 찬송하고 /
1 2 5 / 2 4 2 4 /
영원토록 / 주의 이름에 영광을 돌리오리니 /
4 / 2 3 3 5 /

13 이는 내게 향하신 / 주의 인자하심이 크사 /
2 2 3 / 2 5 2 /
내 영혼을 / 깊은 스올에서 건지셨음이니이다 //
1 3 / 2 4 8 //

14 하나님이여 / 교만한 자들이 일어나 / 나를 치고 /
5 / 3 3 3 / 2 2 /
포악한 자의 무리가 / 내 영혼을 찾았사오며 /
3 2 3 / 1 3 5 /
자기 앞에 / 주를 두지 아니하였나이다 //
4 / 2 2 7 //

암송 부분

11 여호와여 4 / 2 2 2 5 // 2 2 3 5 / 4 / 2 3 4 3 //
12 주 1 2 5 / 2 4 2 4 / 4 / 2 3 3 5 /
13 이는 2 2 3 / 2 5 2 / 1 3 / 2 4 8 //
14 하나님이여 5 / 3 3 3 / 2 2 / 3 2 3 / 1 3 5 / 4 / 2 2 7 //

15 그러나 주여 / 주는 긍휼히 여기시며 /
3 2 / 2 3 4 /
은혜를 베푸시며 노하기를 더디하시며 /
3 4 4 5 /
인자와 진실이 풍성하신 하나님이시오니 /
3 3 4 7 /

16 내게로 돌이키사 / 내게 은혜를 베푸소서 //
3 4 / 2 3 4 //
주의 종에게 힘을 주시고 / 주의 여종의 아들을 구원하소서 //
2 3 2 3 / 2 3 3 5 //

17 은총의 표적을 내게 보이소서 // 그러면 /
3 3 2 4 // 3 /
나를 미워하는 그들이 보고 / 부끄러워하오리니 /
2 4 3 2 / 8 /
여호와여 / 주는 나를 돕고 / 위로하시는 이시니이다 //
4 / 2 2 2 / 5 5 //

암송 부분

15 그러나 3 2 / 2 3 4 / 3 4 4 5 / 3 3 4 7 /
16 내게로 3 4 / 2 3 4 // 2 3 2 3 / 2 3 3 5 //
17 은총의 3 3 2 4 // 3 / 2 4 3 2 / 8 / 4 / 2 2 2 / 5 5 //

1 여호와여 4 / 2 4 5 / 2 2 3 / 2 5 //
2 나는 2 5 / 1 3 5 // 1 1 5 / 2 4 2 5 //
3 주여 2 / 2 3 4 // 2 2 2 6 //
4 주여 2 / 1 3 2 6 / 2 / 1 3 3 3 //
5 주는 2 3 5 6 / 2 4 3 / 4 7 //
6 여호와여 4 / 2 3 2 5 / 2 4 3 4 //
7 나의 2 4 / 2 2 6 / 3 2 7 //
8 주여 2 / 4 5 4 / 2 4 4 4 //
9 주여 2 / 3 3 / 2 3 2 / 4 4 / 2 3 3 5 //
10 무릇 2 2 4 / 3 3 5 / 3 8 //
11 여호와여 4 / 2 2 2 5 // 2 2 3 5 / 4 / 2 3 4 3 //
12 주 1 2 5 / 2 4 2 4 / 4 / 2 3 3 5 /
13 이는 2 2 3 / 2 5 2 / 1 3 / 2 4 8 //
14 하나님이여 5 / 3 3 3 / 2 2 / 3 2 3 / 1 3 5 / 4 / 2 2 7 //
15 그러나 3 2 / 2 3 4 / 3 4 4 5 / 3 3 4 7 /
16 내게로 3 4 / 2 3 4 // 2 3 2 3 / 2 3 3 5 //
17 은총의 3 3 2 4 // 3 / 2 4 3 2 / 8 / 4 / 2 2 2 / 5 5 //

87편

<고라 자손의 시 곧 노래>

1 그의 터전이 성산에 있음이여 /
2 3 3 4 /

2 여호와께서 / 야곱의 모든 거처보다 /
5 / 3 2 4 /
시온의 문들을 사랑하시는도다 //
3 3 7 //

3 하나님의 성이여 /
4 3 /
너를 가리켜 영광스럽다 말하는도다 // (셀라)
2 3 5 5 // (2)

4 나는 라합과 바벨론이 / 나를 아는 자 중에 있다 /
2 3 4 / 2 5 2 /
말하리라 // 보라 / 블레셋과 두로와 구스여 /
4 // 2 / 4 3 3 /
이것들도 거기서 났다 / 하리로다 //
4 5 / 4 //

암송 부분

1 그의 2 3 3 4 /
2 여호와께서 5 / 3 2 4 / 3 3 7 //
3 하나님의 4 3 / 2 3 5 5 // (2)
4 나는 2 3 4 / 2 5 2 / 4 // 2 / 4 3 3 / 4 5 / 4 //

5 시온에 대하여 말하기를 / 이 사람, 저 사람이 /
3 3 4 / 3 4 /
거기서 났다고 말하리니 /
3 3 4 /
지존자가 친히 시온을 세우리라 // 하는도다 //
4 2 3 4 // 4 //

6 여호와께서 민족들을 등록하실 때에는 / 그 수를 세시며 /
5 4 4 3 / 1 2 3 /
이 사람이 거기서 났다 / 하시리로다 // (셀라)
4 5 / 5 // (2)

7 노래하는 자와 뛰어 노는 자들이 / 말하기를 /
4 2 4 3 / 4 /
나의 모든 근원이 / 네게 있다 // 하리로다 //
2 2 3 / 2 2 // 4 //

암송 부분

1 그의 2 3 3 4 /
2 여호와께서 5 / 3 2 4 / 3 3 7 //
3 하나님의 4 3 / 2 3 5 5 // (2)
4 나는 2 3 4 / 2 5 2 / 4 // 2 / 4 3 3 / 4 5 / 4 //

5 시온에 3 3 4 / 3 4 / 3 3 4 / 4 2 3 4 // 4 //
6 여호와께서 5 4 4 3 / 1 2 3 / 4 5 / 5 // (2)
7 노래하는 4 2 4 3 / 4 / 2 2 3 / 2 2 // 4 //

88편

<고라 자손의 찬송 시 곧 에스라인 헤만의 마스길, 인도자를 따라 마할랏르안놋에 맞춘 노래>

1 여호와 내 구원의 하나님이여 /
3 1 3 5 /
내가 주야로 주 앞에서 부르짖었사오니 /
2 3 4 7 /

2 나의 기도가 / 주 앞에 이르게 하시며 /
2 3 / 3 3 3 /
나의 부르짖음에 / 주의 귀를 기울여 주소서 //
2 5 / 2 2 3 3 //

3 무릇 / 나의 영혼에는 재난이 가득하며 /
2 / 2 4 3 4 /
나의 생명은 스올에 가까웠사오니 /
2 3 3 6 /

4 나는 무덤에 내려가는 자 같이 / 인정되고 /
2 3 5 2 / 4 /
힘없는 용사와 같으며 /
3 3 3 /

암송 부분

1 여호와 3 1 3 5 / 2 3 4 7 /
2 나의 2 3 / 3 3 3 / 2 5 / 2 2 3 3 //
3 무릇 2 / 2 4 3 4 / 2 3 3 6 /
4 나는 2 3 5 2 / 4 / 3 3 3 /

5 죽은 자 중에 던져진 바 되었으며 / 죽임을 당하여 /
5 4 4 / 3 3 /
무덤에 누운 자 같으니이다 //
3 3 5 //
주께서 / 그들을 다시 기억하지 아니하시니 /
3 / 3 2 4 5 /
그들은 주의 손에서 끊어진 자니이다 //
3 5 3 4 //

6 주께서 / 나를 깊은 웅덩이와 /
3 / 2 2 4 /
어둡고 음침한 곳에 두셨사오며 /
3 5 5 /

7 주의 노가 / 나를 심히 누르시고 /
2 2 / 2 2 4 /
주의 모든 파도가 / 나를 괴롭게 하셨나이다 // (셀라)
2 2 3 / 2 3 5 // (2)

8 주께서 / 내가 아는 자를 / 내게서 멀리 떠나게 하시고 /
3 / 2 2 2 / 3 2 6 /
나를 그들에게 가증한 것이 되게 하셨사오니 /
2 4 5 7 /
나는 갇혀서 나갈 수 없게 되었나이다 //
2 3 5 5 //

암송 부분

5 죽은 자 중에 5 4 4 / 3 3 / 3 3 5 // 3 / 3 2 4 5 / 3 5 3 4 //
6 주께서 3 / 2 2 4 / 3 5 5 /
7 주의 2 2 / 2 2 4 / 2 2 3 / 2 3 5 // (2)
8 주께서 3 / 2 2 2 / 3 2 6 / 2 4 5 7 / 2 3 5 5 //

9 곤란으로 말미암아 내 눈이 쇠하였나이다 //
4 4 3 6 //
여호와여 / 내가 매일 주를 부르며 /
4 / 2 2 2 3 /
주를 향하여 / 나의 두 손을 들었나이다 //
2 3 / 2 3 5 //

10 주께서 / 죽은 자에게 기이한 일을 보이시겠나이까 //
3 / 5 5 7 //
유령들이 일어나 주를 찬송하리이까 // (셀라)
4 3 2 6 // (2)

11 주의 인자하심을 무덤에서, /
2 5 4 /
주의 성실하심을 멸망 중에서 / 선포할 수 있으리이까 //
2 5 5 / 4 5 //

12 흑암 중에서 주의 기적과 /
5 2 3 /
잊음의 땅에서 주의 공의를 / 알 수 있으리이까 //
3 3 2 3 / 7 //

13 여호와여 / 오직 내가 주께 부르짖었사오니 /
4 / 2 2 2 7 /
아침에 / 나의 기도가 주의 앞에 이르리이다 //
3 / 2 3 4 5 //

암송 부분

9 곤란으로 4 4 3 6 // 4 / 2 2 2 3 / 2 3 / 2 3 5 //
10 주께서 3 / 5 5 7 // 4 3 2 6 // (2)
11 주의 2 5 4 / 2 5 5 / 4 5 //
12 흑암 중에서 5 2 3 / 3 3 2 3 / 7 //
13 여호와여 4 / 2 2 2 7 / 3 / 2 3 4 5 //

14 여호와여 / 어찌하여 / 나의 영혼을 버리시며 /
4 / 4 / 2 3 4 /
어찌하여 / 주의 얼굴을 내게서 숨기시나이까 //
4 / 2 3 3 6 //

15 내가 어릴 적부터 / 고난을 당하여 죽게 되었사오며 /
2 5 / 3 3 7 /
주께서 두렵게 하실 때에 당황하였나이다 //
3 3 4 7 //

16 주의 진노가 내게 넘치고 /
2 3 2 3 /
주의 두려움이 나를 끊었나이다 //
2 4 2 5 //

17 이런 일이 / 물 같이 종일 나를 에우며 /
4 / 3 2 2 3 /
함께 나를 둘러쌌나이다 //
2 2 6 //

18 주는 내게서 / 사랑하는 자와 친구를 /
2 3 / 4 2 3 /
멀리 떠나게 하시며 / 내가 아는 자를 / 흑암에 두셨나이다 //
2 6 / 2 2 2 / 3 5 //

암송 부분

14 여호와여 4 / 4 / 2 3 4 / 4 / 2 3 3 6 //
15 내가 2 5 / 3 3 7 / 3 3 4 7 //
16 주의 2 3 2 3 / 2 4 2 5 //
17 이런 일이 4 / 3 2 2 3 / 2 2 6 //
18 주는 2 3 / 4 2 3 / 2 6 / 2 2 2 / 3 5 //

1 여호와 3 1 3 5 / 2 3 4 7 /
2 나의 2 3 / 3 3 3 / 2 5 / 2 2 3 3 //
3 무릇 2 / 2 4 3 4 / 2 3 3 6 /
4 나는 2 3 5 2 / 4 / 3 3 3 /
5 죽은 자 중에 5 4 4 / 3 3 / 3 3 5 // 3 / 3 2 4 5 / 3 5 3 4 //
6 주께서 3 / 2 2 4 / 3 5 5 /
7 주의 2 2 / 2 2 4 / 2 2 3 / 2 3 5 // (2)
8 주께서 3 / 2 2 2 / 3 2 6 / 2 4 5 7 / 2 3 5 5 //
9 곤란으로 4 4 3 6 // 4 / 2 2 2 3 / 2 3 / 2 3 5 //
10 주께서 3 / 5 5 7 // 4 3 2 6 // (2)
11 주의 2 5 4 / 2 5 5 / 4 5 //
12 흑암 중에서 5 2 3 / 3 3 2 3 / 7 //
13 여호와여 4 / 2 2 2 7 / 3 / 2 3 4 5 //
14 여호와여 4 / 4 / 2 3 4 / 4 / 2 3 3 6 //
15 내가 2 5 / 3 3 7 / 3 3 4 7 //
16 주의 2 3 2 3 / 2 4 2 5 //
17 이런 일이 4 / 3 2 2 3 / 2 2 6 //
18 주는 2 3 / 4 2 3 / 2 6 / 2 2 2 / 3 5 //

89편

<에스라인 에단의 마스길>

1 내가 / 여호와의 인자하심을 영원히 노래하며 /
2 / 4 5 3 4 /
주의 성실하심을 / 내 입으로 대대에 알게 하리이다 //
2 5 / 1 3 3 6 //

2 내가 말하기를 / 인자하심을 영원히 세우시며 /
2 4 / 5 3 4 /
주의 성실하심을 / 하늘에서 견고히 하시리라 // 하였나이다 //
2 5 / 4 3 4 // 5 //

3 주께서 이르시되 / 나는 내가 택한 자와 / 언약을 맺으며 /
3 4 / 2 2 4 / 3 3 /
내 종 다윗에게 맹세하기를 /
1 1 4 5 /

4 내가 네 자손을 / 영원히 견고히 하며 /
2 1 3 / 3 5 /
네 왕위를 대대에 세우리라 // 하셨나이다 // (셀라)
1 3 3 4 // 5 // (2)

암송 부분

1 내가 2 / 4 5 3 4 / 2 5 / 1 3 3 6 //
2 내가 2 4 / 5 3 4 / 2 5 / 4 3 4 // 5 //
3 주께서 3 4 / 2 2 4 / 3 3 / 1 1 4 5 /
4 내가 2 1 3 / 3 5 / 1 3 3 4 // 5 // (2)

5 여호와여 / 주의 기이한 일을 하늘이 찬양할 것이요 /
4 / 2 5 3 6 /
주의 성실도 / 거룩한 자들의 모임 가운데에서 /
2 3 / 6 7 /
찬양하리이다 //
6 //

6 무릇 / 구름 위에서 / 능히 여호와와 비교할 자 누구며 /
2 / 5 / 2 4 4 3 /
신들 중에서 / 여호와와 같은 자 누구리이까 //
5 / 4 3 5 //

7 하나님은 거룩한 자의 모임 가운데에서 /
4 5 7 /
매우 무서워할 이시오며 / 둘러 있는 모든 자 위에 /
2 4 4 / 4 5 /
더욱 두려워할 이시니이다 //
2 4 5 //

8 여호와 만군의 하나님이여 /
3 3 5 /
주와 같이 능력 있는 이가 누구리이까 //
4 6 5 //
여호와여 / 주의 성실하심이 주를 둘렀나이다 //
4 / 2 5 2 5 //

암송 부분

5 여호와여 4 / 2 5 3 6 / 2 3 / 6 7 / 6 //
6 무릇 2 / 5 / 2 4 4 3 / 5 / 4 3 5 //
7 하나님은 4 5 7 / 2 4 4 / 4 5 / 2 4 5 //
8 여호와 3 3 5 / 4 6 5 // 4 / 2 5 2 5 //

9 주께서 / 바다의 파도를 다스리시며 /
3 / 3 3 5 /
그 파도가 일어날 때에 / 잔잔하게 하시나이다 //
1 3 5 / 4 5 //

10 주께서 / 라합을 죽임 당한 자 같이 깨뜨리시고 /
3 / 3 4 3 5 /
주의 원수를 / 주의 능력의 팔로 흩으셨나이다 //
2 3 / 2 3 2 6 //

11 하늘이 주의 것이요 / 땅도 주의 것이라 //
3 5 / 2 5 //
세계와 그 중에 충만한 것을 / 주께서 건설하셨나이다 //
3 3 5 / 3 7 //

12 남북을 주께서 창조하셨으니 / 다볼과 헤르몬이 /
3 3 6 / 3 4 /
주의 이름으로 말미암아 즐거워하나이다 //
2 4 4 7 //

13 주의 팔에 능력이 있사오며 / 주의 손은 강하고 /
2 2 3 4 / 2 2 3 /
주의 오른손은 높이 들리우셨나이다 //
2 4 2 7 //

암송 부분

9 주께서 3 / 3 3 5 / 1 3 5 / 4 5 //
10 주께서 3 / 3 4 3 5 / 2 3 / 2 3 2 6 //
11 하늘이 3 5 / 2 5 // 3 3 5 / 3 7 //
12 남북을 3 3 6 / 3 4 / 2 4 4 7 //
13 주의 2 2 3 4 / 2 2 3 / 2 4 2 7 //

14 의와 공의가 / 주의 보좌의 기초라 /
2 3 / 2 3 3 /
인자함과 진실함이 / 주 앞에 있나이다 //
4 4 / 3 4 //

15 즐겁게 소리칠 줄 아는 백성은 / 복이 있나니 /
3 6 3 / 2 3 /
여호와여 / 그들이 / 주의 얼굴 빛 안에서 다니리로다 //
4 / 3 / 2 3 3 5 //

16 그들은 종일 / 주의 이름 때문에 기뻐하며 /
3 2 / 2 5 4 /
주의 공의로 말미암아 높아지오니 /
2 3 4 5 /

17 주는 그들의 힘의 영광이심이라 //
2 3 2 6 //
우리의 뿔이 / 주의 은총으로 높아지오리니 /
3 2 / 2 4 6 /

18 우리의 방패는 / 여호와께 속하였고 / 우리의 왕은 /
3 3 / 4 4 / 3 2 /
이스라엘의 거룩한 이에게 / 속하였기 때문이니이다 //
5 3 3 / 4 6 //

암송 부분

14 의와 2 3 / 2 3 3 / 4 4 / 3 4 //
15 즐겁게 3 6 3 / 2 3 / 4 / 3 / 2 3 3 5 //
16 그들은 3 2 / 2 5 4 / 2 3 4 5 /
17 주는 2 3 2 6 // 3 2 / 2 4 6 /
18 우리의 3 3 / 4 4 / 3 2 / 5 3 3 / 4 6 //

19 그 때에 주께서 / 환상 중에 주의 성도들에게 /
3 3 / 4 2 5 /
말씀하여 이르시기를 / 내가 능력 있는 용사에게는 /
4 5 / 2 4 5 /
돕는 힘을 더하며 / 백성 중에서 택함 받은 자를 높였으되 /
4 3 / 5 6 4 /

20 내가 내 종 다윗을 찾아내어 / 나의 거룩한 기름을 /
2 2 3 4 / 2 3 3 /
그에게 부었도다 //
3 4 //

21 내 손이 그와 함께 하여 / 견고하게 하고 /
1 2 2 4 / 4 2 /
내 팔이 그를 / 힘이 있게 하리로다 //
1 2 2 / 4 4 //

22 원수가 그에게서 강탈하지 못하며 /
3 4 4 3 /
악한 자가 그를 곤고하게 못하리로다 //
4 2 4 5 //

23 내가 그의 앞에서 / 그 대적들을 박멸하며 /
2 2 3 / 1 4 4 /
그를 미워하는 자들을 치려니와 /
2 4 3 4 /

암송 부분

19 그 때에 3 3 / 4 2 5 / 4 5 / 2 4 5 / 4 3 / 5 6 4 /
20 내가 2 2 3 4 / 2 3 3 / 3 4 //
21 내 1 2 2 4 / 4 2 / 1 2 2 / 4 4 //
22 원수가 3 4 4 3 / 4 2 4 5 //
23 내가 2 2 3 / 1 4 4 / 2 4 3 4 /

24 나의 성실함과 인자함이 / 그와 함께 하리니 /
2 4 4 / 2 2 3 /
내 이름으로 말미암아 / 그의 뿔이 높아지리로다 //
1 4 4 / 2 2 6 //

25 내가 또 / 그의 손을 바다 위에 놓으며 /
2 1 / 2 2 4 3 /
오른손을 강들 위에 놓으리니 /
4 4 4 /

26 그가 내게 부르기를 / 주는 나의 아버지시요 /
2 2 4 / 2 2 5 /
나의 하나님이시요 / 나의 구원의 바위시라 // 하리로다 //
2 6 / 2 3 4 // 4 //

27 내가 또 / 그를 장자로 삼고 /
2 1/ 2 3 2 /
세상 왕들에게 지존자가 되게 하며 /
2 4 4 4 /

28 그를 위하여 / 나의 인자함을 영원히 지키고 /
2 3 / 2 4 3 3 /
그와 맺은 나의 언약을 / 굳게 세우며 /
2 2 2 3 / 2 3 /

암송 부분

24 나의 2 4 4 / 2 2 3 / 1 4 4 / 2 2 6 //
25 내가 2 1 / 2 2 4 3 / 4 4 4 /
26 그가 2 2 4 / 2 2 5 / 2 6 / 2 3 4 // 4 //
27 내가 2 1 / 2 3 2 / 2 4 4 4 /
28 그를 2 3 / 2 4 3 3 / 2 2 2 3 / 2 3 /

29 또 / 그의 후손을 영구하게 하여 /
1 / 2 3 4 2 /
그의 왕위를 / 하늘의 날과 같게 하리로다 //
2 3 / 5 6 //

30 만일 / 그의 자손이 / 내 법을 버리며 /
2 / 2 3 / 1 2 3 /
내 규례대로 행하지 아니하며 /
1 4 3 4 /

31 내 율례를 깨뜨리며 / 내 계명을 지키지 아니하면 /
1 3 4 / 1 3 3 4 /

32 내가 / 회초리로 그들의 죄를 다스리며 /
2 / 4 3 2 4 /
채찍으로 그들의 죄악을 벌하리로다 //
4 3 3 5 //

33 그러나 나의 인자함을 / 그에게서 다 거두지는 아니하며 /
3 2 4 / 4 1 4 4 /
나의 성실함도 폐하지 아니하며 /
2 4 3 4 /

34 내 언약을 깨뜨리지 아니하고 / 내 입술에서 낸 것은 /
1 3 4 4 / 1 4 3 /
변하지 아니하리로다 //
3 6 //

암송 부분

29 또 1 / 2 3 4 2 / 2 3 / 5 6 //
30 만일 2 / 2 3 / 1 2 3 / 1 4 3 4 /
31 내 1 3 4 / 1 3 3 4 /
32 내가 2 / 4 3 2 4 / 4 3 3 5 //
33 그러나 3 2 4 / 4 1 4 4 / 2 4 3 4 /
34 내 1 3 4 4 / 1 4 3 / 3 6 //

35 내가 나의 거룩함으로 / 한 번 맹세하였은즉 /
2 2 5 / 2 6 /
다윗에게 거짓말을 하지 아니할 것이라 //
4 4 2 6 //

36 그의 후손이 장구하고 / 그의 왕위는 해 같이 /
2 3 4 / 2 3 3 /
내 앞에 항상 있으며 /
3 2 3 /

37 또 / 궁창의 확실한 증인인 달 같이 /
1 / 3 3 3 3 /
영원히 견고하게 되리라 // 하셨도다 // (셀라)
3 4 3 // 4 // (2)

38 그러나 주께서 / 주의 기름 부음 받은 자에게 노하사 /
3 3 / 2 4 5 3 /
물리치셔서 버리셨으며 /
5 5 /

39 주의 종의 언약을 미워하사 / 그의 관을 땅에 던져 /
2 2 3 4 / 2 2 2 2 /
욕되게 하셨으며 /
3 4 /

암송 부분

35 내가 2 2 5 / 2 6 / 4 4 2 6 //
36 그의 2 3 4 / 2 3 3 / 3 2 3 /
37 또 1 / 3 3 3 3 / 3 4 3 // 4 // (2)
38 그러나 3 3 / 2 4 5 3 / 5 5 /
39 주의 2 2 3 4 / 2 2 2 2 / 3 4 /

40 그의 모든 울타리를 파괴하시며 /
2 2 4 5 /
그 요새를 무너뜨리셨으므로 /
1 3 8 /

41 길로 지나가는 자들에게 / 다 탈취를 당하며 /
2 4 4 / 1 3 3 /
그의 이웃에게 욕을 당하나이다 //
2 4 2 5 //

42 주께서 / 그의 대적들의 오른손을 높이시고 /
3 / 2 4 4 4 /
그들의 모든 원수들은 / 기쁘게 하셨으나 /
3 2 4 / 3 4 /

43 그의 칼날은 둔하게 하사 / 그가 전장에서 /
2 3 5 / 2 4 /
더 이상 버티지 못하게 하셨으며 /
3 6 4 /

44 그의 영광을 그치게 하시고 /
2 3 6 /
그의 왕위를 땅에 엎으셨으며 /
2 3 2 5 /

암송 부분

40 그의 2 2 4 5 / 1 3 8 /
41 길로 2 4 4 / 1 3 3 / 2 4 2 5 //
42 주께서 3 / 2 4 4 4 / 3 2 4 / 3 4 /
43 그의 2 3 5 / 2 4 / 3 6 4 /
44 그의 2 3 6 / 2 3 2 5 /

45 그의 젊은 날들을 짧게 하시고 /
2 5 5 /
그를 수치로 덮으셨나이다 // (셀라)
2 3 6 // (2)

46 여호와여 / 언제까지니이까 //
4 / 7 //
스스로 영원히 숨기시리이까 //
3 3 6 //
주의 노가 / 언제까지 불붙듯 하시겠나이까 //
2 2 / 4 3 6 //

47 나의 때가 / 얼마나 짧은지 기억하소서 //
2 2 / 3 3 5 //
주께서 모든 사람을 / 어찌 그리 허무하게 창조하셨는지요 //
3 2 3 / 4 4 7 //

48 누가 살아서 / 죽음을 보지 아니하고 / 자기의 영혼을 /
2 3 / 3 2 4 / 3 3 /
스올의 권세에서 건지리이까 // (셀라)
3 4 5 // (2)

49 주여 / 주의 성실하심으로 다윗에게 맹세하신 /
2 / 2 6 4 4 /
그 전의 인자하심이 어디 있나이까 //
3 5 6 //

암송 부분

45 그의 2 5 5 / 2 3 6 // (2)
46 여호와여 4 / 7 // 3 3 6 // 2 2 / 4 3 6 //
47 나의 2 2 / 3 3 5 // 3 2 3 / 4 4 7 //
48 누가 2 3 / 3 2 4 / 3 3 / 3 4 5 // (2)
49 주여 2 / 2 6 4 4 / 3 5 6 //

50 주는 / 주의 종들이 받은 비방을 / 기억하소서 //
2 / 2 3 2 3 / 5 //
많은 민족의 비방이 / 내 품에 있사오니 /
2 3 3 / 1 2 4 /

51 여호와여 / 이 비방은 주의 원수들이 /
4 / 1 3 2 4 /
주의 기름 부음 받은 자의 행동을 / 비방한 것이로소이다 //
2 4 4 3 / 3 6 //

52 여호와를 영원히 찬송할지어다 // 아멘 아멘 //
4 3 6 // 2 2 //

암송 부분

50 주는 2 / 2 3 2 3 / 5 // 2 3 3 / 1 2 4 /
51 여호와여 4 / 1 3 2 4 / 2 4 4 3 / 3 6 //
52 여호와를 4 3 6 // 2 2 //

1 내가 2 / 4 5 3 4 / 2 5 / 1 3 3 6 //
2 내가 2 4 / 5 3 4 / 2 5 / 4 3 4 // 5 //
3 주께서 3 4 / 2 2 4 / 3 3 / 1 1 4 5 /
4 내가 2 1 3 / 3 5 / 1 3 3 4 // 5 // (2)
5 여호와여 4 / 2 5 3 6 / 2 3 / 6 7 / 6 //
6 무릇 2 / 5 / 2 4 4 3 / 5 / 4 3 5 //
7 하나님은 4 5 7 / 2 4 4 / 4 5 / 2 4 5 //
8 여호와 3 3 5 / 4 6 5 // 4 / 2 5 2 5 //
9 주께서 3 / 3 3 5 / 1 3 5 / 4 5 //
10 주께서 3 / 3 4 3 5 / 2 3 / 2 3 2 6 //
11 하늘이 3 5 / 2 5 // 3 3 5 / 3 7 //
12 남북을 3 3 6 / 3 4 / 2 4 4 7 //
13 주의 2 2 3 4 / 2 2 3 / 2 4 2 7 //
14 의와 2 3 / 2 3 3 / 4 4 / 3 4 //
15 즐겁게 3 6 3 / 2 3 / 4 / 3 / 2 3 3 5 //
16 그들은 3 2 / 2 5 4 / 2 3 4 5 /
17 주는 2 3 2 6 // 3 2 / 2 4 6 /

18 우리의 3 3 / 4 4 / 3 2 / 5 3 3 / 4 6 //
19 그 때에 3 3 / 4 2 5 / 4 5 / 2 4 5 / 4 3 / 5 6 4 /
20 내가 2 2 3 4 / 2 3 3 / 3 4 //
21 내 1 2 2 4 / 4 2 / 1 2 2 / 4 4 //
22 원수가 3 4 4 3 / 4 2 4 5 //
23 내가 2 2 3 / 1 4 4 / 2 4 3 4 /
24 나의 2 4 4 / 2 2 3 / 1 4 4 / 2 2 6 //
25 내가 2 1 / 2 2 4 3 / 4 4 4 /
26 그가 2 2 4 / 2 2 5 / 2 6 / 2 3 4 // 4 //
27 내가 2 1 / 2 3 2 / 2 4 4 4 /
28 그를 2 3 / 2 4 3 3 / 2 2 2 3 / 2 3 /
29 또 1 / 2 3 4 2 / 2 3 / 5 6 //
30 만일 2 / 2 3 / 1 2 3 / 1 4 3 4 /
31 내 1 3 4 / 1 3 3 4 /
32 내가 2 / 4 3 2 4 / 4 3 3 5 //
33 그러나 3 2 4 / 4 1 4 4 / 2 4 3 4 /
34 내 1 3 4 4 / 1 4 3 / 3 6 //
35 내가 2 2 5 / 2 6 / 4 4 2 6 //
36 그의 2 3 4 / 2 3 3 / 3 2 3 /
37 또 1 / 3 3 3 3 / 3 4 3 // 4 // (2)
38 그러나 3 3 / 2 4 5 3 / 5 5 /
39 주의 2 2 3 4 / 2 2 2 2 / 3 4 /
40 그의 2 2 4 5 / 1 3 8 /
41 길로 2 4 4 / 1 3 3 / 2 4 2 5 //
42 주께서 3 / 2 4 4 4 / 3 2 4 / 3 4 /
43 그의 2 3 5 / 2 4 / 3 6 4 /
44 그의 2 3 6 / 2 3 2 5 /
45 그의 2 5 5 / 2 3 6 // (2)
46 여호와여 4 / 7 // 3 3 6 // 2 2 / 4 3 6 //
47 나의 2 2 / 3 3 5 // 3 2 3 / 4 4 7 //
48 누가 2 3 / 3 2 4 / 3 3 / 3 4 5 // (2)
49 주여 2 / 2 6 4 4 / 3 5 6 //
50 주는 2 / 2 3 2 3 / 5 // 2 3 3 / 1 2 4 /
51 여호와여 4 / 1 3 2 4 / 2 4 4 3 / 3 6 //
52 여호와를 4 3 6 // 2 2 //

제 사 권

90편

<하나님의 사람 모세의 기도>

1 주여 / 주는 대대에 / 우리의 거처가 되셨나이다 //
2 / 2 3 / 3 3 5 //

2 산이 생기기 전, / 땅과 세계도 / 주께서 조성하시기 전 /
2 4 / 2 3 / 3 6 /
곧 영원부터 영원까지 / 주는 하나님이시니이다 //
1 4 4 / 2 8 //

3 주께서 / 사람을 티끌로 돌아가게 하시고 /
3 / 3 3 4 3 /
말씀하시기를 / 너희 인생들은 돌아가라 // 하셨사오니 /
6 / 2 4 4 // 5 /

4 주의 목전에는 / 천 년이 지나간 어제 같으며 /
2 4 / 3 3 5 /
밤의 한 순간 같을 뿐임이니이다 //
2 3 8 //

5 주께서 그들을 홍수처럼 쓸어가시나이다 //
3 3 4 7 //
그들은 잠깐 자는 것 같으며 / 아침에 돋는 풀 같으니이다 //
3 2 6 / 3 3 5 //

암송 부분

1 주여 2 / 2 3 / 3 3 5 //
2 산이 2 4 / 2 3 / 3 6 / 1 4 4 / 2 8 //
3 주께서 3 / 3 3 4 3 / 6 / 2 4 4 // 5 /
4 주의 2 4 / 3 3 5 / 2 3 8 //
5 주께서 3 3 4 7 // 3 2 6 / 3 3 5 //

6 풀은 아침에 꽃이 피어 자라다가 /
2 3 4 4 /
저녁에는 시들어 마르나이다 //
4 3 5 //

7 우리는 주의 노에 소멸되며 / 주의 분내심에 놀라나이다 //
3 2 2 4 / 2 4 5 //

8 주께서 / 우리의 죄악을 주의 앞에 놓으시며 /
3 / 3 3 4 4 /
우리의 은밀한 죄를 / 주의 얼굴 빛 가운데에 두셨사오니 /
3 5 / 2 3 4 5 /

9 우리의 모든 날이 / 주의 분노 중에 지나가며 /
3 4 / 2 4 4 /
우리의 평생이 순식간에 다하였나이다 //
3 3 4 6 //

10 우리의 연수가 칠십이요 / 강건하면 팔십이라도 /
3 3 (70)4 / 4 (80)5 /
그 연수의 자랑은 / 수고와 슬픔뿐이요 /
1 3 3 / 3 5 /
신속히 가니 우리가 날아가나이다 //
5 3 6 //

암송 부분

6 풀은 2 3 4 4 / 4 3 5 //
7 우리는 3 2 2 4 / 2 4 5 //
8 주께서 3 / 3 3 4 4 / 3 5 / 2 3 4 5 /
9 우리의 3 4 / 2 4 4 / 3 3 4 6 //
10 우리의 3 3 (70)4 / 4 (80)5 / 1 3 3 / 3 5 / 5 3 6 //

11 누가 / 주의 노여움의 능력을 알며 /
2 / 2 4 3 2 /
누가 / 주의 진노의 두려움을 알리이까 //
2 / 2 3 4 4 //

12 우리에게 우리 날 계수함을 가르치사 /
4 3 4 4 /
지혜로운 마음을 얻게 하소서 //
4 3 5 //

13 여호와여 돌아오소서 / 언제까지니이까 /
4 5 / 7 /
주의 종들을 불쌍히 여기소서 //
2 3 3 4 //

14 아침에 / 주의 인자하심이 우리를 만족하게 하사 /
3 / 2 5 3 6 /
우리를 일생 동안 / 즐겁고 기쁘게 하소서 //
3 4 / 3 3 3 //

15 우리를 괴롭게 하신 날수대로와 /
3 5 5 /
우리가 화를 당한 연수대로 / 우리를 기쁘게 하소서 //
3 4 4 / 3 6 //

암송 부분

11 누가 2 / 2 4 3 2 / 2 / 2 3 4 4 //
12 우리에게 4 3 4 4 / 4 3 5 //
13 여호와여 4 5 / 7 / 2 3 3 4 //
14 아침에 3 / 2 5 3 6 / 3 4 / 3 3 3 //
15 우리를 3 5 5 / 3 4 4 / 3 6 //

16 주께서 행하신 일을 / 주의 종들에게 나타내시며 /
3 5 / 2 4 5 /
주의 영광을 / 그들의 자손에게 나타내소서 //
2 3 / 3 4 5 //

17 주 우리 하나님의 은총을 / 우리에게 내리게 하사 /
1 2 4 3 / 4 5 /
우리의 손이 행한 일을 / 우리에게 견고하게 하소서 //
3 2 4 / 4 4 3 //
우리의 손이 행한 일을 / 견고하게 하소서 //
3 2 4 / 4 3 //

암송 부분

1 주여 2 / 2 3 / 3 3 5 //
2 산이 2 4 / 2 3 / 3 6 / 1 4 4 / 2 8 //
3 주께서 3 / 3 3 4 3 / 6 / 2 4 4 // 5 /
4 주의 2 4 / 3 3 5 / 2 3 8 //
5 주께서 3 3 4 7 // 3 2 6 / 3 3 5 //
6 풀은 2 3 4 4 / 4 3 5 //
7 우리는 3 2 2 4 / 2 4 5 //
8 주께서 3 / 3 3 4 4 / 3 5 / 2 3 4 5 /
9 우리의 3 4 / 2 4 4 / 3 3 4 6 //
10 우리의 3 3 (70)4 / 4 (80)5 / 1 3 3 / 3 5 / 5 3 6 //
11 누가 2 / 2 4 3 2 / 2 / 2 3 4 4 //
12 우리에게 4 3 4 4 / 4 3 5 //
13 여호와여 4 5 / 7 / 2 3 3 4 //
14 아침에 3 / 2 5 3 6 / 3 4 / 3 3 3 //
15 우리를 3 5 5 / 3 4 4 / 3 6 //

16 주께서 3 5 / 2 4 5 / 2 3 / 3 4 5 //
17 주 1 2 4 3 / 4 5 / 3 2 4 / 4 4 3 // 3 2 4 / 4 3 //

91편

1 지존자의 은밀한 곳에 거주하며 /
4 5 4 /
전능자의 그늘 아래에 사는 자여, /
4 5 4 /

2 나는 여호와를 향하여 말하기를 / 그는 나의 피난처요 /
2 4 3 4 / 2 2 4 /
나의 요새요 / 내가 의뢰하는 하나님이라 // 하리니 /
2 3 / 2 4 5 // 3 /

3 이는 그가 / 너를 새 사냥꾼의 올무에서와 /
2 2 / 2 1 4 5 /
심한 전염병에서 건지실 것임이로다 //
2 5 3 5 //

4 그가 너를 / 그의 깃으로 덮으시리니 /
2 2 / 2 3 5 /
네가 그의 날개 아래에 / 피하리로다 //
2 2 5 / 5 //
그의 진실함은 / 방패와 손 방패가 되시나니 /
2 4 / 3 4 4 /

5 너는 밤에 찾아오는 공포와 / 낮에 날아드는 화살과 /
2 2 4 3 / 2 4 3 /

암송 부분

1 지존자의 4 5 4 / 4 5 4 /
2 나는 2 4 3 4 / 2 2 4 / 2 3 / 2 4 5 // 3 /
3 이는 2 2 / 2 1 4 5 / 2 5 3 5 //
4 그가 2 2 / 2 3 5 / 2 2 5 / 5 // 2 4 / 3 4 4 /
5 너는 2 2 4 3 / 2 4 3 /

6 어두울 때 퍼지는 전염병과 / 밝을 때 닥쳐오는 재앙을 /
4 3 4 / 3 4 3 /
두려워하지 아니하리로다 //
5 6 //

7 천 명이 네 왼쪽에서, / 만 명이 네 오른쪽에서 /
3 1 4 / 3 1 5 /
엎드러지나 / 이 재앙이 / 네게 가까이 하지 못하리로다 //
5 / 1 3 / 2 5 5 //

8 오직 너는 똑똑히 보리니 /
2 2 3 3 /
악인들의 보응을 네가 보리로다 //
4 3 2 4 //

9 네가 말하기를 / 여호와는 나의 피난처시라 // 하고 /
2 4 / 4 2 5 // 2 /
지존자를 너의 거처로 삼았으므로 /
4 2 3 5 /

10 화가 네게 미치지 못하며 /
2 2 6 /
재앙이 / 네 장막에 가까이 오지 못하리니 /
3 / 1 3 5 4 /

암송 부분

6 어두울 때 4 3 4 / 3 4 3 / 5 6 //
7 천 명이 3 1 4 / 3 1 5 / 5 / 1 3 / 2 5 5 //
8 오직 2 2 3 3 / 4 3 2 4 //
9 네가 2 4 / 4 2 5 // 2 / 4 2 3 5 /
10 화가 2 2 6 / 3 / 1 3 5 4 /

11 그가 너를 위하여 / 그의 천사들을 명령하사 /
2 2 3 / 2 4 4 /
네 모든 길에서 / 너를 지키게 하심이라 //
1 5 / 2 3 4 //

12 그들이 / 그들의 손으로 너를 붙들어 /
3 / 3 3 2 3 /
발이 돌에 / 부딪히지 아니하게 하리로다 //
2 2 / 4 4 4 //

13 네가 사자와 독사를 밟으며 /
2 3 3 3 /
젊은 사자와 뱀을 발로 누르리로다 //
5 2 2 5 //

14 하나님이 이르시되 / 그가 나를 사랑한즉 /
4 4 / 2 2 4 /
내가 그를 건지리라 //
2 2 4 //
그가 내 이름을 안즉 / 내가 그를 높이리라 //
2 1 3 2 / 2 2 4 //

15 그가 내게 간구하리니 / 내가 그에게 응답하리라 //
2 2 5 / 2 3 5 //
그들이 환난 당할 때에 / 내가 그와 함께 하여 /
3 6 / 2 2 4 /
그를 건지고 영화롭게 하리라 //
2 3 7 //

암송 부분

11 그가 2 2 3 / 2 4 4 / 1 5 / 2 3 4 //
12 그들이 3 / 3 3 2 3 / 2 2 / 4 4 4 //
13 네가 2 3 3 3 / 5 2 2 5 //
14 하나님이 4 4 / 2 2 4 / 2 2 4 // 2 1 3 2 / 2 2 4 //
15 그가 2 2 5 / 2 3 5 // 3 6 / 2 2 4 / 2 3 7 //

16 내가 그를 장수하게 함으로 / 그를 만족하게 하며 /
2 2 7 / 2 6 /
나의 구원을 그에게 보이리라 // 하시도다 //
2 3 3 4 // 4 //

암송 부분

1 지존자의 4 5 4 / 4 5 4 /
2 나는 2 4 3 4 / 2 2 4 / 2 3 / 2 4 5 // 3 /
3 이는 2 2 / 2 1 4 5 / 2 5 3 5 //
4 그가 2 2 / 2 3 5 / 2 2 5 / 5 // 2 4 / 3 4 4 /
5 너는 2 2 4 3 / 2 4 3 /
6 어두울 때 4 3 4 / 3 4 3 / 5 6 //
7 천 명이 3 1 4 / 3 1 5 / 5 / 1 3 / 2 5 5 //
8 오직 2 2 3 3 / 4 3 2 4 //
9 네가 2 4 / 4 2 5 // 2 / 4 2 3 5 /
10 화가 2 2 6 / 3 / 1 3 5 4 /
11 그가 2 2 3 / 2 4 4 / 1 5 / 2 3 4 //
12 그들이 3 / 3 3 2 3 / 2 2 / 4 4 4 //
13 네가 2 3 3 3 / 5 2 2 5 //
14 하나님이 4 4 / 2 2 4 / 2 2 4 // 2 1 3 2 / 2 2 4 //
15 그가 2 2 5 / 2 3 5 // 3 6 / 2 2 4 / 2 3 7 //

16 내가 2 2 7 / 2 6 / 2 3 3 4 // 4 //

92편

<안식일의 찬송 시>

1-3 지존자여 / 십현금과 비파와 수금으로 /
4 / 4 3 4 /
여호와께 감사하며 / 주의 이름을 찬양하고 /
4 4 / 2 3 4 /
아침마다 / 주의 인자하심을 알리며 /
4 / 2 5 3 /
밤마다 / 주의 성실하심을 베풂이 좋으니이다 //
3 / 2 5 3 5 //

4 여호와여 / 주께서 행하신 일로 / 나를 기쁘게 하셨으니 /
4 / 3 5 / 2 3 4 /
주의 손이 행하신 일로 말미암아 / 내가 높이 외치리이다 //
2 2 5 4 / 2 2 5 //

5 여호와여 / 주께서 행하신 일이 / 어찌 그리 크신지요 //
4 / 3 5 / 4 4 //
주의 생각이 매우 깊으시니이다 //
2 3 2 6 //

6 어리석은 자도 알지 못하며 /
6 5 /
무지한 자도 이를 깨닫지 못하나이다 //
5 2 3 5 //

암송 부분

1-3 지존자여 4 / 4 3 4 / 4 4 / 2 3 4 /
4 / 2 5 3 / 3 / 2 5 3 5 //
4 여호와여 4 / 3 5 / 2 3 4 / 2 2 5 4 / 2 2 5 //
5 여호와여 4 / 3 5 / 4 4 // 2 3 2 6 //
6 어리석은 자도 6 5 / 5 2 3 5 //

7 악인들은 풀 같이 자라고 / 악을 행하는 자들은 /
4 3 3 / 2 3 3 /
다 흥왕할지라도 / 영원히 멸망하리이다 //
1 6 / 3 6 //

8 여호와여 / 주는 영원토록 지존하시니이다 //
4 / 2 4 7 //

9 여호와여 / 주의 원수들은 패망하리이다 //
4 / 2 4 6 //
정녕 주의 원수들은 패망하리니 / 죄악을 행하는 자들은 /
2 2 4 5 / 3 3 3 /
다 흩어지리이다 //
1 6 //

10 그러나 주께서 / 내 뿔을 들소의 뿔 같이 / 높이셨으며 /
3 3 / 1 2 3 3 / 5 /
내게 신선한 기름을 부으셨나이다 //
2 3 3 6 //

11 내 원수들이 보응 받는 것을 / 내 눈으로 보며 /
1 4 6 / 1 3 2 /
일어나 나를 치는 행악자들이 /
3 2 2 5 /
보응 받는 것을 내 귀로 들었도다 //
6 1 2 4 //

암송 부분

7 악인들은 4 3 3 / 2 3 3 / 1 6 / 3 6 //
8 여호와여 4 / 2 4 7 //
9 여호와여 4 / 2 4 6 // 2 2 4 5 / 3 3 3 / 1 6 //
10 그러나 3 3 / 1 2 3 3 / 5 / 2 3 3 6 //
11 내 1 4 6 / 1 3 2 / 3 2 2 5 / 6 1 2 4 //

12 의인은 종려나무 같이 번성하며 /
3 6 4 /
레바논의 백향목 같이 성장하리로다 //
4 5 6 //

13 이는 여호와의 집에 심겼음이여 /
2 4 2 5 /
우리 하나님의 뜰 안에서 번성하리로다 //
2 4 4 6 //

14 그는 늙어도 여전히 결실하며 /
2 3 3 4 /
진액이 풍족하고 빛이 청청하니 /
3 4 2 4 /

15 여호와의 정직하심과 나의 바위 되심과 /
4 5 2 5 /
그에게는 불의가 없음이 선포되리로다 //
4 3 3 6 //

암송 부분

1-3 지존자여 4 / 4 3 4 / 4 4 / 2 3 4 /
4 / 2 5 3 / 3 / 2 5 3 5 //
4 여호와여 4 / 3 5 / 2 3 4 / 2 2 5 4 / 2 2 5 //
5 여호와여 4 / 3 5 / 4 4 // 2 3 2 6 //
6 어리석은 자도 6 5 / 5 2 3 5 //
7 악인들은 4 3 3 / 2 3 3 / 1 6 / 3 6 //
8 여호와여 4 / 2 4 7 //
9 여호와여 4 / 2 4 6 // 2 2 4 5 / 3 3 3 / 1 6 //
10 그러나 3 3 / 1 2 3 3 / 5 / 2 3 3 6 //
11 내 1 4 6 / 1 3 2 / 3 2 2 5 / 6 1 2 4 //

12 의인은 3 6 4 / 4 5 6 //
13 이는 2 4 2 5 / 2 4 4 6 //
14 그는 2 3 3 4 / 3 4 2 4 /
15 여호와의 4 5 2 5 / 4 3 3 6 //

93편

1 여호와께서 다스리시니 / 스스로 권위를 입으셨도다 //
5 5 / 3 3 5 //
여호와께서 능력의 옷을 입으시며 / 띠를 띠셨으므로 /
5 3 2 4 / 2 5 /
세계도 견고히 서서 흔들리지 아니하는도다 //
3 5 4 6 //

2 주의 보좌는 / 예로부터 견고히 섰으며 /
2 3 / 4 3 3 /
주는 영원부터 계셨나이다 //
2 4 5 //

3 여호와여 / 큰 물이 소리를 높였고 /
4 / 1 2 3 3 /
큰 물이 그 소리를 높였으니 / 큰 물이 그 물결을 높이나이다 //
3 1 3 4 / 3 1 3 5 //

4 높이 계신 여호와의 능력은 / 많은 물 소리와 /
4 4 3 / 2 4 /
바다의 큰 파도보다 크니이다 //
3 1 4 4 //

암송 부분

1 여호와께서 5 5 / 3 3 5 // 5 3 2 4 / 2 5 / 3 5 4 6 //
2 주의 2 3 / 4 3 3 / 2 4 5 //
3 여호와여 4 / 1 2 3 3 / 3 1 3 4 / 3 1 3 5 //
4 높이 계신 4 4 3 / 2 4 / 3 1 4 4 //

5 여호와여 / 주의 증거들이 매우 확실하고 /
4 / 2 4 2 4 /
거룩함이 주의 집에 합당하니 / 여호와는 영원무궁하시리이다 //
4 2 2 4 / 4 9 //

암송 부분

1 여호와께서 5 5 / 3 3 5 // 5 3 2 4 / 2 5 / 3 5 4 6 //
2 주의 2 3 / 4 3 3 / 2 4 5 //
3 여호와여 4 / 1 2 3 3 / 3 1 3 4 / 3 1 3 5 //
4 높이 계신 4 4 3 / 2 4 / 3 1 4 4 //

5 여호와여 4 / 2 4 2 4 / 4 2 2 4 / 4 9 //

94편

1 여호와여 /
4 /
복수하시는 하나님이여 복수하시는 하나님이여 /
5 5 5 5 /
빛을 비추어 주소서 //
2 3 3 //

2 세계를 심판하시는 주여 / 일어나사 교만한 자들에게 /
3 5 2 / 4 3 4 /
마땅한 벌을 주소서 //
3 2 3 //

3 여호와여 / 악인이 언제까지, 악인이 언제까지 /
4 / 3 4 3 4 /
개가를 부르리이까 //
3 5 //

4 그들이 마구 지껄이며 / 오만하게 떠들며 /
3 2 4 / 4 3 /
죄악을 행하는 자들이 / 다 자만하나이다 //
3 3 3 / 1 6 //

5 여호와여 / 그들이 주의 백성을 짓밟으며 /
4 / 3 2 3 4 /
주의 소유를 곤고하게 하며 /
2 3 6 /

암송 부분

1 여호와여 / 4 / 5 5 5 5 / 2 3 3 //
2 세계를 3 5 2 / 4 3 4 / 3 2 3 //
3 여호와여 4 / 3 4 3 4 / 3 5 //
4 그들이 3 2 4 / 4 3 / 3 3 3 / 1 6 //
5 여호와여 4 / 3 2 3 4 / 2 3 6 /

6 과부와 나그네를 죽이며 / 고아들을 살해하며 /
3 4 3 / 4 4 /

7 말하기를 / 여호와가 보지 못하며 /
4 / 4 5 /
야곱의 하나님이 알아차리지 못하리라 // 하나이다 //
3 4 5 4 // 4 //

8 백성 중의 어리석은 자들아 / 너희는 생각하라 //
4 4 3 / 3 4 //
무지한 자들아 / 너희가 언제나 지혜로울까 //
3 3 / 3 3 5 //

9 귀를 지으신 이가 / 듣지 아니하시랴 //
2 3 2 / 2 5 //
눈을 만드신 이가 / 보지 아니하시랴 //
2 3 2 / 2 5 //

10 뭇 백성을 징벌하시는 이 /
1 3 5 1 /
곧 / 지식으로 사람을 교훈하시는 이가 /
1 / 4 3 5 2 /
징벌하지 아니하시랴 //
4 5 //

11 여호와께서는 / 사람의 생각이 허무함을 아시느니라 //
6 / 3 3 4 5 //

암송 부분

6 과부와 3 4 3 / 4 4 /
7 말하기를 4 / 4 5 / 3 4 5 4 // 4 //
8 백성 중의 4 4 3 / 3 4 // 3 3 / 3 3 5 //
9 귀를 2 3 2 / 2 5 // 2 3 2 / 2 5 //
10 뭇 1 3 5 1 / 1 / 4 3 5 2 / 4 5 //
11 여호와께서는 6 / 3 3 4 5 //

12 여호와여 / 주로부터 징벌을 받으며 /
4 / 4 3 3 /
주의 법으로 교훈하심을 받는 자가 / 복이 있나니 /
2 3 5 4 / 2 3 /

13 이런 사람에게는 / 환난의 날을 피하게 하사 /
2 5 / 5 5 /
악인을 위하여 구덩이를 팔 때까지 / 평안을 주시리이다 //
3 3 4 4 / 3 5 //

14 여호와께서는 / 자기 백성을 버리지 아니하시며 /
6 / 2 3 3 5 /
자기의 소유를 외면하지 아니하시리로다 //
3 3 4 7 //

15 심판이 의로 돌아가리니 / 마음이 정직한 자가 /
3 2 5 / 3 5 /
다 따르리로다 //
1 5 //

16 누가 나를 위하여 일어나서 / 행악자들을 치며 /
2 2 3 4 / 5 2 /
누가 나를 위하여 일어나서 / 악행하는 자들을 칠까 //
2 2 3 4 / 4 3 2 //

암송 부분

12 여호와여 4 / 4 3 3 / 2 3 5 4 / 2 3 /
13 이런 2 5 / 5 5 / 3 3 4 4 / 3 5 //
14 여호와께서는 6 / 2 3 3 5 / 3 3 4 7 //
15 심판이 3 2 5 / 3 5 / 1 5 //
16 누가 2 2 3 4 / 5 2 / 2 2 3 4 / 4 3 2 //

17 여호와께서 내게 도움이 되지 아니하셨더면 /
5 2 5 6 /
내 영혼이 벌써 / 침묵 속에 잠겼으리로다 //
1 3 2 / 4 6 //

18 여호와여 / 나의 발이 미끄러진다고 말할 때에 /
4 / 2 2 6 4 /
주의 인자하심이 나를 붙드셨사오며 /
2 5 2 6 /

19 내 속에 근심이 많을 때에 / 주의 위안이 /
3 3 4 / 2 3 /
내 영혼을 즐겁게 하시나이다 //
1 3 3 5 //

20 율례를 빙자하고 재난을 꾸미는 / 악한 재판장이 /
3 4 3 3 / 2 4 /
어찌 주와 어울리리이까 //
2 2 6 //

21 그들이 모여 / 의인의 영혼을 치려 하며 /
3 2 / 3 3 4 /
무죄한 자를 정죄하여 / 피를 흘리려 하나 /
3 2 4 / 2 5 /

암송 부분

17 여호와께서 5 2 5 6 / 1 3 2 / 4 6 //
18 여호와여 4 / 2 2 6 4 / 2 5 2 6 /
19 내 속에 3 3 4 / 2 3 / 1 3 3 5 //
20 율례를 3 4 3 3 / 2 4 / 2 2 6 //
21 그들이 3 2 / 3 3 4 / 3 2 4 / 2 5 /

22 여호와는 나의 요새이시요 /
4 2 5 /
나의 하나님은 / 내가 피할 반석이시라 //
2 4 / 2 2 5 //

23 그들의 죄악을 그들에게로 되돌리시며 /
3 3 5 5 /
그들의 악으로 말미암아 / 그들을 끊으시리니 /
3 3 4 / 3 5 /
여호와 우리 하나님이 / 그들을 끊으시리로다 //
3 2 4 / 3 6 //

암송 부분

1 여호와여 / 4 / 5 5 5 5 / 2 3 3 //
2 세계를 3 5 2 / 4 3 4 / 3 2 3 //
3 여호와여 4 / 3 4 3 4 / 3 5 //
4 그들이 3 2 4 / 4 3 / 3 3 3 / 1 6 //
5 여호와여 4 / 3 2 3 4 / 2 3 6 /
6 과부와 3 4 3 / 4 4 /
7 말하기를 4 / 4 5 / 3 4 5 4 // 4 //
8 백성 중의 4 4 3 / 3 4 // 3 3 / 3 3 5 //
9 귀를 2 3 2 / 2 5 // 2 3 2 / 2 5 //
10 뭇 1 3 5 1 / 1 / 4 3 5 2 / 4 5 //
11 여호와께서는 6 / 3 3 4 5 //
12 여호와여 4 / 4 3 3 / 2 3 5 4 / 2 3 /
13 이런 2 5 / 5 5 / 3 3 4 4 / 3 5 //
14 여호와께서는 6 / 2 3 3 5 / 3 3 4 7 //
15 심판이 3 2 5 / 3 5 / 1 5 //
16 누가 2 2 3 4 / 5 2 / 2 2 3 4 / 4 3 2 //
17 여호와께서 5 2 5 6 / 1 3 2 / 4 6 //
18 여호와여 4 / 2 2 6 4 / 2 5 2 6 /
19 내 속에 3 3 4 / 2 3 / 1 3 3 5 //
20 율례를 3 4 3 3 / 2 4 / 2 2 6 //
21 그들이 3 2 / 3 3 4 / 3 2 4 / 2 5 /
22 여호와는 4 2 5 / 2 4 / 2 2 5 //
23 그들의 3 3 5 5 / 3 3 4 / 3 5 / 3 2 4 / 3 6 //

95편

1 오라 / 우리가 여호와께 노래하며 /
2 / 3 4 4 /
우리의 구원의 반석을 향하여 / 즐거이 외치자 //
3 3 3 3 / 3 3 //

2 우리가 감사함으로 그 앞에 나아가며 /
3 5 3 4 /
시를 지어 / 즐거이 그를 노래하자 //
2 2 / 3 2 4 //

3 여호와는 크신 하나님이시요 / 모든 신들보다 크신 /
4 2 6 / 2 4 2 /
왕이시기 때문이로다 //
4 5 //

4 땅의 깊은 곳이 / 그의 손 안에 있으며 /
2 4 / 2 3 3 /
산들의 높은 곳도 / 그의 것이로다 //
3 4 / 2 4 //

5 바다도 그의 것이라 // 그가 만드셨고 /
3 2 3 // 2 4 /
육지도 그의 손이 지으셨도다 //
3 2 2 5 //

암송 부분

1 오라 2 / 3 4 4 / 3 3 3 3 / 3 3 //
2 우리가 3 5 3 4 / 2 2 / 3 2 4 //
3 여호와는 4 2 6 / 2 4 2 / 4 5 //
4 땅의 2 4 / 2 3 3 / 3 4 / 2 4 //
5 바다도 3 2 3 // 2 4 / 3 2 2 5 //

6 오라 / 우리가 굽혀 경배하며 /
2 / 3 2 4 /
우리를 지으신 / 여호와 앞에 무릎을 꿇자 //
3 3 / 5 5 //

7 그는 우리의 하나님이시요 /
2 3 6 /
우리는 그가 기르시는 백성이며 /
3 2 4 4 /
그의 손이 돌보시는 / 양이기 때문이라 //
2 2 4 / 3 4 //
너희가 오늘 / 그의 음성을 듣거든 /
3 2 / 2 3 3 /

8 너희는 므리바에서와 같이 /
3 6 2 /
또 / 광야의 맛사에서 지냈던 날과 같이 /
1 / 3 4 3 4 /
너희 마음을 완악하게 하지 말지어다 //
2 3 4 6 //

9 그 때에 너희 조상들이 / 내가 행한 일을 보고서도 /
3 2 4 / 2 4 4 /
나를 시험하고 조사하였도다 //
2 4 6 //

암송 부분

6 오라 2 / 3 2 4 / 3 3 / 5 5 //
7 그는 2 3 6 / 3 2 4 4 / 2 2 4 / 3 4 // 3 2 / 2 3 3 /
8 너희는 3 6 2 / 1 / 3 4 3 4 / 2 3 4 6 //
9 그 때에 3 2 4 / 2 4 4 / 2 4 6 //

10 내가 사십 년 동안 / 그 세대로 말미암아 /
2 (40)5 / 1 3 4 /
근심하여 이르기를 / 그들은 마음이 미혹된 백성이라 /
4 4 / 3 3 3 4 /
내 길을 알지 못한다 // 하였도다 //
1 2 5 // 4 //

11 그러므로 내가 노하여 맹세하기를 /
4 2 3 5 /
그들은 / 내 안식에 들어오지 못하리라 // 하였도다 //
3 / 1 3 4 4 // 4 //

암송 부분

1 오라 2 / 3 4 4 / 3 3 3 3 / 3 3 //
2 우리가 3 5 3 4 / 2 2 / 3 2 4 //
3 여호와는 4 2 6 / 2 4 2 / 4 5 //
4 땅의 2 4 / 2 3 3 / 3 4 / 2 4 //
5 바다도 3 2 3 // 2 4 / 3 2 2 5 //
6 오라 2 / 3 2 4 / 3 3 / 5 5 //
7 그는 2 3 6 / 3 2 4 4 / 2 2 4 / 3 4 // 3 2 / 2 3 3 /
8 너희는 3 6 2 / 1 / 3 4 3 4 / 2 3 4 6 //
9 그 때에 3 2 4 / 2 4 4 / 2 4 6 //

10 내가 2 (40)5 / 1 3 4 / 4 4 / 3 3 3 4 / 1 2 5 // 4 //
11 그러므로 4 2 3 5 / 3 / 1 3 4 4 // 4 //

96편

1 새 노래로 여호와께 노래하라 //
4 4 4 //
온 땅이여 여호와께 노래할지어다 //
4 4 6 //

2 여호와께 노래하여 / 그의 이름을 송축하며 /
4 4 / 2 3 4 /
그의 구원을 날마다 전파할지어다 //
2 3 3 6 //

3 그의 영광을 / 백성들 가운데에, /
2 3 / 3 4 /
그의 기이한 행적을 / 만민 가운데에 선포할지어다 //
2 3 3 / 2 4 6 //

4 여호와는 위대하시니 지극히 찬양할 것이요 /
4 5 3 6 /
모든 신들보다 경외할 것임이여 /
2 4 3 4 /

5 만국의 모든 신들은 우상들이지만 /
3 2 3 6 /
여호와께서는 하늘을 지으셨음이로다 //
6 3 7 //

암송 부분

1 새 노래로 4 4 4 // 4 4 6 //
2 여호와께 4 4 / 2 3 4 / 2 3 3 6 //
3 그의 2 3 / 3 4 / 2 3 3 / 2 4 6 //
4 여호와는 4 5 3 6 / 2 4 3 4 /
5 만국의 3 2 3 6 / 6 3 7 //

6 존귀와 위엄이 / 그의 앞에 있으며 /
3 3 / 2 2 3 /
능력과 아름다움이 / 그의 성소에 있도다 //
3 5 / 2 3 3 //

7 만국의 족속들아 / 영광과 권능을 /
3 4 / 3 3 /
여호와께 돌릴지어다 // 여호와께 돌릴지어다 //
4 5 // 4 5 //

8 여호와의 이름에 합당한 영광을 / 그에게 돌릴지어다 //
4 3 3 3 / 3 5 //
예물을 들고 / 그의 궁정에 들어갈지어다 //
3 2 / 2 3 6 //

9 아름답고 거룩한 것으로 / 여호와께 예배할지어다 //
4 3 3 / 4 6 //
온 땅이여 / 그 앞에서 떨지어다 //
4 / 4 4 //

10 모든 나라 가운데서 이르기를 / 여호와께서 다스리시니 /
2 2 4 4 / 5 5 /
세계가 굳게 서고 흔들리지 않으리라 //
3 4 4 4 //
그가 만민을 공평하게 심판하시리라 // 할지로다 //
2 3 4 6 // 4 //

암송 부분

6 존귀와 3 3 / 2 2 3 / 3 5 / 2 3 3 //
7 만국의 3 4 / 3 3 / 4 5 // 4 5 //
8 여호와의 4 3 3 3 / 3 5 // 3 2 / 2 3 6 //
9 아름답고 4 3 3 / 4 6 // 4 / 4 4 //
10 모든 2 2 4 4 / 5 5 / 3 4 4 4 // 2 3 4 6 // 4 //

11 하늘은 기뻐하고 땅은 즐거워하며 /
3 4 2 5 /
바다와 거기에 충만한 것이 외치고 /
3 3 5 3 /

12 밭과 그 가운데에 있는 / 모든 것은 즐거워할지로다 //
2 1 4 2 / 4 7 //
그 때 숲의 모든 나무들이 / 여호와 앞에서 즐거이 노래하리니 /
2 2 2 4 / 6 3 5 /

13 그가 임하시되 / 땅을 심판하러 임하실 것임이라 //
2 4 / 2 4 3 4 //
그가 의로 세계를 심판하시며 /
2 2 3 5 /
그의 진실하심으로 백성을 심판하시리로다 //
2 6 3 7 //

암송 부분

1 새 노래로 4 4 4 // 4 4 6 //
2 여호와께 4 4 / 2 3 4 / 2 3 3 6 //
3 그의 2 3 / 3 4 / 2 3 3 / 2 4 6 //
4 여호와는 4 5 3 6 / 2 4 3 4 /
5 만국의 3 2 3 6 / 6 3 7 //
6 존귀와 3 3 / 2 2 3 / 3 5 / 2 3 3 //
7 만국의 3 4 / 3 3 / 4 5 // 4 5 //
8 여호와의 4 3 3 3 / 3 5 // 3 2 / 2 3 6 //
9 아름답고 4 3 3 / 4 6 // 4 / 4 4 //
10 모든 2 2 4 4 / 5 5 / 3 4 4 4 // 2 3 4 6 // 4 //

11 하늘은 3 4 2 5 / 3 3 5 3 /
12 밭과 2 1 4 2 / 4 7 // 2 2 2 4 / 6 3 5 /
13 그가 2 4 / 2 4 3 4 // 2 2 3 5 / 2 6 3 7 //

97편

1 여호와께서 다스리시나니 / 땅은 즐거워하며 /
5 6 / 2 5 /
허다한 섬은 기뻐할지어다 //
3 2 6 //

2 구름과 흑암이 그를 둘렀고 / 의와 공평이 /
3 3 2 3 / 2 3 /
그의 보좌의 기초로다 //
2 3 4 //

3 불이 그의 앞에서 나와 /
2 2 3 2 /
사방의 대적들을 불사르시는도다 //
3 4 7 //

4 그의 번개가 세계를 비추니 / 땅이 보고 떨었도다 //
2 3 3 3 / 2 2 4 //

5 산들이 여호와의 앞 / 곧 온 땅의 주 앞에서 /
3 4 1 / 1 3 4 /
밀랍 같이 녹았도다 //
4 4 //

암송 부분

1 여호와께서 5 6 / 2 5 / 3 2 6 //
2 구름과 3 3 2 3 / 2 3 / 2 3 4 //
3 불이 2 2 3 2 / 3 4 7 //
4 그의 2 3 3 3 / 2 2 4 //
5 산들이 3 4 1 / 1 3 4 / 4 4 //

6 하늘이 그의 의를 선포하니 /
3 2 2 4 /
모든 백성이 / 그의 영광을 보았도다 //
2 3 / 2 3 4 //

7 조각한 신상을 섬기며 / 허무한 것으로 자랑하는 자는 /
3 3 3 / 3 3 4 2 /
다 수치를 당할 것이라 //
1 3 5 //
너희 신들아 / 여호와께 경배할지어다 //
2 3 / 4 6 //

8 여호와여 / 시온이 / 주의 심판을 듣고 기뻐하며 /
4 / 3 / 2 3 2 4 /
유다의 딸들이 즐거워하였나이다 //
3 3 8 //

9 여호와여 / 주는 온 땅 위에 지존하시고 /
4 / 2 4 5 /
모든 신들보다 위에 계시니이다 //
2 4 2 5 //

10 여호와를 사랑하는 너희여 / 악을 미워하라 //
4 4 3 / 2 4 //
그가 / 그의 성도의 영혼을 보전하사 /
2 / 2 3 3 4 /
악인의 손에서 건지시느니라 //
3 3 6 //

암송 부분

6 하늘이 3 2 2 4 / 2 3 / 2 3 4 //
7 조각한 3 3 3 / 3 3 4 2 / 1 3 5 // 2 3 / 4 6 //
8 여호와여 4 / 3 / 2 3 2 4 / 3 3 8 //
9 여호와여 4 / 2 4 5 / 2 4 2 5 //
10 여호와를 4 4 3 / 2 4 // 2 / 2 3 3 4 / 3 3 6 //

11 의인을 위하여 빛을 뿌리고 /
3 3 2 3 /
마음이 정직한 자를 위하여 / 기쁨을 뿌리시는도다 //
3 3 2 3 / 3 6 //

12 의인이여 / 너희는 여호와로 말미암아 기뻐하며 /
4 / 3 4 4 4 /
그의 거룩한 이름에 감사할지어다 //
2 3 3 6 //

암송 부분

1 여호와께서 5 6 / 2 5 / 3 2 6 //
2 구름과 3 3 2 3 / 2 3 / 2 3 4 //
3 불이 2 2 3 2 / 3 4 7 //
4 그의 2 3 3 3 / 2 2 4 //
5 산들이 3 4 1 / 1 3 4 / 4 4 //
6 하늘이 3 2 2 4 / 2 3 / 2 3 4 //
7 조각한 3 3 3 / 3 3 4 2 / 1 3 5 // 2 3 / 4 6 //
8 여호와여 4 / 3 / 2 3 2 4 / 3 3 8 //
9 여호와여 4 / 2 4 5 / 2 4 2 5 //
10 여호와를 4 4 3 / 2 4 // 2 / 2 3 3 4 / 3 3 6 //

11 의인을 3 3 2 3 / 3 3 2 3 / 3 6 //
12 의인이여 4 / 3 4 4 4 / 2 3 3 6 //

98편

<시>

1 새 노래로 여호와께 찬송하라 //
1 3 4 4 //
그는 기이한 일을 행하사 / 그의 오른손과 거룩한 팔로 /
2 5 3 / 2 4 3 2 /
자기를 위하여 구원을 베푸셨음이로다 //
3 3 3 7 //

2 여호와께서 그의 구원을 알게 하시며 / 그의 공의를 /
5 2 3 5 / 2 3 /
뭇 나라의 목전에서 명백히 나타내셨도다 //
4 4 3 6 //

3 그가 이스라엘의 집에 베푸신 /
2 5 2 3 /
인자와 성실을 기억하셨으므로 / 땅 끝까지 이르는 모든 것이 /
3 3 7 / 4 3 4 /
우리 하나님의 구원을 보았도다 //
2 4 3 4 //

4 온 땅이여 여호와께 즐거이 소리칠지어다 //
4 4 3 6 //
소리 내어 즐겁게 노래하며 찬송할지어다 //
4 3 4 6 //

암송 부분

1 새 1 3 4 4 // 2 5 3 / 2 4 3 2 / 3 3 3 7 //
2 여호와께서 5 2 3 5 / 2 3 / 4 4 3 6 //
3 그가 2 5 2 3 / 3 3 7 / 4 3 4 / 2 4 3 4 //
4 온 땅이여 4 4 3 6 // 4 3 4 6 //

5 수금으로 여호와를 노래하라 //
4 4 4 //
수금과 음성으로 노래할지어다 //
3 4 6 //

6 나팔과 호각 소리로 /
3 5 /
왕이신 여호와 앞에 즐겁게 소리칠지어다 //
3 5 3 6 //

7 바다와 거기 충만한 것과 /
3 2 5 /
세계와 그 중에 거주하는 자는 / 다 외칠지어다 //
3 3 4 2 / 1 5 //

8 여호와 앞에서 / 큰 물은 박수할지어다 //
3 3 / 1 2 6 //
산악이 함께 즐겁게 노래할지어다 //
3 2 3 6 //

9 그가 / 땅을 심판하러 임하실 것임이로다 //
2 / 2 4 3 5 //
그가 의로 세계를 판단하시며 /
2 2 3 5 /
공평으로 그의 백성을 심판하시리로다 //
4 2 3 7 //

암송 부분

1 새 1 3 4 4 // 2 5 3 / 2 4 3 2 / 3 3 3 7 //
2 여호와께서 5 2 3 5 / 2 3 / 4 4 3 6 //
3 그가 2 5 2 3 / 3 3 7 / 4 3 4 / 2 4 3 4 //
4 온 땅이여 4 4 3 6 // 4 3 4 6 //
5 수금으로 4 4 4 // 3 4 6 //
6 나팔과 3 5 / 3 5 3 6 //
7 바다와 3 2 5 / 3 3 4 2 / 1 5 //
8 여호와 3 3 / 1 2 6 // 3 2 3 6 //
9 그가 2 / 2 4 3 5 // 2 2 3 5 / 4 2 3 7 //

99편

1 여호와께서 다스리시니 만민이 떨 것이요 /
5 5 3 4 /
여호와께서 그룹 사이에 좌정하시니 /
5 5 5 /
땅이 흔들릴 것이로다 //
2 3 4 //

2 시온에 계시는 여호와는 위대하시고 /
3 3 4 5 /
모든 민족보다 높으시도다 //
2 4 5 //

3 주의 크고 두려운 이름을 찬송할지니 /
2 2 3 3 5 /
그는 거룩하심이로다 //
2 7 //

4 능력 있는 왕은 정의를 사랑하느니라 //
4 2 3 6 //
주께서 공의를 견고하게 세우시고 /
3 3 4 4 /
주께서 야곱에게 / 정의와 공의를 행하시나이다 //
3 4 / 3 3 6 //

암송 부분

1 여호와께서 5 5 3 4 / 5 5 5 / 2 3 4 //
2 시온에 3 3 4 5 / 2 4 5 //
3 주의 2 2 3 3 5 / 2 7 //
4 능력 있는 4 2 3 6 // 3 3 4 4 / 3 4 / 3 3 6 //

5 너희는 / 여호와 우리 하나님을 높여 /
3 / 3 2 4 2 /
그의 발등상 앞에서 경배할지어다 // 그는 거룩하시도다 //
2 6 6 // 2 6 //

6 그의 제사장들 중에는 / 모세와 아론이 있고 /
2 4 3 / 3 3 2 /
그의 이름을 부르는 자들 중에는 / 사무엘이 있도다 //
2 3 5 3 / 4 3 //
그들이 여호와께 간구하매 응답하셨도다 //
3 4 4 6 //

7 여호와께서 / 구름 기둥 가운데서 그들에게 말씀하시니 /
5 / 4 4 4 5 /
그들은 그가 그들에게 주신 / 증거와 율례를 지켰도다 //
3 2 4 2 / 3 3 4 //

8 여호와 우리 하나님이여 / 주께서는 그들에게 응답하셨고 /
3 2 5 / 4 4 5 /
그들의 행한 대로 갚기는 하셨으나 /
3 4 3 4 /
그들을 용서하신 하나님이시니이다 //
3 4 8 //

암송 부분

5 너희는 3 / 3 2 4 2 / 2 6 6 // 2 6 //
6 그의 2 4 3 / 3 3 2 / 2 3 5 3 / 4 3 // 3 4 4 6 //
7 여호와께서 5 / 4 4 4 5 / 3 2 4 2 / 3 3 4 //
8 여호와 3 2 5 / 4 4 5 / 3 4 3 4 / 3 4 8 //

9 너희는 / 여호와 우리 하나님을 높이고 /
3 / 3 2 4 3 /
그 성산에서 예배할지어다 //
1 4 6 //
여호와 우리 하나님은 거룩하심이로다 //
3 2 4 7 //

암송 부분

1 여호와께서 5 5 3 4 / 5 5 5 / 2 3 4 //
2 시온에 3 3 4 5 / 2 4 5 //
3 주의 2 2 3 3 5 / 2 7 //
4 능력 있는 4 2 3 6 // 3 3 4 4 / 3 4 / 3 3 6 //
5 너희는 3 / 3 2 4 2 / 2 6 6 // 2 6 //
6 그의 2 4 3 / 3 3 2 / 2 3 5 3 / 4 3 // 3 4 4 6 //
7 여호와께서 5 / 4 4 4 5 / 3 2 4 2 / 3 3 4 //
8 여호와 3 2 5 / 4 4 5 / 3 4 3 4 / 3 4 8 //

9 너희는 3 / 3 2 4 3 / 1 4 6 // 3 2 4 7 //

100편

<감사의 시>

1 온 땅이여 / 여호와께 즐거운 찬송을 부를지어다 //
4 / 4 3 3 5 //

2 기쁨으로 여호와를 섬기며 /
4 4 3 /
노래하면서 그의 앞에 나아갈지어다 //
5 2 2 6 //

3 여호와가 우리 하나님이신 줄 / 너희는 알지어다 //
4 2 6 / 3 4 //
그는 우리를 지으신 이요 / 우리는 그의 것이니 /
2 3 3 2 / 3 2 3 /
그의 백성이요 / 그의 기르시는 양이로다 //
2 4 / 2 4 4 //

4 감사함으로 그의 문에 들어가며 /
5 2 2 4 /
찬송함으로 그의 궁정에 들어가서 /
5 2 3 4 /
그에게 감사하며 / 그의 이름을 송축할지어다 //
3 4 / 2 3 6 //

암송 부분

1 온 땅이여 4 / 4 3 3 5 //
2 기쁨으로 4 4 3 / 5 2 2 6 //
3 여호와가 4 2 6 / 3 4 // 2 3 3 2 / 3 2 3 / 2 4 / 2 4 4 //
4 감사함으로 5 2 2 4 / 5 2 3 4 / 3 4 / 2 3 6 //

5 여호와는 선하시니 / 그의 인자하심이 영원하고 /
4 4 / 2 5 4 /
그의 성실하심이 대대에 이르리로다 //
2 5 3 5 //

암송 부분

1 온 땅이여 4 / 4 3 3 5 //
2 기쁨으로 4 4 3 / 5 2 2 6 //
3 여호와가 4 2 6 / 3 4 // 2 3 3 2 / 3 2 3 / 2 4 / 2 4 4 //
4 감사함으로 5 2 2 4 / 5 2 3 4 / 3 4 / 2 3 6 //

5 여호와는 4 4 / 2 5 4 / 2 5 3 5 //

101편

<다윗의 시>

1 내가 인자와 정의를 노래하겠나이다 //
2 3 3 7 //
여호와여 / 내가 주께 찬양하리이다 //
4 / 2 2 6 //

2 내가 완전한 길을 주목하오리니 /
2 5 6 /
주께서 어느 때나 내게 임하시겠나이까 //
3 4 2 7 //
내가 완전한 마음으로 / 내 집 안에서 행하리이다 //
2 3 4 / 1 4 5 //

3 나는 / 비천한 것을 / 내 눈 앞에 두지 아니할 것이요 /
2 / 5 / 1 3 2 6 /
배교자들의 행위를 내가 미워하오리니 /
5 3 2 6 /
나는 그 어느 것도 / 붙들지 아니하리이다 //
2 1 4 / 3 6 //

4 사악한 마음이 내게서 떠날 것이니 /
3 3 3 5 /
악한 일을 내가 알지 아니하리로다 //
4 2 2 6 //

암송 부분

1 내가 2 3 3 7 // 4 / 2 2 6 //
2 내가 2 5 6 / 3 4 2 7 // 2 3 4 / 1 4 5 //
3 나는 2 / 5 / 1 3 2 6 / 5 3 2 6 / 2 1 4 / 3 6 //
4 사악한 3 3 3 5 / 4 2 2 6 //

5 자기의 이웃을 은근히 헐뜯는 자를 / 내가 멸할 것이요 /
3 3 3 5 / 2 5 /
눈이 높고 마음이 교만한 자를 /
2 2 3 5 /
내가 용납하지 아니하리로다 //
2 4 6 //

6 내 눈이 이 땅의 충성된 자를 살펴 /
3 3 5 2 /
나와 함께 살게 하리니 / 완전한 길에 행하는 자가 /
4 5 / 5 5 /
나를 따르리로다 //
2 5 //

7 거짓을 행하는 자는 / 내 집 안에 거주하지 못하며 /
3 5 / 1 3 4 3 /
거짓말하는 자는 / 내 목전에 서지 못하리로다 //
5 2 / 1 3 2 5 //

8 아침마다 / 내가 이 땅의 모든 악인을 멸하리니 /
4 / 2 3 5 4 /
악을 행하는 자는 / 여호와의 성에서 다 끊어지리로다 //
2 3 2 / 4 3 1 6 //

암송 부분

1 내가 2 3 3 7 // 4 / 2 2 6 //
2 내가 2 5 6 / 3 4 2 7 // 2 3 4 / 1 4 5 //
3 나는 2 / 5 / 1 3 2 6 / 5 3 2 6 / 2 1 4 / 3 6 //
4 사악한 3 3 3 5 / 4 2 2 6 //

5 자기의 3 3 3 5 / 2 5 / 2 2 3 5 / 2 4 6 //
6 내 눈이 3 3 5 2 / 4 5 / 5 5 / 2 5 //
7 거짓을 3 5 / 1 3 4 3 / 5 2 / 1 3 2 5 //
8 아침마다 4 / 2 3 5 4 / 2 3 2 / 4 3 1 6 //

102편

<고난 당한 자가 마음이 상하여 그의 근심을 여호와 앞에 토로하는 기도>

1 여호와여 / 내 기도를 들으시고 / 나의 부르짖음을 /
4 / 1 3 4 / 2 5 /
주께 상달하게 하소서 //
2 4 3 //

2 나의 괴로운 날에 / 주의 얼굴을 / 내게서 숨기지 마소서 //
2 3 2 / 2 3 / 3 3 3 //
주의 귀를 내게 기울이사 / 내가 부르짖는 날에 /
2 2 2 4 / 2 4 2 /
속히 내게 응답하소서 //
2 2 5 //

3 내 날이 연기 같이 소멸하며 /
1 2 4 4 /
내 뼈가 숯 같이 탔음이니이다 //
1 2 3 6 //

4 내가 음식 먹기도 잊었으므로 /
2 5 5 /
내 마음이 / 풀 같이 시들고 말라 버렸사오며 /
1 3 / 3 3 7 /

5 나의 탄식 소리로 말미암아 / 나의 살이 뼈에 붙었나이다 //
2 5 4 / 2 2 2 5 //

암송 부분

1 여호와여 4 / 1 3 4 / 2 5 / 2 4 3 //
2 나의 2 3 2 / 2 3 / 3 3 3 // 2 2 2 4 / 2 4 2 / 2 2 5 //
3 내 1 2 4 4 / 1 2 3 6 //
4 내가 2 5 5 / 1 3 / 3 3 7 /
5 나의 2 5 4 / 2 2 2 5 //

6 나는 광야의 올빼미 같고 /
2 3 5 /
황폐한 곳의 부엉이 같이 되었사오며 /
5 5 5 /

7 내가 밤을 새우니 /
2 2 3 /
지붕 위의 / 외로운 참새 같으니이다 //
4 / 3 2 5 //

8 내 원수들이 / 종일 나를 비방하며 / 내게 대항하여 /
1 4 / 2 2 4 / 2 4 /
미칠 듯이 날뛰는 자들이 / 나를 가리켜 맹세하나이다 //
4 3 3 / 2 3 6 //

9 나는 재를 양식 같이 먹으며 /
2 2 4 3 /
나는 눈물 섞인 물을 마셨나이다 //
2 4 2 5 //

10 주의 분노와 진노로 말미암음이라 //
2 3 3 6 //
주께서 나를 들어서 던지셨나이다 //
3 2 3 6 //

암송 부분

6 나는 2 3 5 / 5 5 5 /
7 내가 2 2 3 / 4 / 3 2 5 //
8 내 1 4 / 2 2 4 / 2 4 / 4 3 3 / 2 3 6 //
9 나는 2 2 4 3 / 2 4 2 5 //
10 주의 2 3 3 6 // 3 2 3 6 //

11 내 날이 기울어지는 그림자 같고 /
1 2 5 5 /
내가 풀의 시들어짐 같으니이다 //
2 2 4 5 //

12 여호와여 / 주는 영원히 계시고 /
4 / 2 3 3 /
주에 대한 기억은 / 대대에 이르리이다 //
2 2 3 / 3 5 //

13 주께서 일어나사 / 시온을 긍휼히 여기시리니 /
3 4 / 3 3 5 /
지금은 그에게 / 은혜를 베푸실 때라 정한 기한이 /
3 3 / 3 5 2 3 /
다가옴이니이다 //
7 //

14 주의 종들이 / 시온의 돌들을 즐거워하며 /
2 3 / 3 3 5 /
그의 티끌도 은혜를 받나이다 //
2 3 3 4 //

15 이에 뭇 나라가 / 여호와의 이름을 경외하며 /
2 4 / 4 3 4 /
이 땅의 모든 왕들이 / 주의 영광을 경외하리니 /
3 2 3 / 2 3 5 /

암송 부분

11 내 1 2 5 5 / 2 2 4 5 //
12 여호와여 4 / 2 3 3 / 2 2 3 / 3 5 //
13 주께서 3 4 / 3 3 5 / 3 3 / 3 5 2 3 / 7 //
14 주의 2 3 / 3 3 5 / 2 3 3 4 //
15 이에 2 4 / 4 3 4 / 3 2 3 / 2 3 5 /

16 여호와께서 시온을 건설하시고 /
5 3 5 /
그의 영광 중에 나타나셨음이라 //
2 4 7 //

17 여호와께서 빈궁한 자의 기도를 돌아보시며 /
5 5 3 5 /
그들의 기도를 멸시하지 아니하셨도다 //
3 3 4 6 //

18 이 일이 / 장래 세대를 위하여 기록되리니 /
1 2 / 5 3 5 /
창조함을 받을 백성이 / 여호와를 찬양하리로다 //
4 2 3 / 4 6 //

19 여호와께서 / 그의 높은 성소에서 굽어보시며 /
5 / 2 2 4 5 /
하늘에서 땅을 살펴 보셨으니 /
4 2 6 /

20 이는 간힌 자의 탄식을 들으시며 /
2 4 3 4 /
죽이기로 정한 자를 해방하사 /
4 4 4 /

암송 부분

16 여호와께서 5 3 5 / 2 4 7 //
17 여호와께서 5 5 3 5 / 3 3 4 6 //
18 이 1 2 / 5 3 5 / 4 2 3 / 4 6 //
19 여호와께서 5 / 2 2 4 5 / 4 2 6 /
20 이는 2 4 3 4 / 4 4 4 /

21 여호와의 이름을 시온에서, / 그 영예를 예루살렘에서 /
4 3 4 / 1 3 6 /
선포하게 하려 하심이라 //
6 4 //

22 그 때에 민족들과 나라들이 /
3 4 4 /
함께 모여 여호와를 섬기리로다 //
4 4 5 //

23 그가 내 힘을 / 중도에 쇠약하게 하시며 /
2 1 2 / 3 4 3 /
내 날을 짧게 하셨도다 //
1 2 6 //

24 나의 말이 / 나의 하나님이여 /
2 2 / 2 5 /
나의 중년에 / 나를 데려가지 마옵소서 //
2 3 / 2 4 4 //
주의 연대는 대대에 무궁하니이다 //
2 3 3 6 //

25 주께서 옛적에 / 땅의 기초를 놓으셨사오며 /
3 3 / 2 3 6 /
하늘도 / 주의 손으로 지으신 바니이다 //
3 / 2 3 3 4 //

암송 부분

21 여호와의 4 3 4 / 1 3 6 / 6 4 //
22 그 때에 3 4 4 / 4 4 5 //
23 그가 2 1 2 / 3 4 3 / 1 2 6 //
24 나의 2 2 / 2 5 / 2 3 / 2 4 4 // 2 3 3 6 //
25 주께서 3 3 / 2 3 6 / 3 / 2 3 3 4 //

26 천지는 없어지려니와 주는 영존하시겠고 /
3 6 2 6 /
그것들은 다 옷 같이 낡으리니 /
4 1 3 4 /
의복 같이 바꾸시면 바뀌려니와 /
4 4 5 /

27 주는 한결같으시고 / 주의 연대는 무궁하리이다 //
2 6 / 2 3 6 //

28 주의 종들의 자손은 / 항상 안전히 거주하고 /
2 3 3 / 2 3 4 /
그의 후손은 / 주 앞에 굳게 서리이다 // 하였도다 //
2 3 / 3 6 // 4 //

암송 부분

26 천지는 3 6 2 6 / 4 1 3 4 / 4 4 5 /
27 주는 2 6 / 2 3 6 //
28 주의 2 3 3 / 2 3 4 / 2 3 / 3 6 // 4 //

1 여호와여 4 / 1 3 4 / 2 5 / 2 4 3 //
2 나의 2 3 2 / 2 3 / 3 3 3 // 2 2 2 4 / 2 4 2 / 2 2 5 //
3 내 1 2 4 4 / 1 2 3 6 //
4 내가 2 5 5 / 1 3 / 3 3 7 /
5 나의 2 5 4 / 2 2 2 5 //
6 나는 2 3 5 / 5 5 5 /
7 내가 2 2 3 / 4 / 3 2 5 //
8 내 1 4 / 2 2 4 / 2 4 / 4 3 3 / 2 3 6 //
9 나는 2 2 4 3 / 2 4 2 5 //
10 주의 2 3 3 6 // 3 2 3 6 //
11 내 1 2 5 5 / 2 2 4 5 //
12 여호와여 4 / 2 3 3 / 2 2 3 / 3 5 //
13 주께서 3 4 / 3 3 5 / 3 3 / 3 5 2 3 / 7 //
14 주의 2 3 / 3 3 5 / 2 3 3 4 //
15 이에 2 4 / 4 3 4 / 3 2 3 / 2 3 5 /
16 여호와께서 5 3 5 / 2 4 7 //
17 여호와께서 5 5 3 5 / 3 3 4 6 //
18 이 1 2 / 5 3 5 / 4 2 3 / 4 6 //
19 여호와께서 5 / 2 2 4 5 / 4 2 6 /
20 이는 2 4 3 4 / 4 4 4 /
21 여호와의 4 3 4 / 1 3 6 / 6 4 //
22 그 때에 3 4 4 / 4 4 5 //
23 그가 2 1 2 / 3 4 3 / 1 2 6 //
24 나의 2 2 / 2 5 / 2 3 / 2 4 4 // 2 3 3 6 //
25 주께서 3 3 / 2 3 6 / 3 / 2 3 3 4 //
26 천지는 3 6 2 6 / 4 1 3 4 / 4 4 5 /
27 주는 2 6 / 2 3 6 //
28 주의 2 3 3 / 2 3 4 / 2 3 / 3 6 // 4 //

103편

<다윗의 시>

1 내 영혼아 / 여호와를 송축하라 // 내 속에 있는 것들아 /
1 3 / 4 4 // 1 4 3 /
다 그의 거룩한 이름을 / 송축하라 //
1 2 3 3 / 4 //

2 내 영혼아 / 여호와를 송축하며 /
1 3 / 4 4 /
그의 모든 은택을 잊지 말지어다 //
2 2 3 6 //

3 그가 / 네 모든 죄악을 사하시며 / 네 모든 병을 고치시며 /
2 / 1 2 3 4 / 1 2 2 4 /

4 네 생명을 파멸에서 속량하시고 /
1 3 4 5 /
인자와 긍휼로 관을 씌우시며 /
3 3 2 4 /

5 좋은 것으로 / 네 소원을 만족하게 하사 /
5 / 1 3 6 /
네 청춘을 / 독수리 같이 새롭게 하시는도다 //
1 3 / 5 3 5 //

암송 부분

1 내 1 3 / 4 4 // 1 4 3 / 1 2 3 3 / 4 //
2 내 1 3 / 4 4 / 2 2 3 6 //
3 그가 2 / 1 2 3 4 / 1 2 2 4 /
4 네 1 3 4 5 / 3 3 2 4 /
5 좋은 것으로 5 / 1 3 6 / 1 3 / 5 3 5 //

6 여호와께서 공의로운 일을 행하시며 /
5 6 4 /
억압 당하는 모든 자를 위하여 심판하시는도다 //
5 4 3 7 //

7 그의 행위를 모세에게, /
2 3 4 /
그의 행사를 이스라엘 자손에게 / 알리셨도다 //
2 3 4 4 / 5 //

8 여호와는 긍휼이 많으시고 은혜로우시며 /
4 3 4 6 /
노하기를 더디 하시고 / 인자하심이 풍부하시도다 //
4 5 / 5 6 //

9 자주 경책하지 아니하시며 /
2 4 5 /
노를 영원히 품지 아니하시리로다 //
2 3 2 7 //

10 우리의 죄를 따라 / 우리를 처벌하지는 아니하시며 /
3 2 2 / 3 5 5 /
우리의 죄악을 따라 / 우리에게 그대로 갚지는 아니하셨으니 /
3 3 2 / 4 3 3 6 /

암송 부분

6 여호와께서 5 6 4 / 5 4 3 7 //
7 그의 2 3 4 / 2 3 4 4 / 5 //
8 여호와는 4 3 4 6 / 4 5 / 5 6 //
9 자주 2 4 5 / 2 3 2 7 //
10 우리의 3 2 2 / 3 5 5 / 3 3 2 / 4 3 3 6 /

11 이는 하늘이 땅에서 높음 같이 /
2 3 3 4 /
그를 경외하는 자에게 / 그의 인자하심이 크심이로다 //
2 4 3 / 2 5 5 //

12 동이 서에서 먼 것 같이 /
2 3 4 /
우리의 죄과를 / 우리에게서 멀리 옮기셨으며 /
3 3 / 5 2 5 /

13 아버지가 자식을 긍휼히 여김 같이 /
4 3 3 4 /
여호와께서는 / 자기를 경외하는 자를 긍휼히 여기시나니 /
6 / 3 6 3 5 /

14 이는 / 그가 우리의 체질을 아시며 /
2 / 2 3 3 3 /
우리가 단지 먼지뿐임을 기억하심이로다 //
3 2 5 7 //

15 인생은 그 날이 풀과 같으며 /
3 3 2 3 /
그 영화가 / 들의 꽃과 같도다 //
1 3 / 2 2 3 //

16 그것은 바람이 지나가면 없어지나니 / 그 있던 자리도 /
3 3 4 5 / 1 2 3 /
다시 알지 못하거니와 /
2 2 5 /

암송 부분

11 이는 2 3 3 4 / 2 4 3 / 2 5 5 //
12 동이 2 3 4 / 3 3 / 5 2 5 /
13 아버지가 *4 3 3 4 / 6 / 3 6 3 5 /*
14 이는 2 / 2 3 3 3 / 3 2 5 7 //
15 인생은 3 3 2 3 / 1 3 / 2 2 3 //
16 그것은 3 3 4 5 / 1 2 3 / 2 2 5 /

17 여호와의 인자하심은 / 자기를 경외하는 자에게 /
4 5 / 3 4 3 /
영원부터 영원까지 이르며 /
4 4 3 /
그의 의는 / 자손의 자손에게 이르리니 /
2 2 / 3 4 4 /

18 곧 그의 언약을 지키고 /
1 2 3 3 /
그의 법도를 / 기억하여 행하는 자에게로다 //
2 3 / 4 3 5 //

19 여호와께서 / 그의 보좌를 하늘에 세우시고 /
5 / 2 3 3 4 /
그의 왕권으로 만유를 다스리시도다 //
2 4 3 6 //

20 능력이 있어 / 여호와의 말씀을 행하며 /
3 2 / 4 3 3 /
그의 말씀의 소리를 듣는 / 여호와의 천사들이여 /
2 3 3 2 / 4 5 /
여호와를 송축하라 //
4 4 //

21 그에게 수종들며 / 그의 뜻을 행하는 / 모든 천군이여 /
3 4 / 2 2 3 / 2 4 /
여호와를 송축하라 //
4 4 //

암송 부분

17 여호와의 4 5 / 3 4 3 / 4 4 3 / 2 2 / 3 4 4 /
18 곧 1 2 3 3 / 2 3 / 4 3 5 //
19 여호와께서 5 / 2 3 3 4 / 2 4 3 6 //
20 능력이 3 2 / 4 3 3 / 2 3 3 2 / 4 5 / 4 4 //
21 그에게 3 4 / 2 2 3 / 2 4 / 4 4 //

22 여호와의 지으심을 받고 / 그가 다스리시는 /
4 4 2 / 2 5 /
모든 곳에 있는 너희여 / 여호와를 송축하라 //
4 2 3 / 4 4 //
내 영혼아 여호와를 송축하라 //
1 3 4 4 //

암송 부분

1 내 1 3 / 4 4 // 1 4 3 / 1 2 3 3 / 4 //
2 내 1 3 / 4 4 / 2 2 3 6 //
3 그가 2 / 1 2 3 4 / 1 2 2 4 /
4 네 1 3 4 5 / 3 3 2 4 /
5 좋은 것으로 5 / 1 3 6 / 1 3 / 5 3 5 //
6 여호와께서 5 6 4 / 5 4 3 7 //
7 그의 2 3 4 / 2 3 4 4 / 5 //
8 여호와는 4 3 4 6 / 4 5 / 5 6 //
9 자주 2 4 5 / 2 3 2 7 //
10 우리의 3 2 2 / 3 5 5 / 3 3 2 / 4 3 3 6 /
11 이는 2 3 3 4 / 2 4 3 / 2 5 5 //
12 동이 2 3 4 / 3 3 / 5 2 5 /
13 아버지가 4 3 3 4 / 6 / 3 6 3 5 /
14 이는 2 / 2 3 3 3 / 3 2 5 7 //
15 인생은 3 3 2 3 / 1 3 / 2 2 3 //
16 그것은 3 3 4 5 / 1 2 3 / 2 2 5 /
17 여호와의 4 5 / 3 4 3 / 4 4 3 / 2 2 / 3 4 4 /
18 곧 1 2 3 3 / 2 3 / 4 3 5 //
19 여호와께서 5 / 2 3 3 4 / 2 4 3 6 //
20 능력이 3 2 / 4 3 3 / 2 3 3 2 / 4 5 / 4 4 //
21 그에게 3 4 / 2 2 3 / 2 4 / 4 4 //

22 여호와의 4 4 2 / 2 5 / 4 2 3 / 4 4 // 1 3 4 4 //

104편

1 내 영혼아 여호와를 송축하라 // 여호와 나의 하나님이여 /
1 3 4 4 // 3 2 5 /
주는 심히 위대하시며 / 존귀와 권위로 옷 입으셨나이다 //
2 2 5 / 3 3 1 6 //

2 주께서 옷을 입음 같이 / 빛을 입으시며 /
3 2 4 / 2 4 /
하늘을 휘장 같이 치시며 /
3 4 3 /

3 물에 / 자기 누각의 들보를 얹으시며 /
2 / 2 3 3 4 /
구름으로 자기 수레를 삼으시고 / 바람 날개로 다니시며 /
4 2 3 4 / 5 4 /

4 바람을 자기 사신으로 삼으시고 /
3 2 4 4 /
불꽃으로 자기 사역자를 삼으시며 /
4 2 4 4 /

5 땅에 기초를 놓으사 /
2 3 3 /
영원히 흔들리지 아니하게 하셨나이다 //
3 4 4 5 //

암송 부분

1 내 1 3 4 4 // 3 2 5 / 2 2 5 / 3 3 1 6 //
2 주께서 3 2 4 / 2 4 / 3 4 3 /
3 물에 2 / 2 3 3 4 / 4 2 3 4 / 5 4 /
4 바람을 3 2 4 4 / 4 2 4 4 /
5 땅에 2 3 3 / 3 4 4 5 //

6 옷으로 덮음 같이 / 주께서 / 땅을 깊은 바다로 덮으시매 /
3 4 / 3 / 2 5 4 /
물이 산들 위로 솟아올랐으나 /
2 4 6 /

7 주께서 꾸짖으시니 / 물은 도망하며 /
3 5 / 2 4 /
주의 우렛소리로 말미암아 빨리 가며 /
2 5 4 4 /

8 주께서 / 그들을 위하여 정하여 주신 곳으로 흘러갔고 /
3 / 3 3 8 4 /
산은 오르고 골짜기는 내려갔나이다 //
2 3 4 6 //

9 주께서 물의 경계를 정하여 / 넘치지 못하게 하시며 /
3 2 3 3 / 3 3 3 /
다시 돌아와 / 땅을 덮지 못하게 하셨나이다 //
2 3 / 2 5 5 //

10 여호와께서 / 샘을 골짜기에서 솟아나게 하시고 /
5 / 2 5 4 3 /
산 사이에 흐르게 하사 /
1 3 5 /

11 각종 들짐승에게 마시게 하시니 / 들나귀들도 해갈하며 /
2 5 3 3 / 5 4 /

암송 부분

6 옷으로 3 4 / 3 / 2 5 4 / 2 4 6 /
7 주께서 3 5 / 2 4 / 2 5 4 4 /
8 주께서 3 / 3 3 8 4 / 2 3 4 6 //
9 주께서 3 2 3 3 / 3 3 3 / 2 3 / 2 5 5 //
10 여호와께서 5 / 2 5 4 3 / 1 3 5 /
11 각종 2 5 3 3 / 5 4 /

12 공중의 새들도 / 그 가에서 깃들이며 /
3 3 / 1 3 4 /
나뭇가지 사이에서 지저귀는도다 //
4 4 6 //

13 그가 그의 누각에서부터 / 산에 물을 부어 주시니 /
2 2 6 / 2 2 5 /
주께서 하시는 일의 결실이 / 땅을 만족시켜 주는도다 //
3 5 3 / 2 4 4 //

14 그가 가축을 위한 풀과 / 사람을 위한 채소를 /
2 5 2 / 5 3 /
자라게 하시며 / 땅에서 먹을 것이 나게 하셔서 /
3 3 / 3 4 5 /

15 사람의 마음을 기쁘게 하는 포도주와 /
3 3 5 4 /
사람의 얼굴을 윤택하게 하는 기름과 /
3 3 6 3 /
사람의 마음을 힘있게 하는 양식을 / 주셨도다 //
3 3 5 3 / 4 //

16 여호와의 나무에는 물이 흡족함이여 /
4 4 2 5 /
곧 / 그가 심으신 레바논 백향목들이로다 //
1 / 2 3 3 7 //

암송 부분

12 공중의 3 3 / 1 3 4 / 4 4 6 //
13 그가 2 2 6 / 2 2 5 / 3 5 3 / 2 4 4 //
14 그가 2 5 2 / 5 3 / 3 3 / 3 4 5 /
15 사람의 3 3 5 4 / 3 3 6 3 / 3 3 5 3 / 4 //
16 여호와의 4 4 2 5 / 1 / 2 3 3 7 //

17 새들이 그 속에 깃들임이여 /
3 3 5 /
학은 잣나무로 집을 삼는도다 //
2 4 2 4 //

18 높은 산들은 산양을 위함이여 /
2 3 3 4 /
바위는 너구리의 피난처로다 //
3 4 5 //

19 여호와께서 달로 절기를 정하심이여 /
5 2 3 5 /
해는 그 지는 때를 알도다 //
2 1 4 3 //

20 주께서 흑암을 지어 / 밤이 되게 하시니 /
3 3 2 / 4 3 /
삼림의 모든 짐승이 기어나오나이다 //
3 2 3 7 //

21 젊은 사자들은 / 그들의 먹이를 좇아 부르짖으며 /
2 4 / 3 3 2 5 /
그들의 먹이를 하나님께 구하다가 /
3 3 4 4 /

22 해가 돋으면 물러가서 / 그들의 굴 속에 눕고 /
2 3 4 / 3 3 2 /

암송 부분

17 새들이 3 3 5 / 2 4 2 4 //
18 높은 2 3 3 4 / 3 4 5 //
19 여호와께서 5 2 3 5 / 2 1 4 3 //
20 주께서 3 3 2 / 4 3 / 3 2 3 7 //
21 젊은 2 4 / 3 3 2 5 / 3 3 4 4 /
22 해가 2 3 4 / 3 3 2 /

23 사람은 나와서 일하며 / 저녁까지 수고하는도다 //
3 3 3 / 4 6 //

24 여호와여 / 주께서 하신 일이 어찌 그리 많은지요 /
4 / 3 4 4 4 /
주께서 지혜로 그들을 다 지으셨으니 /
3 3 3 1 5 /
주께서 지으신 것들이 / 땅에 가득하니이다 //
3 3 3 / 2 6 //

25 거기에는 / 크고 넓은 바다가 있고 / 그 속에는 생물 /
4 / 2 2 3 2 / 4 2 /
곧 / 크고 작은 동물들이 무수하니이다 //
1 / 2 2 4 6 //

26 그 곳에는 배들이 다니며 / 주께서 지으신 리워야단이 /
4 3 3 / 3 3 5 /
그 속에서 노나이다 //
4 4 //

27 이것들은 다 주께서 /
4 1 3 /
때를 따라 먹을 것을 주시기를 바라나이다 //
4 4 4 5 //

암송 부분

23 사람은 3 3 3 / 4 6 //
24 여호와여 4 / 3 4 4 4 / 3 3 3 1 5 / 3 3 3 / 2 6 //
25 거기에는 4 / 2 2 3 2 / 4 2 / 1 / 2 2 4 6 //
26 그 곳에는 4 3 3 / 3 3 5 / 4 4 //
27 이것들은 4 1 3 / 4 4 4 5 //

28 주께서 주신즉 / 그들이 받으며 / 주께서 손을 펴신즉 /
3 3 / 3 3 / 3 2 3 /
그들이 좋은 것으로 만족하다가 /
3 5 5 /

29 주께서 낯을 숨기신즉 / 그들이 떨고 /
3 2 4 / 3 2 /
주께서 그들의 호흡을 거두신즉 /
3 3 3 4 /
그들은 죽어 먼지로 돌아가나이다 //
3 2 3 6 //

30 주의 영을 보내어 / 그들을 창조하사 /
2 2 3 / 3 4 /
지면을 새롭게 하시나이다 //
3 3 5 //

31 여호와의 영광이 영원히 계속할지며 / 여호와는 /
4 3 3 5 / 4 /
자신께서 행하시는 일들로 말미암아 / 즐거워하시리로다 //
4 4 3 4 / 8 //

32 그가 땅을 보신즉 / 땅이 진동하며 /
2 2 3 / 2 4 /
산들을 만지신즉 / 연기가 나는도다 //
3 4 / 3 4 //

암송 부분

28 주께서 3 3 / 3 3 / 3 2 3 / 3 5 5 /
29 주께서 3 2 4 / 3 2 / 3 3 3 4 / 3 2 3 6 //
30 주의 2 2 3 / 3 4 / 3 3 5 //
31 여호와의 4 3 3 5 / 4 / 4 4 3 4 / 8 //
32 그가 2 2 3 / 2 4 / 3 4 / 3 4 //

33 내가 평생토록 여호와께 노래하며 /
2 4 4 4 /
내가 살아 있는 동안 / 내 하나님을 찬양하리로다 //
2 6 / 1 4 6 //

34 나의 기도를 / 기쁘게 여기시기를 바라나니 /
2 3 / 3 5 4 /
나는 여호와로 말미암아 즐거워하리로다 //
2 4 4 7 //

35 죄인들을 땅에서 소멸하시며 /
4 3 5 /
악인들을 다시 있지 못하게 하시리로다 //
4 4 3 5 //
내 영혼아 여호와를 송축하라 // 할렐루야 //
1 3 4 4 // 4 //

암송 부분

33 내가 2 4 4 4 / 2 6 / 1 4 6 //
34 나의 2 3 / 3 5 4 / 2 4 4 7 //
35 죄인들을 4 3 5 / 4 4 3 5 // 1 3 4 4 // 4 //

1 내 1 3 4 4 // 3 2 5 / 2 2 5 / 3 3 1 6 //
2 주께서 3 2 4 / 2 4 / 3 4 3 /
3 물에 2 / 2 3 3 4 / 4 2 3 4 / 5 4 /
4 바람을 3 2 4 4 / 4 2 4 4 /
5 땅에 2 3 3 / 3 4 4 5 //
6 옷으로 3 4 / 3 / 2 5 4 / 2 4 6 /
7 주께서 3 5 / 2 4 / 2 5 4 4 /
8 주께서 3 / 3 3 8 4 / 2 3 4 6 //
9 주께서 3 2 3 3 / 3 3 3 / 2 3 / 2 5 5 //
10 여호와께서 5 / 2 5 4 3 / 1 3 5 /
11 각종 2 5 3 3 / 5 4 /
12 공중의 3 3 / 1 3 4 / 4 4 6 //
13 그가 2 2 6 / 2 2 5 / 3 5 3 / 2 4 4 //
14 그가 2 5 2 / 5 3 / 3 3 / 3 4 5 /
15 사람의 3 3 5 4 / 3 3 6 3 / 3 3 5 3 / 4 //
16 여호와의 4 4 2 5 / 1 / 2 3 3 7 //
17 새들이 3 3 5 / 2 4 2 4 //
18 높은 2 3 3 4 / 3 4 5 //
19 여호와께서 5 2 3 5 / 2 1 4 3 //
20 주께서 3 3 2 / 4 3 / 3 2 3 7 //
21 젊은 2 4 / 3 3 2 5 / 3 3 4 4 /
22 해가 2 3 4 / 3 3 2 /
23 사람은 3 3 3 / 4 6 //
24 여호와여 4 / 3 4 4 4 / 3 3 3 1 5 / 3 3 3 / 2 6 //
25 거기에는 4 / 2 2 3 2 / 4 2 / 1 / 2 2 4 6 //
26 그 곳에는 4 3 3 / 3 3 5 / 4 4 //
27 이것들은 4 1 3 / 4 4 4 5 //
28 주께서 3 3 / 3 3 / 3 2 3 / 3 5 5 /
29 주께서 3 2 4 / 3 2 / 3 3 3 4 / 3 2 3 6 //
30 주의 2 2 3 / 3 4 / 3 3 5 //
31 여호와의 4 3 3 5 / 4 / 4 4 3 4 / 8 //
32 그가 2 2 3 / 2 4 / 3 4 / 3 4 //
33 내가 2 4 4 4 / 2 6 / 1 4 6 //
34 나의 2 3 / 3 5 4 / 2 4 4 7 //
35 죄인들을 4 3 5 / 4 4 3 5 // 1 3 4 4 // 4 //

105편

1 여호와께 감사하고 / 그의 이름을 불러 아뢰며 /
4 4 / 2 3 2 3 /
그가 하는 일을 / 만민 중에 알게 할지어다 //
2 4 / 4 6 //

2 그에게 노래하며 그를 찬양하며 /
3 4 2 4 /
그의 모든 기이한 일들을 말할지어다 //
2 2 6 5 //

3 그의 거룩한 이름을 자랑하라 //
2 3 3 4 //
여호와를 구하는 자들은 / 마음이 즐거울지로다 //
4 3 3 / 3 6 //

4 여호와와 그의 능력을 구할지어다 //
4 2 3 5 //
그의 얼굴을 항상 구할지어다 //
2 3 2 5 //

5-6 그의 종 아브라함의 후손 / 곧 택하신 야곱의 자손 /
2 1 5 2 / 1 3 3 2 /
너희는 그가 행하신 기적과 / 그의 이적과 /
3 2 3 3 / 2 3 /
그의 입의 판단을 기억할지어다 //
2 2 3 6 //

암송 부분

1 여호와께 4 4 / 2 3 2 3 / 2 4 / 4 6 //
2 그에게 3 4 2 4 / 2 2 6 5 //
3 그의 2 3 3 4 // 4 3 3 / 3 6 //
4 여호와와 4 2 3 5 // 2 3 2 5 //
5-6 그의 2 1 5 2 / 1 3 3 2 / 3 2 3 3 / 2 3 / 2 2 3 6 //

7 그는 여호와 우리 하나님이시라 //
2 3 2 6 //
그의 판단이 온 땅에 있도다 //
2 3 3 3 //

8 그는 그의 언약 / 곧 / 천 대에 걸쳐 명령하신 말씀을 /
2 2 2 / 1 / 3 2 4 3 /
영원히 기억하셨으니 /
3 6 /

9 이것은 아브라함과 맺은 언약이고 /
3 5 2 4 /
이삭에게 하신 맹세이며 /
4 2 4 /

10 야곱에게 세우신 율례 /
4 3 2 /
곧 / 이스라엘에게 하신 영원한 언약이라 //
1 / 6 2 3 4 //

11 이르시기를 / 내가 가나안 땅을 네게 주어 /
5 / 2 5 2 2 /
너희에게 할당된 소유가 되게 하리라 // 하셨도다 //
4 3 3 5 // 4 //

암송 부분

7 그는 2 3 2 6 // 2 3 3 3 //
8 그는 2 2 2 / 1 / 3 2 4 3 / 3 6 /
9 이것은 3 5 2 4 / 4 2 4 /
10 야곱에게 4 3 2 / 1 / 6 2 3 4 //
11 이르시기를 5 / 2 5 2 2 / 4 3 3 5 // 4 //

12 그 때에 그들의 사람 수가 적어 /
3 3 4 2 /
그 땅의 나그네가 되었고 /
1 2 4 3 /

13 이 족속에게서 저 족속에게로, /
1 5 1 5 /
이 나라에서 다른 민족에게로 / 떠돌아다녔도다 //
1 4 2 5 / 7 //

14 그러나 그는 / 사람이 그들을 억압하는 것을 /
3 2 / 3 3 6 /
용납하지 아니하시고 / 그들로 말미암아 왕들을 꾸짖어 /
4 5 / 3 4 3 3 /

15 이르시기를 / 나의 기름 부은 자를 손대지 말며 /
5 / 2 6 5 /
나의 선지자들을 해하지 말라 // 하셨도다 //
2 5 5 // 4 //

16 그가 또 / 그 땅에 기근이 들게 하사 /
2 1 / 3 3 4 /
그들이 의지하고 있는 양식을 / 다 끊으셨도다 //
3 6 3 / 1 5 //

17 그가 한 사람을 앞서 보내셨음이여 /
2 4 2 6 /
요셉이 종으로 팔렸도다 //
3 3 4 //

암송 부분

12 그 때에 3 3 4 2 / 1 2 4 3 /
13 이 1 5 1 5 / 1 4 2 5 / 7 //
14 그러나 3 2 / 3 3 6 / 4 5 / 3 4 3 3 /
15 이르시기를 5 / 2 6 5 / 2 5 5 // 4 //
16 그가 2 1 / 3 3 4 / 3 6 3 / 1 5 //
17 그가 2 4 2 6 / 3 3 4 //

18 그의 발은 차꼬를 차고 / 그의 몸은 쇠사슬에 매였으니 /
2 2 5 / 2 2 4 4 /

19 곧 여호와의 말씀이 응할 때까지라 //
1 4 3 6 //
그의 말씀이 그를 단련하였도다 //
2 3 2 6 //

20 왕이 사람을 보내어 / 그를 석방함이여 /
2 3 3 / 2 5 /
뭇 백성의 통치자가 / 그를 자유롭게 하였도다 //
4 4 / 2 4 4 //

21 그를 / 그의 집의 주관자로 삼아 /
2 / 2 2 4 2 /
그의 모든 소유를 관리하게 하고 /
2 5 6 /

22 그의 뜻대로 / 모든 신하를 다스리며 /
2 3 / 2 3 4 /
그의 지혜로 / 장로들을 교훈하게 하였도다 //
2 3 / 4 4 4 //

23 이에 이스라엘이 애굽에 들어감이여 /
2 5 3 5 /
야곱이 함의 땅에 나그네가 되었도다 //
3 4 4 4 //

암송 부분

18 그의 2 2 5 / 2 2 4 4 /
19 곧 1 4 3 6 // 2 3 2 6 //
20 왕이 2 3 3 / 2 5 / 4 4 / 2 4 4 //
21 그를 2 / 2 2 4 2 / 2 5 6 /
22 그의 2 3 / 2 3 4 / 2 3 / 4 4 4 //
23 이에 2 5 3 5 / 3 4 4 4 //

24 여호와께서 / 자기의 백성을 크게 번성하게 하사 /
5 / 3 3 2 6 /
그의 대적들보다 강하게 하셨으며 /
2 5 3 4 /

25 또 / 그 대적들의 마음이 변하게 하여 /
1 / 1 4 3 5 /
그의 백성을 미워하게 하시며 /
2 3 4 3 /
그의 종들에게 / 교활하게 행하게 하셨도다 //
2 4 / 4 3 4 //

26 그리하여 그는 / 그의 종 모세와 /
4 2 / 2 1 3 /
그의 택하신 아론을 보내시니 /
2 3 3 4 /

27 그들이 / 그들의 백성 중에서 / 여호와의 표적을 보이고 /
3 / 3 5 / 4 3 3 /
함의 땅에서 징조들을 행하였도다 //
2 3 4 5 //

28 여호와께서 흑암을 보내사 / 그곳을 어둡게 하셨으나 /
5 3 3 / 3 3 4 /
그들은 / 그의 말씀을 지키지 아니하였도다 //
3 / 2 3 3 6 //

암송 부분

24 여호와께서 5 / 3 3 2 6 / 2 5 3 4 /
25 또 1 / 1 4 3 5 / 2 3 4 3 / 2 4 / 4 3 4 //
26 그리하여 4 2 / 2 1 3 / 2 3 3 4 /
27 그들이 3 / 3 5 / 4 3 3 / 2 3 4 5 //
28 여호와께서 5 3 3 / 3 3 4 / 3 / 2 3 3 6 //

29 그들의 물도 변하여 / 피가 되게 하사 /
3 2 3 / 2 4 /
그들의 물고기를 죽이셨도다 //
3 4 5 //

30 그 땅에 개구리가 많아져서 / 왕의 궁실에도 있었도다 //
3 4 4 / 2 4 4 //

31 여호와께서 말씀하신즉 / 파리 떼가 오며 /
5 5 / 4 2 /
그들의 온 영토에 / 이가 생겼도다 //
3 1 3 / 2 4 //

32 비 대신 우박을 내리시며 /
3 3 4 /
그들의 땅에 화염을 내리셨도다 //
3 2 3 5 //

33 그들의 포도나무와 무화과나무를 치시며 /
3 5 6 3 /
그들의 지경에 있는 나무를 찍으셨도다 //
3 5 3 5 //

34 여호와께서 말씀하신즉 / 황충과 수많은 메뚜기가 몰려와 /
5 5 / 3 3 4 3 /

암송 부분

29 그들의 3 2 3 / 2 4 / 3 4 5 //
30 그 땅에 3 4 4 / 2 4 4 //
31 여호와께서 5 5 / 4 2 / 3 1 3 / 2 4 //
32 비 대신 3 3 4 / 3 2 3 5 //
33 그들의 3 5 6 3 / 3 5 3 5 //
34 여호와께서 5 5 / 3 3 4 3 /

35 그들의 땅에 있는 / 모든 채소를 먹으며 /
3 4 / 2 3 3 /
그들의 밭에 있는 / 열매를 먹었도다 //
3 4 / 3 4 //

36 또 여호와께서 / 그들의 기력의 시작인 /
1 5 / 3 3 3 /
그 땅의 모든 장자를 치셨도다 //
3 2 3 4 //

37 마침내 그들을 인도하여 / 은 금을 가지고 나오게 하시니 /
3 3 4 / 3 3 6 /
그의 지파 중에 / 비틀거리는 자가 하나도 없었도다 //
2 4 / 5 2 3 4 //

38 그들이 떠날 때에 애굽이 기뻐하였으니 /
3 4 3 6 /
그들이 그들을 두려워함이로다 //
3 3 7 //

39 여호와께서 / 낮에는 구름을 펴사 덮개를 삼으시고 /
5 / 3 5 3 4 /
밤에는 불로 밝히셨으며 /
3 2 5 /

암송 부분

35 그들의 3 4 / 2 3 3 / 3 4 / 3 4 //
36 또 1 5 / 3 3 3 / 3 2 3 4 //
37 마침내 3 3 4 / 3 3 6 / 2 4 / 5 2 3 4 //
38 그들이 3 4 3 6 / 3 3 7 //
39 여호와께서 5 / 3 5 3 4 / 3 2 5 /

40 그들이 구한즉 메추라기를 가져 오시고 /
3 3 5 5 /
또 하늘의 양식으로 / 그들을 만족하게 하셨도다 //
1 3 4 / 3 4 4 //

41 반석을 여신즉 물이 흘러나와 /
3 3 2 4 /
마른 땅에 강 같이 흘렀으니 /
4 3 4 /

42 이는 그의 거룩한 말씀과 /
2 2 3 3 /
그의 종 아브라함을 기억하셨음이로다 //
2 1 5 8 //

43 그의 백성이 / 즐겁게 나오게 하시며 / 그의 택한 자는 /
2 3 / 3 3 3 / 2 4 /
노래하며 나오게 하시고 /
4 3 3 /

44 여러 나라의 땅을 그들에게 주시며 /
5 2 4 3 /
민족들이 수고한 것을 / 소유로 가지게 하셨으니 /
4 5 / 3 3 4 /

암송 부분

40 그들이 3 3 5 5 / 1 3 4 / 3 4 4 //
41 반석을 3 3 2 4 / 4 3 4 /
42 이는 2 2 3 3 / 2 1 5 8 //
43 그의 2 3 / 3 3 3 / 2 4 / 4 3 3 /
44 여러 나라의 5 2 4 3 / 4 5 / 3 3 4 /

45 이는 그들이 / 그의 율례를 지키고 /
2 3 / 2 3 3 /
그의 율법을 따르게 하려 하심이로다 // 할렐루야 //
2 3 5 5 // 4 //

암송 부분

45 이는 2 3 / 2 3 3 / 2 3 5 5 // 4 //

1 여호와께 4 4 / 2 3 2 3 / 2 4 / 4 6 //
2 그에게 3 4 2 4 / 2 2 6 5 //
3 그의 2 3 3 4 // 4 3 3 / 3 6 //
4 여호와와 4 2 3 5 // 2 3 2 5 //
5-6 그의 2 1 5 2 / 1 3 3 2 / 3 2 3 3 / 2 3 / 2 2 3 6 //
7 그는 2 3 2 6 // 2 3 3 3 //
8 그는 2 2 2 / 1 / 3 2 4 3 / 3 6 /
9 이것은 3 5 2 4 / 4 2 4 /
10 야곱에게 4 3 2 / 1 / 6 2 3 4 //
11 이르시기를 5 / 2 5 2 2 / 4 3 3 5 // 4 //
12 그 때에 3 3 4 2 / 1 2 4 3 /
13 이 1 5 1 5 / 1 4 2 5 / 7 //
14 그러나 3 2 / 3 3 6 / 4 5 / 3 4 3 3 /
15 이르시기를 5 / 2 6 5 / 2 5 5 // 4 //
16 그가 2 1 / 3 3 4 / 3 6 3 / 1 5 //
17 그가 2 4 2 6 / 3 3 4 //
18 그의 2 2 5 / 2 2 4 4 /
19 곧 1 4 3 6 // 2 3 2 6 //
20 왕이 2 3 3 / 2 5 / 4 4 / 2 4 4 //
21 그를 2 / 2 2 4 2 / 2 5 6 /
22 그의 2 3 / 2 3 4 / 2 3 / 4 4 4 //
23 이에 2 5 3 5 / 3 4 4 4 //
24 여호와께서 5 / 3 3 2 6 / 2 5 3 4 /
25 또 1 / 1 4 3 5 / 2 3 4 3 / 2 4 / 4 3 4 //

26 그리하여 4 2 / 2 1 3 / 2 3 3 4 /
27 그들이 3 / 3 5 / 4 3 3 / 2 3 4 5 //
28 여호와께서 5 3 3 / 3 3 4 / 3 / 2 3 3 6 //
29 그들의 3 2 3 / 2 4 / 3 4 5 //
30 그 땅에 3 4 4 / 2 4 4 //
31 여호와께서 5 5 / 4 2 / 3 1 3 / 2 4 //
32 비 대신 3 3 4 / 3 2 3 5 //
33 그들의 3 5 6 3 / 3 5 3 5 //
34 여호와께서 5 5 / 3 3 4 3 /
35 그들의 3 4 / 2 3 3 / 3 4 / 3 4 //
36 또 1 5 / 3 3 3 / 3 2 3 4 //
37 마침내 3 3 4 / 3 3 6 / 2 4 / 5 2 3 4 //
38 그들이 3 4 3 6 / 3 3 7 //
39 여호와께서 5 / 3 5 3 4 / 3 2 5 /
40 그들이 3 3 5 5 / 1 3 4 / 3 4 4 //
41 반석을 3 3 2 4 / 4 3 4 /
42 이는 2 2 3 3 / 2 1 5 8 //
43 그의 2 3 / 3 3 3 / 2 4 / 4 3 3 /
44 여러 나라의 5 2 4 3 / 4 5 / 3 3 4 /
45 이는 2 3 / 2 3 3 / 2 3 5 5 // 4 //

106편

1 할렐루야 / 여호와께 감사하라 //
4 / 4 4 //
그는 선하시며 / 그 인자하심이 영원함이로다 //
2 4 / 1 5 6 //

2 누가 능히 / 여호와의 권능을 다 말하며 /
2 2 / 4 3 1 3 /
주께서 받으실 찬양을 / 다 선포하랴 //
3 3 3 / 1 4 //

3 정의를 지키는 자들과 / 항상 공의를 행하는 자는 /
3 3 3 / 2 3 3 2 /
복이 있도다 //
2 3 //

4 여호와여 / 주의 백성에게 베푸시는 은혜로 /
4 / 2 4 4 3 /
나를 기억하시며 / 주의 구원으로 나를 돌보사 /
2 5 / 2 4 2 3 /

5 내가 / 주의 택하신 자가 형통함을 보고 /
2 / 2 5 4 2 /
주의 나라의 기쁨을 / 나누어 가지게 하사 /
2 3 3 / 3 5 /
주의 유산을 자랑하게 하소서 //
2 3 4 3 //

암송 부분

1 할렐루야 4 / 4 4 // 2 4 / 1 5 6 //
2 누가 2 2 / 4 3 1 3 / 3 3 3 / 1 4 //
3 정의를 3 3 3 / 2 3 3 2 / 2 3 //
4 여호와여 4 / 2 4 4 3 / 2 5 / 2 4 2 3 /
5 내가 2 / 2 5 4 2 / 2 3 3 / 3 5 / 2 3 4 3 //

6 우리가 우리의 조상들처럼 범죄하여 /
3 3 5 4 /
사악을 행하며 악을 지었나이다 //
3 3 2 5 //

7 우리의 조상들이 애굽에 있을 때 /
3 4 3 3 /
주의 기이한 일들을 / 깨닫지 못하며 /
2 3 3 / 3 3 /
주의 크신 인자를 / 기억하지 아니하고 /
2 2 3 / 4 4 /
바다 곧 홍해에서 거역하였나이다 //
2 1 4 7 //

8 그러나 여호와께서는 / 자기의 이름을 위하여 /
3 6 / 3 3 3 /
그들을 구원하셨으니 / 그의 큰 권능을 /
3 6 / 2 1 3 /
만인이 알게 하려 하심이로다 //
3 4 5 //

9 이에 홍해를 꾸짖으시니 / 곧 마르니 /
2 3 5 / 1 3 /
그들을 인도하여 바다 건너가기를 /
3 4 2 5 /
마치 광야를 지나감 같게 하사 /
2 3 3 4 /

암송 부분

6 우리가 3 3 5 4 / 3 3 2 5 //
7 우리의 3 4 3 3 / 2 3 3 / 3 3 / 2 2 3 / 4 4 / 2 1 4 7 //
8 그러나 3 6 / 3 3 3 / 3 6 / 2 1 3 / 3 4 5 //
9 이에 2 3 5 / 1 3 / 3 4 2 5 / 2 3 3 4 /

10 그들을 / 그 미워하는 자의 손에서 / 구원하시며 /
3 / 1 4 2 3 / 5 /
그 원수의 손에서 구원하셨고 /
1 3 3 5 /

11 그들의 대적들은 물로 덮으시매 /
3 4 2 4 /
그들 중에서 하나도 살아 남지 못하였도다 //
5 3 4 5 //

12 이에 그들이 / 그의 말씀을 믿고 /
2 3 / 2 3 2 /
그를 찬양하는 노래를 불렀도다 //
2 4 3 4 //

13 그러나 그들은 / 그가 행하신 일을 곧 잊어버리며 /
3 3 / 2 5 1 5 /
그의 가르침을 기다리지 아니하고 /
2 4 4 4 /

14 광야에서 욕심을 크게 내며 /
4 3 4 /
사막에서 하나님을 시험하였도다 //
4 4 6 //

암송 부분

10 그들을 3 / 1 4 2 3 / 5 / 1 3 3 5 /
11 그들의 3 4 2 4 / 5 3 4 5 //
12 이에 2 3 / 2 3 2 / 2 4 3 4 //
13 그러나 3 3 / 2 5 1 5 / 2 4 4 4 /
14 광야에서 4 3 4 / 4 4 6 //

15 그러므로 여호와께서는 /
4 6 /
그들이 요구한 것을 그들에게 주셨을지라도 /
3 5 4 6 /
그들의 영혼은 쇠약하게 하셨도다 //
3 3 4 4 //

16 그들이 진영에서 / 모세와 여호와의 거룩한 자 /
3 4 / 3 4 4 /
아론을 질투하매 /
3 4 /

17 땅이 갈라져 다단을 삼키며 / 아비람의 당을 덮었고 /
2 3 3 3 / 4 2 3 /

18 불이 그들의 당에 붙음이여 / 화염이 악인들을 살랐도다 //
2 3 2 4 / 3 4 4 //

19 그들이 호렙에서 송아지를 만들고 /
3 4 4 3 /
부어 만든 우상을 경배하여 /
4 3 4 /

20 자기 영광을 / 풀 먹는 소의 형상으로 바꾸었도다 //
2 3 / 3 2 4 5 //

암송 부분

15 그러므로 4 6 / 3 5 4 6 / 3 3 4 4 //
16 그들이 3 4 / 3 4 4 / 3 4 /
17 땅이 2 3 3 3 / 4 2 3 /
18 불이 2 3 2 4 / 3 4 4 //
19 그들이 3 4 4 3 / 4 3 4 /
20 자기 2 3 / 3 2 4 5 //

21 애굽에서 큰 일을 행하신 / 그의 구원자 하나님을 /
4 3 3 / 2 3 4 /
그들이 잊었나니 /
3 4 /

22 그는 함의 땅에서 기사와 / 홍해에서 /
2 2 3 3 / 4 /
놀랄 만한 일을 행하신 이시로다 //
6 3 4 //

23 그러므로 여호와께서 / 그들을 멸하리라 // 하셨으나 /
4 5 / 3 4 // 4 /
그가 택하신 모세가 / 그 어려움 가운데에서 /
2 3 3 / 1 3 5 /
그의 앞에 서서 / 그의 노를 돌이켜 /
2 2 2 / 2 2 3 /
멸하시지 아니하게 하였도다 //
4 4 4 //

24 그들이 / 그 기쁨의 땅을 멸시하며 /
3 / 1 3 2 4 /
그 말씀을 믿지 아니하고 /
1 3 2 4 /

25 그들의 장막에서 원망하며 /
3 4 4 /
여호와의 음성을 듣지 아니하였도다 //
4 3 2 6 //

암송 부분

21 애굽에서 4 3 3 / 2 3 4 / 3 4 /
22 그는 2 2 3 3 / 4 / 6 3 4 //
23 그러므로 4 5 / 3 4 // 4 / 2 3 3 / 1 3 5 / 2 2 2 /
2 2 3 / 4 4 4 //
24 그들이 3 / 1 3 2 4 / 1 3 2 4 /
25 그들의 3 4 4 / 4 3 2 6 //

26 이러므로 / 그가 그의 손을 들어 /
4 / 2 4 2 /
그들에게 맹세하기를 / 그들이 광야에 엎드러지게 하고 /
4 5 / 3 3 7 /

27 또 그들의 후손을 / 뭇 백성 중에 엎드러뜨리며 /
1 3 3 / 1 4 6 /
여러 나라로 흩어지게 하리라 // 하셨도다 //
5 4 3 // 4 //

28 그들이 또 / 브올의 바알과 연합하여 /
3 1 / 3 3 4 /
죽은 자에게 제사한 음식을 먹어서 /
5 3 3 3 /

29 그 행위로 / 주를 격노하게 함으로써 /
1 3 / 2 4 4 /
재앙이 그들 중에 크게 유행하였도다 //
3 4 2 6 //

30 그 때에 비느하스가 일어서서 중재하니 /
3 5 4 4 /
이에 재앙이 그쳤도다 //
2 3 4 //

31 이 일이 그의 의로 / 인정되었으니 / 대대로 영원까지로다 //
1 2 2 2 / 6 / 3 6 //

암송 부분

26 이러므로 4 / 2 4 2 / 4 5 / 3 3 7 /
27 또 1 3 3 / 1 4 6 / 5 4 3 // 4 //
28 그들이 3 1 / 3 3 4 / 5 3 3 3 /
29 그 1 3 / 2 4 4 / 3 4 2 6 //
30 그 때에 3 5 4 4 / 2 3 4 //
31 이 1 2 2 2 / 6 / 3 6 //

32 그들이 또 므리바 물에서 /
3 1 3 3 /
여호와를 노하시게 하였으므로 /
4 4 5 /
그들 때문에 / 재난이 모세에게 이르렀나니 /
2 3 / 3 4 5 /

33 이는 그들이 / 그의 뜻을 거역함으로 말미암아 /
2 3 / 2 2 5 4 /
모세가 그의 입술로 / 망령되이 말하였음이로다 //
3 2 3 / 4 7 //

34 그들은 여호와께서 멸하라고 말씀하신 /
3 5 4 4 /
그 이방 민족들을 / 멸하지 아니하고 /
1 2 4 / 3 4 /

35 그 이방 나라들과 섞여서 / 그들의 행위를 배우며 /
1 6 3 / 3 3 3 /

36 그들의 우상들을 섬기므로 /
3 4 4 /
그것들이 그들에게 올무가 되었도다 //
4 4 3 4 //

암송 부분

32 그들이 3 1 3 3 / 4 4 5 / 2 3 / 3 4 5 /
33 이는 2 3 / 2 2 5 4 / 3 2 3 / 4 7 //
34 그들은 3 5 4 4 / 1 2 4 / 3 4 /
35 그 1 6 3 / 3 3 3 /
36 그들의 3 4 4 / 4 4 3 4 //

37 그들이 / 그들의 자녀를 /
3 / 3 3 /
악귀들에게 희생제물로 바쳤도다 //
5 5 4 //

38 무죄한 피 / 곧 그들의 자녀의 피를 흘려 /
3 1 / 1 3 3 4 /
가나안의 우상들에게 제사하므로 /
4 5 5 /
그 땅이 피로 더러워졌도다 //
3 2 6 //

39 그들은 / 그들의 행위로 더러워지니 /
3 / 3 3 5 /
그들의 행동이 음탕하도다 //
3 3 5 //

40 그러므로 / 여호와께서 자기 백성에게 맹렬히 노하시며 /
4 / 5 6 3 4 /
자기의 유업을 미워하사 /
3 3 4 /

41 그들을 이방 나라의 손에 넘기시매 /
3 5 2 4 /
그들을 미워하는 자들이 / 그들을 다스렸도다 //
3 4 3 / 3 5 //

암송 부분

37 그들이 3 / 3 3 / 5 5 4 //
38 무죄한 3 1 / 1 3 3 4 / 4 5 5 / 3 2 6 //
39 그들은 3 / 3 3 5 / 3 3 5 //
40 그러므로 4 / 5 6 3 4 / 3 3 4 /
41 그들을 3 5 2 4 / 3 4 3 / 3 5 //

42 그들이 / 원수들의 압박을 받고 /
3 / 4 3 2 /
그들의 수하에 복종하게 되었도다 //
3 3 4 4 //

43 여호와께서 여러 번 그들을 건지시나 /
5 3 3 4 /
그들은 교묘하게 거역하며 /
3 4 4 /
자기 죄악으로 말미암아 / 낮아짐을 당하였도다 //
2 4 4 / 4 5 //

44 그러나 / 여호와께서 그들의 부르짖음을 들으실 때에 /
3 / 5 3 5 5 /
그들의 고통을 돌보시며 /
3 3 4 /

45 그들을 위하여 / 그의 언약을 기억하시고 /
3 3 / 2 3 5 /
그 크신 인자하심을 따라 / 뜻을 돌이키사 /
1 2 5 2 / 2 4 /

46 그들을 사로잡은 모든 자에게서 /
3 4 6 /
긍휼히 여김을 받게 하셨도다 //
3 3 6 //

암송 부분

42 그들이 3 / 4 3 2 / 3 3 4 4 //
43 여호와께서 5 3 3 4 / 3 4 4 / 2 4 4 / 4 5 //
44 그러나 3 / 5 3 5 5 / 3 3 4 /
45 그들을 3 3 / 2 3 5 / 1 2 5 2 / 2 4 /
46 그들을 3 4 6 / 3 3 6 //

47 여호와 우리 하나님이여 / 우리를 구원하사 /
3 2 5 / 3 4 /
여러 나라로부터 모으시고 /
7 4 /
우리가 / 주의 거룩하신 이름을 감사하며 /
3 / 2 4 3 4 /
주의 영예를 찬양하게 하소서 //
2 3 4 3 //

48 여호와 이스라엘의 하나님을 /
3 5 4 /
영원부터 영원까지 찬양할지어다 //
4 4 6 //
모든 백성들아 / 아멘 할지어다 // 할렐루야 //
2 4 / 2 4 // 4 //

암송 부분

47 여호와 3 2 5 / 3 4 / 7 4 / 3 / 2 4 3 4 / 2 3 4 3 //
48 여호와 3 5 4 / 4 4 6 // 2 4 / 2 4 // 4 //

1 할렐루야 4 / 4 4 // 2 4 / 1 5 6 //
2 누가 2 2 / 4 3 1 3 / 3 3 3 / 1 4 //
3 정의를 3 3 3 / 2 3 3 2 / 2 3 //
4 여호와여 4 / 2 4 4 3 / 2 5 / 2 4 2 3 /
5 내가 2 / 2 5 4 2 / 2 3 3 / 3 5 / 2 3 4 3 //
6 우리가 3 3 5 4 / 3 3 2 5 //
7 우리의 3 4 3 3 / 2 3 3 / 3 3 / 2 2 3 / 4 4 / 2 1 4 7 //
8 그러나 3 6 / 3 3 3 / 3 6 / 2 1 3 / 3 4 5 //
9 이에 2 3 5 / 1 3 / 3 4 2 5 / 2 3 3 4 /
10 그들을 3 / 1 4 2 3 / 5 / 1 3 3 5 /
11 그들의 3 4 2 4 / 5 3 4 5 //
12 이에 2 3 / 2 3 2 / 2 4 3 4 //
13 그러나 3 3 / 2 5 1 5 / 2 4 4 4 /
14 광야에서 4 3 4 / 4 4 6 //
15 그러므로 4 6 / 3 5 4 6 / 3 3 4 4 //

16 그들이 3 4 / 3 4 4 / 3 4 /
17 땅이 2 3 3 3 / 4 2 3 /
18 불이 2 3 2 4 / 3 4 4 //
19 그들이 3 4 4 3 / 4 3 4 /
20 자기 2 3 / 3 2 4 5 //
21 애굽에서 4 3 3 / 2 3 4 / 3 4 /
22 그는 2 2 3 3 / 4 / 6 3 4 //
23 그러므로 4 5 / 3 4 // 4 / 2 3 3 / 1 3 5 / 2 2 2 /
2 2 3 / 4 4 4 //
24 그들이 3 / 1 3 2 4 / 1 3 2 4 /
25 그들의 3 4 4 / 4 3 2 6 //
26 이러므로 4 / 2 4 2 / 4 5 / 3 3 7 /
27 또 1 3 3 / 1 4 6 / 5 4 3 // 4 //
28 그들이 3 1 / 3 3 4 / 5 3 3 3 /
29 그 1 3 / 2 4 4 / 3 4 2 6 //
30 그 때에 3 5 4 4 / 2 3 4 //
31 이 1 2 2 2 / 6 / 3 6 //
32 그들이 3 1 3 3 / 4 4 5 / 2 3 / 3 4 5 /
33 이는 2 3 / 2 2 5 4 / 3 2 3 / 4 7 //
34 그들은 3 5 4 4 / 1 2 4 / 3 4 /
35 그 1 6 3 / 3 3 3 /
36 그들의 3 4 4 / 4 4 3 4 //
37 그들이 3 / 3 3 / 5 5 4 //
38 무죄한 3 1 / 1 3 3 4 / 4 5 5 / 3 2 6 //
39 그들은 3 / 3 3 5 / 3 3 5 //
40 그러므로 4 / 5 6 3 4 / 3 3 4 /
41 그들을 3 5 2 4 / 3 4 3 / 3 5 //
42 그들이 3 / 4 3 2 / 3 3 4 4 //
43 여호와께서 5 3 3 4 / 3 4 4 / 2 4 4 / 4 5 //
44 그러나 3 / 5 3 5 5 / 3 3 4 /
45 그들을 3 3 / 2 3 5 / 1 2 5 2 / 2 4 /
46 그들을 3 4 6 / 3 3 6 //
47 여호와 3 2 5 / 3 4 / 7 4 / 3 / 2 4 3 4 / 2 3 4 3 //
48 여호와 3 5 4 / 4 4 6 // 2 4 / 2 4 // 4 //

107편

1 여호와께 감사하라 / 그는 선하시며 /
4 4 / 2 4 /
그 인자하심이 영원함이로다 //
1 5 6 //

2 여호와의 속량을 받은 자들은 / 이같이 말할지어다 //
4 3 5 / 3 5 //
여호와께서 / 대적의 손에서 그들을 속량하사 /
5 / 3 3 3 4 /

3 동서 남북 각 지방에서부터 모으셨도다 //
4 1 6 5 //

4 그들이 광야 사막 길에서 방황하며 /
3 2 5 4 /
거주할 성읍을 찾지 못하고 /
3 3 5 /

5 주리고 목이 말라 /
3 4 /
그들의 영혼이 그들 안에서 피곤하였도다 //
3 3 5 6 //

암송 부분

1 여호와께 4 4 / 2 4 / 1 5 6 //
2 여호와의 4 3 5 / 3 5 // 5 / 3 3 3 4 /
3 동서 남북 4 1 6 5 //
4 그들이 3 2 5 4 / 3 3 5 /
5 주리고 3 4 / 3 3 5 6 //

6 이에 / 그들이 근심 중에 여호와께 부르짖으매 /
2 / 3 4 4 5 /
그들의 고통에서 건지시고 /
3 4 4 /

7 또 바른 길로 인도하사 / 거주할 성읍에 이르게 하셨도다 //
1 4 4 / 3 3 3 4 //

8 여호와의 인자하심과 /
4 5 /
인생에게 행하신 기적으로 말미암아 / 그를 찬송할지로다 //
4 3 4 4 / 2 6 //

9 그가 / 사모하는 영혼에게 만족을 주시며 /
2 / 4 4 3 3 /
주린 영혼에게 좋은 것으로 채워주심이로다 //
2 4 5 7 //

10 사람이 / 흑암과 사망의 그늘에 앉으며 /
3 / 3 3 3 3 /
곤고와 쇠사슬에 매임은 /
3 4 3 /

11 하나님의 말씀을 거역하며 / 지존자의 뜻을 멸시함이라 //
4 3 4 / 4 2 5 //

암송 부분

6 이에 2 / 3 4 4 5 / 3 4 4 /
7 또 1 4 4 / 3 3 3 4 //
8 여호와의 4 5 / 4 3 4 4 / 2 6 //
9 그가 2 / 4 4 3 3 / 2 4 5 7 //
10 사람이 3 / 3 3 3 3 / 3 4 3 /
11 하나님의 4 3 4 / 4 2 5 //

12 그러므로 그가 고통을 주어 /
4 2 5 /
그들의 마음을 겸손하게 하셨으니 /
3 3 4 4 /
그들이 엎드러져도 돕는 자가 없었도다 //
3 5 4 4 //

13 이에 / 그들이 그 환난 중에 / 여호와께 부르짖으매 /
2 / 3 1 4 / 4 5 /
그들의 고통에서 구원하시되 /
3 4 5 /

14 흑암과 사망의 그늘에서 / 인도하여 내시고 /
3 3 4 / 4 3 /
그들의 얽어 맨 줄을 끊으셨도다 //
3 5 5 //

15 여호와의 인자하심과 /
4 5 /
인생에게 행하신 기적으로 말미암아 / 그를 찬송할지로다 //
4 3 4 4 / 2 6 //

16 그가 놋문을 깨뜨리시며 / 쇠빗장을 꺾으셨음이로다 //
2 3 5 / 4 7 //

17 미련한 자들은 / 그들의 죄악의 길을 따르고 /
3 3 / 3 3 2 3 /
그들의 악을 범하기 때문에 / 고난을 받아 /
3 2 6 / 5 /

암송 부분

12 그러므로 4 2 5 / 3 3 4 4 / 3 5 4 4 //
13 이에 2 / 3 1 4 / 4 5 / 3 4 5 /
14 흑암과 3 3 4 / 4 3 / 3 5 5 //
15 여호와의 4 5 / 4 3 4 4 / 2 6 //
16 그가 2 3 5 / 4 7 //
17 미련한 3 3 / 3 3 2 3 / 3 2 6 / 5 /

18 그들은 / 그들의 모든 음식물을 / 싫어하게 되어 /
3 / 3 2 4 / 6 /
사망의 문에 이르렀도다 //
3 2 5 //

19 이에 그들이 / 그들의 고통 때문에 여호와께 부르짖으매 /
2 3 / 3 5 4 5 /
그가 그들의 고통에서 / 그들을 구원하시되 /
2 3 4 / 3 5 /

20 그가 그의 말씀을 보내어 / 그들을 고치시고 /
2 2 3 3 / 3 4 /
위험한 지경에서 건지시는도다 //
3 4 6 //

21 여호와의 인자하심과 /
4 5 /
인생에게 행하신 기적으로 말미암아 / 그를 찬송할지로다 //
4 3 4 4 / 2 6 //

22 감사제를 드리며 노래하여 /
4 3 4 /
그가 행하신 일을 선포할지로다 //
2 5 6 //

23 배들을 바다에 띄우며 / 큰 물에서 일을 하는 자는 /
3 3 3 / 4 6 /

암송 부분

18 그들은 3 / 3 2 4 / 6 / 3 2 5 //
19 이에 2 3 / 3 5 4 5 / 2 3 4 / 3 5 /
20 그가 2 2 3 3 / 3 4 / 3 4 6 //
21 여호와의 4 5 / 4 3 4 4 / 2 6 //
22 감사제를 4 3 4 / 2 5 6 //
23 배들을 3 3 3 / 4 6 /

24 여호와께서 행하신 일들과 / 그의 기이한 일들을 /
5 3 3 / 2 3 3 /
깊은 바다에서 보나니 /
2 4 3 /

25 여호와께서 명령하신즉 /
5 5 /
광풍이 일어나 바다 물결을 일으키는도다 //
3 3 5 6 //

26 그들이 하늘로 솟구쳤다가 / 깊은 곳으로 내려가나니 /
3 3 5 / 5 5 /
그 위험 때문에 / 그들의 영혼이 녹는도다 //
1 5 / 3 3 4 //

27 그들이 이리저리 구르며 / 취한 자 같이 비틀거리니 /
3 4 3 / 5 5 /
그들의 모든 지각이 혼돈 속에 빠지는도다 //
3 5 4 5 //

28 이에 그들이 / 그들의 고통 때문에 여호와께 부르짖으매 /
2 3 / 3 5 4 5 /
그가 그들의 고통에서 / 그들을 인도하여 내시고 /
2 3 4 / 3 4 3 /

29 광풍을 고요하게 하사 / 물결도 잔잔하게 하시는도다 //
3 6 / 3 4 5 //

암송 부분

24 여호와께서 5 3 3 / 2 3 3 / 2 4 3 /
25 여호와께서 5 5 / 3 3 5 6 //
26 그들이 3 3 5 / 5 5 / 1 5 / 3 3 4 //
27 그들이 3 4 3 / 5 5 / 3 5 4 5 //
28 이에 2 3 / 3 5 4 5 / 2 3 4 / 3 4 3 /
29 광풍을 3 6 / 3 4 5 //

30 그들이 / 평온함으로 말미암아 기뻐하는 중에 /
3 / 5 4 6 /
여호와께서 / 그들이 바라는 항구로 인도하시는도다 //
5 / 3 3 3 7 //

31 여호와의 인자하심과 /
4 5 /
인생에게 행하신 기적으로 말미암아 / 그를 찬송할지로다 //
4 3 4 4 / 2 6 //

32 백성의 모임에서 그를 높이며 /
3 4 2 3 /
장로들의 자리에서 그를 찬송할지로다 //
4 4 2 6 //

33 여호와께서는 / 강이 변하여 광야가 되게 하시며 /
6 / 2 3 3 5 /
샘이 변하여 마른 땅이 되게 하시며 /
2 3 4 5 /

34 그 주민의 악으로 말미암아 /
1 3 3 4 /
옥토가 변하여 염전이 되게 하시며 /
3 3 3 5 /

암송 부분

30 그들이 3 / 5 4 6 / 5 / 3 3 3 7 //
31 여호와의 4 5 / 4 3 4 4 / 2 6 //
32 백성의 3 4 2 3 / 4 4 2 6 //
33 여호와께서는 6 / 2 3 3 5 / 2 3 4 5 /
34 그 1 3 3 4 / 3 3 3 5 /

35 또 / 광야가 변하여 못이 되게 하시며 /
1 / 3 3 2 5 /
마른 땅이 변하여 샘물이 되게 하시고 /
4 3 3 5 /

36 주린 자들로 거기에 살게 하사 /
5 3 4 /
그들이 거주할 성읍을 / 준비하게 하시고 /
3 3 3 / 4 3 /

37 밭에 파종하며 포도원을 재배하여 /
2 4 4 4 /
풍성한 소출을 거두게 하시며 /
3 3 6 /

38 또 복을 주사 / 그들이 크게 번성하게 하시고 /
1 4 / 3 2 4 3 /
그의 가축이 / 감소하지 아니하게 하실지라도 /
2 3 / 4 4 5 /

39 다시 / 압박과 재난과 우환을 통하여 /
2 / 3 3 3 3 /
그들의 수를 줄이시며 낮추시는도다 //
3 2 4 6 //

암송 부분

35 또 1 / 3 3 2 5 / 4 3 3 5 /
36 주린 자들로 5 3 4 / 3 3 3 / 4 3 /
37 밭에 2 4 4 4 / 3 3 6 /
38 또 1 4 / 3 2 4 3 / 2 3 / 4 4 5 /
39 다시 2 / 3 3 3 3 / 3 2 4 6 //

40 여호와께서 고관들에게는 능욕을 쏟아 부으시고 /
5 6 3 6 /
길 없는 황야에서 유리하게 하시나 /
3 4 4 3 /

41 궁핍한 자는 그의 고통으로부터 건져 주시고 /
5 2 6 5 /
그의 가족을 양 떼 같이 지켜 주시나니 /
2 3 4 6 /

42 정직한 자는 보고 기뻐하며 /
5 2 4 /
모든 사악한 자는 자기 입을 봉하리로다 //
2 5 4 5 //

43 지혜 있는 자들은 / 이러한 일들을 지켜 보고 /
4 3 / 3 3 4 /
여호와의 인자하심을 깨달으리로다 //
4 5 6 //

암송 부분

40 여호와께서 5 6 3 6 / 3 4 4 3 /
41 궁핍한 자는 5 2 6 5 / 2 3 4 6 /
42 정직한 자는 5 2 4 / 2 5 4 5 //
43 지혜 있는 4 3 / 3 3 4 / 4 5 6 //

1 여호와께 4 4 / 2 4 / 1 5 6 //
2 여호와의 4 3 5 / 3 5 // 5 / 3 3 3 4 /
3 동서 남북 4 1 6 5 //
4 그들이 3 2 5 4 / 3 3 5 /
5 주리고 3 4 / 3 3 5 6 //
6 이에 2 / 3 4 4 5 / 3 4 4 /
7 또 1 4 4 / 3 3 3 4 //
8 여호와의 4 5 / 4 3 4 4 / 2 6 //
9 그가 2 / 4 4 3 3 / 2 4 5 7 //

10 사람이 3 / 3 3 3 3 / 3 4 3 /
11 하나님의 4 3 4 / 4 2 5 //
12 그러므로 4 2 5 / 3 3 4 4 / 3 5 4 4 //
13 이에 2 / 3 1 4 / 4 5 / 3 4 5 /
14 흑암과 3 3 4 / 4 3 / 3 5 5 //
15 여호와의 4 5 / 4 3 4 4 / 2 6 //
16 그가 2 3 5 / 4 7 //
17 미련한 3 3 / 3 3 2 3 / 3 2 6 / 5 /
18 그들은 3 / 3 2 4 / 6 / 3 2 5 //
19 이에 2 3 / 3 5 4 5 / 2 3 4 / 3 5 /
20 그가 2 2 3 3 / 3 4 / 3 4 6 //
21 여호와의 4 5 / 4 3 4 4 / 2 6 //
22 감사제를 4 3 4 / 2 5 6 //
23 배들을 3 3 3 / 4 6 /
24 여호와께서 5 3 3 / 2 3 3 / 2 4 3 /
25 여호와께서 5 5 / 3 3 5 6 //
26 그들이 3 3 5 / 5 5 / 1 5 / 3 3 4 //
27 그들이 3 4 3 / 5 5 / 3 5 4 5 //
28 이에 2 3 / 3 5 4 5 / 2 3 4 / 3 4 3 /
29 광풍을 3 6 / 3 4 5 //
30 그들이 3 / 5 4 6 / 5 / 3 3 3 7 //
31 여호와의 4 5 / 4 3 4 4 / 2 6 //
32 백성의 3 4 2 3 / 4 4 2 6 //
33 여호와께서는 6 / 2 3 3 5 / 2 3 4 5 /
34 그 1 3 3 4 / 3 3 3 5 /
35 또 1 / 3 3 2 5 / 4 3 3 5 /
36 주린 자들로 5 3 4 / 3 3 3 / 4 3 /
37 밭에 2 4 4 4 / 3 3 6 /
38 또 1 4 / 3 2 4 3 / 2 3 / 4 4 5 /
39 다시 2 / 3 3 3 3 / 3 2 4 6 //
40 여호와께서 5 6 3 6 / 3 4 4 3 /
41 궁핍한 자는 5 2 6 5 / 2 3 4 6 /
42 정직한 자는 5 2 4 / 2 5 4 5 //
43 지혜 있는 4 3 / 3 3 4 / 4 5 6 //

108편
<다윗의 찬송 시>

1 하나님이여 내 마음을 정하였사오니 /
5 1 3 6 /
내가 노래하며 / 나의 마음을 다하여 찬양하리로다 //
2 4 / 2 3 3 6 //

2 비파야, 수금아, 깰지어다 // 내가 새벽을 깨우리로다 //
3 3 4 // 2 3 5 //

3 여호와여 / 내가 만민 중에서 주께 감사하고 /
4 / 2 5 2 4 /
뭇 나라 중에서 주를 찬양하오리니 /
6 2 6 /

4 주의 인자하심이 하늘보다 높으시며 /
2 5 4 4 /
주의 진실은 궁창에까지 이르나이다 //
2 3 5 5 //

5 하나님이여 / 주는 하늘 위에 높이 들리시며 /
5 / 2 4 2 4 /
주의 영광이 / 온 땅에서 높임 받으시기를 원하나이다 //
2 3 / 4 7 5 //

암송 부분

1 하나님이여 5 1 3 6 / 2 4 / 2 3 3 6 //
2 비파야, 3 3 4 // 2 3 5 //
3 여호와여 4 / 2 5 2 4 / 6 2 6 /
4 주의 2 5 4 4 / 2 3 5 5 //
5 하나님이여 5 / 2 4 2 4 / 2 3 / 4 7 5 //

6 주께서 / 사랑하시는 자들을 건지시기 위하여 /
3 / 5 3 4 3 /
우리에게 응답하사 오른손으로 구원하소서 //
4 4 5 5 //

7 하나님이 그의 성소에서 말씀하시되 / 내가 기뻐하리라 //
4 2 4 5 / 2 5 //
내가 세겜을 나누며 / 숙곳 골짜기를 측량하리라 //
2 3 3 / 2 4 5 //

8 길르앗이 내 것이요 / 므낫세도 내 것이며 /
4 4 / 4 4 /
에브라임은 내 머리의 투구요 / 유다는 나의 규이며 /
5 1 3 3 / 3 2 3 /

9 모압은 내 목욕통이라 / 에돔에는 내 신발을 벗어 던질지며 /
3 1 5 / 4 1 3 6 /
블레셋 위에서 내가 외치리라 // 하셨도다 //
3 3 2 4 // 4 //

10 누가 나를 이끌어 / 견고한 성읍으로 인도해 들이며 /
2 2 3 / 3 4 3 3 /
누가 나를 에돔으로 인도할꼬 /
2 2 4 4 /

암송 부분

6 주께서 3 / 5 3 4 3 / 4 4 5 5 //
7 하나님이 4 2 4 5 / 2 5 // 2 3 3 / 2 4 5 //
8 길르앗이 4 4 / 4 4 / 5 1 3 3 / 3 2 3 /
9 모압은 3 1 5 / 4 1 3 6 / 3 3 2 4 // 4 //
10 누가 2 2 3 / 3 4 3 3 / 2 2 4 4 /

11 하나님이여 / 주께서 우리를 버리지 아니하셨나이까 //
5 / 3 3 3 7 //
하나님이여 / 주께서 우리의 군대들과 함께 /
5 / 3 3 4 2 /
나아가지 아니하시나이다 //
4 7 //

12 우리를 도와 대적을 치게 하소서 //
3 2 3 5 //
사람의 구원은 헛됨이니이다 //
3 3 6 //

13 우리가 / 하나님을 의지하고 용감히 행하리니 /
3 / 4 4 3 4 /
그는 / 우리의 대적들을 밟으실 자이심이로다 //
2 / 3 4 3 6 //

암송 부분

1 하나님이여 5 1 3 6 / 2 4 / 2 3 3 6 //
2 비파야, 3 3 4 // 2 3 5 //
3 여호와여 4 / 2 5 2 4 / 6 2 6 /
4 주의 2 5 4 4 / 2 3 5 5 //
5 하나님이여 5 / 2 4 2 4 / 2 3 / 4 7 5 //
6 주께서 3 / 5 3 4 3 / 4 4 5 5 //
7 하나님이 4 2 4 5 / 2 5 // 2 3 3 / 2 4 5 //
8 길르앗이 4 4 / 4 4 / 5 1 3 3 / 3 2 3 /
9 모압은 3 1 5 / 4 1 3 6 / 3 3 2 4 // 4 //
10 누가 2 2 3 / 3 4 3 3 / 2 2 4 4 /

11 하나님이여 5 / 3 3 3 7 // 5 / 3 3 4 2 / 4 7 //
12 우리를 3 2 3 5 // 3 3 6 //
13 우리가 3 / 4 4 3 4 / 2 / 3 4 3 6 //

109편

<다윗의 시, 인도자를 따라 부르는 노래>

1 내가 찬양하는 하나님이여 / 잠잠하지 마옵소서 //
2 4 5 / 4 4 //

2 그들이 / 악한 입과 거짓된 입을 열어 / 나를 치며 /
3 / 4 5 2 / 2 2 /
속이는 혀로 내게 말하며 /
5 2 3 /

3 또 미워하는 말로 / 나를 두르고 /
1 4 2 / 2 3 /
까닭 없이 나를 공격하였음이니이다 //
4 2 9 //

4 나는 사랑하나 / 그들은 도리어 나를 대적하니 /
2 4 / 3 3 2 4 /
나는 기도할 뿐이라 //
2 6 //

5 그들이 / 악으로 나의 선을 갚으며 /
3 / 3 2 2 3 /
미워함으로 나의 사랑을 갚았사오니 /
5 2 3 5 /

암송 부분

1 내가 2 4 5 / 4 4 //
2 그들이 3 / 4 5 2 / 2 2 / 5 2 3 /
3 또 1 4 2 / 2 3 / 4 2 9 //
4 나는 2 4 / 3 3 2 4 / 2 6 //
5 그들이 3 / 3 2 2 3 / 5 2 3 5 /

6 악인이 그를 다스리게 하시며 /
3 2 4 3 /
사탄이 그의 오른쪽에 서게 하소서 //
3 2 4 5 //

7 그가 심판을 받을 때에 / 죄인이 되어 나오게 하시며 /
2 3 4 / 5 3 3 /
그의 기도가 / 죄로 변하게 하시며 /
2 3 / 2 3 3 /

8 그의 연수를 짧게 하시며 /
2 3 2 3 /
그의 직분을 / 타인이 빼앗게 하시며 /
2 3 / 3 3 3 /

9 그의 자녀는 고아가 되고 / 그의 아내는 과부가 되며 /
2 3 3 2 / 2 3 3 2 /

10 그의 자녀들은 유리하며 구걸하고 /
2 4 4 4 /
그들의 황폐한 집을 떠나 / 빌어먹게 하소서 //
3 3 2 2 / 4 3 //

11 고리대금하는 자가 / 그의 소유를 / 다 빼앗게 하시며 /
6 2 / 2 3 / 1 3 3 /
그가 수고한 것을 / 낯선 사람이 탈취하게 하시며 /
2 5 / 5 4 3 /

암송 부분

6 악인이 3 2 4 3 / 3 2 4 5 //
7 그가 2 3 4 / 5 3 3 / 2 3 / 2 3 3 /
8 그의 2 3 2 3 / 2 3 / 3 3 3 /
9 그의 2 3 3 2 / 2 3 3 2 /
10 그의 2 4 4 4 / 3 3 2 2 / 4 3 //
11 고리대금하는 6 2 / 2 3 / 1 3 3 / 2 5 / 5 4 3 /

12 그에게 / 인애를 베풀 자가 없게 하시며 /
3 / 3 4 5 /
그의 고아에게 / 은혜를 베풀 자도 없게 하시며 /
2 4 / 3 4 5 /

13 그의 자손이 끊어지게 하시며 /
2 3 4 3 /
후대에 / 그들의 이름이 지워지게 하소서 //
3 / 3 3 4 3 //

14 여호와는 / 그의 조상들의 죄악을 기억하시며 /
4 / 2 4 3 5 /
그의 어머니의 죄를 / 지워 버리지 마시고 /
2 4 2 / 5 3 /

15 그 죄악을 / 항상 여호와 앞에 있게 하사 /
1 3 / 2 5 4 /
그들의 기억을 땅에서 끊으소서 //
3 3 3 4 //

16 그가 인자를 베풀 일을 / 생각하지 아니하고 /
2 3 4 / 4 4 /
가난하고 궁핍한 자와 마음이 상한 자를 /
4 5 3 4 /
핍박하여 죽이려 하였기 때문이니이다 //
4 6 6 //

암송 부분

12 그에게 3 / 3 4 5 / 2 4 / 3 4 5 /
13 그의 2 3 4 3 / 3 / 3 3 4 3 //
14 여호와는 4 / 2 4 3 5 / 2 4 2 / 5 3 /
15 그 1 3 / 2 5 4 / 3 3 3 4 //
16 그가 2 3 4 / 4 4 / 4 5 3 4 / 4 6 6 //

17 그가 저주하기를 좋아하더니 / 그것이 자기에게 임하고 /
2 5 5 / 3 4 3 /
축복하기를 기뻐하지 아니하더니 / 복이 그를 멀리 떠났으며 /
5 4 5 / 2 2 2 4 /

18 또 저주하기를 옷 입듯 하더니 / 저주가 /
1 5 3 3 / 3 /
물 같이 그의 몸 속으로 들어가며 /
3 2 4 4 /
기름 같이 그의 뼈 속으로 들어갔나이다 //
4 2 4 6 //

19 저주가 그에게는 입는 옷 같고 /
3 4 5 /
항상 띠는 띠와 같게 하소서 //
4 4 3 //

20 이는 나의 대적들이 / 곧 내 영혼을 대적하여 /
2 2 4 / 1 1 3 4 /
악담하는 자들이 / 여호와께 받는 보응이니이다 //
4 3 / 4 2 6 //

21 그러나 주 여호와여 / 주의 이름으로 말미암아 /
3 1 4 / 2 4 4 /
나를 선대하소서 //
2 5 //
주의 인자하심이 선하시오니 / 나를 건지소서 //
2 5 5 / 2 4 //

암송 부분

17 그가 2 5 5 / 3 4 3 / 5 4 5 / 2 2 2 4 /
18 또 1 5 3 3 / 3 / 3 2 4 4 / 4 2 4 6 //
19 저주가 3 4 5 / 4 4 3 //
20 이는 2 2 4 / 1 1 3 4 / 4 3 / 4 2 6 //
21 그러나 3 1 4 / 2 4 4 / 2 5 // 2 5 5 / 2 4 //

22 나는 가난하고 궁핍하여 / 나의 중심이 상함이니이다 //
2 4 4 / 2 3 6 //

23 나는 석양 그림자 같이 지나가고 /
2 7 4 /
또 메뚜기 같이 불려 가오며 /
1 5 5 /

24 금식하므로 내 무릎이 흔들리고 / 내 육체는 수척하오며 /
5 1 3 4 / 1 3 5 /

25 나는 또 그들의 비방거리라 /
2 1 3 5 /
그들이 나를 보면 머리를 흔드나이다 //
3 4 3 5 //

26 여호와 나의 하나님이여 / 나를 도우시며 /
3 2 5 / 2 4 /
주의 인자하심을 따라 / 나를 구원하소서 //
2 5 2 / 2 5 //

27 이것이 주의 손이 하신 일인 줄을 / 그들이 알게 하소서 //
3 4 6 / 3 5 //
주 여호와께서 이를 행하셨나이다 //
1 5 2 6 //

암송 부분

22 나는 2 4 4 / 2 3 6 //
23 나는 2 7 4 / 1 5 5 /
24 금식하므로 5 1 3 4 / 1 3 5 /
25 나는 2 1 3 5 / 3 4 3 5 //
26 여호와 3 2 5 / 2 4 / 2 5 2 / 2 5 //
27 이것이 3 4 6 / 3 5 // 1 5 2 6 //

28 그들은 내게 저주하여도 / 주는 내게 복을 주소서 //
3 2 5 / 2 2 2 3 //
그들은 일어날 때에 수치를 당할지라도 /
3 5 3 5 /
주의 종은 즐거워하리이다 //
2 2 7 //

29 나의 대적들이 / 욕을 옷 입듯 하게 하시며 /
2 4 / 2 5 3 /
자기 수치를 겉옷 같이 입게 하소서 //
2 3 4 5 //

30 내가 입으로 / 여호와께 크게 감사하며 /
2 3 / 4 2 4 /
많은 사람 중에서 찬송하리니 /
7 5 /

31 그가 궁핍한 자의 오른쪽에 서사 /
2 5 4 2 /
그의 영혼을 심판하려 하는 자들에게서 /
2 3 6 5 /
구원하실 것임이로다 //
4 5 //

—— 암송 부분 ——

28 그들은 3 2 5 / 2 2 2 3 // 3 5 3 5 / 2 2 7 //
29 나의 2 4 / 2 5 3 / 2 3 4 5 //
30 내가 2 3 / 4 2 4 / 7 5 /
31 그가 2 5 4 2 / 2 3 6 5 / 4 5 //

1 내가 2 4 5 / 4 4 //
2 그들이 3 / 4 5 2 / 2 2 / 5 2 3 /
3 또 1 4 2 / 2 3 / 4 2 9 //
4 나는 2 4 / 3 3 2 4 / 2 6 //

5 그들이 3 / 3 2 2 3 / 5 2 3 5 /
6 악인이 3 2 4 3 / 3 2 4 5 //
7 그가 2 3 4 / 5 3 3 / 2 3 / 2 3 3 /
8 그의 2 3 2 3 / 2 3 / 3 3 3 /
9 그의 2 3 3 2 / 2 3 3 2 /
10 그의 2 4 4 4 / 3 3 2 2 / 4 3 //
11 고리대금하는 6 2 / 2 3 / 1 3 3 / 2 5 / 5 4 3 /
12 그에게 3 / 3 4 5 / 2 4 / 3 4 5 /
13 그의 2 3 4 3 / 3 / 3 3 4 3 //
14 여호와는 4 / 2 4 3 5 / 2 4 2 / 5 3 /
15 그 1 3 / 2 5 4 / 3 3 3 4 //
16 그가 2 3 4 / 4 4 / 4 5 3 4 / 4 6 6 //
17 그가 2 5 5 / 3 4 3 / 5 4 5 / 2 2 2 4 /
18 또 1 5 3 3 / 3 / 3 2 4 4 / 4 2 4 6 //
19 저주가 3 4 5 / 4 4 3 //
20 이는 2 2 4 / 1 1 3 4 / 4 3 / 4 2 6 //
21 그러나 3 1 4 / 2 4 4 / 2 5 // 2 5 5 / 2 4 //
22 나는 2 4 4 / 2 3 6 //
23 나는 2 7 4 / 1 5 5 /
24 금식하므로 5 1 3 4 / 1 3 5 /
25 나는 2 1 3 5 / 3 4 3 5 //
26 여호와 3 2 5 / 2 4 / 2 5 2 / 2 5 //
27 이것이 3 4 6 / 3 5 // 1 5 2 6 //
28 그들은 3 2 5 / 2 2 2 3 // 3 5 3 5 / 2 2 7 //
29 나의 2 4 / 2 5 3 / 2 3 4 5 //
30 내가 2 3 / 4 2 4 / 7 5 /
31 그가 2 5 4 2 / 2 3 6 5 / 4 5 //

110편
<다윗의 시>

1 여호와께서 내 주에게 말씀하시기를 /
5 1 3 6 /
내가 네 원수들로 / 네 발판이 되게 하기까지 /
2 1 4 / 1 3 6 /
너는 내 오른쪽에 앉아 있으라 // 하셨도다 //
2 1 4 5 // 4 //

2 여호와께서 / 시온에서부터 /
5 / 6 /
주의 권능의 규를 내보내시리니 /
2 3 2 6 /
주는 원수들 중에서 다스리소서 //
2 6 5 //

3 주의 권능의 날에 /
2 3 2 /
주의 백성이 / 거룩한 옷을 입고 / 즐거이 헌신하니 /
2 3 / 3 2 2 / 3 4 /
새벽 이슬 같은 / 주의 청년들이 / 주께 나오는도다 //
4 2 / 2 4 / 2 5 //

암송 부분

1 여호와께서 5 1 3 6 / 2 1 4 / 1 3 6 / 2 1 4 5 // 4 //
2 여호와께서 5 / 6 / 2 3 2 6 / 2 6 5 //
3 주의 2 3 2 / 2 3 / 3 2 2 / 3 4 / 4 2 / 2 4 / 2 5 //

4 여호와는 맹세하고 변하지 아니하시리라 // 이르시기를 /
4 4 3 6 // 5 /
너는 멜기세덱의 서열을 따라 / 영원한 제사장이라 //
2 5 3 2 / 3 5 //
하셨도다 //
4 //

5 주의 오른쪽에 계신 주께서 / 그의 노하시는 날에 /
2 4 2 3 / 2 4 2 /
왕들을 쳐서 깨뜨리실 것이라 //
3 2 4 3 //

6 뭇 나라를 심판하여 / 시체로 가득하게 하시고 /
4 4 / 3 4 3 /
여러 나라의 머리를 쳐서 / 깨뜨리시며 /
5 3 2 / 5 /

7 길 가의 시냇물을 마시므로 / 그의 머리를 드시리로다 //
3 4 4 / 2 3 5 //

암송 부분

1 여호와께서 5 1 3 6 / 2 1 4 / 1 3 6 / 2 1 4 5 // 4 //
2 여호와께서 5 / 6 / 2 3 2 6 / 2 6 5 //
3 주의 2 3 2 / 2 3 / 3 2 2 / 3 4 / 4 2 / 2 4 / 2 5 //

4 여호와는 4 4 3 6 // 5 / 2 5 3 2 / 3 5 // 4 //
5 주의 2 4 2 3 / 2 4 2 / 3 2 4 3 //
6 뭇 나라를 4 4 / 3 4 3 / 5 3 2 / 5 /
7 길 가의 3 4 4 / 2 3 5 //

111편

1 할렐루야, / 내가 정직한 자들의 모임과 /
4 / 2 3 3 3 /
회중 가운데에서 / 전심으로 여호와께 감사하리로다 //
7 / 4 4 6 //

2 여호와께서 행하시는 일들이 크시오니 /
5 4 3 4 /
이를 즐거워하는 자들이 / 다 기리는도다 //
2 5 3 / 1 5 //

3 그의 행하시는 일이 / 존귀하고 엄위하며 /
2 4 2 / 4 4 /
그의 의가 영원히 서 있도다 //
2 2 3 4 //

4 그의 기적을 / 사람이 기억하게 하셨으니 /
2 3 / 3 4 4 /
여호와는 은혜로우시고 자비로우시도다 //
4 6 7 //

5 여호와께서 / 자기를 경외하는 자들에게 /
5 / 3 4 4 /
양식을 주시며 / 그의 언약을 영원히 기억하시리로다 //
3 3 / 2 3 3 7 //

암송 부분

1 할렐루야, 4 / 2 3 3 3 / 7 / 4 4 6 //
2 여호와께서 5 4 3 4 / 2 5 3 / 1 5 //
3 그의 2 4 2 / 4 4 / 2 2 3 4 //
4 그의 2 3 / 3 4 4 / 4 6 7 //
5 여호와께서 5 / 3 4 4 / 3 3 / 2 3 3 7 //

6 그가 그들에게 / 뭇 나라의 기업을 주사 /
2 4 / 4 3 2 /
그가 행하시는 일의 능력을 / 그들에게 알리셨도다 //
2 4 2 3 / 4 5 //

7 그의 손이 하는 일은 / 진실과 정의이며 /
2 2 4 / 3 4 /
그의 법도는 다 확실하니 /
2 3 1 4 /

8 영원무궁토록 정하신 바요 /
6 5 /
진실과 정의로 행하신 바로다 //
3 3 6 //

9 여호와께서 그의 백성을 속량하시며 /
5 2 3 5 /
그의 언약을 영원히 세우셨으니 /
2 3 3 5 /
그의 이름이 거룩하고 지존하시도다 //
2 3 4 6 //

10 여호와를 경외함이 지혜의 근본이라 /
4 4 3 4 /
그의 계명을 지키는 자는 / 다 훌륭한 지각을 가진 자이니 /
2 3 5 / 1 3 3 5 /
여호와를 찬양함이 영원히 계속되리로다 //
4 4 3 6 //

암송 부분

6 그가 2 4 / 4 3 2 / 2 4 2 3 / 4 5 //
7 그의 2 2 4 / 3 4 / 2 3 1 4 /
8 영원무궁토록 6 5 / 3 3 6 //
9 여호와께서 5 2 3 5 / 2 3 3 5 / 2 3 4 6 //
10 여호와를 4 4 3 4 / 2 3 5 / 1 3 3 5 / 4 4 3 6 //

6 그는 영원히 흔들리지 아니함이여 /
2 3 4 5 /
의인은 영원히 기억되리로다 //
3 3 6 //

7 그는 흉한 소문을 두려워하지 아니함이여 /
2 5 5 5 /
여호와를 의뢰하고 / 그의 마음을 굳게 정하였도다 //
4 4 / 2 3 2 5 //

8 그의 마음이 견고하여 / 두려워하지 아니할 것이라 /
2 3 4 / 5 6 /
그의 대적들이 받는 보응을 / 마침내 보리로다 //
2 4 2 3 / 3 4 //

9 그가 재물을 흩어 / 빈궁한 자들에게 주었으니 /
2 3 2 / 3 4 4 /
그의 의가 영구히 있고 / 그의 뿔이 영광 중에 들리리로다 //
2 2 5 / 2 2 4 5 //

10 악인은 이를 보고 한탄하여 / 이를 갈면서 소멸되리니 /
3 4 4 / 5 5 /
악인들의 욕망은 사라지리로다 //
4 3 6 //

암송 부분

1 할렐루야, 4 / 4 4 / 2 3 2 7 / 2 3 //
2 그의 2 3 3 5 / 3 3 4 / 2 5 //
3 부와 2 3 / 2 2 4 / 2 3 3 6 //
4 정직한 3 5 / 4 2 5 / 2 4 3 3 / 3 3 //
5 은혜를 3 3 6 / 4 / 1 2 3 5 //
6 그는 2 3 4 5 / 3 3 6 //
7 그는 2 5 5 5 / 4 4 / 2 3 2 5 //
8 그의 2 3 4 / 5 6 / 2 4 2 3 / 3 4 //
9 그가 2 3 2 / 3 4 4 / 2 2 5 / 2 2 4 5 //
10 악인은 3 4 4 / 5 5 / 4 3 6 //

113편

1 할렐루야, / 여호와의 종들아 찬양하라 //
4 / 4 3 4 //
여호와의 이름을 찬양하라 //
4 3 4 //

2 이제부터 영원까지 / 여호와의 이름을 찬송할지로다 //
4 4 / 4 3 6 //

3 해 돋는 데에서부터 해 지는 데에까지 /
3 5 3 4 /
여호와의 이름이 찬양을 받으시리로다 //
4 3 3 6 //

4 여호와는 모든 나라보다 높으시며 /
4 6 4 /
그의 영광은 하늘보다 높으시도다 //
2 3 4 5 //

5 여호와 우리 하나님과 같은 이가 / 누구리요 /
3 2 4 4 / 4 /
높은 곳에 앉으셨으나 /
4 5 /

암송 부분

1 할렐루야, 4 / 4 3 4 // 4 3 4 //
2 이제부터 4 4 / 4 3 6 //
3 해 돋는 3 5 3 4 / 4 3 3 6 //
4 여호와는 4 6 4 / 2 3 4 5 //
5 여호와 3 2 4 4 / 4 / 4 5 /

6 스스로 낮추사 천지를 살피시고 /
3 3 3 4 /

7 가난한 자를 먼지 더미에서 일으키시며 /
5 6 5 /
궁핍한 자를 거름 더미에서 들어 세워 /
5 6 4 /

8 지도자들 / 곧 그의 백성의 지도자들과 / 함께 세우시며 /
4 / 1 2 3 5 / 2 4 /

9 또 임신하지 못하던 여자를 / 집에 살게 하사 /
1 4 3 3 / 2 4 /
자녀들을 즐겁게 하는 어머니가 되게 하시는도다 // 할렐루야 //
4 5 4 7 // 4 //

암송 부분

1 할렐루야, 4 / 4 3 4 // 4 3 4 //
2 이제부터 4 4 / 4 3 6 //
3 해 돋는 3 5 3 4 / 4 3 3 6 //
4 여호와는 4 6 4 / 2 3 4 5 //
5 여호와 3 2 4 4 / 4 / 4 5 /

6 스스로 3 3 3 4 /
7 가난한 자를 5 6 5 / 5 6 4 /
8 지도자들 4 / 1 2 3 5 / 2 4 /
9 또 1 4 3 3 / 2 4 / 4 5 4 7 // 4 //

114편

1 이스라엘이 애굽에서 나오며 /
5 4 3 /
야곱의 집안이 / 언어가 다른 민족에게서 나올 때에 /
3 3 / 3 2 5 4 /

2 유다는 여호와의 성소가 되고 /
3 4 3 2 /
이스라엘은 그의 영토가 되었도다 //
5 2 3 4 //

3 바다가 보고 도망하며 / 요단은 물러갔으니 /
3 2 4 / 3 5 /

4 산들은 숫양들 같이 뛰놀며 /
3 5 3 /
작은 산들은 어린 양들 같이 뛰었도다 //
5 6 4 //

5 바다야 / 네가 도망함은 어찌함이며 /
3 / 2 4 5 /
요단아 / 네가 물러감은 어찌함인가 //
3 / 2 4 5 //

암송 부분

1 이스라엘이 5 4 3 / 3 3 / 3 2 5 4 /
2 유다는 3 4 3 2 / 5 2 3 4 //
3 바다가 3 2 4 / 3 5 /
4 산들은 3 5 3 / 5 6 4 //
5 바다야 3 / 2 4 5 / 3 / 2 4 5 //

6 너희 산들아 / 숫양들 같이 뛰놀며 /
2 3 / 5 3 /
작은 산들아 / 어린 양들 같이 뛰놂은 어찌함인가 //
5 / 6 3 5 //

7 땅이여 / 너는 주 앞 / 곧 야곱의 하나님 앞에서 / 떨지어다 //
3 / 2 1 1 / 1 3 3 3 / 4 //

8 그가 반석을 쳐서 / 못물이 되게 하시며 /
2 3 2 / 3 5 /
차돌로 샘물이 되게 하셨도다 //
3 3 6 //

암송 부분

1 이스라엘이 5 4 3 / 3 3 / 3 2 5 4 /
2 유다는 3 4 3 2 / 5 2 3 4 //
3 바다가 3 2 4 / 3 5 /
4 산들은 3 5 3 / 5 6 4 //
5 바다야 3 / 2 4 5 / 3 / 2 4 5 //

6 너희 2 3 / 5 3 / 5 / 6 3 5 //
7 땅이여 3 / 2 1 1 / 1 3 3 3 / 4 //
8 그가 2 3 2 / 3 5 / 3 3 6 //

115편

1 여호와여 / 영광을 우리에게 돌리지 마옵소서 //
4 / 3 4 3 4 //
우리에게 돌리지 마옵소서 //
4 3 4 //
오직 주는 인자하시고 진실하시므로 /
2 2 5 6 /
주의 이름에만 영광을 돌리소서 //
2 4 3 4 //

2 어찌하여 뭇 나라가 /
4 4 /
그들의 하나님이 이제 어디 있느냐 / 말하게 하리이까 //
3 4 2 5 / 3 4 //

3 오직 / 우리 하나님은 하늘에 계셔서 /
2 / 2 4 3 3 /
원하시는 모든 것을 행하셨나이다 //
4 4 6 //

4 그들의 우상들은 은과 금이요 /
3 4 2 3 /
사람이 손으로 만든 것이라 /
3 3 5 /

암송 부분

1 여호와여 4 / 3 4 3 4 // 4 3 4 // 2 2 5 6 / 2 4 3 4 //
2 어찌하여 4 4 / 3 4 2 5 / 3 4 //
3 오직 2 / 2 4 3 3 / 4 4 6 //
4 그들의 3 4 2 3 / 3 3 5 /

5 입이 있어도 말하지 못하며 / 눈이 있어도 보지 못하며 /
2 3 3 3 / 2 3 2 3 /

6 귀가 있어도 듣지 못하며 / 코가 있어도 냄새 맡지 못하며 /
2 3 2 3 / 2 3 4 3 /

7 손이 있어도 만지지 못하며 / 발이 있어도 걷지 못하며 /
2 3 3 3 / 2 3 2 3 /
목구멍이 있어도 / 작은 소리조차 내지 못하느니라 //
4 3 / 6 2 5 //

8 우상들을 만드는 자들과 / 그것을 의지하는 자들이 /
4 3 3 / 3 4 3 /
다 그와 같으리로다 //
1 2 5 //

9 이스라엘아 / 여호와를 의지하라 //
5 / 4 4 //
그는 너희의 도움이시요 / 너희의 방패시로다 //
2 3 5 / 3 5 //

10 아론의 집이여 / 여호와를 의지하라 //
3 3 / 4 4 //
그는 너희의 도움이시요 / 너희의 방패시로다 //
2 3 5 / 3 5 //

암송 부분

5 입이 2 3 3 3 / 2 3 2 3 /
6 귀가 2 3 2 3 / 2 3 4 3 /
7 손이 2 3 3 3 / 2 3 2 3 / 4 3 / 6 2 5 //
8 우상들을 4 3 3 / 3 4 3 / 1 2 5 //
9 이스라엘아 5 / 4 4 // 2 3 5 / 3 5 //
10 아론의 3 3 / 4 4 // 2 3 5 / 3 5 //

11 여호와를 경외하는 자들아 / 너희는 여호와를 의지하여라 //
4 4 3 / 3 4 5 //
그는 너희의 도움이시요 / 너희의 방패시로다 //
2 3 5 / 3 5 //

12 여호와께서 우리를 생각하사 복을 주시되 /
5 3 4 5 /
이스라엘 집에도 복을 주시고 / 아론의 집에도 복을 주시며 /
4 3 5 / 3 3 5 /

13 높은 사람이나 낮은 사람을 막론하고 /
6 5 4 /
여호와를 경외하는 자들에게 / 복을 주시리로다 //
4 4 4 / 2 5 //

14 여호와께서 너희를 / 곧 너희와 너희의 자손을 /
5 3 / 1 3 3 3 /
더욱 번창하게 하시기를 원하노라 //
2 4 4 4 //

15 너희는 / 천지를 지으신 여호와께 / 복을 받는 자로다 //
3 / 3 3 4 / 4 3 //

16 하늘은 여호와의 하늘이라도 / 땅은 사람에게 주셨도다 //
3 4 5 / 2 4 4 //

암송 부분

11 여호와를 4 4 3 / 3 4 5 // 2 3 5 / 3 5 //
12 여호와께서 5 3 4 5 / 4 3 5 / 3 3 5 /
13 높은 사람이나 6 5 4 / 4 4 4 / 2 5 //
14 여호와께서 5 3 / 1 3 3 3 / 2 4 4 4 //
15 너희는 3 / 3 3 4 / 4 3 //
16 하늘은 3 4 5 / 2 4 4 //

17 죽은 자들은 여호와를 찬양하지 못하나니 /
5 4 4 4 /
적막한 데로 내려가는 자들은 / 아무도 찬양하지 못하리로다 //
5 4 3 / 3 4 5 //

18 우리는 이제부터 영원까지 / 여호와를 송축하리로다 //
3 4 4 / 4 6 //
할렐루야 //
4 //

암송 부분

1 여호와여 4 / 3 4 3 4 // 4 3 4 // 2 2 5 6 / 2 4 3 4 //
2 어찌하여 4 4 / 3 4 2 5 / 3 4 //
3 오직 2 / 2 4 3 3 / 4 4 6 //
4 그들의 3 4 2 3 / 3 3 5 /
5 입이 2 3 3 3 / 2 3 2 3 /
6 귀가 2 3 2 3 / 2 3 4 3 /
7 손이 2 3 3 3 / 2 3 2 3 / 4 3 / 6 2 5 //
8 우상들을 4 3 3 / 3 4 3 / 1 2 5 //
9 이스라엘아 5 / 4 4 // 2 3 5 / 3 5 //
10 아론의 3 3 / 4 4 // 2 3 5 / 3 5 //
11 여호와를 4 4 3 / 3 4 5 // 2 3 5 / 3 5 //
12 여호와께서 5 3 4 5 / 4 3 5 / 3 3 5 /
13 높은 사람이나 6 5 4 / 4 4 4 / 2 5 //
14 여호와께서 5 3 / 1 3 3 3 / 2 4 4 4 //
15 너희는 3 / 3 3 4 / 4 3 //
16 하늘은 3 4 5 / 2 4 4 //

17 죽은 자들은 5 4 4 4 / 5 4 3 / 3 4 5 //
18 우리는 3 4 4 / 4 6 // 4 //

116편

1 여호와께서 / 내 음성과 내 간구를 들으시므로 /
5 / 1 3 1 3 5 /
내가 그를 사랑하는도다 //
2 2 6 //

2 그의 귀를 내게 기울이셨으므로 /
2 2 2 7 /
내가 평생에 기도하리로다 //
2 3 6 //

3 사망의 줄이 나를 두르고 / 스올의 고통이 내게 이르므로 /
3 2 2 3 / 3 3 2 4 /
내가 환난과 슬픔을 만났을 때에 /
2 3 3 5 /

4 내가 여호와의 이름으로 기도하기를 /
2 4 4 5 /
여호와여 주께 구하오니 / 내 영혼을 건지소서 // 하였도다 //
4 2 4 / 1 3 4 // 4 //

5 여호와는 은혜로우시며 의로우시며 /
4 6 5 /
우리 하나님은 긍휼이 많으시도다 //
2 4 3 5 //

암송 부분

1 여호와께서 5 / 1 3 1 3 5 / 2 2 6 //
2 그의 2 2 2 7 / 2 3 6 //
3 사망의 3 2 2 3 / 3 3 2 4 / 2 3 3 5 /
4 내가 2 4 4 5 / 4 2 4 / 1 3 4 // 4 //
5 여호와는 4 6 5 / 2 4 3 5 //

6 여호와께서는 순진한 자를 지키시나니 /
6 5 5 /
내가 어려울 때에 나를 구원하셨도다 //
2 5 2 6 //

7 내 영혼아 / 네 평안함으로 돌아갈지어다 //
1 3 / 1 5 6 //
여호와께서 너를 후대하심이로다 //
5 2 7 //

8 주께서 / 내 영혼을 사망에서, / 내 눈을 눈물에서, /
3 / 1 3 4 / 1 2 4 /
내 발을 넘어짐에서 / 건지셨나이다 //
1 2 5 / 6 //

9 내가 생명이 있는 땅에서 / 여호와 앞에 행하리로다 //
2 3 2 3 / 5 5 //

10 내가 크게 고통을 당하였다고 / 말할 때에도 /
2 2 3 5 / 5 /
나는 믿었도다 //
2 4 //

11 내가 놀라서 이르기를 /
2 3 4 /
모든 사람이 거짓말쟁이라 하였도다 //
5 6 4 //

암송 부분

6 여호와께서는 6 5 5 / 2 5 2 6 //
7 내 1 3 / 1 5 6 // 5 2 7 //
8 주께서 3 / 1 3 4 / 1 2 4 / 1 2 5 / 6 //
9 내가 2 3 2 3 / 5 5 //
10 내가 2 2 3 5 / 5 / 2 4 //
11 내가 2 3 4 / 5 6 4 //

12 내게 주신 모든 은혜를 /
2 2 2 3 /
내가 여호와께 무엇으로 보답할까 //
2 4 4 4 //

13 내가 구원의 잔을 들고 / 여호와의 이름을 부르며 /
2 3 2 2 / 4 3 3 /

14 여호와의 모든 백성 앞에서 /
4 4 3 /
나는 / 나의 서원을 여호와께 갚으리로다 //
2 / 2 3 4 5 //

15 그의 경건한 자들의 죽음은 /
2 3 3 3 /
여호와께서 보시기에 귀중한 것이로다 //
5 4 3 4 //

16 여호와여 / 나는 진실로 주의 종이요 /
4 / 2 3 2 3 /
주의 여종의 아들 / 곧 주의 종이라 //
2 3 2 / 1 2 3 //
주께서 나의 결박을 푸셨나이다 //
3 2 3 5 //

17 내가 주께 감사제를 드리고 / 여호와의 이름을 부르리이다 //
2 2 4 3 / 4 3 5 //

암송 부분

12 내게 2 2 2 3 / 2 4 4 4 //
13 내가 2 3 2 2 / 4 3 3 /
14 여호와의 4 4 3 / 2 / 2 3 4 5 //
15 그의 2 3 3 3 / 5 4 3 4 //
16 여호와여 4 / 2 3 2 3 / 2 3 2 / 1 2 3 // 3 2 3 5 //
17 내가 2 2 4 3 / 4 3 5 //

18 내가 여호와께 서원한 것을 /
2 4 5 /
그의 모든 백성이 보는 앞에서 / 내가 지키리로다 //
2 2 3 5 / 2 5 //

19 예루살렘아, / 네 한가운데에서 /
5 / 1 6 /
곧 여호와의 성전 뜰에서 지키리로다 // 할렐루야 //
1 4 5 5 // 4 //

암송 부분

1 여호와께서 5 / 1 3 1 3 5 / 2 2 6 //
2 그의 2 2 2 7 / 2 3 6 //
3 사망의 3 2 2 3 / 3 3 2 4 / 2 3 3 5 /
4 내가 2 4 4 5 / 4 2 4 / 1 3 4 // 4 //
5 여호와는 4 6 5 / 2 4 3 5 //
6 여호와께서는 6 5 5 / 2 5 2 6 //
7 내 1 3 / 1 5 6 // 5 2 7 //
8 주께서 3 / 1 3 4 / 1 2 4 / 1 2 5 / 6 //
9 내가 2 3 2 3 / 5 5 //
10 내가 2 2 3 5 / 5 / 2 4 //
11 내가 2 3 4 / 5 6 4 //
12 내게 2 2 2 3 / 2 4 4 4 //
13 내가 2 3 2 2 / 4 3 3 /
14 여호와의 4 4 3 / 2 / 2 3 4 5 //
15 그의 2 3 3 3 / 5 4 3 4 //
16 여호와여 4 / 2 3 2 3 / 2 3 2 / 1 2 3 // 3 2 3 5 //
17 내가 2 2 4 3 / 4 3 5 //

18 내가 2 4 5 / 2 2 3 5 / 2 5 //
19 예루살렘아, 5 / 1 6 / 1 4 5 5 // 4 //

117편

1 너희 모든 나라들아 / 여호와를 찬양하며 /
2 2 4 / 4 4 /
너희 모든 백성들아 / 그를 찬송할지어다 //
2 2 4 / 2 6 //

2 우리에게 향하신 / 여호와의 인자하심이 크시고 /
4 3 / 4 5 3 /
여호와의 진실하심이 영원함이로다 // 할렐루야 //
4 5 6 // 4 //

암송 부분

1 너희 2 2 4 / 4 4 / 2 2 4 / 2 6 //
2 우리에게 4 3 / 4 5 3 / 4 5 6 // 4 //

118편

1 여호와께 감사하라 // 그는 선하시며 /
4 4 // 2 4 /
그의 인자하심이 영원함이로다 //
2 5 6 //

2 이제 이스라엘은 말하기를 /
2 5 4 /
그의 인자하심이 영원하다 // 할지로다 //
2 5 4 // 4 //

3 이제 아론의 집은 말하기를 //
2 3 2 4 //
그의 인자하심이 영원하다 // 할지로다 //
2 5 4 // 4 //

4 이제 여호와를 경외하는 자는 말하기를 /
2 4 6 4 /
그의 인자하심이 영원하다 // 할지로다 //
2 5 4 // 4 //

5 내가 고통 중에 여호와께 부르짖었더니 /
2 4 4 6 /
여호와께서 응답하시고 / 나를 넓은 곳에 세우셨도다 //
5 5 / 2 4 5 //

암송 부분

1 여호와께 4 4 // 2 4 / 2 5 6 //
2 이제 2 5 4 / 2 5 4 // 4 //
3 이제 2 3 2 4 // 2 5 4 // 4 //
4 이제 2 4 6 4 / 2 5 4 // 4 //
5 내가 2 4 4 6 / 5 5 / 2 4 5 //

6 여호와는 내 편이시라 / 내가 두려워하지 아니하리니 /
4 5 / 2 5 5 /
사람이 내게 어찌할까 /
3 2 4 /

7 여호와께서 내 편이 되사 / 나를 돕는 자들 중에 계시니 /
5 5 / 2 6 3 /
그러므로 나를 미워하는 자들에게 /
4 2 4 4 /
보응하시는 것을 내가 보리로다 //
7 2 4 //

8 여호와께 피하는 것이 / 사람을 신뢰하는 것보다 나으며 /
4 5 / 3 4 3 3 /

9 여호와께 피하는 것이 / 고관들을 신뢰하는 것보다 낫도다 //
4 5 / 4 4 3 3 //

10 뭇 나라가 나를 에워쌌으니 / 내가 여호와의 이름으로 /
4 2 5 / 2 4 4 /
그들을 끊으리로다 //
3 5 //

11 그들이 나를 에워싸고 에워쌌으니 /
3 2 4 5 /
내가 / 여호와의 이름으로 그들을 끊으리로다 //
2 / 4 4 3 5 //

암송 부분

6 여호와는 4 5 / 2 5 5 / 3 2 4 /
7 여호와께서 5 5 / 2 6 3 / 4 2 4 4 / 7 2 4 //
8 여호와께 4 5 / 3 4 3 3 /
9 여호와께 4 5 / 4 4 3 3 //
10 뭇 나라가 4 2 5 / 2 4 4 / 3 5 //
11 그들이 3 2 4 5 / 2 / 4 4 3 5 //

12 그들이 벌들처럼 나를 에워쌌으나 /
3 4 2 5 /
가시덤불의 불 같이 타 없어졌나니 /
5 3 1 5 /
내가 / 여호와의 이름으로 그들을 끊으리로다 //
2 / 4 4 3 5 //

13 너는 / 나를 밀쳐 넘어뜨리려 하였으나 /
2 / 2 2 5 4 /
여호와께서는 나를 도우셨도다 //
6 2 5 //

14 여호와는 나의 능력과 찬송이시요 /
4 2 3 5 /
또 나의 구원이 되셨도다 //
1 2 3 4 //

15 의인들의 장막에는 / 기쁜 소리, 구원의 소리가 있음이여 /
4 4 / 4 6 4 /
여호와의 오른손이 권능을 베푸시며 /
4 4 3 4 /

16 여호와의 오른손이 높이 들렸으며 /
4 4 2 4 /
여호와의 오른손이 권능을 베푸시는도다 //
4 4 3 6 //

암송 부분

12 그들이 3 4 2 5 / 5 3 1 5 / 2 / 4 4 3 5 //
13 너는 2 / 2 2 5 4 / 6 2 5 //
14 여호와는 4 2 3 5 / 1 2 3 4 //
15 의인들의 4 4 / 4 6 4 / 4 4 3 4 /
16 여호와의 4 4 2 4 / 4 4 3 6 //

17 내가 죽지 않고 살아서 /
2 4 3 /
여호와께서 하시는 일을 선포하리로다 //
5 5 6 //

18 여호와께서 나를 심히 경책하셨어도 /
5 2 2 6 /
죽음에는 넘기지 아니하셨도다 //
4 3 6 //

19 내게 의의 문들을 열지어다 // 내가 그리로 들어가서 /
2 2 3 4 // 2 3 4 /
여호와께 감사하리로다 //
4 6 //

20 이는 여호와의 문이라 / 의인들이 그리로 들어가리로다 //
2 4 3 / 4 3 6 //

21 주께서 내게 응답하시고 / 나의 구원이 되셨으니 /
3 2 5 / 2 3 4 /
내가 주께 감사하리이다 //
2 2 6 //

22 건축자가 버린 돌이 / 집 모퉁이의 머릿돌이 되었나니 /
4 4 / 1 4 4 4 /

암송 부분

17 내가 2 4 3 / 5 5 6 //
18 여호와께서 5 2 2 6 / 4 3 6 //
19 내게 2 2 3 4 // 2 3 4 / 4 6 //
20 이는 2 4 3 / 4 3 6 //
21 주께서 3 2 5 / 2 3 4 / 2 2 6 //
22 건축자가 4 4 / 1 4 4 4 /

23 이는 여호와께서 행하신 것이요 / 우리 눈에 기이한 바로다 //
2 5 6 / 2 2 3 3 //

24 이 날은 여호와께서 정하신 것이라 /
3 5 6 /
이 날에 우리가 즐거워하고 기뻐하리로다 //
3 3 5 6 //

25 여호와여 구하옵나니 이제 구원하소서 //
4 5 2 5 //
여호와여 우리가 구하옵나니 / 이제 형통하게 하소서 //
4 3 5 / 2 4 3 //

26 여호와의 이름으로 오는 자가 / 복이 있음이여 /
4 4 4 / 2 4 /
우리가 여호와의 집에서 / 너희를 축복하였도다 //
3 4 3 / 3 6 //

27 여호와는 하나님이시라 / 그가 우리에게 빛을 비추셨으니 /
4 6 / 2 4 2 5 /
밧줄로 절기 제물을 제단 뿔에 맬지어다 //
3 5 4 4 //

28 주는 나의 하나님이시라 / 내가 주께 감사하리이다 //
2 2 6 / 2 2 6 //
주는 나의 하나님이시라 / 내가 주를 높이리이다 //
2 2 6 / 2 2 5 //

암송 부분

23 이는 2 5 6 / 2 2 3 3 //
24 이 날은 3 5 6 / 3 3 5 6 //
25 여호와여 4 5 2 5 // 4 3 5 / 2 4 3 //
26 여호와의 4 4 4 / 2 4 / 3 4 3 / 3 6 //
27 여호와는 4 6 / 2 4 2 5 / 3 5 4 4 //
28 주는 2 2 6 / 2 2 6 // 2 2 6 / 2 2 5 //

29 여호와께 감사하라 // 그는 선하시며 /
4 4 // 2 4 /
그의 인자하심이 영원함이로다 //
2 5 6 //

암송 부분

1 여호와께 4 4 // 2 4 / 2 5 6 //
2 이제 2 5 4 / 2 5 4 // 4 //
3 이제 2 3 2 4 // 2 5 4 // 4 //
4 이제 2 4 6 4 / 2 5 4 // 4 //
5 내가 2 4 4 6 / 5 5 / 2 4 5 //
6 여호와는 4 5 / 2 5 5 / 3 2 4 /
7 여호와께서 5 5 / 2 6 3 / 4 2 4 4 / 7 2 4 //
8 여호와께 4 5 / 3 4 3 3 /
9 여호와께 4 5 / 4 4 3 3 //
10 뭇 나라가 4 2 5 / 2 4 4 / 3 5 //
11 그들이 3 2 4 5 / 2 / 4 4 3 5 //
12 그들이 3 4 2 5 / 5 3 1 5 / 2 / 4 4 3 5 //
13 너는 2 / 2 2 5 4 / 6 2 5 //
14 여호와는 4 2 3 5 / 1 2 3 4 //
15 의인들의 4 4 / 4 6 4 / 4 4 3 4 /
16 여호와의 4 4 2 4 / 4 4 3 6 //
17 내가 2 4 3 / 5 5 6 //
18 여호와께서 5 2 2 6 / 4 3 6 //
19 내게 2 2 3 4 // 2 3 4 / 4 6 //
20 이는 2 4 3 / 4 3 6 //
21 주께서 3 2 5 / 2 3 4 / 2 2 6 //
22 건축자가 4 4 / 1 4 4 4 /
23 이는 2 5 6 / 2 2 3 3 //
24 이 날은 3 5 6 / 3 3 5 6 //
25 여호와여 4 5 2 5 // 4 3 5 / 2 4 3 //
26 여호와의 4 4 4 / 2 4 / 3 4 3 / 3 6 //
27 여호와는 4 6 / 2 4 2 5 / 3 5 4 4 //
28 주는 2 2 6 / 2 2 6 // 2 2 6 / 2 2 5 //
29 여호와께 4 4 // 2 4 / 2 5 6 //

119편

1 행위가 온전하여 / 여호와의 율법을 따라 행하는 자들은 /
3 4 / 4 5 6 /
복이 있음이여 /
2 4 /

2 여호와의 증거들을 지키고 /
4 4 3 /
전심으로 여호와를 구하는 자는 / 복이 있도다 //
4 4 5 / 2 3 //

3 참으로 / 그들은 불의를 행하지 아니하고 /
3 / 3 3 3 4 /
주의 도를 행하는도다 //
2 2 5 //

4 주께서 명령하사 / 주의 법도를 / 잘 지키게 하셨나이다 //
3 4 / 2 3 / 1 3 5 //

5 내 길을 굳게 정하사 / 주의 율례를 지키게 하소서 //
1 2 5 / 2 3 3 3 //

6 내가 주의 모든 계명에 / 주의할 때에는 /
2 2 2 3 / 6 /
부끄럽지 아니하리이다 //
4 6 //

암송 부분

1 행위가 3 4 / 4 5 6 / 2 4 /
2 여호와의 4 4 3 / 4 4 5 / 2 3 //
3 참으로 3 / 3 3 3 4 / 2 2 5 //
4 주께서 3 4 / 2 3 / 1 3 5 //
5 내 1 2 5 / 2 3 3 3 //
6 내가 2 2 2 3 / 6 / 4 6 //

7 내가 / 주의 의로운 판단을 배울 때에는 /
2 / 2 3 3 5 /
정직한 마음으로 주께 감사하리이다 //
3 4 2 6 //

8 내가 주의 율례들을 지키오리니 /
2 2 4 5 /
나를 아주 버리지 마옵소서 //
2 2 3 4 //

9 청년이 무엇으로 / 그의 행실을 깨끗하게 하리이까 //
3 4 / 2 3 4 4 //
주의 말씀만 지킬 따름이니이다 //
2 3 2 6 //

10 내가 전심으로 주를 찾았사오니 /
2 4 2 5 /
주의 계명에서 떠나지 말게 하소서 //
2 4 5 3 //

11 내가 주께 범죄하지 아니하려 하여 /
2 2 4 6 /
주의 말씀을 / 내 마음에 두었나이다 //
2 3 / 1 3 5 //

암송 부분

7 내가 2 / 2 3 3 5 / 3 4 2 6 //
8 내가 2 2 4 5 / 2 2 3 4 //
9 청년이 3 4 / 2 3 4 4 // 2 3 2 6 //
10 내가 2 4 2 5 / 2 4 5 3 //
11 내가 2 2 4 6 / 2 3 / 1 3 5 //

12 찬송을 받으실 주 여호와여 /
3 3 1 4 /
주의 율례들을 내게 가르치소서 //
2 4 2 5 //

13 주의 입의 모든 규례들을 / 나의 입술로 선포하였으며 /
2 2 2 4 / 2 3 6 /

14 내가 모든 재물을 즐거워함 같이 /
2 2 3 6 /
주의 증거들의 도를 즐거워하였나이다 //
2 4 2 8 //

15 내가 주의 법도들을 / 작은 소리로 읊조리며 /
2 2 4 / 5 4 /
주의 길들에 주의하며 /
2 3 4 /

16 주의 율례들을 즐거워하며 /
2 4 5 /
주의 말씀을 잊지 아니하리이다 //
2 3 2 6 //

17 주의 종을 후대하여 살게 하소서 //
2 2 4 5 //
그리하시면 주의 말씀을 지키리이다 //
5 2 3 5 //

암송 부분

12 찬송을 3 3 1 4 / 2 4 2 5 //
13 주의 2 2 2 4 / 2 3 6 /
14 내가 2 2 3 6 / 2 4 2 8 //
15 내가 2 2 4 / 5 4 / 2 3 4 /
16 주의 2 4 5 / 2 3 2 6 //
17 주의 2 2 4 5 // 5 2 3 5 //

18 내 눈을 열어서 / 주의 율법에서 놀라운 것을 보게 하소서 //
3 3 / 2 4 5 5 //

19 나는 땅에서 나그네가 되었사오니 /
2 3 4 5 /
주의 계명들을 내게 숨기지 마소서 //
2 4 2 6 //

20 주의 규례들을 항상 사모함으로 / 내 마음이 상하나이다 //
2 4 2 5 / 1 3 5 //

21 교만하여 저주를 받으며 /
4 3 3 /
주의 계명들에서 떠나는 자들을 / 주께서 꾸짖으셨나이다 //
2 5 3 3 / 3 7 //

22 내가 주의 교훈들을 지켰사오니 /
2 2 4 5 /
비방과 멸시를 / 내게서 떠나게 하소서 //
3 3 / 3 3 3 //

23 고관들도 앉아서 나를 비방하였사오나 /
4 3 2 7 /
주의 종은 / 주의 율례들을 작은 소리로 읊조렸나이다 //
2 2 / 2 4 5 6 //

암송 부분

18 내 눈을 3 3 / 2 4 5 5 //
19 나는 2 3 4 5 / 2 4 2 6 //
20 주의 2 4 2 5 / 1 3 5 //
21 교만하여 4 3 3 / 2 5 3 3 / 3 7 //
22 내가 2 2 4 5 / 3 3 / 3 3 3 //
23 고관들도 4 3 2 7 / 2 2 / 2 4 5 6 //

24 주의 증거들은 나의 즐거움이요 / 나의 충고자니이다 //
2 4 2 5 / 2 6 //

25 내 영혼이 진토에 붙었사오니 /
1 3 3 5 /
주의 말씀대로 / 나를 살아나게 하소서 //
2 4 / 2 4 3 //

26 내가 나의 행위를 아뢰매 / 주께서 내게 응답하셨사오니 /
2 2 3 3 / 3 2 7 /
주의 율례들을 내게 가르치소서 //
2 4 2 5 //

27 나에게 / 주의 법도들의 길을 / 깨닫게 하여 주소서 //
3 / 2 4 2 / 5 3 //
그리하시면 / 내가 주의 기이한 일들을 /
5 / 2 2 6 /
작은 소리로 읊조리리이다 //
5 6 //

28 나의 영혼이 / 눌림으로 말미암아 녹사오니 /
2 3 / 4 4 4 /
주의 말씀대로 나를 세우소서 //
2 4 2 4 //

암송 부분

24 주의 2 4 2 5 / 2 6 //
25 내 1 3 3 5 / 2 4 / 2 4 3 //
26 내가 2 2 3 3 / 3 2 7 / 2 4 2 5 //
27 나에게 3 / 2 4 2 / 5 3 // 5 / 2 2 6 / 5 6 //
28 나의 2 3 / 4 4 4 / 2 4 2 4 //

29 거짓 행위를 / 내게서 떠나게 하시고 /
2 3 / 3 3 3 /
주의 법을 / 내게 은혜로이 베푸소서 //
2 2 / 2 4 4 //

30 내가 성실한 길을 택하고 /
2 3 2 3 /
주의 규례들을 내 앞에 두었나이다 //
2 4 3 5 //

31 내가 주의 증거들에 매달렸사오니 /
2 2 4 6 /
여호와여 / 내가 수치를 당하지 말게 하소서 //
4 / 2 3 3 5 //

32 주께서 내 마음을 넓히시면 /
3 1 3 4 /
내가 / 주의 계명들의 길로 달려가리이다 //
2 / 2 4 2 6 //

33 여호와여 / 주의 율례들의 도를 / 내게 가르치소서 //
4 / 2 4 2 / 2 5 //
내가 끝까지 지키리이다 //
2 3 5 //

암송 부분

29 거짓 2 3 / 3 3 3 / 2 2 / 2 4 4 //
30 내가 2 3 2 3 / 2 4 3 5 //
31 내가 2 2 4 6 / 4 / 2 3 3 5 //
32 주께서 3 1 3 4 / 2 / 2 4 2 6 //
33 여호와여 4 / 2 4 2 / 2 5 // 2 3 5 //

34 나로 하여금 / 깨닫게 하여 주소서 //
2 3 / 5 3 //
내가 주의 법을 준행하며 / 전심으로 지키리이다 //
2 2 2 4 / 4 5 //

35 나로 하여금 / 주의 계명들의 길로 / 행하게 하소서 //
2 3 / 2 4 2 / 3 3 //
내가 이를 즐거워함이니이다 //
2 2 8 //

36 내 마음을 / 주의 증거들에게 향하게 하시고 /
1 3 / 2 5 3 3 /
탐욕으로 향하지 말게 하소서 //
4 3 5 //

37 내 눈을 돌이켜 / 허탄한 것을 보지 말게 하시고 /
3 3 / 5 4 3 /
주의 길에서 / 나를 살아나게 하소서 //
2 3 / 2 4 3 //

38 주를 경외하게 하는 주의 말씀을 / 주의 종에게 세우소서 //
2 6 2 3 / 2 3 4 //

39 내가 두려워하는 비방을 / 내게서 떠나게 하소서 //
2 5 3 / 3 3 3 //
주의 규례들은 선하심이니이다 //
2 4 7 //

암송 부분

34 나로 2 3 / 5 3 // 2 2 2 4 / 4 5 //
35 나로 2 3 / 2 4 2 / 3 3 // 2 2 8 //
36 내 1 3 / 2 5 3 3 / 4 3 5 //
37 내 눈을 3 3 / 5 4 3 / 2 3 / 2 4 3 //
38 주를 2 6 2 3 / 2 3 4 //
39 내가 2 5 3 / 3 3 3 // 2 4 7 //

40 내가 주의 법도들을 사모하였사오니 /
2 2 4 7 /
주의 의로 / 나를 살아나게 하소서 //
2 2 / 2 4 3 //

41 여호와여 / 주의 말씀대로 /
4 / 2 4 /
주의 인자하심과 주의 구원을 / 내게 임하게 하소서 //
2 5 2 3 / 2 3 3 //

42 그리하시면 내가 / 나를 비방하는 자들에게 /
5 2 / 2 4 4 /
대답할 말이 있사오리니 / 내가 주의 말씀을 의지함이니이다 //
5 5 / 2 2 3 7 //

43 진리의 말씀이 / 내 입에서 조금도 떠나지 말게 하소서 //
3 3 / 4 3 5 3 //
내가 주의 규례를 바랐음이니이다 //
2 2 3 7 //

44 내가 주의 율법을 / 항상 지키리이다 // 영원히 지키리이다 //
2 2 3 / 2 5 // 3 5 //

45 내가 주의 법도들을 구하였사오니 /
2 2 4 6 /
자유롭게 걸어갈 것이오며 /
4 3 4 /

암송 부분

40 내가 2 2 4 7 / 2 2 / 2 4 3 //
41 여호와여 4 / 2 4 / 2 5 2 3 / 2 3 3 //
42 그리하시면 5 2 / 2 4 4 / 5 5 / 2 2 3 7 //
43 진리의 3 3 / 4 3 5 3 // 2 2 3 7 //
44 내가 2 2 3 / 2 5 // 3 5 //
45 내가 2 2 4 6 / 4 3 4 /

46 또 왕들 앞에서 / 주의 교훈들을 말할 때에 /
1 2 3 / 2 4 4 /
수치를 당하지 아니하겠사오며 /
3 3 7 /

47 내가 사랑하는 주의 계명들을 / 스스로 즐거워하며 /
2 4 2 4 / 3 5 /

48 또 내가 사랑하는 / 주의 계명들을 향하여 /
1 2 4 / 2 4 3 /
내 손을 들고 / 주의 율례들을 작은 소리로 읊조리리이다 //
3 2 / 2 4 5 6 //

49 주의 종에게 하신 말씀을 기억하소서 //
2 3 5 5 //
주께서 / 내게 소망을 가지게 하셨나이다 //
3 / 2 3 3 5 //

50 이 말씀은 / 나의 고난 중의 위로라 /
1 3 / 2 4 3 /
주의 말씀이 / 나를 살리셨기 때문이니이다 //
2 3 / 2 4 6 //

51 교만한 자들이 / 나를 심히 조롱하였어도 /
3 3 / 2 2 6 /
나는 / 주의 법을 떠나지 아니하였나이다 //
2 / 2 2 3 7 //

암송 부분

46 또 1 2 3 / 2 4 4 / 3 3 7 /
47 내가 2 4 2 4 / 3 5 /
48 또 1 2 4 / 2 4 3 / 3 2 / 2 4 5 6 //
49 주의 2 3 5 5 // 3 / 2 3 3 5 //
50 이 1 3 / 2 4 3 / 2 3 / 2 4 6 //
51 교만한 3 3 / 2 2 6 / 2 / 2 2 3 7 //

52 여호와여 / 주의 옛 규례들을 /
4 / 2 1 4 /
내가 기억하고 스스로 위로하였나이다 //
2 4 3 7 //

53 주의 율법을 버린 / 악인들로 말미암아 /
2 3 2 / 4 4 /
내가 맹렬한 분노에 사로잡혔나이다 //
2 3 3 7 //

54 내가 나그네 된 집에서 / 주의 율례들이 /
2 4 3 / 2 4 /
나의 노래가 되었나이다 //
2 3 5 //

55 여호와여 / 내가 밤에 / 주의 이름을 기억하고 /
4 / 2 2 / 2 3 4 /
주의 법을 지켰나이다 //
2 2 5 //

56 내 소유는 이것이니 / 곧 주의 법도들을 지킨 것이니이다 //
1 3 4 / 1 2 4 7 //

57 여호와는 나의 분깃이시니 /
4 2 5 /
나는 주의 말씀을 지키리라 // 하였나이다 //
2 2 3 4 // 5 //

암송 부분

52 여호와여 4 / 2 1 4 / 2 4 3 7 //
53 주의 2 3 2 / 4 4 / 2 3 3 7 //
54 내가 2 4 3 / 2 4 / 2 3 5 //
55 여호와여 4 / 2 2 / 2 3 4 / 2 2 5 //
56 내 1 3 4 / 1 2 4 7 //
57 여호와는 4 2 5 / 2 2 3 4 // 5 //

58 내가 전심으로 주께 간구하였사오니 /
2 4 2 7 /
주의 말씀대로 / 내게 은혜를 베푸소서 //
2 4 / 2 3 4 //

59 내가 내 행위를 생각하고 /
2 1 3 4 /
주의 증거들을 향하여 / 내 발길을 돌이켰사오며 /
2 4 3 / 1 3 6 /

60 주의 계명들을 지키기에 신속히 하고 /
2 4 4 5 /
지체하지 아니하였나이다 //
4 7 //

61 악인들의 줄이 / 내게 두루 얽혔을지라도 /
4 2 / 2 2 6 /
나는 주의 법을 / 잊지 아니하였나이다 //
2 2 2 / 2 7 //

62 내가 / 주의 의로운 규례들로 말미암아 /
2 / 2 3 4 4 /
밤중에 일어나 주께 감사하리이다 //
3 3 2 6 //

암송 부분

58 내가 2 4 2 7 / 2 4 / 2 3 4 //
59 내가 2 1 3 4 / 2 4 3 / 1 3 6 /
60 주의 2 4 4 5 / 4 7 //
61 악인들의 4 2 / 2 2 6 / 2 2 2 / 2 7 //
62 내가 2 / 2 3 4 4 / 3 3 2 6 //

63 나는 주를 경외하는 / 모든 자들과 /
2 2 4 / 2 3 /
주의 법도들을 지키는 자들의 / 친구라 //
2 4 3 3 / 3 //

64 여호와여 / 주의 인자하심이 땅에 충만하였사오니 /
4 / 2 5 2 7 /
주의 율례들로 나를 가르치소서 //
2 4 2 5 //

65 여호와여 / 주의 말씀대로 / 주의 종을 선대하셨나이다 //
4 / 2 4 / 2 2 7 //

66 내가 주의 계명들을 믿었사오니 /
2 2 4 5 /
좋은 명철과 지식을 / 내게 가르치소서 //
2 3 3 / 2 5 //

67 고난 당하기 전에는 / 내가 그릇 행하였더니 /
5 3 / 2 2 5 /
이제는 주의 말씀을 지키나이다 //
3 2 3 5 //

68 주는 선하사 선을 행하시오니 /
2 3 2 5 /
주의 율례들로 나를 가르치소서 //
2 4 2 5 //

암송 부분

63 나는 2 2 4 / 2 3 / 2 4 3 3 / 3 //
64 여호와여 4 / 2 5 2 7 / 2 4 2 5 //
65 여호와여 4 / 2 4 / 2 2 7 //
66 내가 2 2 4 5 / 2 3 3 / 2 5 //
67 고난 당하기 5 3 / 2 2 5 / 3 2 3 5 //
68 주는 2 3 2 5 / 2 4 2 5 //

69 교만한 자들이 거짓을 지어 / 나를 치려 하였사오나 /
6 5 / 2 2 5 /
나는 전심으로 / 주의 법도들을 지키리이다 //
2 4 / 2 4 5 //

70 그들의 마음은 살져서 / 기름덩이 같으나 /
3 3 3 / 4 3 /
나는 주의 법을 즐거워하나이다 //
2 2 2 7 //

71 고난 당한 것이 내게 유익이라 / 이로 말미암아 /
6 2 4 / 2 4 /
내가 주의 율례들을 / 배우게 되었나이다 //
2 2 4 / 3 5 //

72 주의 입의 법이 / 내게는 천천 금은보다 좋으니이다 //
2 2 2 / 3 2 4 5 //

73 주의 손이 / 나를 만들고 세우셨사오니 /
2 2 / 2 3 6 /
내가 깨달아 / 주의 계명들을 배우게 하소서 //
2 3 / 2 4 6 //

74 주를 경외하는 자들이 / 나를 보고 기뻐하는 것은 /
2 4 3 / 2 2 6 /
내가 주의 말씀을 / 바라는 까닭이니이다 //
2 2 3 / 3 6 //

암송 부분

69 교만한 자들이 6 5 / 2 2 5 / 2 4 / 2 4 5 //
70 그들의 3 3 3 / 4 3 / 2 2 2 7 //
71 고난 당한 것이 6 2 4 / 2 4 / 2 2 4 / 3 5 //
72 주의 2 2 2 / 3 2 4 5 //
73 주의 2 2 / 2 3 6 / 2 3 / 2 4 6 //
74 주를 2 4 3 / 2 2 6 / 2 2 3 / 3 6 //

75 여호와여 / 내가 알거니와 / 주의 심판은 의로우시고 /
4 / 2 4 / 2 3 5 /
주께서 나를 괴롭게 하심은 / 성실하심 때문이니이다 //
3 2 6 / 4 6 //

76 구하오니 / 주의 종에게 하신 말씀대로 /
4 / 2 3 2 4 /
주의 인자하심이 / 나의 위안이 되게 하시며 /
2 5 / 2 3 5 /

77 주의 긍휼히 여기심이 / 내게 임하사 /
2 3 4 / 2 3 /
내가 살게 하소서 // 주의 법은 나의 즐거움이니이다 //
2 5 // 2 2 2 7 //

78 교만한 자들이 / 거짓으로 나를 엎드러뜨렸으니 /
3 3 / 4 2 7 /
그들이 수치를 당하게 하소서 //
3 3 3 3 //
나는 / 주의 법도들을 작은 소리로 읊조리리이다 //
2 / 2 4 5 6 //

79 주를 경외하는 자들이 / 내게 돌아오게 하소서 //
2 4 3 / 2 4 3 //
그리하시면 / 그들이 주의 증거들을 알리이다 //
5 / 3 2 4 4 //

암송 부분

75 여호와여 4 / 2 4 / 2 3 5 / 3 2 6 / 4 6 //
76 구하오니 4 / 2 3 2 4 / 2 5 / 2 3 5 /
77 주의 2 3 4 / 2 3 / 2 5 // 2 2 2 7 //
78 교만한 3 3 / 4 2 7 / 3 3 3 3 // 2 / 2 4 5 6 //
79 주를 2 4 3 / 2 4 3 // 5 / 3 2 4 4 //

80 내 마음으로 / 주의 율례들에 완전하게 하사 /
1 4 / 2 4 6 /
내가 / 수치를 당하지 아니하게 하소서 //
2 / 3 3 4 3 //

81 나의 영혼이 / 주의 구원을 사모하기에 피곤하오나 /
2 3 / 2 3 5 5 /
나는 주의 말씀을 바라나이다 //
2 2 3 5 //

82 나의 말이 / 주께서 언제나 나를 안위하실까 / 하면서 /
2 2 / 3 3 2 5 / 3 /
내 눈이 / 주의 말씀을 바라기에 피곤하니이다 //
1 2 / 2 3 4 6 //

83 내가 연기 속의 가죽 부대 같이 되었으나 /
2 4 6 4 /
주의 율례들을 잊지 아니하나이다 //
2 4 2 6 //

84 주의 종의 날이 / 얼마나 되나이까 //
2 2 2 / 3 4 //
나를 핍박하는 자들을 / 주께서 언제나 심판하시리이까 //
2 4 3 / 3 3 7 //

암송 부분

80 내 1 4 / 2 4 6 / 2 / 3 3 4 3 //
81 나의 2 3 / 2 3 5 5 / 2 2 3 5 //
82 나의 2 2 / 3 3 2 5 / 3 / 1 2 / 2 3 4 6 //
83 내가 2 4 6 4 / 2 4 2 6 //
84 주의 2 2 2 / 3 4 // 2 4 3 / 3 3 7 //

85 주의 법을 따르지 아니하는 / 교만한 자들이 /
2 2 3 4 / 3 3 /
나를 해하려고 웅덩이를 팠나이다 //
2 4 4 4 //

86 주의 모든 계명들은 신실하니이다 //
2 2 4 6 //
그들이 이유 없이 나를 핍박하오니 / 나를 도우소서 //
3 4 2 5 / 2 4 //

87 그들이 / 나를 세상에서 거의 멸하였으나 /
3 / 2 4 2 5 /
나는 주의 법도들을 / 버리지 아니하였사오니 /
2 2 4 / 3 7 /

88 주의 인자하심을 따라 / 나를 살아나게 하소서 //
2 5 2 / 2 4 3 //
그리하시면 / 주의 입의 교훈들을 / 내가 지키리이다 //
5 / 2 2 4 / 2 5 //

89 여호와여 / 주의 말씀은 / 영원히 하늘에 굳게 섰사오며 /
4 / 2 3 / 3 3 6 /

90 주의 성실하심은 대대에 이르나이다 //
2 5 3 5 //
주께서 땅을 세우셨으므로 / 땅이 항상 있사오니 /
3 2 6 / 2 2 4 /

암송 부분

85 주의 2 2 3 4 / 3 3 / 2 4 4 4 //
86 주의 2 2 4 6 // 3 4 2 5 / 2 4 //
87 그들이 3 / 2 4 2 5 / 2 2 4 / 3 7 /
88 주의 2 5 2 / 2 4 3 // 5 / 2 2 4 / 2 5 //
89 여호와여 4 / 2 3 / 3 3 6 /
90 주의 2 5 3 5 // 3 2 6 / 2 2 4 /

91 천지가 주의 규례들대로 / 오늘까지 있음은 /
3 2 5 / 4 3 /
만물이 주의 종이 된 까닭이니이다 //
3 2 3 6 //

92 주의 법이 / 나의 즐거움이 되지 아니하였더면 /
2 2 / 2 4 2 6 /
내가 내 고난 중에 멸망하였으리이다 //
2 1 4 8 //

93 내가 주의 법도들을 / 영원히 잊지 아니하오니 /
2 2 4 / 3 2 5 /
주께서 이것들 때문에 / 나를 살게 하심이니이다 //
3 6 / 2 2 6 //

94 나는 주의 것이오니 / 나를 구원하소서 //
2 2 4 / 2 5 //
내가 주의 법도들만을 찾았나이다 //
2 2 5 5 //

95 악인들이 나를 멸하려고 엿보오나 /
4 2 4 4 /
나는 주의 증거들만을 생각하겠나이다 //
2 2 5 7 //

암송 부분

91 천지가 3 2 5 / 4 3 / 3 2 3 6 //
92 주의 2 2 / 2 4 2 6 / 2 1 4 8 //
93 내가 2 2 4 / 3 2 5 / 3 6 / 2 2 6 //
94 나는 2 2 4 / 2 5 // 2 2 5 5 //
95 악인들이 4 2 4 4 / 2 2 5 7 //

96 내가 보니 / 모든 완전한 것이 다 끝이 있어도 /
2 2 / 2 5 1 5 /
주의 계명들은 심히 넓으니이다 //
2 4 2 5 //

97 내가 / 주의 법을 어찌 그리 사랑하는지요 //
2 / 2 2 4 6 //
내가 그것을 / 종일 작은 소리로 읊조리나이다 //
2 3 / 2 5 6 //

98 주의 계명들이 / 항상 나와 함께 하므로 /
2 4 / 2 2 5 /
그것들이 / 나를 원수보다 지혜롭게 하나이다 //
4 / 2 4 4 4 //

99 내가 / 주의 증거들을 늘 읊조리므로 / 나의 명철함이 /
2 / 2 4 1 5 / 2 4 /
나의 모든 스승보다 나으며 /
2 2 4 3 /

100 주의 법도들을 지키므로 /
2 4 4 /
나의 명철함이 노인보다 나으니이다 //
2 4 4 5 //

암송 부분

96 내가 2 2 / 2 5 1 5 / 2 4 2 5 //
97 내가 2 / 2 2 4 6 // 2 3 / 2 5 6 //
98 주의 2 4 / 2 2 5 / 4 / 2 4 4 4 //
99 내가 2 / 2 4 1 5 / 2 4 / 2 2 4 3 /
100 주의 2 4 4 / 2 4 4 5 //

101 내가 주의 말씀을 지키려고 / 발을 금하여 /
2 2 3 4 / 2 3 /
모든 악한 길로 가지 아니하였사오며 /
2 4 2 7 /

102 주께서 나를 가르치셨으므로 /
3 2 7 /
내가 / 주의 규례들에서 떠나지 아니하였나이다 //
2 / 2 5 3 7 //

103 주의 말씀의 맛이 / 내게 어찌 그리 단지요 //
2 3 2 / 2 4 3 //
내 입에 꿀보다 더 다니이다 //
3 3 1 4 //

104 주의 법도들로 말미암아 / 내가 명철하게 되었으므로 /
2 4 4 / 2 4 5 /
모든 거짓 행위를 미워하나이다 //
2 5 6 //

105 주의 말씀은 / 내 발에 등이요 / 내 길에 빛이니이다 //
2 3 / 1 2 3 / 1 2 5 //

106 주의 의로운 규례들을 / 지키기로 맹세하고 /
2 3 4 / 4 4 /
굳게 정하였나이다 //
2 6 //

암송 부분

101 내가 2 2 3 4 / 2 3 / 2 4 2 7 /
102 주께서 3 2 7 / 2 / 2 5 3 7 //
103 주의 2 3 2 / 2 4 3 // 3 3 1 4 //
104 주의 2 4 4 / 2 4 5 / 2 5 6 //
105 주의 2 3 / 1 2 3 / 1 2 5 //
106 주의 2 3 4 / 4 4 / 2 6 //

107 나의 고난이 매우 심하오니 /
2 3 2 4 /
여호와여 / 주의 말씀대로 / 나를 살아나게 하소서 //
4 / 2 4 / 2 4 3 //

108 여호와여 구하오니 / 내 입이 드리는 /
4 4 / 1 2 3 /
자원제물을 받으시고 / 주의 공의를 내게 가르치소서 //
5 4 / 2 3 2 5 //

109 나의 생명이 / 항상 위기에 있사오나 /
2 3 / 2 3 4 /
나는 / 주의 법을 잊지 아니하나이다 //
2 / 2 2 2 6 //

110 악인들이 / 나를 해하려고 올무를 놓았사오나 /
4 / 2 4 3 5 /
나는 / 주의 법도들에서 떠나지 아니하였나이다 //
2 / 2 5 3 7 //

111 주의 증거들로 / 내가 영원히 /
2 4 / 2 3 /
나의 기업을 삼았사오니 /
2 3 5 /
이는 / 내 마음의 즐거움이 됨이니이다 //
2 / 1 3 4 5 //

암송 부분

107 나의 2 3 2 4 / 4 / 2 4 / 2 4 3 //
108 여호와여 4 4 / 1 2 3 / 5 4 / 2 3 2 5 //
109 나의 2 3 / 2 3 4 / 2 / 2 2 2 6 //
110 악인들이 4 / 2 4 3 5 / 2 / 2 5 3 7 //
111 주의 2 4 / 2 3 / 2 3 5 / 2 / 1 3 4 5 //

112 내가 주의 율례들을 / 영원히 행하려고 /
2 2 4 / 3 4 /
내 마음을 기울였나이다 //
1 3 6 //

113 내가 두 마음 품는 자들을 미워하고 /
2 3 5 4 /
주의 법을 사랑하나이다 //
2 2 6 //

114 주는 나의 은신처요 방패시라 /
2 2 4 4 /
내가 주의 말씀을 바라나이다 //
2 2 3 5 //

115 너희 행악자들이여 나를 떠날지어다 //
2 6 2 5 //
나는 / 내 하나님의 계명들을 지키리로다 //
2 / 1 4 4 5 //

116 주의 말씀대로 / 나를 붙들어 살게 하시고 /
2 4 / 2 3 5 /
내 소망이 부끄럽지 않게 하소서 //
1 3 4 5 //

암송 부분

112 내가 2 2 4 / 3 4 / 1 3 6 //
113 내가 2 3 5 4 / 2 2 6 //
114 주는 2 2 4 4 / 2 2 3 5 //
115 너희 2 6 2 5 // 2 / 1 4 4 5 //
116 주의 2 4 / 2 3 5 / 1 3 4 5 //

117 나를 붙드소서 / 그리하시면 내가 구원을 얻고 /
2 4 / 5 2 5 /
주의 율례들에 항상 주의하리이다 //
2 4 2 6 //

118 주의 율례들에서 떠나는 자는 /
2 5 5 /
주께서 다 멸시하셨으니 / 그들의 속임수는 허무함이니이다 //
3 1 6 / 3 4 7 //

119 주께서 / 세상의 모든 악인들을 /
3 / 3 2 4 /
찌꺼기 같이 버리시니 /
5 4 /
그러므로 / 내가 주의 증거들을 사랑하나이다 //
4 / 2 2 4 6 //

120 내 육체가 / 주를 두려워함으로 떨며 /
1 3 / 2 6 2 /
내가 또 / 주의 심판을 두려워하나이다 //
2 1 / 2 3 7 //

121 내가 정의와 공의를 행하였사오니 /
2 3 3 6 /
나를 박해하는 자들에게 / 나를 넘기지 마옵소서 //
2 4 4 / 2 3 4 //

암송 부분

117 나를 2 4 / 5 2 5 / 2 4 2 6 //
118 주의 2 5 5 / 3 1 6 / 3 4 7 //
119 주께서 3 / 3 2 4 / 5 4 / 4 / 2 2 4 6 //
120 내 1 3 / 2 6 2 / 2 1 / 2 3 7 //
121 내가 2 3 3 6 / 2 4 4 / 2 3 4 //

122 주의 종을 보증하사 / 복을 얻게 하시고 /
2 2 4 / 4 3 /
교만한 자들이 / 나를 박해하지 못하게 하소서 //
3 3 / 2 4 3 3 //

123 내 눈이 / 주의 구원과 / 주의 의로운 말씀을 /
1 2 / 2 3 / 2 3 3 /
사모하기에 피곤하니이다 //
5 6 //

124 주의 인자하심대로 / 주의 종에게 행하사 /
2 6 / 2 3 3 /
내게 주의 율례들을 가르치소서 //
2 2 4 5 //

125 나는 주의 종이오니 / 나를 깨닫게 하사 /
2 2 4 / 2 5 /
주의 증거들을 알게 하소서 //
2 4 5 //

126 그들이 주의 법을 폐하였사오니 /
3 2 2 6 /
지금은 여호와께서 일하실 때니이다 //
3 5 7 //

암송 부분

122 주의 2 2 4 / 4 3 / 3 3 / 2 4 3 3 //
123 내 1 2 / 2 3 / 2 3 3 / 5 6 //
124 주의 2 6 / 2 3 3 / 2 2 4 5 //
125 나는 2 2 4 / 2 5 / 2 4 5 //
126 그들이 3 2 2 6 / 3 5 7 //

127 그러므로 / 내가 주의 계명들을 /
4 / 2 2 4 /
금 곧 순금보다 / 더 사랑하나이다 //
1 1 4 / 1 6 //

128 그러므로 / 내가 범사에 / 모든 주의 법도들을 /
4 / 2 3 / 2 2 4 /
바르게 여기고 / 모든 거짓 행위를 미워하나이다 //
3 3 / 2 2 3 6 //

129 주의 증거들은 놀라우므로 / 내 영혼이 이를 지키나이다 //
2 4 5 / 1 3 2 5 //

130 주의 말씀을 열면 / 빛이 비치어 /
2 3 2 / 2 3 /
우둔한 사람들을 깨닫게 하나이다 //
3 4 3 4 //

131 내가 주의 계명들을 사모하므로 /
2 2 4 5 /
내가 입을 열고 헐떡였나이다 //
2 2 2 6 //

132 주의 이름을 사랑하는 자들에게 / 베푸시던 대로 /
2 3 4 4 / 6 /
내게 돌이키사 / 내게 은혜를 베푸소서 //
2 4 / 2 3 4 //

암송 부분

127 그러므로 4 / 2 2 4 / 1 1 4 / 1 6 //
128 그러므로 4 / 2 3 / 2 2 4 / 3 3 / 2 2 3 6 //
129 주의 2 4 5 / 1 3 2 5 //
130 주의 2 3 2 / 2 3 / 3 4 3 4 //
131 내가 2 2 4 5 / 2 2 2 6 //
132 주의 2 3 4 4 / 6 / 2 4 / 2 3 4 //

133 나의 발걸음을 / 주의 말씀에 굳게 세우시고 /
2 4 / 2 3 2 4 /
어떤 죄악도 / 나를 주관하지 못하게 하소서 //
2 3 / 2 4 3 3 //

134 사람의 박해에서 나를 구원하소서 //
3 4 2 5 //
그리하시면 / 내가 주의 법도들을 지키리이다 //
5 / 2 2 4 5 //

135 주의 얼굴을 / 주의 종에게 비추시고 /
2 3 / 2 3 4 /
주의 율례로 나를 가르치소서 //
2 3 2 5 //

136 그들이 / 주의 법을 지키지 아니하므로 /
3 / 2 2 3 5 /
내 눈물이 시냇물 같이 흐르나이다 //
1 3 5 5 //

137 여호와여 / 주는 의로우시고 / 주의 판단은 옳으니이다 //
4 / 2 5 / 2 3 5 //

138 주께서 명령하신 증거들은 의롭고 / 지극히 성실하니이다 //
3 4 4 3 / 3 6 //

암송 부분

133 나의 2 4 / 2 3 2 4 / 2 3 / 2 4 3 3 //
134 사람의 3 4 2 5 // 5 / 2 2 4 5 //
135 주의 2 3 / 2 3 4 / 2 3 2 5 //
136 그들이 3 / 2 2 3 5 / 1 3 5 5 //
137 여호와여 4 / 2 5 / 2 3 5 //
138 주께서 3 4 4 3 / 3 6 //

139 내 대적들이 / 주의 말씀을 잊어버렸으므로 /
1 4 / 2 3 7 /
내 열정이 나를 삼켰나이다 //
1 3 2 5 //

140 주의 말씀이 심히 순수하므로 /
2 3 2 5 /
주의 종이 이를 사랑하나이다 //
2 2 2 6 //

141 내가 미천하여 멸시를 당하나 /
2 4 6 /
주의 법도를 잊지 아니하였나이다 //
2 3 2 7 //

142 주의 의는 영원한 의요 / 주의 율법은 진리로소이다 //
2 2 3 2 / 2 3 6 //

143 환난과 우환이 내게 미쳤으나 /
3 3 2 4 /
주의 계명은 나의 즐거움이니이다 //
2 3 2 7 //

144 주의 증거들은 영원히 의로우시니 /
2 4 3 5 /
나로 하여금 깨닫게 하사 살게 하소서 //
5 5 5 //

암송 부분

139 내 1 4 / 2 3 7 / 1 3 2 5 //
140 주의 2 3 2 5 / 2 2 2 6 //
141 내가 2 4 6 / 2 3 2 7 //
142 주의 2 2 3 2 / 2 3 6 //
143 환난과 3 3 2 4 / 2 3 2 7 //
144 주의 2 4 3 5 / 5 5 5 //

145 여호와여 / 내가 전심으로 부르짖었사오니 /
4 / 2 4 7 /
내게 응답하소서 // 내가 주의 교훈들을 지키리이다 //
2 5 // 2 2 4 5 //

146 내가 주께 부르짖었사오니 / 나를 구원하소서 //
2 2 7 / 2 5 //
내가 주의 증거들을 지키리이다 //
2 2 4 5 //

147 내가 날이 밝기 전에 부르짖으며 /
2 6 5 /
주의 말씀을 바랐사오며 /
2 3 5 /

148 주의 말씀을 조용히 읊조리려고 /
2 3 3 5 /
내가 새벽녘에 눈을 떴나이다 //
2 4 2 4 //

149 주의 인자하심을 따라 / 내 소리를 들으소서 //
2 5 2 / 1 3 4 //
여호와여 / 주의 규례들을 따라 / 나를 살리소서 //
4 / 2 4 2 / 2 4 //

암송 부분

145 여호와여 4 / 2 4 7 / 2 5 // 2 2 4 5 //
146 내가 2 2 7 / 2 5 // 2 2 4 5 //
147 내가 2 6 5 / 2 3 5 /
148 주의 2 3 3 5 / 2 4 2 4 //
149 주의 2 5 2 / 1 3 4 // 4 / 2 4 2 / 2 4 //

150 악을 따르는 자들이 / 가까이 왔사오니 /
2 3 3 / 3 4 /
그들은 주의 법에서 머니이다 //
3 2 3 4 //

151 여호와여 / 주께서 가까이 계시오니 /
4 / 3 3 4 /
주의 모든 계명들은 진리니이다 //
2 2 4 5 //

152 내가 전부터 / 주의 증거들을 알고 있었으므로 /
2 3 / 2 4 7 /
주께서 / 영원히 세우신 것인 줄을 알았나이다 //
3 / 3 7 5 //

153 나의 고난을 보시고 / 나를 건지소서 //
2 3 3 / 2 4 //
내가 / 주의 율법을 잊지 아니함이니이다 //
2 / 2 3 2 7 //

154 주께서 / 나를 변호하시고 나를 구하사 /
3 / 2 5 2 3 /
주의 말씀대로 나를 살리소서 //
2 4 2 4 //

암송 부분

150 악을 2 3 3 / 3 4 / 3 2 3 4 //
151 여호와여 4 / 3 3 4 / 2 2 4 5 //
152 내가 2 3 / 2 4 7 / 3 / 3 7 5 //
153 나의 2 3 3 / 2 4 // 2 / 2 3 2 7 //
154 주께서 3 / 2 5 2 3 / 2 4 2 4 //

155 구원이 악인들에게서 멀어짐은 /
3 6 4 /
그들이 / 주의 율례들을 구하지 아니함이니이다 //
3 / 2 4 3 7 //

156 여호와여 / 주의 긍휼이 많으오니 /
4 / 2 3 4 /
주의 규례들에 따라 / 나를 살리소서 //
2 4 2 / 2 4 //

157 나를 핍박하는 자들과 / 나의 대적들이 많으나 /
2 4 3 / 2 4 3 /
나는 / 주의 증거들에서 떠나지 아니하였나이다 //
2 / 2 5 3 7 //

158 주의 말씀을 지키지 아니하는 / 거짓된 자들을 /
2 3 3 4 / 3 3 /
내가 보고 슬퍼하였나이다 //
2 2 7 //

159 내가 / 주의 법도들을 사랑함을 보옵소서 //
2 / 2 4 4 4 //
여호와여 / 주의 인자하심을 따라 / 나를 살리소서 //
4 / 2 5 2 / 2 4 //

암송 부분

155 구원이 3 6 4 / 3 / 2 4 3 7 //
156 여호와여 4 / 2 3 4 / 2 4 2 / 2 4 //
157 나를 2 4 3 / 2 4 3 / 2 / 2 5 3 7 //
158 주의 2 3 3 4 / 3 3 / 2 2 7 //
159 내가 2 / 2 4 4 4 // 4 / 2 5 2 / 2 4 //

160 주의 말씀의 강령은 진리이오니 /
2 3 3 5 /
주의 의로운 모든 규례들은 / 영원하리이다 //
2 3 2 4 / 6 //

161 고관들이 거짓으로 나를 핍박하오나 /
4 4 2 5 /
나의 마음은 / 주의 말씀만 경외하나이다 //
2 3 / 2 3 6 //

162 사람이 많은 탈취물을 얻은 것처럼 /
3 2 4 5 /
나는 주의 말씀을 즐거워하나이다 //
2 2 3 7 //

163 나는 거짓을 미워하며 싫어하고 /
2 3 4 4 /
주의 율법을 사랑하나이다 //
2 3 6 //

164 주의 의로운 규례들로 말미암아 /
2 3 4 4 /
내가 하루 일곱 번씩 / 주를 찬양하나이다 //
2 2 4 / 2 6 //

암송 부분

160 주의 2 3 3 5 / 2 3 2 4 / 6 //
161 고관들이 4 4 2 5 / 2 3 / 2 3 6 //
162 사람이 3 2 4 5 / 2 2 3 7 //
163 나는 2 3 4 4 / 2 3 6 //
164 주의 2 3 4 4 / 2 2 4 / 2 6 //

165 주의 법을 사랑하는 자에게는 / 큰 평안이 있으니 /
2 2 4 4 / 1 3 3 /
그들에게 장애물이 없으리이다 //
4 4 5 //

166 여호와여 / 내가 주의 구원을 바라며 /
4 / 2 2 3 3 /
주의 계명들을 행하였나이다 //
2 4 6 //

167 내 영혼이 / 주의 증거들을 지켰사오며 /
1 3 / 2 4 5 /
내가 이를 지극히 사랑하나이다 //
2 2 3 6 //

168 내가 / 주의 법도들과 증거들을 지켰사오니 /
2 / 2 4 4 5 /
나의 모든 행위가 / 주 앞에 있음이니이다 //
2 2 3 / 3 6 //

169 여호와여 / 나의 부르짖음이 /
4 / 2 5 /
주의 앞에 이르게 하시고 /
4 6 /
주의 말씀대로 나를 깨닫게 하소서 //
2 4 2 6 //

——— 암송 부분 ———

165 주의 2 2 4 4 / 1 3 3 / 4 4 5 //
166 여호와여 4 / 2 2 3 3 / 2 4 6 //
167 내 1 3 / 2 4 5 / 2 2 3 6 //
168 내가 2 / 2 4 4 5 / 2 2 3 / 3 6 //
169 여호와여 4 / 2 5 / 4 6 / 2 4 2 6 //

170 나의 간구가 / 주의 앞에 이르게 하시고 /
2 3 / 4 6 /
주의 말씀대로 나를 건지소서 //
2 4 2 4 //

171 주께서 율례를 내게 가르치시므로 /
3 3 2 6 /
내 입술이 주를 찬양하리이다 //
1 3 2 6 //

172 주의 모든 계명들이 의로우므로 /
2 2 4 5 /
내 혀가 / 주의 말씀을 노래하리이다 //
1 2 / 2 3 6 //

173 내가 주의 법도들을 택하였사오니 /
2 2 4 6 /
주의 손이 / 항상 나의 도움이 되게 하소서 //
2 2 / 2 2 3 5 //

174 여호와여 / 내가 주의 구원을 사모하였사오며 /
4 / 2 2 3 7 /
주의 율법을 즐거워하나이다 //
2 3 7 //

암송 부분

170 나의 2 3 / 4 6 / 2 4 2 4 //
171 주께서 3 3 2 6 / 1 3 2 6 //
172 주의 2 2 4 5 / 1 2 / 2 3 6 //
173 내가 2 2 4 6 / 2 2 / 2 2 3 5 //
174 여호와여 4 / 2 2 3 7 / 2 3 7 //

175 내 영혼을 살게 하소서 // 그리하시면 주를 찬송하리이다 //
1 3 5 // 5 2 6 //
주의 규례들이 나를 돕게 하소서 //
2 4 2 5 //

176 잃은 양 같이 내가 방황하오니 / 주의 종을 찾으소서 //
5 2 5 / 2 2 4 //
내가 / 주의 계명들을 잊지 아니함이니이다 //
2 / 2 4 2 7 //

암송 부분

175 내 1 3 5 // 5 2 6 // 2 4 2 5 //
176 잃은 양 같이 5 2 5 / 2 2 4 // 2 / 2 4 2 7 //

1 행위가 3 4 / 4 5 6 / 2 4 /
2 여호와의 4 4 3 / 4 4 5 / 2 3 //
3 참으로 3 / 3 3 3 4 / 2 2 5 //
4 주께서 3 4 / 2 3 / 1 3 5 //
5 내 1 2 5 / 2 3 3 3 //
6 내가 2 2 2 3 / 6 / 4 6 //
7 내가 2 / 2 3 3 5 / 3 4 2 6 //
8 내가 2 2 4 5 / 2 2 3 4 //
9 청년이 3 4 / 2 3 4 4 // 2 3 2 6 //
10 내가 2 4 2 5 / 2 4 5 3 //
11 내가 2 2 4 6 / 2 3 / 1 3 5 //
12 찬송을 3 3 1 4 / 2 4 2 5 //
13 주의 2 2 2 4 / 2 3 6 /
14 내가 2 2 3 6 / 2 4 2 8 //
15 내가 2 2 4 / 5 4 / 2 3 4 /
16 주의 2 4 5 / 2 3 2 6 //
17 주의 2 2 4 5 // 5 2 3 5 //
18 내 눈을 3 3 / 2 4 5 5 //

19 나는 2 3 4 5 / 2 4 2 6 //
20 주의 2 4 2 5 / 1 3 5 //
21 교만하여 4 3 3 / 2 5 3 3 / 3 7 //
22 내가 2 2 4 5 / 3 3 / 3 3 3 //
23 고관들도 4 3 2 7 / 2 2 / 2 4 5 6 //
24 주의 2 4 2 5 / 2 6 //
25 내 1 3 3 5 / 2 4 / 2 4 3 //
26 내가 2 2 3 3 / 3 2 7 / 2 4 2 5 //
27 나에게 3 / 2 4 2 / 5 3 // 5 / 2 2 6 / 5 6 //
28 나의 2 3 / 4 4 4 / 2 4 2 4 //
29 거짓 2 3 / 3 3 3 / 2 2 / 2 4 4 //
30 내가 2 3 2 3 / 2 4 3 5 //
31 내가 2 2 4 6 / 4 / 2 3 3 5 //
32 주께서 3 1 3 4 / 2 / 2 4 2 6 //
33 여호와여 4 / 2 4 2 / 2 5 // 2 3 5 //
34 나로 2 3 / 5 3 // 2 2 2 4 / 4 5 //
35 나로 2 3 / 2 4 2 / 3 3 // 2 2 8 //
36 내 1 3 / 2 5 3 3 / 4 3 5 //
37 내 눈을 3 3 / 5 4 3 / 2 3 / 2 4 3 //
38 주를 2 6 2 3 / 2 3 4 //
39 내가 2 5 3 / 3 3 3 // 2 4 7 //
40 내가 2 2 4 7 / 2 2 / 2 4 3 //
41 여호와여 4 / 2 4 / 2 5 2 3 / 2 3 3 //
42 그리하시면 5 2 / 2 4 4 / 5 5 / 2 2 3 7 //
43 진리의 3 3 / 4 3 5 3 // 2 2 3 7 //
44 내가 2 2 3 / 2 5 // 3 5 //
45 내가 2 2 4 6 / 4 3 4 /
46 또 1 2 3 / 2 4 4 / 3 3 7 /
47 내가 2 4 2 4 / 3 5 /
48 또 1 2 4 / 2 4 3 / 3 2 / 2 4 5 6 //
49 주의 2 3 5 5 // 3 / 2 3 3 5 //
50 이 1 3 / 2 4 3 / 2 3 / 2 4 6 //
51 교만한 3 3 / 2 2 6 / 2 / 2 2 3 7 //
52 여호와여 4 / 2 1 4 / 2 4 3 7 //
53 주의 2 3 2 / 4 4 / 2 3 3 7 //

54 내가 2 4 3 / 2 4 / 2 3 5 //
55 여호와여 4 / 2 2 / 2 3 4 / 2 2 5 //
56 내 1 3 4 / 1 2 4 7 //
57 여호와는 4 2 5 / 2 2 3 4 // 5 //
58 내가 2 4 2 7 / 2 4 / 2 3 4 //
59 내가 2 1 3 4 / 2 4 3 / 1 3 6 /
60 주의 2 4 4 5 / 4 7 //
61 악인들의 4 2 / 2 2 6 / 2 2 2 / 2 7 //
62 내가 2 / 2 3 4 4 / 3 3 2 6 //
63 나는 2 2 4 / 2 3 / 2 4 3 3 / 3 //
64 여호와여 4 / 2 5 2 7 / 2 4 2 5 //
65 여호와여 4 / 2 4 / 2 2 7 //
66 내가 2 2 4 5 / 2 3 3 / 2 5 //
67 고난 당하기 5 3 / 2 2 5 / 3 2 3 5 //
68 주는 2 3 2 5 / 2 4 2 5 //
69 교만한 자들이 6 5 / 2 2 5 / 2 4 / 2 4 5 //
70 그들의 3 3 3 / 4 3 / 2 2 2 7 //
71 고난 당한 것이 6 2 4 / 2 4 / 2 2 4 / 3 5 //
72 주의 2 2 2 / 3 2 4 5 //
73 주의 2 2 / 2 3 6 / 2 3 / 2 4 6 //
74 주를 2 4 3 / 2 2 6 / 2 2 3 / 3 6 //
75 여호와여 4 / 2 4 / 2 3 5 / 3 2 6 / 4 6 //
76 구하오니 4 / 2 3 2 4 / 2 5 / 2 3 5 /
77 주의 2 3 4 / 2 3 / 2 5 // 2 2 2 7 //
78 교만한 3 3 / 4 2 7 / 3 3 3 3 // 2 / 2 4 5 6 //
79 주를 2 4 3 / 2 4 3 // 5 / 3 2 4 4 //
80 내 1 4 / 2 4 6 / 2 / 3 3 4 3 //
81 나의 2 3 / 2 3 5 5 / 2 2 3 5 //
82 나의 2 2 / 3 3 2 5 / 3 / 1 2 / 2 3 4 6 //
83 내가 2 4 6 4 / 2 4 2 6 //
84 주의 2 2 2 / 3 4 // 2 4 3 / 3 3 7 //
85 주의 2 2 3 4 / 3 3 / 2 4 4 4 //
86 주의 2 2 4 6 // 3 4 2 5 / 2 4 //
87 그들이 3 / 2 4 2 5 / 2 2 4 / 3 7 /
88 주의 2 5 2 / 2 4 3 // 5 / 2 2 4 / 2 5 //

89 여호와여 4 / 2 3 / 3 3 6 /
90 주의 2 5 3 5 // 3 2 6 / 2 2 4 /
91 천지가 3 2 5 / 4 3 / 3 2 3 6 //
92 주의 2 2 / 2 4 2 6 / 2 1 4 8 //
93 내가 2 2 4 / 3 2 5 / 3 6 / 2 2 6 //
94 나는 2 2 4 / 2 5 // 2 2 5 5 //
95 악인들이 4 2 4 4 / 2 2 5 7 //
96 내가 2 2 / 2 5 1 5 / 2 4 2 5 //
97 내가 2 / 2 2 4 6 // 2 3 / 2 5 6 //
98 주의 2 4 / 2 2 5 / 4 / 2 4 4 4 //
99 내가 2 / 2 4 1 5 / 2 4 / 2 2 4 3 /
100 주의 2 4 4 / 2 4 4 5 //
101 내가 2 2 3 4 / 2 3 / 2 4 2 7 /
102 주께서 3 2 7 / 2 / 2 5 3 7 //
103 주의 2 3 2 / 2 4 3 // 3 3 1 4 //
104 주의 2 4 4 / 2 4 5 / 2 5 6 //
105 주의 2 3 / 1 2 3 / 1 2 5 //
106 주의 2 3 4 / 4 4 / 2 6 //
107 나의 2 3 2 4 / 4 / 2 4 / 2 4 3 //
108 여호와여 4 4 / 1 2 3 / 5 4 / 2 3 2 5 //
109 나의 2 3 / 2 3 4 / 2 / 2 2 2 6 //
110 악인들이 4 / 2 4 3 5 / 2 / 2 5 3 7 //
111 주의 2 4 / 2 3 / 2 3 5 / 2 / 1 3 4 5 //
112 내가 2 2 4 / 3 4 / 1 3 6 //
113 내가 2 3 5 4 / 2 2 6 //
114 주는 2 2 4 4 / 2 2 3 5 //
115 너희 2 6 2 5 // 2 / 1 4 4 5 //
116 주의 2 4 / 2 3 5 / 1 3 4 5 //
117 나를 2 4 / 5 2 5 / 2 4 2 6 //
118 주의 2 5 5 / 3 1 6 / 3 4 7 //
119 주께서 3 / 3 2 4 / 5 4 / 4 / 2 2 4 6 //
120 내 1 3 / 2 6 2 / 2 1 / 2 3 7 //
121 내가 2 3 3 6 / 2 4 4 / 2 3 4 //
122 주의 2 2 4 / 4 3 / 3 3 / 2 4 3 3 //
123 내 1 2 / 2 3 / 2 3 3 / 5 6 //

124 주의 2 6 / 2 3 3 / 2 2 4 5 //
125 나는 2 2 4 / 2 5 / 2 4 5 //
126 그들이 3 2 2 6 / 3 5 7 //
127 그러므로 4 / 2 2 4 / 1 1 4 / 1 6 //
128 그러므로 4 / 2 3 / 2 2 4 / 3 3 / 2 2 3 6 //
129 주의 2 4 5 / 1 3 2 5 //
130 주의 2 3 2 / 2 3 / 3 4 3 4 //
131 내가 2 2 4 5 / 2 2 2 6 //
132 주의 2 3 4 4 / 6 / 2 4 / 2 3 4 //
133 나의 2 4 / 2 3 2 4 / 2 3 / 2 4 3 3 //
134 사람의 3 4 2 5 // 5 / 2 2 4 5 //
135 주의 2 3 / 2 3 4 / 2 3 2 5 //
136 그들이 3 / 2 2 3 5 / 1 3 5 5 //
137 여호와여 4 / 2 5 / 2 3 5 //
138 주께서 3 4 4 3 / 3 6 //
139 내 1 4 / 2 3 7 / 1 3 2 5 //
140 주의 2 3 2 5 / 2 2 2 6 //
141 내가 2 4 6 / 2 3 2 7 //
142 주의 2 2 3 2 / 2 3 6 //
143 환난과 3 3 2 4 / 2 3 2 7 //
144 주의 2 4 3 5 / 5 5 5 //
145 여호와여 4 / 2 4 7 / 2 5 // 2 2 4 5 //
146 내가 2 2 7 / 2 5 // 2 2 4 5 //
147 내가 2 6 5 / 2 3 5 /
148 주의 2 3 3 5 / 2 4 2 4 //
149 주의 2 5 2 / 1 3 4 // 4 / 2 4 2 / 2 4 //
150 악을 2 3 3 / 3 4 / 3 2 3 4 //
151 여호와여 4 / 3 3 4 / 2 2 4 5 //
152 내가 2 3 / 2 4 7 / 3 / 3 7 5 //
153 나의 2 3 3 / 2 4 // 2 / 2 3 2 7 //
154 주께서 3 / 2 5 2 3 / 2 4 2 4 //
155 구원이 3 6 4 / 3 / 2 4 3 7 //
156 여호와여 4 / 2 3 4 / 2 4 2 / 2 4 //
157 나를 2 4 3 / 2 4 3 / 2 / 2 5 3 7 //
158 주의 2 3 3 4 / 3 3 / 2 2 7 //

159 내가 2 / 2 4 4 4 // 4 / 2 5 2 / 2 4 //
160 주의 2 3 3 5 / 2 3 2 4 / 6 //
161 고관들이 4 4 2 5 / 2 3 / 2 3 6 //
162 사람이 3 2 4 5 / 2 2 3 7 //
163 나는 2 3 4 4 / 2 3 6 //
164 주의 2 3 4 4 / 2 2 4 / 2 6 //
165 주의 2 2 4 4 / 1 3 3 / 4 4 5 //
166 여호와여 4 / 2 2 3 3 / 2 4 6 //
167 내 1 3 / 2 4 5 / 2 2 3 6 //
168 내가 2 / 2 4 4 5 / 2 2 3 / 3 6 //
169 여호와여 4 / 2 5 / 4 6 / 2 4 2 6 //
170 나의 2 3 / 4 6 / 2 4 2 4 //
171 주께서 3 3 2 6 / 1 3 2 6 //
172 주의 2 2 4 5 / 1 2 / 2 3 6 //
173 내가 2 2 4 6 / 2 2 / 2 2 3 5 //
174 여호와여 4 / 2 2 3 7 / 2 3 7 //
175 내 1 3 5 // 5 2 6 // 2 4 2 5 //
176 잃은 양 같이 5 2 5 / 2 2 4 // 2 / 2 4 2 7 //

120편

<성전에 올라가는 노래>

1 내가 환난 중에 여호와께 부르짖었더니 /
2 4 4 6 /
내게 응답하셨도다 //
2 6 //

2 여호와여 / 거짓된 입술과 속이는 혀에서 /
4 / 3 3 3 3 /
내 생명을 건져 주소서 //
1 3 5 //

3 너 속이는 혀여 / 무엇을 네게 주며 / 무엇을 네게 더할꼬 /
1 3 2 / 3 2 2 / 3 2 3 /

4 장사의 날카로운 화살과 / 로뎀 나무 숯불이리로다 //
3 4 3 / 4 6 //

5 메섹에 머물며 / 게달의 장막 중에 머무는 것이 /
3 3 / 3 4 5 /
내게 화로다 //
2 3 //

6 내가 / 화평을 미워하는 자들과 함께 / 오래 거주하였도다 //
2 / 3 4 3 2 / 2 6 //

암송 부분

1 내가 2 4 4 6 / 2 6 //
2 여호와여 4 / 3 3 3 3 / 1 3 5 //
3 너 1 3 2 / 3 2 2 / 3 2 3 /
4 장사의 3 4 3 / 4 6 //
5 메섹에 3 3 / 3 4 5 / 2 3 //
6 내가 2 / 3 4 3 2 / 2 6 //

7 나는 화평을 원할지라도 / 내가 말할 때에 /
2 3 5 / 2 4 /
그들은 싸우려 하는도다 //
3 3 4 //

암송 부분

1 내가 2 4 4 6 / 2 6 //
2 여호와여 4 / 3 3 3 3 / 1 3 5 //
3 너 1 3 2 / 3 2 2 / 3 2 3 /
4 장사의 3 4 3 / 4 6 //
5 메섹에 3 3 / 3 4 5 / 2 3 //
6 내가 2 / 3 4 3 2 / 2 6 //

7 나는 2 3 5 / 2 4 / 3 3 4 //

121편

<성전에 올라가는 노래>

1 내가 산을 향하여 눈을 들리라 //
2 5 5 //
나의 도움이 어디서 올까 //
2 3 5 //

2 나의 도움은 / 천지를 지으신 여호와에게서로다 //
2 3 / 3 3 8 //

3 여호와께서 / 너를 실족하지 아니하게 하시며 /
5 / 2 4 4 3 /
너를 지키시는 이가 / 졸지 아니하시리로다 //
2 4 2 / 2 7 //

4 이스라엘을 지키시는 이는 /
5 6 /
졸지도 아니하시고 주무시지도 아니하시리로다 //
3 5 5 7 //

5 여호와는 너를 지키시는 이시라 //
4 2 4 3 //
여호와께서 / 네 오른쪽에서 / 네 그늘이 되시나니 /
5 / 1 5 / 1 3 4 /

암송 부분

1 내가 2 5 5 // 2 3 5 //
2 나의 2 3 / 3 3 8 //
3 여호와께서 5 / 2 4 4 3 / 2 4 2 / 2 7 //
4 이스라엘을 5 6 / 3 5 5 7 //
5 여호와는 4 2 4 3 // 5 / 1 5 / 1 3 4 /

6 낮의 해가 / 너를 상하게 하지 아니하며 /
2 2 / 2 5 4 /
밤의 달도 / 너를 해치지 아니하리로다 //
2 2 / 2 3 6 //

7 여호와께서 너를 지켜 / 모든 환난을 면하게 하시며 /
5 2 2 / 2 3 3 3 /
또 네 영혼을 지키시리로다 //
1 1 3 6 //

8 여호와께서 / 너의 출입을 /
5 / 2 3 /
지금부터 영원까지 지키시리로다 //
4 4 6 //

암송 부분

1 내가 2 5 5 // 2 3 5 //
2 나의 2 3 / 3 3 8 //
3 여호와께서 5 / 2 4 4 3 / 2 4 2 / 2 7 //
4 이스라엘을 5 6 / 3 5 5 7 //
5 여호와는 4 2 4 3 // 5 / 1 5 / 1 3 4 /

6 낮의 2 2 / 2 5 4 / 2 2 / 2 3 6 //
7 여호와께서 5 2 2 / 2 3 3 3 / 1 1 3 6 //
8 여호와께서 5 / 2 3 / 4 4 6 //

122편

<다윗의 시 곧 성전에 올라가는 노래>

1 사람이 내게 말하기를 /
3 2 4 /
여호와의 집에 올라가자 // 할 때에 / 내가 기뻐하였도다 //
4 2 4 // 3 / 2 6 //

2 예루살렘아 / 우리 발이 / 네 성문 안에 섰도다 //
5 / 2 2 / 1 4 3 //

3 예루살렘아 / 너는 잘 짜여진 성읍과 같이 건설되었도다 //
5 / 2 4 5 6 //

4 지파들 곧 여호와의 지파들이 / 여호와의 이름에 감사하려고 /
3 1 4 4 / 4 3 5 /
이스라엘의 전례대로 그리로 올라가는도다 //
5 4 3 6 //

5 거기에 심판의 보좌를 두셨으니 / 곧 다윗의 집의 보좌로다 //
3 3 3 4 / 1 3 2 4 //

암송 부분

1 사람이 3 2 4 / 4 2 4 // 3 / 2 6 //
2 예루살렘아 5 / 2 2 / 1 4 3 //
3 예루살렘아 5 / 2 4 5 6 //
4 지파들 3 1 4 4 / 4 3 5 / 5 4 3 6 //
5 거기에 3 3 3 4 / 1 3 2 4 //

6 예루살렘을 위하여 평안을 구하라 //
5 3 3 3 //
예루살렘을 사랑하는 자는 형통하리로다 //
5 6 6 //

7 네 성 안에는 평안이 있고 /
1 4 5 /
네 궁중에는 형통함이 있을지어다 //
1 4 4 5 //

8 내가 / 내 형제와 친구를 위하여 / 이제 말하리니 /
2 / 1 3 3 3 / 2 4 /
네 가운데에 평안이 있을지어다 //
1 4 3 5 //

9 여호와 / 우리 하나님의 집을 위하여 /
3 / 2 4 2 3 /
내가 너를 위하여 / 복을 구하리로다 //
2 2 3 / 2 5 //

암송 부분

1 사람이 3 2 4 / 4 2 4 // 3 / 2 6 //
2 예루살렘아 5 / 2 2 / 1 4 3 //
3 예루살렘아 5 / 2 4 5 6 //
4 지파들 3 1 4 4 / 4 3 5 / 5 4 3 6 //
5 거기에 3 3 3 4 / 1 3 2 4 //

6 예루살렘을 5 3 3 3 // 5 6 6 //
7 네 1 4 5 / 1 4 4 5 //
8 내가 2 / 1 3 3 3 / 2 4 / 1 4 3 5 //
9 여호와 3 / 2 4 2 3 / 2 2 3 / 2 5 //

123편

<성전에 올라가는 노래>

1 하늘에 계시는 주여 / 내가 눈을 들어 주께 향하나이다 //
3 3 2 / 2 4 2 5 //

2 상전의 손을 바라보는 / 종들의 눈 같이, /
3 2 4 / 3 3 /
여주인의 손을 바라보는 / 여종의 눈 같이 / 우리의 눈이 /
4 2 4 / 3 3 / 3 2 /
여호와 우리 하나님을 바라보며 /
3 2 4 4 /
우리에게 / 은혜 베풀어 주시기를 기다리나이다 //
4 / 5 4 6 //

3 여호와여 / 우리에게 은혜를 베푸시고 /
4 / 4 3 4 /
또 은혜를 베푸소서 // 심한 멸시가 우리에게 넘치나이다 //
1 3 4 // 2 3 4 5 //

4 안일한 자의 조소와 / 교만한 자의 멸시가 /
5 3 / 5 3 /
우리 영혼에 넘치나이다 //
2 3 5 //

암송 부분

1 하늘에 3 3 2 / 2 4 2 5 //
2 상전의 3 2 4 / 3 3 / 4 2 4 / 3 3 /
3 2 / 3 2 4 4 / 4 / 5 4 6 //
3 여호와여 4 / 4 3 4 / 1 3 4 // 2 3 4 5 //
4 안일한 자의 5 3 / 5 3 / 2 3 5 //

124편

<다윗의 시 곧 성전에 올라가는 노래>

1 이스라엘은 이제 말하기를 /
5 2 4 /
여호와께서 우리 편에 계시지 아니하셨더라면 /
5 4 3 7 /
우리가 어떻게 하였으랴 /
3 3 4 /

2 사람들이 우리를 치러 일어날 때에 /
4 5 5 /
여호와께서 우리 편에 계시지 아니하셨더라면 /
5 4 3 7 /

3 그 때에 그들의 노여움이 / 우리에게 맹렬하여 /
3 3 4 / 4 4 /
우리를 산채로 삼켰을 것이며 /
3 3 6 /

4 그 때에 물이 우리를 휩쓸며 /
3 2 3 3 /
시내가 우리 영혼을 삼켰을 것이며 /
3 5 6 /

암송 부분

1 이스라엘은 5 2 4 / 5 4 3 7 / 3 3 4 /
2 사람들이 4 5 5 / 5 4 3 7 /
3 그 때에 3 3 4 / 4 4 / 3 3 6 /
4 그 때에 3 2 3 3 / 3 5 6 /

5 그 때에 넘치는 물이 / 우리 영혼을 삼켰을 것이라 /
3 5 / 5 6 /
할 것이로다 //
5 //

6 우리를 내주어 / 그들의 이에 씹히지 아니하게 하신 /
3 3 / 3 2 3 6 /
여호와를 찬송할지로다 //
4 6 //

7 우리의 영혼이 / 사냥꾼의 올무에서 벗어난 /
3 3 / 4 4 3 /
새 같이 되었나니 / 올무가 끊어지므로 우리가 벗어났도다 //
3 4 / 3 5 3 5 //

8 우리의 도움은 / 천지를 지으신 / 여호와의 이름에 있도다 //
3 3 / 3 3 / 4 3 3 //

암송 부분

1 이스라엘은 5 2 4 / 5 4 3 7 / 3 3 4 /
2 사람들이 4 5 5 / 5 4 3 7 /
3 그 때에 3 3 4 / 4 4 / 3 3 6 /
4 그 때에 3 2 3 3 / 3 5 6 /

5 그 때에 3 5 / 5 6 / 5 //
6 우리를 3 3 / 3 2 3 6 / 4 6 //
7 우리의 3 3 / 4 4 3 / 3 4 / 3 5 3 5 //
8 우리의 3 3 / 3 3 / 4 3 3 //

125편

<성전에 올라가는 노래>

1 여호와를 의지하는 자는 / 시온 산이 흔들리지 아니하고 /
4 6 / 4 4 4 /
영원히 있음 같도다 //
3 2 3 //

2 산들이 예루살렘을 두름과 같이 /
3 5 3 2 /
여호와께서 그의 백성을 / 지금부터 영원까지 두르시리로다 //
5 2 3 / 4 4 6 //

3 악인의 규가 / 의인들의 땅에서는 /
3 2 / 4 4 /
그 권세를 누리지 못하리니 / 이는 의인들로 하여금 /
1 3 3 4 / 2 4 3 /
죄악에 손을 대지 아니하게 함이로다 //
3 4 4 4 //

4 여호와여 /
4 /
선한 자들과 / 마음이 정직한 자들에게 선대하소서 //
2 3 / 3 3 4 5 //

암송 부분

1 여호와를 4 6 / 4 4 4 / 3 2 3 //
2 산들이 3 5 3 2 / 5 2 3 / 4 4 6 //
3 악인의 3 2 / 4 4 / 1 3 3 4 / 2 4 3 / 3 4 4 4 //
4 여호와여 4 / 2 3 / 3 3 4 5 //

5 자기의 굽은 길로 치우치는 자들은 / 여호와께서 /
3 4 4 3 / 5 /
죄를 범하는 자들과 / 함께 다니게 하시리로다 //
2 3 3 / 2 3 5 //
이스라엘에게는 평강이 있을지어다 //
7 3 5 //

암송 부분

1 여호와를 4 6 / 4 4 4 / 3 2 3 //
2 산들이 3 5 3 2 / 5 2 3 / 4 4 6 //
3 악인의 3 2 / 4 4 / 1 3 3 4 / 2 4 3 / 3 4 4 4 //
4 여호와여 4 / 2 3 / 3 3 4 5 //

5 자기의 3 4 4 3 / 5 / 2 3 3 / 2 3 5 // 7 3 5 //

126편

<성전에 올라가는 노래>

1 여호와께서 / 시온의 포로를 돌려 보내실 때에 /
5 / 3 3 7 /
우리는 꿈꾸는 것 같았도다 //
3 4 4 //

2 그 때에 / 우리 입에는 웃음이 가득하고 /
3 / 2 3 3 4 /
우리 혀에는 찬양이 찼었도다 //
2 3 3 4 //
그 때에 뭇 나라 가운데에서 말하기를 /
3 3 5 4 /
여호와께서 그들을 위하여 / 큰 일을 행하셨다 // 하였도다 //
5 3 3 / 3 4 // 4 //

3 여호와께서 우리를 위하여 / 큰 일을 행하셨으니 /
5 3 3 / 3 5 /
우리는 기쁘도다 //
3 4 //

4 여호와여 / 우리의 포로를 /
4 / 3 3 /
남방 시내들 같이 돌려 보내소서 //
7 6 //

암송 부분

1 여호와께서 5 / 3 3 7 / 3 4 4 //
2 그 때에 3 / 2 3 3 4 / 2 3 3 4 //
3 3 5 4 / 5 3 3 / 3 4 // 4 //
3 여호와께서 5 3 3 / 3 5 / 3 4 //
4 여호와여 4 / 3 3 / 7 6 //

5 눈물을 흘리며 / 씨를 뿌리는 자는 / 기쁨으로 거두리로다 //
3 3 / 2 3 2 / 4 5 //

6 울며 / 씨를 뿌리러 나가는 자는 / 반드시 기쁨으로 /
2 / 2 3 3 2 / 3 4 /
그 곡식 단을 가지고 돌아오리로다 //
1 4 3 6 //

암송 부분

1 여호와께서 5 / 3 3 7 / 3 4 4 //
2 그 때에 3 / 2 3 3 4 / 2 3 3 4 //
3 3 5 4 / 5 3 3 / 3 4 // 4 //
3 여호와께서 5 3 3 / 3 5 / 3 4 //
4 여호와여 4 / 3 3 / 7 6 //

5 눈물을 3 3 / 2 3 2 / 4 5 //
6 울며 2 / 2 3 3 2 / 3 4 / 1 4 3 6 //

127편

<솔로몬의 시 곧 성전에 올라가는 노래>

1 여호와께서 집을 세우지 아니하시면 /
5 2 3 5 /
세우는 자의 수고가 헛되며 /
5 3 3 /
여호와께서 성을 지키지 아니하시면 /
5 2 3 5 /
파수꾼의 깨어 있음이 헛되도다 //
4 5 4 //

2 너희가 / 일찍이 일어나고 늦게 누우며 /
3 / 3 4 2 3 /
수고의 떡을 먹음이 헛되도다 // 그러므로 /
3 2 3 4 // 4 /
여호와께서 그의 사랑하시는 자에게는 / 잠을 주시는도다 //
5 2 5 4 / 2 5 //

3 보라 / 자식들은 여호와의 기업이요 /
2 / 4 4 4 /
태의 열매는 그의 상급이로다 //
2 3 2 5 //

4 젊은 자의 자식은 / 장사의 수중의 화살 같으니 /
4 3 / 3 3 2 3 /

암송 부분

1 여호와께서 5 2 3 5 / 5 3 3 / 5 2 3 5 / 4 5 4 //
2 너희가 3 / 3 4 2 3 / 3 2 3 4 // 4 / 5 2 5 4 / 2 5 //
3 보라 2 / 4 4 4 / 2 3 2 5 //
4 젊은 자의 4 3 / 3 3 2 3 /

5 이것이 / 그의 화살통에 가득한 자는 복되도다 //
3 / 2 4 5 4 //
그들이 성문에서 / 그들의 원수와 담판할 때에 /
3 4 / 3 3 5 /
수치를 당하지 아니하리로다 //
3 3 6 //

암송 부분

1 여호와께서 5 2 3 5 / 5 3 3 / 5 2 3 5 / 4 5 4 //
2 너희가 3 / 3 4 2 3 / 3 2 3 4 // 4 / 5 2 5 4 / 2 5 //
3 보라 2 / 4 4 4 / 2 3 2 5 //
4 젊은 자의 4 3 / 3 3 2 3 /

5 이것이 3 / 2 4 5 4 // 3 4 / 3 3 5 / 3 3 6 //

128편

<성전에 올라가는 노래>

1 여호와를 경외하며 / 그의 길을 걷는 자마다 복이 있도다 //
4 4 / 2 2 5 5 //

2 네가 네 손이 수고한 대로 먹을 것이라 /
2 3 5 5 /
네가 복되고 형통하리로다 //
2 3 6 //

3 네 집 안방에 있는 네 아내는 / 결실한 포도나무 같으며 /
2 5 1 3 / 3 4 3 /
네 식탁에 둘러 앉은 자식들은 / 어린 감람나무 같으리로다 //
1 3 4 4 / 2 4 5 //

4 여호와를 경외하는 자는 / 이같이 복을 얻으리로다 //
4 4 2 / 3 2 5 //

5 여호와께서 / 시온에서 네게 복을 주실지어다 //
5 / 4 2 2 5 //
너는 평생에 / 예루살렘의 번영을 보며 /
2 3 / 5 3 2 /

암송 부분

1 여호와를 4 4 / 2 2 5 5 //
2 네가 2 3 5 5 / 2 3 6 //
3 네 집 2 5 1 3 / 3 4 3 / 1 3 4 4 / 2 4 5 //
4 여호와를 4 4 2 / 3 2 5 //
5 여호와께서 5 / 4 2 2 5 // 2 3 / 5 3 2 /

6 네 자식의 자식을 볼지어다 //
1 3 3 4 //
이스라엘에게 평강이 있을지로다 //
6 3 5 //

암송 부분

1 여호와를 4 4 / 2 2 5 5 //
2 네가 2 3 5 5 / 2 3 6 //
3 네 집 2 5 1 3 / 3 4 3 / 1 3 4 4 / 2 4 5 //
4 여호와를 4 4 2 / 3 2 5 //
5 여호와께서 5 / 4 2 2 5 // 2 3 / 5 3 2 /

6 네 1 3 3 4 // 6 3 5 //

129편

<성전에 올라가는 노래>

1 이스라엘은 이제 말하기를 / 그들이 내가 어릴 때부터 /
5 2 4 / 3 2 5 /
여러 번 나를 괴롭혔도다 //
3 2 5 //

2 그들이 내가 어릴 때부터 / 여러 번 나를 괴롭혔으나 /
3 2 5 / 3 2 5 /
나를 이기지 못하였도다 //
2 3 5 //

3 밭 가는 자들이 / 내 등을 갈아 /
3 3 / 1 2 2 /
그 고랑을 길게 지었도다 //
1 3 2 4 //

4 여호와께서는 의로우사 / 악인들의 줄을 끊으셨도다 //
6 4 / 4 2 5 //

5 무릇 / 시온을 미워하는 자들은 /
2 / 3 4 3 /
수치를 당하여 물러갈지어다 //
3 3 6 //

암송 부분

1 이스라엘은 5 2 4 / 3 2 5 / 3 2 5 //
2 그들이 3 2 5 / 3 2 5 / 2 3 5 //
3 밭 가는 3 3 / 1 2 2 / 1 3 2 4 //
4 여호와께서는 6 4 / 4 2 5 //
5 무릇 2 / 3 4 3 / 3 3 6 //

6 그들은 지붕의 풀과 같을지어다 //
3 3 2 5 //
그것은 자라기 전에 마르는 것이라 //
3 5 6 //

7 이런 것은 / 베는 자의 손과 묶는 자의 품에 /
4 / 4 2 4 2 /
차지 아니하나니 /
2 5 /

8 지나가는 자들도 / 여호와의 복이 너희에게 있을지어다 //
4 3 / 4 2 4 5 //
하거나 / 우리가 여호와의 이름으로 / 너희에게 축복한다 //
3 / 3 4 4 / 4 4 //
하지 아니하느니라 //
2 6 //

암송 부분

1 이스라엘은 5 2 4 / 3 2 5 / 3 2 5 //
2 그들이 3 2 5 / 3 2 5 / 2 3 5 //
3 밭 가는 3 3 / 1 2 2 / 1 3 2 4 //
4 여호와께서는 6 4 / 4 2 5 //
5 무릇 2 / 3 4 3 / 3 3 6 //

6 그들은 3 3 2 5 // 3 5 6 //
7 이런 것은 4 / 4 2 4 2 / 2 5 /
8 지나가는 4 3 / 4 2 4 5 // 3 / 3 4 4 / 4 4 // 2 6 //

130편

<성전에 올라가는 노래>

1 여호와여 / 내가 깊은 곳에서 주께 부르짖었나이다 //
4 / 2 5 2 7 //

2 주여 / 내 소리를 들으시며 /
2 / 1 3 4 /
나의 부르짖는 소리에 / 귀를 기울이소서 //
2 4 3 / 2 5 //

3 여호와여 / 주께서 죄악을 지켜보실진대 /
4 / 3 3 6 /
주여 누가 서리이까 //
2 2 4 //

4 그러나 사유하심이 주께 있음은 /
3 5 2 3 /
주를 경외하게 하심이니이다 //
2 4 6 //

5 나 곧 내 영혼은 / 여호와를 기다리며 /
1 1 1 3 / 4 4 /
나는 주의 말씀을 바라는도다 //
2 2 3 5 //

암송 부분

1 여호와여 4 / 2 5 2 7 //
2 주여 2 / 1 3 4 / 2 4 3 / 2 5 //
3 여호와여 4 / 3 3 6 / 2 2 4 //
4 그러나 3 5 2 3 / 2 4 6 //
5 나 1 1 1 3 / 4 4 / 2 2 3 5 //

6 파수꾼이 아침을 기다림보다 /
4 3 5 /
내 영혼이 / 주를 더 기다리나니 /
1 3 / 2 1 5 /
참으로 / 파수꾼이 아침을 기다림보다 더하도다 //
3 / 4 3 5 4 //

7 이스라엘아 여호와를 바랄지어다 //
5 4 5 //
여호와께서는 / 인자하심과 풍성한 속량이 있음이라 //
6 / 5 3 3 4 //

8 그가 이스라엘을 / 그의 모든 죄악에서 속량하시리로다 //
2 5 / 2 2 4 7 //

암송 부분

1 여호와여 4 / 2 5 2 7 //
2 주여 2 / 1 3 4 / 2 4 3 / 2 5 //
3 여호와여 4 / 3 3 6 / 2 2 4 //
4 그러나 3 5 2 3 / 2 4 6 //
5 나 1 1 1 3 / 4 4 / 2 2 3 5 //

6 파수꾼이 4 3 5 / 1 3 / 2 1 5 / 3 / 4 3 5 4 //
7 이스라엘아 5 4 5 // 6 / 5 3 3 4 //
8 그가 2 5 / 2 2 4 7 //

131편

<다윗의 시 곧 성전에 올라가는 노래>

1 여호와여 / 내 마음이 교만하지 아니하고 /
4 / 1 3 4 4 /
내 눈이 오만하지 아니하오며 / 내가 큰 일과 /
1 2 4 5 / 2 3 /
감당하지 못할 놀라운 일을 하려고 / 힘쓰지 아니하나이다 //
6 5 3 / 3 6 //

2 실로 내가 내 영혼으로 / 고요하고 평온하게 하기를 /
2 2 1 4 / 4 4 3 /
젖 뗀 아이가 / 그의 어머니 품에 있음 같게 하였나니 /
2 3 / 2 3 6 4 /
내 영혼이 / 젖 뗀 아이와 같도다 //
1 3 / 2 3 3 //

3 이스라엘아 / 지금부터 영원까지 여호와를 바랄지어다 //
5 / 4 4 4 5 //

암송 부분

1 여호와여 4 / 1 3 4 4 / 1 2 4 5 / 2 3 / 6 5 3 / 3 6 //
2 실로 2 2 1 4 / 4 4 3 / 2 3 / 2 3 6 4 / 1 3 / 2 3 3 //
3 이스라엘아 5 / 4 4 4 5 //

132편

<성전에 올라가는 노래>

1 여호와여 / 다윗을 위하여 / 그의 모든 겸손을 기억하소서 //
4 / 3 3 / 2 2 3 5 //

2 그가 여호와께 맹세하며 / 야곱의 전능자에게 서원하기를 /
2 4 4 / 3 5 5 /

3 내가 / 내 장막 집에 들어가지 아니하며 /
2 / 1 4 4 4 /
내 침상에 오르지 아니하고 /
1 3 3 4 /

4 내 눈으로 잠들게 하지 아니하며 /
1 3 5 4 /
내 눈꺼풀로 졸게 하지 아니하기를 /
1 4 4 5 /

5 여호와의 처소 / 곧 야곱의 전능자의 성막을 /
4 2 / 1 3 4 3 /
발견하기까지 하리라 // 하였나이다 //
6 3 // 5 //

암송 부분

1 여호와여 4 / 3 3 / 2 2 3 5 //
2 그가 2 4 4 / 3 5 5 /
3 내가 2 / 1 4 4 4 / 1 3 3 4 /
4 내 1 3 5 4 / 1 4 4 5 /
5 여호와의 4 2 / 1 3 4 3 / 6 3 // 5 //

6 우리가 / 그것이 에브라다에 있다 함을 들었더니 /
3 / 3 5 4 4 /
나무 밭에서 찾았도다 //
5 4 //

7 우리가 그의 계신 곳으로 들어가서 /
3 2 5 4 /
그의 발등상 앞에서 / 엎드려 예배하리로다 //
2 3 3 / 3 6 //

8 여호와여 일어나사 / 주의 권능의 궤와 함께 /
4 4 / 2 3 2 2 /
평안한 곳으로 들어가소서 //
6 5 //

9 주의 제사장들은 의를 옷 입고 /
2 5 2 3 /
주의 성도들은 즐거이 외칠지어다 //
2 4 3 5 //

10 주의 종 다윗을 위하여 / 주의 기름 부음 받은 자의 /
3 3 3 / 2 4 4 /
얼굴을 외면하지 마옵소서 //
3 4 4 //

암송 부분

6 우리가 3 / 3 5 4 4 / 5 4 //
7 우리가 3 2 5 4 / 2 3 3 / 3 6 //
8 여호와여 4 4 / 2 3 2 2 / 6 5 //
9 주의 2 5 2 3 / 2 4 3 5 //
10 주의 종 3 3 3 / 2 4 4 / 3 4 4 //

11 여호와께서 다윗에게 성실히 맹세하셨으니 /
5 4 3 6 /
변하지 아니하실지라 //
3 6 //
이르시기를 / 네 몸의 소생을 / 네 왕위에 둘지라 //
5 / 3 3 / 1 3 3 //

12 네 자손이 / 내 언약과 /
1 3 / 1 3 /
그들에게 교훈하는 내 증거를 / 지킬진대 /
4 4 1 3 / 4 /
그들의 후손도 / 영원히 네 왕위에 앉으리라 // 하셨도다 //
3 3 / 3 1 3 4 // 4 //

13 여호와께서 시온을 택하시고 /
5 3 4 /
자기 거처를 삼고자 하여 이르시기를 /
5 5 5 /

14 이는 내가 영원히 쉴 곳이라 / 내가 여기 거주할 것은 /
2 2 3 4 / 2 2 5 /
이를 원하였음이로다 //
2 7 //

15 내가 이 성의 식료품에 / 풍족히 복을 주고 /
2 3 4 / 3 4 /
떡으로 / 그 빈민을 만족하게 하리로다 //
3 / 1 3 4 4 //

암송 부분

11 여호와께서 5 4 3 6 / 3 6 // 5 / 3 3 / 1 3 3 //
12 네 1 3 / 1 3 / 4 4 1 3 / 4 / 3 3 / 3 1 3 4 // 4 //
13 여호와께서 5 3 4 / 5 5 5 /
14 이는 2 2 3 4 / 2 2 5 / 2 7 //
15 내가 2 3 4 / 3 4 / 3 / 1 3 4 4 //

16 내가 그 제사장들에게 / 구원을 옷 입히리니 /
2 1 6 / 3 5 /
그 성도들은 즐거이 외치리로다 //
1 4 3 5 //

17 내가 거기서 / 다윗에게 뿔이 나게 할 것이라 // 내가 /
2 3 / 4 4 4 // 2 /
내 기름 부음 받은 자를 위하여 / 등을 준비하였도다 //
1 4 4 3 / 2 6 //

18 내가 그의 원수에게는 / 수치를 옷 입히고 /
2 2 5 / 3 4 /
그에게는 왕관이 빛나게 하리라 // 하셨도다 //
4 3 3 3 // 4 //

암송 부분

1 여호와여 4 / 3 3 / 2 2 3 5 //
2 그가 2 4 4 / 3 5 5 /
3 내가 2 / 1 4 4 4 / 1 3 3 4 /
4 내 1 3 5 4 / 1 4 4 5 /
5 여호와의 4 2 / 1 3 4 3 / 6 3 // 5 //
6 우리가 3 / 3 5 4 4 / 5 4 //
7 우리가 3 2 5 4 / 2 3 3 / 3 6 //
8 여호와여 4 4 / 2 3 2 2 / 6 5 //
9 주의 2 5 2 3 / 2 4 3 5 //
10 주의 종 3 3 3 / 2 4 4 / 3 4 4 //
11 여호와께서 5 4 3 6 / 3 6 // 5 / 3 3 / 1 3 3 //
12 네 1 3 / 1 3 / 4 4 1 3 / 4 / 3 3 / 3 1 3 4 // 4 //
13 여호와께서 5 3 4 / 5 5 5 /
14 이는 2 2 3 4 / 2 2 5 / 2 7 //
15 내가 2 3 4 / 3 4 / 3 / 1 3 4 4 //

16 내가 2 1 6 / 3 5 / 1 4 3 5 //
17 내가 2 3 / 4 4 4 // 2 / 1 4 4 3 / 2 6 //
18 내가 2 2 5 / 3 4 / 4 3 3 3 // 4 //

133편

<다윗의 시 곧 성전에 올라가는 노래>

1 보라 / 형제가 연합하여 동거함이 /
2 / 3 4 4 /
어찌 그리 선하고 아름다운고 /
4 3 5 /

2 머리에 있는 보배로운 기름이 /
5 4 3 /
수염 곧 / 아론의 수염에 흘러서 / 그의 옷깃까지 내림 같고 /
2 1 / 3 3 3 / 2 4 4 /

3 헐몬의 이슬이 / 시온의 산들에 내림 같도다 //
3 3 / 3 3 5 //
거기서 여호와께서 복을 명령하셨나니 / 곧 영생이로다 //
3 5 2 6 / 1 5 //

암송 부분

1 보라 2 / 3 4 4 / 4 3 5 /
2 머리에 있는 5 4 3 / 2 1 / 3 3 3 / 2 4 4 /
3 헐몬의 3 3 / 3 3 5 // 3 5 2 6 / 1 5 //

134편

<성전에 올라가는 노래>

1 보라 / 밤에 여호와의 성전에 서 있는 /
2 / 2 4 3 3 /
여호와의 모든 종들아 / 여호와를 송축하라 //
4 2 3 / 4 4 //

2 성소를 향하여 너희 손을 들고 / 여호와를 송축하라 //
3 3 2 4 / 4 4 //

3 천지를 지으신 여호와께서 /
3 3 5 /
시온에서 네게 복을 주실지어다 //
4 2 2 5 //

암송 부분

1 보라 2 / 2 4 3 3 / 4 2 3 / 4 4 //
2 성소를 3 3 2 4 / 4 4 //
3 천지를 3 3 5 / 4 2 2 5 //

135편

1 할렐루야 / 여호와의 이름을 찬송하라 //
4 / 4 3 4 //
여호와의 종들아 찬송하라 //
4 3 4 //

2 여호와의 집 / 우리 여호와의 성전 /
4 1 / 2 4 2 /
곧 우리 하나님의 성전 뜰에 / 서 있는 너희여 /
1 2 4 4 / 3 3 /

3 여호와를 찬송하라 // 여호와는 선하시며 /
4 4 // 4 4 /
그의 이름이 아름다우니 / 그의 이름을 찬양하라 //
2 3 5 / 2 3 4 //

4 여호와께서 자기를 위하여 / 야곱 곧 이스라엘을 /
5 3 3 / 2 1 5 /
자기의 특별한 소유로 택하셨음이로다 //
3 3 3 7 //

5 내가 알거니와 / 여호와께서는 위대하시며 /
2 4 / 6 5 /
우리 주는 / 모든 신들보다 위대하시도다 //
2 2 / 2 4 6 //

암송 부분

1 할렐루야 4 / 4 3 4 // 4 3 4 //
2 여호와의 4 1 / 2 4 2 / 1 2 4 4 / 3 3 /
3 여호와를 4 4 // 4 4 / 2 3 5 / 2 3 4 //
4 여호와께서 5 3 3 / 2 1 5 / 3 3 3 7 //
5 내가 2 4 / 6 5 / 2 2 / 2 4 6 //

6 여호와께서 그가 기뻐하시는 모든 일을 /
5 2 5 4 /
천지와 바다와 / 모든 깊은 데서 다 행하셨도다 //
3 3 / 2 4 1 5 //

7 안개를 땅 끝에서 일으키시며 /
3 4 5 /
비를 위하여 번개를 만드시며 / 바람을 그 곳간에서 내시는도다 //
5 3 4 / 3 1 4 5 //

8 그가 애굽의 처음 난 자를 / 사람부터 짐승까지 치셨도다 //
2 3 5 / 4 4 4 //

9 애굽이여 / 여호와께서 네게 행한 / 표적들과 징조들을 /
4 / 5 2 2 / 4 4 /
바로와 그의 모든 신하들에게 / 보내셨도다 //
3 2 2 5 / 5 //

10 그가 많은 나라를 치시고 / 강한 왕들을 죽이셨나니 /
2 5 3 / 5 5 /

11 곧 아모리인의 왕 시혼과 / 바산 왕 옥과 /
1 5 1 3 / 2 1 2 /
가나안의 모든 국왕이로다 //
4 2 5 //

암송 부분

6 여호와께서 5 2 5 4 / 3 3 / 2 4 1 5 //
7 안개를 3 4 5 / 5 3 4 / 3 1 4 5 //
8 그가 2 3 5 / 4 4 4 //
9 애굽이여 4 / 5 2 2 / 4 4 / 3 2 2 5 / 5 //
10 그가 2 5 3 / 5 5 /
11 곧 1 5 1 3 / 2 1 2 / 4 2 5 //

12 그들의 땅을 기업으로 주시되 /
3 2 4 3 /
자기 백성 이스라엘에게 / 기업으로 주셨도다 //
2 2 6 / 4 4 //

13 여호와여 / 주의 이름이 영원하시니이다 //
4 / 2 3 7 //
여호와여 / 주를 기념함이 대대에 이르리이다 //
4 / 2 4 3 5 //

14 여호와께서 자기 백성을 판단하시며 /
5 5 5 /
그의 종들로 말미암아 / 위로를 받으시리로다 //
2 3 4 / 3 6 //

15 열국의 우상은 은금이요 / 사람의 손으로 만든 것이라 /
3 3 4 / 3 3 5 /

16 입이 있어도 말하지 못하며 / 눈이 있어도 보지 못하며 /
2 3 3 3 / 2 3 2 3 /

17 귀가 있어도 듣지 못하며 /
2 3 2 3 /
그들의 입에는 / 아무 호흡도 없나니 /
3 3 / 2 3 3 /

암송 부분

12 그들의 3 2 4 3 / 2 2 6 / 4 4 //
13 여호와여 4 / 2 3 7 // 4 / 2 4 3 5 //
14 여호와께서 5 5 5 / 2 3 4 / 3 6 //
15 열국의 3 3 4 / 3 3 5 /
16 입이 2 3 3 3 / 2 3 2 3 /
17 귀가 2 3 2 3 / 3 3 / 2 3 3 /

18 그것을 만든 자와 / 그것을 의지하는 자가 /
3 4 / 3 6 /
다 그것과 같으리로다 //
1 3 5 //

19 이스라엘 족속아 여호와를 송축하라 //
4 3 4 4 //
아론의 족속아 여호와를 송축하라 //
3 3 4 4 //

20 레위 족속아 여호와를 송축하라 //
5 4 4 //
여호와를 경외하는 너희들아 / 여호와를 송축하라 //
4 4 4 / 4 4 //

21 예루살렘에 계시는 여호와는 /
5 3 4 /
시온에서 찬송을 받으실지어다 // 할렐루야 //
4 3 6 // 4 //

암송 부분

18 그것을 3 4 / 3 6 / 1 3 5 //
19 이스라엘 4 3 4 4 // 3 3 4 4 //
20 레위 족속아 5 4 4 // 4 4 4 / 4 4 //
21 예루살렘에 5 3 4 / 4 3 6 // 4 //

1 할렐루야 4 / 4 3 4 // 4 3 4 //
2 여호와의 4 1 / 2 4 2 / 1 2 4 4 / 3 3 /
3 여호와를 4 4 // 4 4 / 2 3 5 / 2 3 4 //
4 여호와께서 5 3 3 / 2 1 5 / 3 3 3 7 //
5 내가 2 4 / 6 5 / 2 2 / 2 4 6 //
6 여호와께서 5 2 5 4 / 3 3 / 2 4 1 5 //
7 안개를 3 4 5 / 5 3 4 / 3 1 4 5 //
8 그가 2 3 5 / 4 4 4 //
9 애굽이여 4 / 5 2 2 / 4 4 / 3 2 2 5 / 5 //
10 그가 2 5 3 / 5 5 /
11 곧 1 5 1 3 / 2 1 2 / 4 2 5 //
12 그들의 3 2 4 3 / 2 2 6 / 4 4 //
13 여호와여 4 / 2 3 7 // 4 / 2 4 3 5 //
14 여호와께서 5 5 5 / 2 3 4 / 3 6 //
15 열국의 3 3 4 / 3 3 5 /
16 입이 2 3 3 3 / 2 3 2 3 /
17 귀가 2 3 2 3 / 3 3 / 2 3 3 /
18 그것을 3 4 / 3 6 / 1 3 5 //
19 이스라엘 4 3 4 4 // 3 3 4 4 //
20 레위 족속아 5 4 4 // 4 4 4 / 4 4 //
21 예루살렘에 5 3 4 / 4 3 6 // 4 //

136편

1 여호와께 감사하라 // 그는 선하시며 /
4 4 // 2 4 /
그 인자하심이 영원함이로다 //
1 5 6 //

2 신들 중에 뛰어난 하나님께 감사하라 //
4 3 4 4 //
그 인자하심이 영원함이로다 //
1 5 6 //

3 주들 중에 뛰어난 주께 감사하라 //
4 3 2 4 //
그 인자하심이 영원함이로다 //
1 5 6 //

4 홀로 큰 기이한 일들을 / 행하시는 이에게 감사하라 //
2 1 3 3 / 4 3 4 //
그 인자하심이 영원함이로다 //
1 5 6 //

5 지혜로 하늘을 지으신 이에게 / 감사하라 //
3 3 3 3 / 4 //
그 인자하심이 영원함이로다 //
1 5 6 //

암송 부분

1 여호와께 4 4 // 2 4 / 1 5 6 //
2 신들 중에 4 3 4 4 // 1 5 6 //
3 주들 중에 4 3 2 4 // 1 5 6 //
4 홀로 2 1 3 3 / 4 3 4 // 1 5 6 //
5 지혜로 3 3 3 3 / 4 // 1 5 6 //

6 땅을 물 위에 펴신 이에게 / 감사하라 //
2 3 2 3 / 4 //
그 인자하심이 영원함이로다 //
1 5 6 //

7 큰 빛들을 지으신 이에게 / 감사하라 //
1 3 3 3 / 4 //
그 인자하심이 영원함이로다 //
1 5 6 //

8 해로 낮을 주관하게 하신 이에게 / 감사하라 //
2 2 6 3 / 4 //
그 인자하심이 영원함이로다 //
1 5 6 //

9 달과 별들로 / 밤을 주관하게 하신 이에게 / 감사하라 //
2 3 / 2 6 3 / 4 //
그 인자하심이 영원함이로다 //
1 5 6 //

10 애굽의 장자를 치신 이에게 / 감사하라 //
3 3 2 3 / 4 //
그 인자하심이 영원함이로다 //
1 5 6 //

암송 부분

6 땅을 2 3 2 3 / 4 // 1 5 6 //
7 큰 1 3 3 3 / 4 // 1 5 6 //
8 해로 2 2 6 3 / 4 // 1 5 6 //
9 달과 2 3 / 2 6 3 / 4 // 1 5 6 //
10 애굽의 3 3 2 3 / 4 // 1 5 6 //

11 이스라엘을 / 그들 중에서 인도하여 내신 이에게 / 감사하라 //
5 / 5 6 3 / 4 //
그 인자하심이 영원함이로다 //
1 5 6 //

12 강한 손과 펴신 팔로 인도하여 내신 이에게 / 감사하라 //
4 4 6 3 / 4 //
그 인자하심이 영원함이로다 //
1 5 6 //

13 홍해를 가르신 이에게 감사하라 //
3 3 3 4 //
그 인자하심이 영원함이로다 //
1 5 6 //

14 이스라엘을 / 그 가운데로 / 통과하게 하신 이에게 감사하라 //
5 / 1 4 / 6 3 4 //
그 인자하심이 영원함이로다 //
1 5 6 //

15 바로와 그의 군대를 / 홍해에 엎드러뜨리신 이에게 감사하라 //
3 2 3 / 3 6 3 4 //
그 인자하심이 영원함이로다 //
1 5 6 //

암송 부분

11 이스라엘을 5 / 5 6 3 / 4 // 1 5 6 //
12 강한 손과 4 4 6 3 / 4 // 1 5 6 //
13 홍해를 3 3 3 4 // 1 5 6 //
14 이스라엘을 5 / 1 4 / 6 3 4 // 1 5 6 //
15 바로와 3 2 3 / 3 6 3 4 // 1 5 6 //

16 그의 백성을 인도하여 /
2 3 4 /
광야를 통과하게 하신 이에게 감사하라 //
3 6 3 4 //
그 인자하심이 영원함이로다 //
1 5 6 //

17 큰 왕들을 / 치신 이에게 감사하라 //
1 3 / 2 3 4 //
그 인자하심이 영원함이로다 //
1 5 6 //

18 유명한 왕들을 / 죽이신 이에게 감사하라 //
3 3 / 3 3 4 //
그 인자하심이 영원함이로다 //
1 5 6 //

19 아모리인의 왕 시혼을 / 죽이신 이에게 감사하라 //
5 1 3 / 3 3 4 //
그 인자하심이 영원함이로다 //
1 5 6 //

20 바산 왕 옥을 / 죽이신 이에게 감사하라 //
2 1 2 / 3 3 4 //
그 인자하심이 영원함이로다 //
1 5 6 //

암송 부분

16 그의 2 3 4 / 3 6 3 4 // 1 5 6 //
17 큰 1 3 / 2 3 4 // 1 5 6 //
18 유명한 3 3 / 3 3 4 // 1 5 6 //
19 아모리인의 5 1 3 / 3 3 4 // 1 5 6 //
20 바산 2 1 2 / 3 3 4 // 1 5 6 //

21 그들의 땅을 / 기업으로 주신 이에게 감사하라 //
3 2 / 6 3 4 //
그 인자하심이 영원함이로다 //
1 5 6 //

22 곧 그 종 이스라엘에게 / 기업으로 주신 이에게 감사하라 //
1 1 1 6 / 6 3 4 //
그 인자하심이 영원함이로다 //
1 5 6 //

23 우리를 비천한 가운데에서도 / 기억해 주신 이에게 감사하라 //
3 3 6 / 5 3 4 //
그 인자하심이 영원함이로다 //
1 5 6 //

24 우리를 우리의 대적에게서 / 건지신 이에게 감사하라 //
3 3 5 / 3 3 4 //
그 인자하심이 영원함이로다 //
1 5 6 //

25 모든 육체에게 / 먹을 것을 주신 이에게 감사하라 //
2 4 / 6 3 4 //
그 인자하심이 영원함이로다 //
1 5 6 //

암송 부분

21 그들의 3 2 / 6 3 4 // 1 5 6 //
22 곧 1 1 1 6 / 6 3 4 // 1 5 6 //
23 우리를 3 3 6 / 5 3 4 // 1 5 6 //
24 우리를 3 3 5 / 3 3 4 // 1 5 6 //
25 모든 2 4 / 6 3 4 // 1 5 6 //

26 하늘의 하나님께 감사하라 //
3 4 4 //
그 인자하심이 영원함이로다 //
1 5 6 //

암송 부분

1 여호와께 4 4 // 2 4 / 1 5 6 //
2 신들 중에 4 3 4 4 // 1 5 6 //
3 주들 중에 4 3 2 4 // 1 5 6 //
4 홀로 2 1 3 3 / 4 3 4 // 1 5 6 //
5 지혜로 3 3 3 3 / 4 // 1 5 6 //
6 땅을 2 3 2 3 / 4 // 1 5 6 //
7 큰 1 3 3 3 / 4 // 1 5 6 //
8 해로 2 2 6 3 / 4 // 1 5 6 //
9 달과 2 3 / 2 6 3 / 4 // 1 5 6 //
10 애굽의 3 3 2 3 / 4 // 1 5 6 //
11 이스라엘을 5 / 5 6 3 / 4 // 1 5 6 //
12 강한 손과 4 4 6 3 / 4 // 1 5 6 //
13 홍해를 3 3 3 4 // 1 5 6 //
14 이스라엘을 5 / 1 4 / 6 3 4 // 1 5 6 //
15 바로와 3 2 3 / 3 6 3 4 // 1 5 6 //
16 그의 2 3 4 / 3 6 3 4 // 1 5 6 //
17 큰 1 3 / 2 3 4 // 1 5 6 //
18 유명한 3 3 / 3 3 4 // 1 5 6 //
19 아모리인의 5 1 3 / 3 3 4 // 1 5 6 //
20 바산 2 1 2 / 3 3 4 // 1 5 6 //
21 그들의 3 2 / 6 3 4 // 1 5 6 //
22 곧 1 1 1 6 / 6 3 4 // 1 5 6 //
23 우리를 3 3 6 / 5 3 4 // 1 5 6 //
24 우리를 3 3 5 / 3 3 4 // 1 5 6 //
25 모든 2 4 / 6 3 4 // 1 5 6 //

26 하늘의 3 4 4 // 1 5 6 //

137편

1 우리가 / 바벨론의 여러 강변 거기에 앉아서 /
3 / 4 4 3 3 /
시온을 기억하며 울었도다 //
3 4 4 //

2 그 중의 버드나무에 / 우리가 우리의 수금을 걸었나니 /
3 5 / 3 3 3 4 /

3 이는 우리를 사로잡은 자가 /
2 3 4 2 /
거기서 우리에게 노래를 청하며 / 우리를 황폐하게 한 자가 /
3 4 3 3 / 3 4 3 /
기쁨을 청하고 / 자기들을 위하여 /
3 3 / 4 3 /
시온의 노래 중 하나를 노래하라 / 함이로다 //
3 3 3 4 / 4 //

4 우리가 이방 땅에서 / 어찌 여호와의 노래를 부를까 /
3 5 / 2 4 3 3 /

5 예루살렘아 / 내가 너를 잊을진대 /
5 / 2 2 4 /
내 오른손이 / 그의 재주를 잊을지로다 //
1 4 / 2 3 5 //

암송 부분

1 우리가 3 / 4 4 3 3 / 3 4 4 //
2 그 중의 3 5 / 3 3 3 4 /
3 이는 2 3 4 2 / 3 4 3 3 / 3 4 3 / 3 3 /
4 3 / 3 3 3 4 / 4 //
4 우리가 3 5 / 2 4 3 3 /
5 예루살렘아 5 / 2 2 4 / 1 4 / 2 3 5 //

6 내가 예루살렘을 기억하지 아니하거나 /
2 5 4 5 /
내가 가장 즐거워하는 것보다 / 더 즐거워하지 아니할진대 /
2 2 5 3 / 1 5 5 /
내 혀가 / 내 입천장에 붙을지로다 //
1 2 / 1 4 5 //

7 여호와여 / 예루살렘이 멸망하던 날을 기억하시고 /
4 / 5 6 5 /
에돔 자손을 치소서 // 그들의 말이 / 헐어 버리라 헐어 버리라 /
5 3 // 3 2 / 5 5 /
그 기초까지 헐어 버리라 // 하였나이다 //
1 4 5 // 5 //

8 멸망할 딸 바벨론아 / 네가 우리에게 행한 대로 /
3 1 4 / 2 4 4 /
네게 갚는 자가 복이 있으리로다 //
2 4 2 5 //

9 네 어린 것들을 / 바위에 메어치는 자는 /
1 5 / 3 4 2 /
복이 있으리로다 //
2 5 //

암송 부분

1 우리가 3 / 4 4 3 3 / 3 4 4 //
2 그 중의 3 5 / 3 3 3 4 /
3 이는 2 3 4 2 / 3 4 3 3 / 3 4 3 / 3 3 /
4 3 / 3 3 3 4 / 4 //
4 우리가 3 5 / 2 4 3 3 /
5 예루살렘아 5 / 2 2 4 / 1 4 / 2 3 5 //

6 내가 2 5 4 5 / 2 2 5 3 / 1 5 5 / 1 2 / 1 4 5 //
7 여호와여 4 / 5 6 5 / 5 3 // 3 2 / 5 5 / 1 4 5 // 5 //
8 멸망할 3 1 4 / 2 4 4 / 2 4 2 5 //
9 네 1 5 / 3 4 2 / 2 5 //

138편

<다윗의 시>

1 내가 전심으로 주께 감사하며 /
2 4 2 4 /
신들 앞에서 주께 찬송하리이다 //
5 2 6 //

2 내가 / 주의 성전을 향하여 예배하며 /
2 / 2 3 3 4 /
주의 인자하심과 성실하심으로 말미암아 /
2 5 6 4 /
주의 이름에 감사하오리니 / 이는 주께서 / 주의 말씀을 /
2 3 6 / 2 3 / 2 3 /
주의 모든 이름보다 / 높게 하셨음이라 //
2 2 4 / 7 //

3 내가 간구하는 날에 / 주께서 응답하시고 /
2 4 2 / 3 5 /
내 영혼에 힘을 주어 / 나를 강하게 하셨나이다 //
1 3 4 / 2 3 5 //

4 여호와여 / 세상의 모든 왕들이 / 주께 감사할 것은 /
4 / 3 2 3 / 2 5 /
그들이 / 주의 입의 말씀을 들음이오며 /
3 / 2 2 3 5 /

암송 부분

1 내가 2 4 2 4 / 5 2 6 //
2 내가 2 / 2 3 3 4 / 2 5 6 4 / 2 3 6 /
2 3 / 2 3 / 2 2 4 / 7 //
3 내가 2 4 2 / 3 5 / 1 3 4 / 2 3 5 //
4 여호와여 4 / 3 2 3 / 2 5 / 3 / 2 2 3 5 /

5 그들이 여호와의 도를 노래할 것은 /
3 4 2 5 /
여호와의 영광이 크심이니이다 //
4 3 6 //

6 여호와께서는 높이 계셔도 / 낮은 자를 굽어살피시며 /
6 5 / 4 6 /
멀리서도 교만한 자를 아심이니이다 //
4 5 6 //

7 내가 환난 중에 다닐지라도 / 주께서 나를 살아나게 하시고 /
2 4 5 / 3 2 4 3 /
주의 손을 펴사 / 내 원수들의 분노를 막으시며 /
2 2 2 / 1 4 3 4 /
주의 오른손이 나를 구원하시리이다 //
2 4 2 7 //

8 여호와께서 / 나를 위하여 보상해 주시리이다 // 여호와여 /
5 / 2 3 3 5 // 4 /
주의 인자하심이 영원하오니 / 주의 손으로 지으신 것을 /
2 5 5 / 2 3 5 /
버리지 마옵소서 //
3 4 //

암송 부분

1 내가 2 4 2 4 / 5 2 6 //
2 내가 2 / 2 3 3 4 / 2 5 6 4 / 2 3 6 /
2 3 / 2 3 / 2 2 4 / 7 //
3 내가 2 4 2 / 3 5 / 1 3 4 / 2 3 5 //
4 여호와여 4 / 3 2 3 / 2 5 / 3 / 2 2 3 5 /

5 그들이 3 4 2 5 / 4 3 6 //
6 여호와께서는 6 5 / 4 6 / 4 5 6 //
7 내가 2 4 5 / 3 2 4 3 / 2 2 2 / 1 4 3 4 / 2 4 2 7 //
8 여호와께서 5 / 2 3 3 5 // 4 / 2 5 5 / 2 3 5 / 3 4 //

139편

<다윗의 시, 인도자를 따라 부르는 노래>

1 여호와여 / 주께서 나를 살펴 보셨으므로 /
4 / 3 2 7 /
나를 아시나이다 //
2 5 //

2 주께서 / 내가 앉고 일어섬을 아시고 /
3 / 2 2 4 3 /
멀리서도 / 나의 생각을 밝히 아시오며 /
4 / 2 3 2 4 /

3 나의 모든 길과 / 내가 눕는 것을 살펴 보셨으므로 /
2 2 2 / 2 4 7 /
나의 모든 행위를 / 익히 아시오니 /
2 2 3 / 2 4 /

4 여호와여 / 내 혀의 말을 / 알지 못하시는 것이 /
4 / 1 2 2 / 2 4 2 /
하나도 없으시니이다 //
3 6 //

5 주께서 나의 앞뒤를 둘러싸시고 / 내게 안수하셨나이다 //
3 2 3 5 / 2 7 //

암송 부분

1 여호와여 4 / 3 2 7 / 2 5 //
2 주께서 3 / 2 2 4 3 / 4 / 2 3 2 4 /
3 나의 2 2 2 / 2 4 7 / 2 2 3 / 2 4 /
4 여호와여 4 / 1 2 2 / 2 4 2 / 3 6 //
5 주께서 3 2 3 5 / 2 7 //

6 이 지식이 / 내게 너무 기이하니 /
1 3 / 2 2 4 /
높아서 / 내가 능히 미치지 못하나이다 //
3 / 2 2 3 5 //

7 내가 주의 영을 떠나 / 어디로 가며 /
2 2 2 2 / 3 2 /
주의 앞에서 / 어디로 피하리이까 //
2 3 / 3 5 //

8 내가 하늘에 올라갈지라도 / 거기 계시며 /
2 3 6 / 2 3 /
스올에 내 자리를 펼지라도 / 거기 계시니이다 //
3 1 3 4 / 2 5 //

9 내가 새벽 날개를 치며 / 바다 끝에 가서 거주할지라도 /
2 5 2 / 6 6 /

10 거기서도 / 주의 손이 나를 인도하시며 /
4 / 2 2 2 5 /
주의 오른손이 나를 붙드시리이다 //
2 4 2 6 //

11 내가 혹시 말하기를 / 흑암이 반드시 나를 덮고 /
2 2 4 / 3 3 2 2 /
나를 두른 빛은 / 밤이 되리라 할지라도 /
2 2 2 / 2 3 4 /

암송 부분

6 이 1 3 / 2 2 4 / 3 / 2 2 3 5 //
7 내가 2 2 2 2 / 3 2 / 2 3 / 3 5 //
8 내가 2 3 6 / 2 3 / 3 1 3 4 / 2 5 //
9 내가 2 5 2 / 6 6 /
10 거기서도 4 / 2 2 2 5 / 2 4 2 6 //
11 내가 2 2 4 / 3 3 2 2 / 2 2 2 / 2 3 4 /

12 주에게서는 흑암이 숨기지 못하며 /
5 3 3 3 /
밤이 낮과 같이 비추이나니 /
2 2 2 5 /
주에게는 흑암과 빛이 같음이니이다 //
4 3 2 6 //

13 주께서 내 내장을 지으시며 /
3 1 3 4 /
나의 모태에서 나를 만드셨나이다 //
2 4 2 6 //

14 내가 주께 감사하옴은 / 나를 지으심이 심히 기묘하심이라 //
2 2 5 / 2 4 2 6 //
주께서 하시는 일이 기이함을 / 내 영혼이 잘 아나이다 //
3 5 4 / 1 3 1 4 //

15 내가 은밀한 데서 지음을 받고 / 땅의 깊은 곳에서 /
2 5 5 / 2 5 /
기이하게 지음을 받은 때에 /
4 3 4 /
나의 형체가 / 주의 앞에 숨겨지지 못하였나이다 //
2 3 / 2 2 4 6 //

암송 부분

12 주에게서는 5 3 3 3 / 2 2 2 5 / 4 3 2 6 //
13 주께서 3 1 3 4 / 2 4 2 6 //
14 내가 2 2 5 / 2 4 2 6 // 3 5 4 / 1 3 1 4 //
15 내가 2 5 5 / 2 5 / 4 3 4 / 2 3 / 2 2 4 6 //

16 내 형질이 이루어지기 전에 / 주의 눈이 보셨으며 /
1 3 5 2 / 2 2 4 /
나를 위하여 정한 날이 / 하루도 되기 전에 /
2 3 4 / 3 4 /
주의 책에 / 다 기록이 되었나이다 //
2 2 / 1 3 5 //

17 하나님이여 / 주의 생각이 /
5 / 2 3 /
내게 어찌 그리 보배로우신지요 / 그 수가 어찌 그리 많은지요 /
2 4 7 / 1 2 4 4 /

18 내가 세려고 할지라도 / 그 수가 모래보다 많도소이다 //
2 3 4 / 1 2 4 5 //
내가 깰 때에도 / 여전히 주와 함께 있나이다 //
2 4 / 3 4 4 //

19 하나님이여 / 주께서 반드시 악인을 죽이시리이다 //
5 / 3 3 3 6 //
피 흘리기를 즐기는 자들아 / 나를 떠날지어다 //
1 4 3 3 / 2 5 //

20 그들이 / 주를 대하여 악하게 말하며 / 주의 원수들이 /
3 / 2 3 3 3 / 2 4 /
주의 이름으로 헛되이 맹세하나이다 //
2 4 3 6 //

암송 부분

16 내 1 3 5 2 / 2 2 4 / 2 3 4 / 3 4 / 2 2 / 1 3 5 //
17 하나님이여 5 / 2 3 / 2 4 7 / 1 2 4 4 /
18 내가 2 3 4 / 1 2 4 5 // 2 4 / 3 4 4 //
19 하나님이여 5 / 3 3 3 6 // 1 4 3 3 / 2 5 //
20 그들이 3 / 2 3 3 3 / 2 4 / 2 4 3 6 //

21 여호와여 / 내가 주를 미워하는 자들을 /
4 / 2 2 4 3 /
미워하지 아니하오며 / 주를 치러 일어나는 자들을 /
4 5 / 2 2 4 3 /
미워하지 아니하나이까 //
4 6 //

22 내가 그들을 심히 미워하니 /
2 3 2 4 /
그들은 나의 원수들이니이다 //
3 2 7 //

23 하나님이여 / 나를 살피사 / 내 마음을 아시며 /
5 / 2 3 / 1 3 3 /
나를 시험하사 / 내 뜻을 아옵소서 //
2 4 / 1 2 4 //

24 내게 무슨 / 악한 행위가 있나 보시고 /
2 2 / 2 3 2 3 /
나를 영원한 길로 인도하소서 //
2 5 5 //

암송 부분

21 여호와여 4 / 2 2 4 3 / 4 5 / 2 2 4 3 / 4 6 //
22 내가 2 3 2 4 / 3 2 7 //
23 하나님이여 5 / 2 3 / 1 3 3 / 2 4 / 1 2 4 //
24 내게 2 2 / 2 3 2 3 / 2 5 5 //

1 여호와여 4 / 3 2 7 / 2 5 //
2 주께서 3 / 2 2 4 3 / 4 / 2 3 2 4 /
3 나의 2 2 2 / 2 4 7 / 2 2 3 / 2 4 /
4 여호와여 4 / 1 2 2 / 2 4 2 / 3 6 //
5 주께서 3 2 3 5 / 2 7 //
6 이 1 3 / 2 2 4 / 3 / 2 2 3 5 //
7 내가 2 2 2 2 / 3 2 / 2 3 / 3 5 //
8 내가 2 3 6 / 2 3 / 3 1 3 4 / 2 5 //
9 내가 2 5 2 / 6 6 /
10 거기서도 4 / 2 2 2 5 / 2 4 2 6 //
11 내가 2 2 4 / 3 3 2 2 / 2 2 2 / 2 3 4 /
12 주에게서는 5 3 3 3 / 2 2 2 5 / 4 3 2 6 //
13 주께서 3 1 3 4 / 2 4 2 6 //
14 내가 2 2 5 / 2 4 2 6 // 3 5 4 / 1 3 1 4 //
15 내가 2 5 5 / 2 5 / 4 3 4 / 2 3 / 2 2 4 6 //
16 내 1 3 5 2 / 2 2 4 / 2 3 4 / 3 4 / 2 2 / 1 3 5 //
17 하나님이여 5 / 2 3 / 2 4 7 / 1 2 4 4 /
18 내가 2 3 4 / 1 2 4 5 // 2 4 / 3 4 4 //
19 하나님이여 5 / 3 3 3 6 // 1 4 3 3 / 2 5 //
20 그들이 3 / 2 3 3 3 / 2 4 / 2 4 3 6 //
21 여호와여 4 / 2 2 4 3 / 4 5 / 2 2 4 3 / 4 6 //
22 내가 2 3 2 4 / 3 2 7 //
23 하나님이여 5 / 2 3 / 1 3 3 / 2 4 / 1 2 4 //
24 내게 2 2 / 2 3 2 3 / 2 5 5 //

140편

<다윗의 시, 인도자를 따라 부르는 노래>

1 여호와여 / 악인에게서 나를 건지시며 /
4 / 5 2 4 /
포악한 자에게서 나를 보전하소서 //
3 4 2 5 //

2 그들이 마음속으로 악을 꾀하고 /
3 5 2 3 /
싸우기 위하여 매일 모이오며 /
3 3 2 4 /

3 뱀 같이 그 혀를 날카롭게 하니 / 그 입술 아래에는 /
3 1 2 6 / 1 2 4 /
독사의 독이 있나이다 // (셀라)
3 2 4 // (2)

4 여호와여 나를 지키사 / 악인의 손에 빠지지 않게 하시며 /
4 5 / 5 5 3 /
나를 보전하사 / 포악한 자에게서 벗어나게 하소서 //
2 4 / 3 4 4 3 //
그들은 / 나의 걸음을 밀치려 하나이다 //
3 / 2 3 3 4 //

암송 부분

1 여호와여 4 / 5 2 4 / 3 4 2 5 //
2 그들이 3 5 2 3 / 3 3 2 4 /
3 뱀 같이 3 1 2 6 / 1 2 4 / 3 2 4 // (2)
4 여호와여 4 5 / 5 5 3 / 2 4 / 3 4 4 3 // 3 / 2 3 3 4 //

5 교만한 자가 나를 해하려고 / 올무와 줄을 놓으며 /
5 2 4 / 3 2 3 /
길 곁에 그물을 치며 / 함정을 두었나이다 // (셀라)
3 3 2 / 3 5 // (2)

6 내가 여호와께 말하기를 / 주는 나의 하나님이시니 /
2 4 4 / 2 2 6 /
여호와여 / 나의 간구하는 소리에 / 귀를 기울이소서 //
4 / 2 4 3 / 2 5 //
하였나이다 //
5 //

7 내 구원의 능력이신 / 주 여호와여 /
1 3 4 / 1 4 /
전쟁의 날에 / 주께서 내 머리를 가려 주셨나이다 //
3 2 / 3 1 3 7 //

8 여호와여 / 악인의 소원을 허락하지 마시며 /
4 / 3 3 4 3 /
그의 악한 꾀를 / 이루지 못하게 하소서 //
2 4 / 3 3 3 //
그들이 스스로 높일까 하나이다 // (셀라)
3 3 3 4 // (2)

9 나를 에워싸는 자들이 / 그들의 머리를 들 때에 /
2 4 3 / 3 3 3 /
그들의 입술의 재난이 / 그들을 덮게 하소서 //
3 3 3 / 3 5 //

암송 부분

5 교만한 자가 5 2 4 / 3 2 3 / 3 3 2 / 3 5 // (2)
6 내가 2 4 4 / 2 2 6 / 4 / 2 4 3 / 2 5 // 5 //
7 내 1 3 4 / 1 4 / 3 2 / 3 1 3 7 //
8 여호와여 4 / 3 3 4 3 / 2 4 / 3 3 3 // 3 3 3 4 // (2)
9 나를 2 4 3 / 3 3 3 / 3 3 3 / 3 5 //

10 뜨거운 숯불이 / 그들 위에 떨어지게 하시며 /
3 3 / 4 4 3 /
불 가운데와 깊은 웅덩이에 / 그들로 하여금 빠져 /
1 4 2 4 / 3 3 2 /
다시 일어나지 못하게 하소서 //
2 4 3 3 //

11 악담하는 자는 / 세상에서 굳게 서지 못하며 /
4 2 / 4 4 3 /
포악한 자는 / 재앙이 따라서 패망하게 하리이다 //
3 2 / 3 3 4 4 //

12 내가 알거니와 / 여호와는 /
2 4 / 4 /
고난 당하는 자를 변호해 주시며 /
5 2 3 3 /
궁핍한 자에게 정의를 베푸시리이다 //
3 3 3 6 //

13 진실로 / 의인들이 주의 이름에 감사하며 /
3 / 4 2 3 4 /
정직한 자들이 / 주의 앞에서 살리이다 //
3 3 / 2 3 4 //

암송 부분

10 뜨거운 3 3 / 4 4 3 / 1 4 2 4 / 3 3 2 / 2 4 3 3 //
11 악담하는 4 2 / 4 4 3 / 3 2 / 3 3 4 4 //
12 내가 2 4 / 4 / 5 2 3 3 / 3 3 3 6 //
13 진실로 3 / 4 2 3 4 / 3 3 / 2 3 4 //

1 여호와여 4 / 5 2 4 / 3 4 2 5 //
2 그들이 3 5 2 3 / 3 3 2 4 /
3 뱀 같이 3 1 2 6 / 1 2 4 / 3 2 4 // (2)
4 여호와여 4 5 / 5 5 3 / 2 4 / 3 4 4 3 // 3 / 2 3 3 4 //
5 교만한 자가 5 2 4 / 3 2 3 / 3 3 2 / 3 5 // (2)
6 내가 2 4 4 / 2 2 6 / 4 / 2 4 3 / 2 5 // 5 //
7 내 1 3 4 / 1 4 / 3 2 / 3 1 3 7 //
8 여호와여 4 / 3 3 4 3 / 2 4 / 3 3 3 // 3 3 3 4 // (2)
9 나를 2 4 3 / 3 3 3 / 3 3 3 / 3 5 //
10 뜨거운 3 3 / 4 4 3 / 1 4 2 4 / 3 3 2 / 2 4 3 3 //
11 악담하는 4 2 / 4 4 3 / 3 2 / 3 3 4 4 //
12 내가 2 4 / 4 / 5 2 3 3 / 3 3 3 6 //
13 진실로 3 / 4 2 3 4 / 3 3 / 2 3 4 //

141편
<다윗의 시>

1 여호와여 / 내가 주를 불렀사오니 / 속히 내게 오시옵소서 //
4 / 2 2 5 / 2 2 5 //
내가 주께 부르짖을 때에 / 내 음성에 귀를 기울이소서 //
2 2 6 / 1 3 2 5 //

2 나의 기도가 / 주의 앞에 분향함과 같이 되며 /
2 3 / 2 2 4 4 /
나의 손 드는 것이 / 저녁 제사 같이 되게 하소서 //
2 5 / 6 5 //

3 여호와여 / 내 입에 파수꾼을 세우시고 /
4 / 1 2 4 4 /
내 입술의 문을 지키소서 //
1 3 2 4 //

4 내 마음이 / 악한 일에 기울어 / 죄악을 행하는 자들과 /
1 3 / 4 3 / 3 3 3 /
함께 악을 행하지 말게 하시며 /
2 2 5 3 /
그들의 진수성찬을 먹지 말게 하소서 //
3 5 4 3 //

암송 부분

1 여호와여 4 / 2 2 5 / 2 2 5 // 2 2 6 / 1 3 2 5 //
2 나의 2 3 / 2 2 4 4 / 2 5 / 6 5 //
3 여호와여 4 / 1 2 4 4 / 1 3 2 4 //
4 내 1 3 / 4 3 / 3 3 3 / 2 2 5 3 / 3 5 4 3 //

5 의인이 나를 칠지라도 / 은혜로 여기며 / 책망할지라도 /
3 2 4 / 3 3 / 6 /
머리의 기름 같이 여겨서 / 내 머리가 /
3 4 3 / 1 3 /
이를 거절하지 아니할지라 / 그들의 재난 중에도 /
2 4 5 / 3 5 /
내가 항상 기도하리로다 //
2 2 6 //

6 그들의 재판관들이 / 바위 곁에 내려 던져졌도다 //
3 5 / 4 2 5 //
내 말이 달므로 / 무리가 들으리로다 //
1 2 3 / 3 5 //

7 사람이 / 밭 갈아 흙을 부스러뜨림 같이 /
3 / 3 2 7 /
우리의 해골이 / 스올 입구에 흩어졌도다 //
3 3 / 2 3 5 //

8 주 여호와여 / 내 눈이 주께 향하며 / 내가 주께 피하오니 /
1 4 / 1 2 2 3 / 2 2 4 /
내 영혼을 / 빈궁한 대로 버려 두지 마옵소서 //
1 3 / 5 4 4 //

암송 부분

5 의인이 3 2 4 / 3 3 / 6 / 3 4 3 / 1 3 / 2 4 5 /
3 5 / 2 2 6 //
6 그들의 3 5 / 4 2 5 // 1 2 3 / 3 5 //
7 사람이 3 / 3 2 7 / 3 3 / 2 3 5 //
8 주 1 4 / 1 2 2 3 / 2 2 4 / 1 3 / 5 4 4 //

9 나를 지키사 / 그들이 / 나를 잡으려고 놓은 올무와 /
2 3 / 3 / 2 4 2 3 /
악을 행하는 자들의 함정에서 / 벗어나게 하옵소서 //
2 3 3 4 / 4 4 //

10 악인은 / 자기 그물에 걸리게 하시고 /
3 / 2 3 3 3 /
나만은 온전히 면하게 하소서 //
3 3 3 3 //

암송 부분

1 여호와여 4 / 2 2 5 / 2 2 5 // 2 2 6 / 1 3 2 5 //
2 나의 2 3 / 2 2 4 4 / 2 5 / 6 5 //
3 여호와여 4 / 1 2 4 4 / 1 3 2 4 //
4 내 1 3 / 4 3 / 3 3 3 / 2 2 5 3 / 3 5 4 3 //
5 의인이 3 2 4 / 3 3 / 6 / 3 4 3 / 1 3 / 2 4 5 /
3 5 / 2 2 6 //
6 그들의 3 5 / 4 2 5 // 1 2 3 / 3 5 //
7 사람이 3 / 3 2 7 / 3 3 / 2 3 5 //
8 주 1 4 / 1 2 2 3 / 2 2 4 / 1 3 / 5 4 4 //

9 나를 2 3 / 3 / 2 4 2 3 / 2 3 3 4 / 4 4 //
10 악인은 3 / 2 3 3 3 / 3 3 3 3 //

142편

<다윗이 굴에 있을 때에 지은 마스길 곧 기도>

1 내가 소리 내어 여호와께 부르짖으며 /
2 4 4 5 /
소리 내어 여호와께 간구하는도다 //
4 4 6 //

2 내가 내 원통함을 / 그의 앞에 토로하며 /
2 1 4 / 2 2 4 /
내 우환을 / 그의 앞에 진술하는도다 //
1 3 / 2 2 6 //

3 내 영이 / 내 속에서 상할 때에도 /
1 2 / 1 3 5 /
주께서 내 길을 아셨나이다 // 내가 가는 길에 /
3 3 5 // 2 4 /
그들이 나를 잡으려고 / 올무를 숨겼나이다 //
3 2 4 / 3 5 //

4 오른쪽을 살펴 보소서 // 나를 아는 이도 없고 /
4 5 // 2 4 2 /
나의 피난처도 없고 / 내 영혼을 돌보는 이도 없나이다 //
2 4 2 / 1 3 5 4 //

암송 부분

1 내가 2 4 4 5 / 4 4 6 //
2 내가 2 1 4 / 2 2 4 / 1 3 / 2 2 6 //
3 내 1 2 / 1 3 5 / 3 3 5 // 2 4 / 3 2 4 / 3 5 //
4 오른쪽을 4 5 // 2 4 2 / 2 4 2 / 1 3 5 4 //

5 여호와여 / 내가 주께 부르짖어 말하기를 /
4 / 2 2 4 4 /
주는 나의 피난처시요 / 살아 있는 사람들의 땅에서 /
2 2 5 / 4 4 3 /
나의 분깃이시라 // 하였나이다 //
2 5 // 5 //

6 나의 부르짖음을 들으소서 // 나는 심히 비천하니이다 //
2 5 4 // 2 2 6 //
나를 핍박하는 자들에게서 / 나를 건지소서 //
2 4 5 / 2 4 //
그들은 나보다 강하니이다 //
3 3 5 //

7 내 영혼을 옥에서 이끌어 내사 /
1 3 3 /
주의 이름을 감사하게 하소서 //
2 3 4 3 //
주께서 나에게 갚아 주시리니 / 의인들이 나를 두르리이다 //
3 3 6 / 4 2 5 //

암송 부분

1 내가 2 4 4 5 / 4 4 6 //
2 내가 2 1 4 / 2 2 4 / 1 3 / 2 2 6 //
3 내 1 2 / 1 3 5 / 3 3 5 // 2 4 / 3 2 4 / 3 5 //
4 오른쪽을 4 5 // 2 4 2 / 2 4 2 / 1 3 5 4 //

5 여호와여 4 / 2 2 4 4 / 2 2 5 / 4 4 3 / 2 5 // 5 //
6 나의 2 5 4 // 2 2 6 // 2 4 5 / 2 4 // 3 3 5 //
7 내 1 3 3 5 / 2 3 4 3 // 3 3 6 / 4 2 5 //

143편

<다윗의 시>

1 여호와여 / 내 기도를 들으시며 / 내 간구에 귀를 기울이시고 /
4 / 1 3 4 / 1 3 2 5 /
주의 진실과 의로 / 내게 응답하소서 //
2 3 2 / 2 5 //

2 주의 종에게 / 심판을 행하지 마소서 //
2 3 / 3 3 3 //
주의 눈 앞에는 / 의로운 인생이 하나도 없나이다 //
2 4 / 3 3 3 4 //

3 원수가 내 영혼을 핍박하며 / 내 생명을 땅에 엎어서 /
3 1 3 4 / 1 3 2 3 /
나로 죽은 지 오랜 자 같이 / 나를 암흑 속에 두셨나이다 //
2 3 3 2 / 2 4 5 //

4 그러므로 / 내 심령이 속에서 상하며 /
4 / 1 3 3 3 /
내 마음이 내 속에서 / 참담하니이다 //
1 3 1 3 / 6 //

암송 부분

1 여호와여 4 / 1 3 4 / 1 3 2 5 / 2 3 2 / 2 5 //
2 주의 2 3 / 3 3 3 // 2 4 / 3 3 3 4 //
3 원수가 3 1 3 4 / 1 3 2 3 / 2 3 3 2 / 2 4 5 //
4 그러므로 4 / 1 3 3 3 / 1 3 1 3 / 6 //

5 내가 옛날을 기억하고 / 주의 모든 행하신 것을 읊조리며 /
2 3 4 / 2 2 5 4 /
주의 손이 행하는 일을 생각하고 /
2 2 5 4 /

6 주를 향하여 손을 펴고 / 내 영혼이 /
5 2 2 / 1 3 /
마른 땅 같이 주를 사모하나이다 // (셀라)
5 2 6 // (2)

7 여호와여 / 속히 내게 응답하소서 // 내 영이 피곤하나이다 //
4 / 2 2 5 // 1 2 6 //
주의 얼굴을 / 내게서 숨기지 마소서 //
2 3 / 3 3 3 //
내가 무덤에 내려가는 자 같을까 / 두려워하나이다 //
2 3 5 3 / 7 //

8 아침에 나로 하여금 / 주의 인자한 말씀을 듣게 하소서 //
3 5 / 2 6 5 //
내가 주를 의뢰함이니이다 // 내가 다닐 길을 알게 하소서 //
2 2 7 // 2 4 5 //
내가 내 영혼을 / 주께 드림이니이다 //
2 1 3 / 2 6 //

9 여호와여 / 나를 내 원수들에게서 건지소서 //
4 / 2 1 6 4 //
내가 주께 피하여 숨었나이다 //
2 2 3 5 //

암송 부분

5 내가 2 3 4 / 2 2 5 4 / 2 2 5 4 /
6 주를 향하여 5 2 2 / 1 3 / 5 2 6 // (2)
7 여호와여 4 / 2 2 5 // 1 2 6 // 2 3 / 3 3 3 // 2 3 5 3 / 7 //
8 아침에 3 5 / 2 6 5 // 2 2 7 // 2 4 5 // 2 1 3 / 2 6 //
9 여호와여 4 / 2 1 6 4 // 2 2 3 5 //

10 주는 나의 하나님이시니 / 나를 가르쳐 /
2 2 6 / 2 3 /
주의 뜻을 행하게 하소서 //
2 2 3 3 //
주의 영은 선하시니 / 나를 공평한 땅에 인도하소서 //
2 2 4 / 2 5 5 //

11 여호와여 / 주의 이름을 위하여 / 나를 살리시고 /
4 / 2 3 3 / 2 4 /
주의 의로 / 내 영혼을 환난에서 끌어내소서 //
2 2 / 1 3 4 5 //

12 주의 인자하심으로 / 나의 원수들을 끊으시고 /
2 6 / 2 4 4 /
내 영혼을 괴롭게 하는 자를 / 다 멸하소서 //
1 3 3 4 / 1 4 //
나는 주의 종이니이다 //
2 2 5 //

암송 부분

1 여호와여 4 / 1 3 4 / 1 3 2 5 / 2 3 2 / 2 5 //
2 주의 2 3 / 3 3 3 // 2 4 / 3 3 3 4 //
3 원수가 3 1 3 4 / 1 3 2 3 / 2 3 3 2 / 2 4 5 //
4 그러므로 4 / 1 3 3 3 / 1 3 1 3 / 6 //
5 내가 2 3 4 / 2 2 5 4 / 2 2 5 4 /
6 주를 향하여 5 2 2 / 1 3 / 5 2 6 // (2)
7 여호와여 4 / 2 2 5 // 1 2 6 // 2 3 / 3 3 3 // 2 3 5 3 / 7 //
8 아침에 3 5 / 2 6 5 // 2 2 7 // 2 4 5 // 2 1 3 / 2 6 //
9 여호와여 4 / 2 1 6 4 // 2 2 3 5 //

10 주는 2 2 6 / 2 3 / 2 2 3 3 // 2 2 4 / 2 5 5 //
11 여호와여 4 / 2 3 3 / 2 4 / 2 2 / 1 3 4 5 //
12 주의 2 6 / 2 4 4 / 1 3 3 4 / 1 4 // 2 2 5 //

144편

<다윗의 시>

1 나의 반석이신 여호와를 찬송하리로다 //
2 4 4 6 //
그가 내 손을 가르쳐 / 싸우게 하시며 /
2 3 3 / 3 3 /
손가락을 가르쳐 / 전쟁하게 하시는도다 //
4 3 / 4 5 //

2 여호와는 나의 사랑이시요 / 나의 요새이시요 /
4 2 5 / 2 5 /
나의 산성이시요 / 나를 건지시는 이시요 /
2 5 / 2 4 3 /
나의 방패이시니 / 내가 그에게 피하였고 /
2 5 / 2 3 4 /
그가 내 백성을 / 내게 복종하게 하셨나이다 //
2 1 3 / 2 4 5 //

3 여호와여 / 사람이 무엇이기에 / 주께서 그를 알아 주시며 /
4 / 3 5 / 3 2 5 /
인생이 무엇이기에 / 그를 생각하시나이까 //
3 5 / 2 7 //

암송 부분

1 나의 2 4 4 6 // 2 3 3 / 3 3 / 4 3 / 4 5 //
2 여호와는 4 2 5 / 2 5 / 2 5 / 2 4 3 / 2 5 /
2 3 4 / 2 1 3 / 2 4 5 //
3 여호와여 4 / 3 5 / 3 2 5 / 3 5 / 2 7 //

4 사람은 헛것 같고 / 그의 날은 /
3 4 / 2 2 /
지나가는 그림자 같으니이다 //
4 3 5 //

5 여호와여 / 주의 하늘을 드리우고 강림하시며 /
4 / 2 3 4 5 /
산들에 접촉하사 연기를 내게 하소서 //
3 4 3 5 //

6 번개를 번쩍이사 원수들을 흩으시며 / 주의 화살을 쏘아 /
3 4 4 4 / 2 3 2 /
그들을 무찌르소서 //
3 5 //

7 위에서부터 주의 손을 펴사 / 나를 큰 물과 /
5 2 2 2 / 2 1 2/
이방인의 손에서 구하여 건지소서 //
4 3 3 4 //

8 그들의 입은 거짓을 말하며 /
3 2 3 3 /
그의 오른손은 거짓의 오른손이니이다 //
2 4 3 7 //

암송 부분

4 사람은 3 4 / 2 2 / 4 3 5 //
5 여호와여 4 / 2 3 4 5 / 3 4 3 5 //
6 번개를 3 4 4 4 / 2 3 2 / 3 5 //
7 위에서부터 5 2 2 2 / 2 1 2 / 4 3 3 4 //
8 그들의 3 2 3 3 / 2 4 3 7 //

9 하나님이여 / 내가 주께 새 노래로 노래하며 /
5 / 2 2 4 4 /
열 줄 비파로 주를 찬양하리이다 //
5 2 6 //

10 주는 / 왕들에게 구원을 베푸시는 자시요 /
2 / 4 3 4 3 /
그의 종 다윗을 / 그 해하려는 칼에서 / 구하시는 자시니이다 //
2 1 3 / 1 4 3 / 4 5 //

11 이방인의 손에서 / 나를 구하여 건지소서 //
4 3 / 2 3 4 //
그들의 입은 거짓을 말하며 /
3 2 3 3 /
그 오른손은 거짓의 오른손이니이다 //
1 4 3 7 //

12 우리 아들들은 / 어리다가 장성한 나무들과 같으며 /
2 4 / 4 3 4 3 /
우리 딸들은 / 궁전의 양식대로 아름답게 다듬은 /
2 3 / 3 4 4 3 /
모퉁잇돌들과 같으며 /
6 3 /

13 우리의 곳간에는 백곡이 가득하며 / 우리의 양은 /
3 4 3 4 / 3 2 /
들에서 천천과 만만으로 번성하며 /
3 3 4 4 /

암송 부분

9 하나님이여 5 / 2 2 4 4 / 5 2 6 //
10 주는 2 / 4 3 4 3 / 2 1 3 / 1 4 3 / 4 5 //
11 이방인의 4 3 / 2 3 4 // 3 2 3 3 / 1 4 3 7 //
12 우리 2 4 / 4 3 4 3 / 2 3 / 3 4 4 3 / 6 3 /
13 우리의 3 4 3 4 / 3 2 / 3 3 4 4 /

14 우리 수소는 무겁게 실었으며 / 또 우리를 침노하는 일이나 /
2 3 3 4 / 1 3 4 3 /
우리가 나아가 막는 일이 없으며 /
3 3 4 3 /
우리 거리에는 / 슬피 부르짖음이 없을진대 /
2 4 / 2 5 4 /

15 이러한 백성은 복이 있나니 /
3 3 2 3 /
여호와를 / 자기 하나님으로 삼는 백성은 / 복이 있도다 //
4 / 2 5 2 3 / 2 3 //

암송 부분

1 나의 2 4 4 6 // 2 3 3 / 3 3 / 4 3 / 4 5 //
2 여호와는 4 2 5 / 2 5 / 2 5 / 2 4 3 / 2 5 /
2 3 4 / 2 1 3 / 2 4 5 //
3 여호와여 4 / 3 5 / 3 2 5 / 3 5 / 2 7 //
4 사람은 3 4 / 2 2 / 4 3 5 //
5 여호와여 4 / 2 3 4 5 / 3 4 3 5 //
6 번개를 3 4 4 4 / 2 3 2 / 3 5 //
7 위에서부터 5 2 2 2 / 2 1 2 / 4 3 3 4 //
8 그들의 3 2 3 3 / 2 4 3 7 //
9 하나님이여 5 / 2 2 4 4 / 5 2 6 //
10 주는 2 / 4 3 4 3 / 2 1 3 / 1 4 3 / 4 5 //
11 이방인의 4 3 / 2 3 4 // 3 2 3 3 / 1 4 3 7 //
12 우리 *2 4* / 4 3 4 3 / 2 3 / 3 4 4 3 / 6 3 /
13 우리의 3 4 3 4 / 3 2 / 3 3 4 4 /

14 우리 2 3 3 4 / 1 3 4 3 / 3 3 4 3 / 2 4 / 2 5 4 /
15 이러한 3 3 2 3 / 4 / 2 5 2 3 / 2 3 //

145편

<다윗의 찬송시>

1 왕이신 나의 하나님이여 / 내가 주를 높이고 /
3 2 5 / 2 2 3 /
영원히 주의 이름을 송축하리이다 //
3 2 3 6 //

2 내가 날마다 주를 송축하며 /
2 3 2 4 /
영원히 주의 이름을 송축하리이다 //
3 2 3 6 //

3 여호와는 위대하시니 크게 찬양할 것이라 //
4 5 2 6 //
그의 위대하심을 측량하지 못하리로다 //
2 5 4 5 //

4 대대로 주께서 행하시는 일을 / 크게 찬양하며 /
3 3 6 / 2 4 /
주의 능한 일을 선포하리로다 //
2 4 6 //

암송 부분

1 왕이신 3 2 5 / 2 2 3 / 3 2 3 6 //
2 내가 2 3 2 4 / 3 2 3 6 //
3 여호와는 4 5 2 6 // 2 5 4 5 //
4 대대로 3 3 6 / 2 4 / 2 4 6 //

5 주의 존귀하고 영광스러운 위엄과 / 주의 기이한 일들을 /
2 4 5 3 / 2 3 3 /
나는 작은 소리로 읊조리리이다 //
2 5 6 //

6 사람들은 / 주의 두려운 일의 권능을 말할 것이요 /
4 / 2 5 3 5 /
나도 주의 위대하심을 선포하리이다 //
2 2 5 6 //

7 그들이 주의 크신 은혜를 / 기념하여 말하며 /
3 2 2 3 / 4 3 /
주의 의를 노래하리이다 //
2 2 6 //

8 여호와는 은혜로우시며 긍휼이 많으시며 /
4 6 3 4 /
노하기를 더디 하시며 인자하심이 크시도다 //
4 5 5 4 //

9 여호와께서는 모든 것을 선대하시며 /
6 4 5 /
그 지으신 모든 것에 / 긍휼을 베푸시는도다 //
1 3 4 / 3 6 //

암송 부분

5 주의 2 4 5 3 / 2 3 3 / 2 5 6 //
6 사람들은 4 / 2 5 3 5 / 2 2 5 6 //
7 그들이 3 2 2 3 / 4 3 / 2 2 6 //
8 여호와는 4 6 3 4 / 4 5 5 4 //
9 여호와께서는 6 4 5 / 1 3 4 / 3 6 //

10 여호와여 / 주께서 지으신 모든 것들이 /
4 / 3 3 5 /
주께 감사하며 / 주의 성도들이 주를 송축하리이다 //
2 4 / 2 4 2 6 //

11 그들이 / 주의 나라의 영광을 말하며 /
3 / 2 3 3 3 /
주의 업적을 일러서 /
2 3 3 /

12 주의 업적과 / 주의 나라의 위엄 있는 영광을 /
2 3 / 2 3 4 3 /
인생들에게 알게 하리이다 //
5 6 //

13 주의 나라는 영원한 나라이니 /
2 3 3 4 /
주의 통치는 대대에 이르리이다 //
2 3 3 5 //

14 여호와께서는 / 모든 넘어지는 자들을 붙드시며 /
6 / 2 4 3 4 /
비굴한 자들을 일으키시는도다 //
3 3 7 //

암송 부분

10 여호와여 4 / 3 3 5 / 2 4 / 2 4 2 6 //
11 그들이 3 / 2 3 3 3 / 2 3 3 /
12 주의 2 3 / 2 3 4 3 / 5 6 //
13 주의 2 3 3 4 / 2 3 3 5 //
14 여호와께서는 6 / 2 4 3 4 / 3 3 7 //

15 모든 사람의 눈이 주를 앙망하오니 / 주는 때를 따라 /
5 2 2 5 / 2 4 /
그들에게 먹을 것을 주시며 /
4 4 3 /

16 손을 펴사 / 모든 생물의 소원을 / 만족하게 하시나이다 //
2 2 / 2 3 3 / 4 5 //

17 여호와께서는 / 그 모든 행위에 의로우시며 /
6 / 1 2 3 5 /
그 모든 일에 은혜로우시도다 //
1 2 2 7 //

18 여호와께서는 / 자기에게 간구하는 모든 자 /
6 / 4 4 3 /
곧 진실하게 간구하는 모든 자에게 / 가까이 하시는도다 //
1 4 4 5 / 3 5 //

19 그는 / 자기를 경외하는 자들의 / 소원을 이루시며 /
2 / 3 4 3 / 3 4 /
또 그들의 부르짖음을 들으사 / 구원하시리로다 //
1 3 5 3 / 7 //

20 여호와께서 / 자기를 사랑하는 자들은 / 다 보호하시고 /
5 / 3 4 3 / 1 5 /
악인들은 다 멸하시리로다 //
4 1 6 //

암송 부분

15 모든 사람의 5 2 2 5 / 2 4 / 4 4 3 /
16 손을 2 2 / 2 3 3 / 4 5 //
17 여호와께서는 6 / 1 2 3 5 / 1 2 2 7 //
18 여호와께서는 6 / 4 4 3 / 1 4 4 5 / 3 5 //
19 그는 2 / 3 4 3 / 3 4 / 1 3 5 3 / 7 //
20 여호와께서 5 / 3 4 3 / 1 5 / 4 1 6 //

21 내 입이 / 여호와의 영예를 말하며 / 모든 육체가 /
1 2 / 4 3 3 / 2 3 /
그의 거룩하신 이름을 / 영원히 송축할지로다 //
2 4 3 / 3 6 //

암송 부분

1 왕이신 3 2 5 / 2 2 3 / 3 2 3 6 //
2 내가 2 3 2 4 / 3 2 3 6 //
3 여호와는 4 5 2 6 // 2 5 4 5 //
4 대대로 3 3 6 / 2 4 / 2 4 6 //
5 주의 2 4 5 3 / 2 3 3 / 2 5 6 //
6 사람들은 4 / 2 5 3 5 / 2 2 5 6 //
7 그들이 3 2 2 3 / 4 3 / 2 2 6 //
8 여호와는 4 6 3 4 / 4 5 5 4 //
9 여호와께서는 6 4 5 / 1 3 4 / 3 6 //
10 여호와여 4 / 3 3 5 / 2 4 / 2 4 2 6 //
11 그들이 3 / 2 3 3 3 / 2 3 3 /
12 주의 2 3 / 2 3 4 3 / 5 6 //
13 주의 2 3 3 4 / 2 3 3 5 //
14 여호와께서는 6 / 2 4 3 4 / 3 3 7 //
15 모든 사람의 5 2 2 5 / 2 4 / 4 4 3 /
16 손을 2 2 / 2 3 3 / 4 5 //
17 여호와께서는 6 / 1 2 3 5 / 1 2 2 7 //
18 여호와께서는 6 / 4 4 3 / 1 4 4 5 / 3 5 //
19 그는 2 / 3 4 3 / 3 4 / 1 3 5 3 / 7 //
20 여호와께서 5 / 3 4 3 / 1 5 / 4 1 6 //

21 내 1 2 / 4 3 3 / 2 3 / 2 4 3 / 3 6 //

146편

1 할렐루야 / 내 영혼아 여호와를 찬양하라 //
4 / 1 3 4 4 //

2 나의 생전에 / 여호와를 찬양하며 /
2 3 / 4 4 /
나의 평생에 / 내 하나님을 찬송하리로다 //
2 3 / 1 4 6 //

3 귀인들을 의지하지 말며 / 도울 힘이 없는 인생도 /
4 4 2 / 2 2 2 3 /
의지하지 말지니 /
4 3 /

4 그의 호흡이 끊어지면 / 흙으로 돌아가서 /
2 3 4 / 3 4 /
그 날에 그의 생각이 소멸하리로다 //
3 2 3 6 //

5 야곱의 하나님을 / 자기의 도움으로 삼으며 /
3 4 / 3 4 3 /
여호와 자기 하나님에게 /
3 2 5 /
자기의 소망을 두는 자는 복이 있도다 //
3 3 4 5 //

암송 부분

1 할렐루야 4 / 1 3 4 4 //
2 나의 2 3 / 4 4 / 2 3 / 1 4 6 //
3 귀인들을 4 4 2 / 2 2 2 3 / 4 3 /
4 그의 2 3 4 / 3 4 / 3 2 3 6 //
5 야곱의 3 4 / 3 4 3 / 3 2 5 / 3 3 4 5 //

6 여호와는 / 천지와 바다와 / 그 중의 만물을 지으시며 /
4 / 3 3 / 3 3 4 /
영원히 진실함을 지키시며 /
3 4 4 /

7 억눌린 사람들을 위해 / 정의로 심판하시며 /
3 4 2 / 3 5 /
주린 자들에게 먹을 것을 주시는 이시로다 //
6 4 3 4 //
여호와께서는 / 갇힌 자들에게 자유를 주시는도다 //
6 / 6 3 5 //

8 여호와께서 맹인들의 눈을 여시며 /
5 4 2 3 /
여호와께서 비굴한 자들을 일으키시며 /
5 3 3 5 /
여호와께서 의인들을 사랑하시며 /
5 4 5 /

9 여호와께서 나그네들을 보호하시며 /
5 5 5 /
고아와 과부를 붙드시고 / 악인들의 길은 굽게 하시는도다 //
3 3 4 / 4 2 2 5 //

10 시온아 / 여호와는 영원히 다스리시고 /
3 / 4 3 5 /
네 하나님은 대대로 통치하시리로다 // 할렐루야 //
1 4 3 7 // 4 //

암송 부분

6 여호와는 4 / 3 3 / 3 3 4 / 3 4 4 /
7 억눌린 3 4 2 / 3 5 / 6 4 3 4 // 6 / 6 3 5 //
8 여호와께서 5 4 2 3 / 5 3 3 5 / 5 4 5 /
9 여호와께서 5 5 5 / 3 3 4 / 4 2 2 5 //
10 시온아 3 / 4 3 5 / 1 4 3 7 // 4 //

1 할렐루야 4 / 1 3 4 4 //
2 나의 2 3 / 4 4 / 2 3 / 1 4 6 //
3 귀인들을 4 4 2 / 2 2 2 3 / 4 3 /
4 그의 2 3 4 / 3 4 / 3 2 3 6 //
5 야곱의 3 4 / 3 4 3 / 3 2 5 / 3 3 4 5 //
6 여호와는 4 / 3 3 / 3 3 4 / 3 4 4 /
7 억눌린 3 4 2 / 3 5 / 6 4 3 4 // 6 / 6 3 5 //
8 여호와께서 5 4 2 3 / 5 3 3 5 / 5 4 5 /
9 여호와께서 5 5 5 / 3 3 4 / 4 2 2 5 //
10 시온아 3 / 4 3 5 / 1 4 3 7 // 4 //

147편

1 할렐루야 / 우리 하나님을 찬양하는 일이 선함이여 /
4 / 2 4 6 4 /
찬송하는 일이 아름답고 마땅하도다 //
6 4 5 //

2 여호와께서 예루살렘을 세우시며 /
5 5 4 /
이스라엘의 흩어진 자들을 모으시며 /
5 3 3 4 /

3 상심한 자들을 고치시며 / 그들의 상처를 싸매시는도다 //
3 3 4 / 3 3 6 //

4 그가 별들의 수효를 세시고 /
2 3 3 3 /
그것들을 다 이름대로 부르시는도다 //
4 1 4 6 //

5 우리 주는 위대하시며 / 능력이 많으시며 /
2 2 5 / 3 4 /
그의 지혜가 무궁하시도다 //
2 3 6 //

암송 부분

1 할렐루야 4 / 2 4 6 4 / 6 4 5 //
2 여호와께서 5 5 4 / 5 3 3 4 /
3 상심한 3 3 4 / 3 3 6 //
4 그가 2 3 3 3 / 4 1 4 6 //
5 우리 2 2 5 / 3 4 / 2 3 6 //

6 여호와께서 / 겸손한 자들은 붙드시고 /
5 / 3 3 4 /
악인들은 땅에 엎드러뜨리시는도다 //
4 2 9 //

7 감사함으로 여호와께 노래하며 /
5 4 4 /
수금으로 하나님께 찬양할지어다 //
4 4 6 //

8 그가 구름으로 하늘을 덮으시며 /
2 4 3 4 /
땅을 위하여 비를 준비하시며 / 산에 풀이 자라게 하시며 /
2 3 2 5 / 2 2 3 3 /

9 들짐승과 우는 까마귀 새끼에게 / 먹을 것을 주시는도다 //
4 2 3 4 / 4 5 //

10 여호와는 / 말의 힘이 세다 하여 / 기뻐하지 아니하시며 /
4 / 2 2 2 2 / 4 5 /
사람의 다리가 억세다 하여 / 기뻐하지 아니하시고 /
3 3 3 2 / 4 5 /

11 여호와는 / 자기를 경외하는 자들과 /
4 / 3 4 3 /
그의 인자하심을 바라는 자들을 / 기뻐하시는도다 //
2 5 3 3 / 7 //

암송 부분

6 여호와께서 5 / 3 3 4 / 4 2 9 //
7 감사함으로 5 4 4 / 4 4 6 //
8 그가 2 4 3 4 / 2 3 2 5 / 2 2 3 3 /
9 들짐승과 4 2 3 4 / 4 5 //
10 여호와는 4 / 2 2 2 2 / 4 5 / 3 3 3 2 / 4 5 /
11 여호와는 4 / 3 4 3 / 2 5 3 3 / 7 //

12 예루살렘아 여호와를 찬송할지어다 //
5 4 6 //
시온아 네 하나님을 찬양할지어다 //
3 1 4 6 //

13 그가 / 네 문빗장을 견고히 하시고 / 네 가운데에 있는 /
2 / 1 4 3 3 / 1 4 2 /
너의 자녀들에게 복을 주셨으며 /
2 5 2 4 /

14 네 경내를 평안하게 하시고 /
1 3 4 3 /
아름다운 밀로 너를 배불리시며 /
4 2 2 5 /

15 그의 명령을 땅에 보내시니 /
2 3 2 4 /
그의 말씀이 속히 달리는도다 //
2 3 2 5 //

16 눈을 양털 같이 내리시며 / 서리를 재 같이 흩으시며 /
2 4 4 / 3 3 4 /

17 우박을 떡 부스러기 같이 뿌리시나니 /
3 7 5 /
누가 능히 / 그의 추위를 감당하리요 //
2 2 / 2 3 5 //

암송 부분

12 예루살렘아 5 4 6 // 3 1 4 6 //
13 그가 2 / 1 4 3 3 / 1 4 2 / 2 5 2 4 /
14 네 1 3 4 3 / 4 2 2 5 /
15 그의 2 3 2 4 / 2 3 2 5 //
16 눈을 2 4 4 / 3 3 4 /
17 우박을 3 7 5 / 2 2 / 2 3 5 //

18 그의 말씀을 보내사 / 그것들을 녹이시고 /
2 3 3 / 4 4 /
바람을 불게 하신즉 / 물이 흐르는도다 //
3 5 / 2 5 //

19 그가 그의 말씀을 / 야곱에게 보이시며 /
2 2 3 / 4 4 /
그의 율례와 규례를 / 이스라엘에게 보이시는도다 //
2 3 3 / 6 6 //

20 그는 어느 민족에게도 / 이와 같이 행하지 아니하셨나니 /
2 2 5 / 4 3 6 /
그들은 그의 법도를 / 알지 못하였도다 // 할렐루야 //
3 2 3 / 2 5 // 4 //

암송 부분

1 할렐루야 4 / 2 4 6 4 / 6 4 5 //
2 여호와께서 5 5 4 / 5 3 3 4 /
3 상심한 3 3 4 / 3 3 6 //
4 그가 2 3 3 3 / 4 1 4 6 //
5 우리 2 2 5 / 3 4 / 2 3 6 //
6 여호와께서 5 / 3 3 4 / 4 2 9 //
7 감사함으로 5 4 4 / 4 4 6 //
8 그가 2 4 3 4 / 2 3 2 5 / 2 2 3 3 /
9 들짐승과 4 2 3 4 / 4 5 //
10 여호와는 4 / 2 2 2 2 / 4 5 / 3 3 3 2 / 4 5 /
11 여호와는 4 / 3 4 3 / 2 5 3 3 / 7 //
12 예루살렘아 5 4 6 // *3 1* 4 6 //
13 그가 *2 / 1* 4 3 3 / 1 4 2 / 2 5 2 4 /
14 네 1 3 4 3 / 4 2 2 5 /
15 그의 2 3 2 4 / 2 3 2 5 //
16 눈을 2 4 4 / 3 3 4 /
17 우박을 3 7 5 / 2 2 / 2 3 5 //
18 그의 2 3 3 / 4 4 / 3 5 / 2 5 //
19 그가 2 2 3 / 4 4 / 2 3 3 / 6 6 //
20 그는 2 2 5 / 4 3 6 / 3 2 3 / 2 5 // 4 //

148편

1 할렐루야 / 하늘에서 여호와를 찬양하며 /
4 / 4 4 4 /
높은 데서 그를 찬양할지어다 //
4 2 6 //

2 그의 모든 천사여 찬양하며 /
2 2 3 4 /
모든 군대여 그를 찬양할지어다 //
2 3 2 6 //

3 해와 달아 / 그를 찬양하며 /
2 2 / 2 4 /
밝은 별들아 / 다 그를 찬양할지어다 //
2 3 / 1 2 6 //

4 하늘의 하늘도 그를 찬양하며 /
3 3 2 4 /
하늘 위에 있는 물들도 / 그를 찬양할지어다 //
2 4 3 / 2 6 //

암송 부분

1 할렐루야 4 / 4 4 4 / 4 2 6 //
2 그의 2 2 3 4 / 2 3 2 6 //
3 해와 2 2 / 2 4 / 2 3 / 1 2 6 //
4 하늘의 3 3 2 4 / 2 4 3 / 2 6 //

5 그것들이 여호와의 이름을 찬양함은 /
4 4 3 4 /
그가 명령하시므로 지음을 받았음이로다 //
2 6 3 6 //

6 그가 또 / 그것들을 영원히 세우시고 /
2 1 / 4 3 4 /
폐하지 못할 명령을 정하셨도다 //
5 3 5 //

7 너희 용들과 바다여 / 땅에서 여호와를 찬양하라 //
2 3 3 / 3 4 4 //

8 불과 우박과 눈과 안개와 / 그의 말씀을 따르는 광풍이며 /
2 3 2 3 / 2 3 3 4 /

9 산들과 모든 작은 산과 / 과수와 모든 백향목이며 /
3 2 4 / 3 2 5 /

10 짐승과 모든 가축과 / 기는 것과 나는 새며 /
3 2 3 / 4 4 /

11 세상의 왕들과 모든 백성들과 /
3 3 2 4 /
고관들과 땅의 모든 재판관들이며 /
4 2 2 6 /

암송 부분

5 그것들이 4 4 3 4 / 2 6 3 6 //
6 그가 2 1 / 4 3 4 / 5 3 5 //
7 너희 2 3 3 / 3 4 4 //
8 불과 2 3 2 3 / 2 3 3 4 /
9 산들과 3 2 4 / 3 2 5 /
10 짐승과 3 2 3 / 4 4 /
11 세상의 3 3 2 4 / 4 2 2 6 /

12 총각과 처녀와 노인과 아이들아 /
3 3 3 4 /

13 여호와의 이름을 찬양할지어다 //
4 3 6 //
그의 이름이 홀로 높으시며 /
2 3 2 4 /
그의 영광이 / 땅과 하늘 위에 뛰어나심이로다 //
2 3 / 2 4 7 //

14 그가 / 그의 백성의 뿔을 높이셨으니 / 그는 모든 성도 /
2 / 2 3 2 5 / 2 2 2 /
곧 그를 가까이 하는 백성 /
1 2 5 2 /
이스라엘 자손의 찬양 받을 이시로다 // 할렐루야 //
4 3 4 4 // 4 //

암송 부분

1 할렐루야 4 / 4 4 4 / 4 2 6 //
2 그의 2 2 3 4 / 2 3 2 6 //
3 해와 2 2 / 2 4 / 2 3 / 1 2 6 //
4 하늘의 3 3 2 4 / 2 4 3 / 2 6 //
5 그것들이 4 4 3 4 / 2 6 3 6 //
6 그가 2 1 / 4 3 4 / 5 3 5 //
7 너희 2 3 3 / 3 4 4 //
8 불과 2 3 2 3 / 2 3 3 4 /
9 산들과 3 2 4 / 3 2 5 /
10 짐승과 3 2 3 / 4 4 /
11 세상의 3 3 2 4 / 4 2 2 6 /

12 총각과 3 3 3 4 /
13 여호와의 4 3 6 // 2 3 2 4 / 2 3 / 2 4 7 //
14 그가 2 / 2 3 2 5 / 2 2 2 / 1 2 5 2 / 4 3 4 4 // 4 //

149편

1 할렐루야 / 새 노래로 여호와께 노래하며 /
4 / 4 4 4 /
성도의 모임 가운데에서 찬양할지어다 //
3 2 5 6 //

2 이스라엘은 / 자기를 지으신 이로 말미암아 즐거워하며 /
5 / 3 5 4 5 /
시온의 주민은 / 그들의 왕으로 말미암아 즐거워할지어다 //
3 3 / 3 3 4 7 //

3 춤 추며 그의 이름을 찬양하며 /
3 2 3 4 /
소고와 수금으로 그를 찬양할지어다 //
3 4 2 6 //

4 여호와께서는 자기 백성을 기뻐하시며 /
6 2 3 5 /
겸손한 자를 구원으로 / 아름답게 하십이로다 //
3 2 4 / 4 5 //

암송 부분

1 할렐루야 4 / 4 4 4 / 3 2 5 6 //
2 이스라엘은 5 / 3 5 4 5 / 3 3 / 3 3 4 7 //
3 춤 추며 3 2 3 4 / 3 4 2 6 //
4 여호와께서는 6 2 3 5 / 3 2 4 / 4 5 //

5 성도들은 영광 중에 즐거워하며 /
4 4 5 /
그들의 침상에서 기쁨으로 노래할지어다 //
3 4 4 6 //

6 그들의 입에는 / 하나님에 대한 찬양이 있고 /
3 3 / 4 2 3 2 /
그들의 손에는 / 두 날 가진 칼이 있도다 //
3 3 / 4 2 3 //

7 이것으로 뭇 나라에 보수하며 / 민족들을 벌하며 /
4 4 4 / 4 3 /

8 그들의 왕들은 사슬로, / 그들의 귀인은 철고랑으로 결박하고 /
3 3 3 / 3 3 5 4 /

9 기록한 판결대로 그들에게 시행할지로다 // 이런 영광은 /
3 4 4 6 // 2 3 /
그의 모든 성도에게 있도다 // 할렐루야 //
2 2 4 3 // 4 //

암송 부분

1 할렐루야 4 / 4 4 4 / 3 2 5 6 //
2 이스라엘은 5 / 3 5 4 5 / 3 3 / 3 3 4 7 //
3 춤 추며 3 2 3 4 / 3 4 2 6 //
4 여호와께서는 6 2 3 5 / 3 2 4 / 4 5 //

5 성도들은 4 4 5 / 3 4 4 6 //
6 그들의 3 3 / 4 2 3 2 / 3 3 / 4 2 3 //
7 이것으로 4 4 4 / 4 3 /
8 그들의 3 3 3 / 3 3 5 4 /
9 기록한 3 4 4 6 // 2 3 / 2 2 4 3 // 4 //

150편

1 할렐루야 / 그의 성소에서 하나님을 찬양하며 /
4 / 2 4 4 4 /
그의 권능의 궁창에서 / 그를 찬양할지어다 //
2 3 4 / 2 6 //

2 그의 능하신 행동을 찬양하며 /
2 3 3 4 /
그의 지극히 위대하심을 따라 / 찬양할지어다 //
2 3 5 2 / 6 //

3 나팔 소리로 찬양하며 / 비파와 수금으로 찬양할지어다 //
5 4 / 3 4 6 //

4 소고 치며 춤 추어 찬양하며 / 현악과 통소로 찬양할지어다 //
4 3 4 / 3 3 6 //

5 큰 소리 나는 제금으로 찬양하며 /
5 4 4 /
높은 소리 나는 제금으로 찬양할지어다 //
6 4 6 //

6 호흡이 있는 자마다 / 여호와를 찬양할지어다 // 할렐루야 //
3 2 3 / 4 6 // 4 //

암송 부분

1 할렐루야 4 / 2 4 4 4 / 2 3 4 / 2 6 //
2 그의 2 3 3 4 / 2 3 5 2 / 6 //
3 나팔 소리로 5 4 / 3 4 6 //
4 소고 치며 4 3 4 / 3 3 6 //
5 큰 소리 나는 5 4 4 / 6 4 6 //
6 호흡이 3 2 3 / 4 6 // 4 //

150편

1 할렐루야 / 그의 성소에서 하나님을 찬양하며 /
4 / 2 4 4 /
그의 권능의 궁창에서 / 그를 찬양할지어다 //
2 3 4 / 2 6 //

2 그의 능하신 행동을 찬양하며 /
2 3 3 4 /
그의 지극히 위대하심을 따라 / 찬양할지어다 //
2 3 5 2 / 6 //

3 나팔 소리로 찬양하며 / 비파와 수금으로 찬양할지어다 //
5 4 / 3 4 6 //

4 소고 치며 춤 추어 찬양하며 / 현악과 퉁소로 찬양할지어다 //
4 3 4 / 3 3 6 //

5 큰 소리 나는 제금으로 찬양하며 /
5 4 4 /
높은 소리 나는 제금으로 찬양할지어다 //
6 4 6 //

6 호흡이 있는 자마다 / 여호와를 찬양할지어다 // 할렐루야 //
3 2 3 / 4 6 // 4 //

암송 부분

1 4 / 2 4 4 4 / 2 3 4 / 2 6 //
2 2 3 3 4 / 2 3 5 2 / 6 //
3 5 4 / 3 4 6 //
4 4 3 4 / 3 3 6 //
5 5 4 4 / 6 4 6 //
6 3 2 3 / 4 6 // 4 //

메모 1

메모 2

메모 3

메모 4

메모 5

메모 6

메모 7

메모 8

메모 9

메모 10

메모 11

메모 12

메모 14

메모 15

메모 16

메모 17

암송용 성경
<시편>

2017년 9월 25일 초판 인쇄

저작권 등록번호 (편집저작물)
C-2017-019658

편찬위원회 : 청우림 편집부

대량구매문의 : 010-5604-4494

ISBN 978-89-92273-49-7
ISBN 978-89-92273-48-0(세트)

정가 12,000원